Y Theatr Genedlaethol
yng Nghymru

Y Theatr Genedlaethol yng Nghymru

golygwyd gan

Hazel Walford Davies

GWASG PRIFYSGOL CYMRU
CAERDYDD
2007

ISBN 978-0-7083-1889-8

Mae cofnod catalogio'r gyfrol hon ar gael gan y Llyfrgell Brydeinig.

Argraffwyd yng Nghymru gan Wasg Dinefwr, Llandybïe

Cynnwys

Rhagair

Yn dilyn cyffro'r wythnos yn Theatr Newydd, Caerdydd, 11–16 Mai 1914, pan berfformiodd 'cwmni cenedlaethol' dan nawdd yr Arglwydd Howard de Walden glwstwr o ddramâu 'newydd', Cymraeg a Saesneg, a oedd yn ffrwyth cystadlu am wobrau a gynigiwyd ganddo ef, roedd rhai dramagarwyr yng Nghymru wedi'u cynhyrfu i'r fath raddau nes proffwydo y câi Cymru ei theatr genedlaethol ymron dros nos.

Roedd yn rhaid bod diwygiad arall yn y tir, a hwnnw'n ddiwygiad y disgwyliai Cymry o statws David Lloyd George, y Parchg. John Williams, Brynsiencyn a W. Llywelyn Williams, AS, iddo weddnewid bywyd y genedl trwy ddarparu drych ar ei chyfer a rôi iddi olwg decach, ymhob ystyr i'r gair, ar ei chyflwr a'i phosibiliadau. Roedd sylwebyddion o ansawdd George Bernard Shaw a Harley Granville Barker yn hael eu cefnogaeth i'r dadeni a welwyd yn y Theatr Newydd. Yn Iwerddon, roedd Theatr yr Abaty yn Nulyn, yng ngeiriau'r Fonesig Augusta Gregory, yn gweithio er adfer urddas y wlad. Roedd Shaw am weld datblygu theatr iachusol yng Nghymru a fyddai 'a place of humiliation and penitence, relieved by laughter and tears'.

Y mae'n ddiau fod cryn frwdfrydedd ymhlith 'pobol y ddrama' pan ddaeth Rhyfel Byd 1914–18 i chwalu eu cynlluniau. Ond brwdfrydedd neu beidio, roedd hi'n amlwg yn 1914 y byddai 'theatr genedlaethol' yn gysyniad trwblus o'r cychwyn yng Nghymru. Ar dir iaith, moes, delwedd, crefft a chelfyddyd perfformans, cyllid a gweinyddiaeth, fe aned y cysyniad i flinder. Byddai'n bwnc llosg trwy gydol yr ugeinfed ganrif ac i garedigion y ddrama yn achos pyliau o iselder a rhwystredigaeth.

Rhagoriaeth y gyfrol hon yw ei bod hi, mewn pum pennod, yn olrhain ffawd cysyniad y theatr genedlaethol o ddyfodiad Howard de Walden i Gastell y Waun yn 1911, hyd at ymdrechion seithug Emily Davies rhwng 1982 ac 1984. Y mae'r golygydd, yr Athro Hazel Walford Davies, i'w chanmol yn y lle cyntaf am

weld cymaint angen oedd am gyfrol o'r fath, heb sôn am ym-
gymryd â'i golygu a chyfrannu dwy bennod ardderchog ar
obeithion a chyflawniadau de Walden—y Sais uchelfri a ymroes i
argyhoeddi'r Cymry nad pwnc i wag siarad amdano oedd theatr
genedlaethol, eithr delfryd y gellid ei sylweddoli trwy ddawn a
nerth ewyllys. Y ddwy bennod hyn yw'r ymdriniaeth deilwng
gyntaf, mewn Cymraeg neu Saesneg, â chyfraniad de Walden i
fyd y ddrama yng Nghymru rhwng 1911 a'i farw yn 1946, ac
mae'r gyfrol yn werth ei phris petai'n unig oherwydd hynny.

Ond, wrth gwrs, y mae gan Roger Owen, Lyn T. Jones a Lisa
Lewis hefyd bethau pwysig a dadlennol i'w dweud wrthym o saf-
bwynt bwriadau ac ymdrechion tri unigolyn delfrydgar arall y bu
posibiliadau theatr genedlaethol i Gymru yn gynnwrf yn eu
gwaed. Clifford Evans yw'r ffigur canolog yn ymdrinaeth Roger
Owen â 'Theatr Dewi'. Llafur Wilbert Lloyd Roberts dros ddat-
blygu theatr genedlaethol i Gymru sy'n ganolog i drafodaeth Lyn
T. Jones â'r cyfnod rhwng 1964 ac 1982. A threialon ymwneud
Emily Davies â Chwmni Theatr Cymru yw mater pennod Lisa
Lewis. Fe'u cefais, ill tair, yn benodau gafaelgar a ddysgodd bethau
i mi am y theatr Gymraeg na wyddwn fawr ddim amdanynt, heb
sôn am ddeall eu harwyddocâd. Ni allaf orbwysleisio cymaint
cymwynas yw cael gwybodaeth o'r fath yn gryno hygyrch rhwng
cloriau'r un gyfrol, a chael golwg, o ganlyniad, nid yn unig
ar ddoniau a thrafferthion byd y ddrama Gymraeg, ond ar
rwystredigaeth cenedl heb iddi hawl i lywodraethu ei bywyd hi ei
hunan, na chyfle, o'r herwydd, i'w ddehongli ar lwyfan ei theatr
genedlaethol.

Bellach y mae gennym ein Cwmni Theatr Cenedlaethol, a
chyn hir fe fydd y theatr a fu'n 'broblem' am ganrif yn greadig-
aeth bensaernïol solet yng Nghaerfyrddin. Mor briodol ydyw i'r
Cwmni ddilyn yn dynn ar sodlau'r Refferendwm tra dramatig yn
1997 a roes i ni'r Cynulliad ym mae Caerdydd, ac wrth i'r
Cynulliad esblygu'n Llywodraeth i Gymru, mor rhagluniaethol
ydyw gweld cysyniad y theatr genedlaethol yn tyfu'n ffaith wel-
adwy, yn adeilad rhiniol y bydd ynddo lwyfan ar gyfer ateb
anghenion a bodloni gofynion dychymyg a dirnadaeth y bobol.
Byddai cael Llywodraeth heb Theatr Genedlaethol fel cael corff
heb enaid.

Yn 1907 yr oedd mudiad y ddrama Gymraeg yn ymystwyrian. Yn 2007 y mae, o'r diwedd, lyfrau yn cael eu hysgrifennu sy'n rhoi sylw goleuedig i'w stori. Y mae *Y Theatr Genedlaethol yng Nghymru* yn lamp o gyfrol sy'n goleuo darn hollbwysig o'r stori honno, ac rwyf wrth fy modd yn ei chroesawu.

Hywel Teifi Edwards

Diolchiadau

Hoffwn ddiolch i aelodau Bwrdd Theatr Genedlaethol Cymru am gomisiynu a noddi'r gyfrol hon. Yr wyf yn dra dyledus i Lyn T. Jones, Cadeirydd y Bwrdd, am ei gyngor a'i gefnogaeth. Diolch hefyd i Huw Roberts, Pwllheli, ac i swyddogion Cymdeithas Theatr Cymru am eu cymorth, ac am ganiatâd i ymchwilio yng Nghasgliad Theatr Cymru yn Archifdy Gwynedd, Caernarfon. Bu Mrs Wilbert Lloyd Roberts, teulu Emily Davies, a Thomas Seymour ac aelodau eraill o deulu Howard de Walden yn hael eu cymwynas. Cefais wasanaeth ardderchog gan staff Llyfrgell Genedlaethol Cymru, a derbyniais wybodaeth werthfawr drwy law Dr Huw Walters. Diolchaf i Dewi Morris Jones a Dr Dafydd Jones, Gwasg Prifysgol Cymru, ac i'r canlynol a fu mor barod i ateb fy ymholiadau: Dr Robin Chapman, Ann Davies, yr Athro Hywel Teifi Edwards, y Parchg. Noel Gibbard, Dr Rhidian Griffiths, Gordon Sherratt ac Elenid Thomas.

Nodyn golygyddol
Ar wahân i fân newidiadau, atgynhyrchir y dyfyniadau yn y gyfrol hon fel ag y maent yn y gwreiddiol.

Hazel Walford Davies
Aberystwyth, Medi 2006

Cydnabyddiaethau i'r lluniau

Gwnaethpwyd pob ymdrech i ddod o hyd i berchnogion hawlfraint y deunydd a atgynhyrchir yn y gyfrol hon. Dylid cyfeirio unrhyw ymholiad at y cyhoeddwr.

1.1, 1.2 a 1.3
Lluniau o *Pages From My Life* gan Margherita, yr Arglwyddes Howard de Walden. Atgynhyrchir y lluniau trwy ganiatâd ysgutorion ac ymddir-iedolwyr ystad John Scott-Ellis, 9fed Barwn Howard de Walden a 5ed Barwn Seaford.

1.4, 1.5 a 1.6
Western Mail.

1.7
Cardiff Times and South Wales Weekly News.

2.1
Llun o *Earls Have Peacocks* gan John Scott-Ellis. Atgynhyrchir y llun trwy ganiatâd ysgutorion ac ymddiriedolwyr ystad John Scott-Ellis, 9fed Barwn Howard de Walden a 5ed Barwn Seaford.

2.2
Western Mail.

2.3
Daily Herald.

2.4
Llyfrgell Genedlaethol Cymru.

2.5
Gordon Sherratt, Llangollen.

2.6
Y Cymro.

2.7
Llyfrgell Genedlaethol Cymru.

2.8
S4C.

2.9
Y Corn Gwlad.

2.10
Llyfrgell Genedlaethol Cymru.

2.11
South Wales Echo.

2.12
Llyfrgell Genedlaethol Cymru.

2.13
Gordon Sherratt, Llangollen.

2.14
S4C.

2.15
Y Corn Gwlad.

2.16
Gordon Sherratt, Llangollen.

3.1
Western Mail.

3.2 a 3.3
Llyfrgell Genedlaethol Cymru.

4.1, 4.2, 4.3, 4.4, 4.5, 4.6, 4.7, 4.8 a 4.9
Trwy ganiatâd Cymdeithas Theatr Cymru ac Archifdy Gwynedd, Caernarfon.

5.1, 5.2, 5.3, 5.4, 5.5 a 5.6
Trwy ganiatâd Cymdeithas Theatr Cymru ac Archifdy Gwynedd, Caernarfon.

Howard de Walden
a Mudiad y Theatr Genedlaethol
Gymreig, 1911–14

Hazel Walford Davies

Pan fu farw'r Arglwydd Howard de Walden (Thomas Evelyn
Scott-Ellis) ym mis Tachwedd 1946, collodd y ddrama yng
Nghymru noddwr a chymwynaswr tra hael. Dros gyfnod o ddeng
mlynedd ar hugain bu'n cynnal a hybu sawl un o'r celfyddydau
yng Nghymru. Ond y theatr yn anad dim oedd yn mynd â'i fryd,
a rhwng 1911 a 1940 canolbwyntiodd ar ddatblygu tair agwedd
ar y theatr honno, sef Cymdeithas Cynghrair y Theatr Brydeinig,
adran ddrama'r Eisteddfod Genedlaethol a'r mudiad i sefydlu
Theatr Genedlaethol. Gwariodd filoedd lawer ar yr achosion hyn,
a threuliodd gyfran helaeth o'i amser yn annerch cwmnïau drama,
yn llywyddu mewn cystadlaethau actio dramâu ac yn cadeirio
pwyllgorau. I bob pwrpas, ef oedd 'Cyngor Celfyddydau' ei
gyfnod. Wedi ei farwolaeth bu'n rhaid i lu o gymdeithasau,
pwyllgorau a sefydliadau ledled Cymru ddod o hyd i gadeirydd,
llywydd, noddwr a symbylydd newydd.

Ganed Thomas Evelyn Scott-Ellis ar 9 Mai 1880 yn Llundain
yn fab i'r seithfed Barwn de Walden a'i wraig Blanche, ac addysg-
wyd ef yn Cheam, Eton a Sandhurst. Wedi ysgariad ei rieni ym
1893 datblygodd yn blentyn mewnblyg a swil, ac yn ystod ei
arddegau byddai'n mynd ar ei ben ei hun i brofi, fel dihangfa,
gyffro'r perfformiadau yn theatrau Llundain. Ymddiddorai hefyd
yn rhamant ac arwriaeth y Canol Oesoedd. Bu'n rhaid iddo roi'r
gorau i'r diddordebau hyn tra oedd yn gadét yn Sandhurst ac yn
is-gapten Degfed Gatrawd yr Hwsariaid yn y Rhyfel yn erbyn y
Boeriaid, ond, ac yntau'n bedair ar hugain oed, cafodd gyfle

1

unwaith yn rhagor i ailgydio yn ei ddiddordebau cynnar. Ar farwolaeth ei dad ym 1899 daeth yn lluosfiliwnydd ac yn un o'r dynion cyfoethocaf yn y wlad. Etifeddodd y teitl Barwn Seaford a'r teitl Arglwydd Howard de Walden ynghyd â channoedd o aceri o dir, yn cynnwys darnau helaeth o Oxford Street, Llundain.

Y mae'n arwyddocaol mai un o'r pethau cyntaf a wnaeth oedd archebu, o siop enwog Basset Lowke yn High Holborn, fodel hynod o gywrain o theatr. Rhoddodd gartref iddo yn ei lyfrgell yn Llundain, a deuai ymwelwyr yno'n gyson i ryfeddu at brydferthwch addurniadau'r theatr fechan a chrefftwaith ei gwneuthuriad. O'r cychwyn cyntaf, felly, dyma Howard de Walden yn ceisio rhannu ei ddiddordeb yn y theatr, a gwelid ef yn aml yn ei lyfrgell yn trefnu golygfeydd ar lwyfan ei fodel i ddifyrru'r gynulleidfa a ymgasglai yno ar y penwythnosau. Ei ddiddordeb yn y ddrama a'i hysgogodd i gynnig talu crocbris am St Dunstan's, cartref mawreddog y teulu Lonsborough yn Regent's Park. Un o nodweddion hynod y tŷ hwn oedd ei theatr gain, a hon oedd yr atyniad i de Walden. Pan wrthodwyd ei gynnig, prysurodd i brynu Sefton House yn Belgrave Square. Ailfedydd-iodd y lle yn Seaford House a dechreuodd ar unwaith ar y dasg o addasu un o'r neuaddau yn theatr gyfforddus, a dechrau hefyd ar y broses gostus o addasu'r holl adeilad yn ei ddull theatraidd ei hun. Teithiodd i Dde Affrica i brynu busnes llewyrchus, sef mwynglawdd onycs gwyrdd golau, a dyma'r deunydd drudfawr a ddefnyddiwyd i greu neuadd dderbyn Seaford House, neuadd ac iddi risiau dwbl o onycs yn arwain at galeri a gerfiwyd yn gain o'r un garreg. Yma yr arferai'r Arglwydd Howard de Walden a'i wraig Margherita groesawu aelodau o'r teulu brenhinol a hufen bonedd Lloegr ac Ewrop i wleddoedd ac i ddawnsfeydd. Yma hefyd yr ymgasglai'n achlysurol rai o Gymry Llundain a swydd-ogion Mudiad y Theatr Genedlaethol Gymreig.

Ei awydd i hybu'r theatr yng Nghymru oedd yn rhannol gyfrifol am ei benderfyniad ym 1911 i gymryd Castell y Waun ger Dinbych ar brydles. Yr oedd ganddo hefyd gysylltiad teuluol â'r castell gan fod y lle'n ganolfan i'w gyndeidiau, Ieirll Arundel, rhwng 1322 a 1415. At hyn, yr oedd y castell a'i diroedd yn cynnig y cefndir delfrydol ar gyfer ei berfformiadau a'i ddrama-teiddiadau o arferion yr Oesoedd Canol. Yn ei hunangofiant,

Pages From My Life, disgrifia'r Arglwyddes de Walden sut y byddai hi a 'Tommy', ei gŵr, yn ymddangos yn yr ystafell fwyta gyda'r nos mewn gwisgoedd theatraidd, 'and kept up ridiculous conversations throughout, which though it astonished the household, was very good fun'.[1]

Y mae'n siŵr mai 'very good fun' fyddai disgrifiad yr Arglwyddes hefyd o ymddangosiadau ei gŵr wrth y bwrdd brecwast yn y siwt ddur a'r helmed a luniwyd yn arbennig ar ei gyfer. Syndod i'r arlunydd Augustus John un bore yng Nghastell y Waun oedd gweld Howard de Walden yn eistedd mewn cadair gyfforddus yn ei arfwisg yn darllen *The Times*. Y siwt ysblennydd hon a wisgai yn ystod y twrnamaint blynyddol ar diroedd y castell pryd y chwaraeai ran y Brenin Arthur. Ac âi hefyd i hela â hebog, a hynny bron yn ddyddiol, fel rhan o'i ymgais i gadw'n fyw arferion arglwyddi'r gororau. Y mae'r adeilad a gynlluniwyd gan E. W. Pugin ac a ddefnyddiwyd gan de Walden ar gyfer cadw ei hebogau i'w weld hyd heddiw yng Nghastell y Waun. Felly hefyd y galeri helaeth lle yr arferai'r teulu berfformio dramâu a phantomeimiau, ynghyd â'r 'ystafell werdd', sef y siambr yr honnir i Siarl I letya ynddi ym mis Medi 1645.

Hyd yn oed cyn iddo symud i Gymru ceisiodd Howard de Walden feistroli'r iaith Gymraeg, gan ei fod o'r farn na allai fod o gymorth i'r celfyddydau, yn enwedig y ddrama, heb fedru'r iaith frodorol. Yr oedd yn hen gyfarwydd, wrth gwrs, â noddi'r ddrama yn Llundain. Ef a sicrhaodd gyllid ar gyfer perffformiadau rhwysgfawr o *The Pretenders* Ibsen a *The Blue Bird* Maeterlink yn Theatr yr Haymarket. Methiant ariannol fu'r ddau gynhyrchiad, ond gwnaeth elw pur sylweddol o'r ffars *Bunty Pulls the Strings* gan Graham Moffat, cynhyrchiad a ddenodd gynulleidfaoedd brwdfrydig i'r Haymarket dros gyfnod o ddwy flynedd. Yr oedd yn hen gyfarwydd hefyd â chael ceisiadau am arian gan unigolion a oedd yn ceisio hybu eu gyrfaoedd yn y theatr. Ym 1906, rhoddodd y swm sylweddol o bum mil o bunnoedd i'r cynhyrchydd Gordon Craig i sefydlu stiwdio yn yr Arena Goldoni yn Fflorens. Ni ddigiodd pan drodd Craig ei gefn ar y stiwdio a gwario'r arian ar goets a phedwar ceffyl gwyn ac ar ymblesera yn y ddinas. Dro arall, rhoddodd nawdd i actores ddi-nod a ddaeth ar ei ofyn mewn het ffasiynol. Pan geryddwyd ef gan ei wraig am ei ffolineb, ei ateb oedd, 'It would have been a pity to disappoint that hat'.[2]

Yr un ffolineb diniwed a barodd iddo, yn ystod y Rhyfel Byd Cyntaf, gyflwyno i bob aelod o'i gatrawd gleddyfau ar ffurf y rheiny a ddefnyddiwyd gan y Cymry ym mrwydr Crécy. Yn ystod yr un rhyfel rhoddodd ei holl geffylau rasio enwog i'r fyddin yn yr Aifft, a'i long bleser foethus, *The Rhiannon*, i'r llynges. Anodd yw dirnad sut y dychmygai de Walden y byddai ceffylau o frid yn medru ymaddasu at waith milwrol yn niffeithwch yr Aifft, a sut y gallai llong bleser ysgubo ffrwydron. Dro arall, ariannodd fenter i adeiladu awyren mewn ymgais i efelychu camp y Brodyr Wright. Ar y bore penodedig daeth torf ynghyd i weld yr awyren yn esgyn i'r awyr, ond trodd yr achlysur yn ffars pan fethodd godi'n uwch nag ychydig lathenni. Gellir ystyried yr awyren hon fel symbol o nifer helaeth o brosiectau de Walden, gan gynnwys, i raddau, ei ymdrech i sefydlu Theatr Genedlaethol yng Nghymru.

Aflwyddiannus hefyd oedd ei ymgais i lwyddo fel dramodydd. Ef, dan yr enw T. E. Ellis, oedd awdur *Lanval*, *Heracleus*, *Constantine* a *Justinian*. Methiant fu'r cynhyrchiad ym 1908 o *Lanval* yn y Playhouse, Llundain, ac un perfformiad yn unig a gafodd *Heracleus*—er mawr siom i'r Arglwyddes de Walden gan fod ynddi 'one perfectly splendid scene between Jesus Christ and Mohammed'.[3] Ym 1922 cyhoeddodd de Walden yn breifat, dan y teitl *The Cauldron of Annwn*, ei drioleg *The Children of Don*, *Bronwen* a *Dylan, Son of the Wave*. Er tegwch iddo, yr oedd yn ymwybodol iawn o ddiffygion y gweithiau hyn, ac wrth gyflwyno copi i Lyfrgell Genedlaethol Cymru, dywed mewn llythyr at y Llyfrgellydd, John Ballinger: 'I think the library should have a copy as in the dim and distant future it may become in some sort a curiosity of literature. That's the best I can hope for it'.[4] Y mae tuedd gref i gytuno â'i farn o ddarllen llinellau fel y rhain o *Bronwen*:

> Bronwen was fairest of all women born
> A little light of God that made men mad
> Yet they gave her such worship as they had.

Ac eto, pan gyhoeddwyd y gyfrol, neilltuodd Edmund Gosse golofn a hanner iddi yn *The Sunday Times* a chafwyd adolygiad arni yn *The Guardian*. Flynyddoedd cyn cyhoeddi'r gyfrol, comisiynwyd y cerddor Josef Holbrooke i gyfansoddi cerddoriaeth addas ar gyfer y drioleg. Perfformiwyd *The Children of Don* yn y Tŷ Opera yn Llundain dan gyfarwyddyd Oscar Hammerstein, a chynhyrchwyd *Dylan* yn Drury Lane gan Joseph Beecham, gyda'i fab, Thomas Beecham, yn arwain y gerddorfa. Yn Lerpwl, gan Gwmni Carl Rosa, y perfformiwyd *Bronwen*. Yn ystod y perfformiad o *Dylan*, gwestai'r Arglwyddes de Walden oedd y cerddor Delius, a oedd yn ffrind agos i'r teulu.

Ond y gwir amdani yw mai'r pantomeim yn hytrach na dramâu ac operâu safonol oedd forte Howard de Walden. Cyfansoddai'r rhain yn flynyddol ar gyfer perfformiadau yng Nghastell y Waun a Seaford House, ac ynddynt ymddangosai un cymeriad yn rheolaidd, sef 'Y Ddraig Goch Gymraeg', a hynny mewn gwisg wladgarol ei lliwiau a gynlluniwyd gan yr enwog Bruce Winston. Howard de Walden ei hun a chwaraeai'r 'Ddraig Goch Gymraeg' —rhan yr oedd, yn ôl pob tystiolaeth, yn ei hactio ag arddeliad.

Yn y gyfrol *Written in Friendship* gan Gerald Cumberland ceir asesiad tra diddorol o gymeriad Howard de Walden. Yn ystod y dauddegau cynnar ariannodd daith gan Gerddorfa Symffoni Llundain i gymoedd y de, gan y credai y byddai cerddoriaeth glasurol yn falm i eneidiau'r glowyr anghenus. Ar noson y cyngerdd ym Mhafiliwn Aberpennar gwelwyd Arglwydd Aberdâr yn eistedd yn ffroenuchel, ar wahân i'w weithwyr, yn ei focs rhwysgfawr. Daw Aberdâr dan lach Cumberland: 'He was . . . noticeable only for his arrogance . . . the hard, unsympathetic aristocrat is not a lovely figure'.[5] Yna, prysura i gynnig cameo o'r Arglwydd Howard de Walden:

> But of course, there are lords and lords. Lord Howard de Walden also came to Mountain Ash. A clever, whimsical, good-natured man, this. He hung about for many hours ready to undertake any little job . . . an affable lord. A lord who spends money freely on music and literature . . . who writes rugged poetry not always obedient to the laws of syntax.[6]

Yna daw i'r casgliad: 'He is destroyed by his own versatility, foiled and defeated by his clever adaptability. In consequence, he has a dim but very widespread reputation; it is generally felt that he "does things", but no one quite knows what the things are that he does. I feel he would have it so'.[7]

Nid yw'r asesiad hwn gan Gerald Cumberland yn gwbl deg. Yn sicr, ym 1911, pan ymgartrefodd yng Nghastell y Waun, yr oedd yn gwbl hysbys mai un o amcanion de Walden oedd adfywhau'r ddrama yng Nghymru, ac, yn benodol, sefydlu Theatr Genedlaethol. Ysgogwyd ef i gychwyn ar y fenter gan ddau gyfaill, sef y nofelydd George Moore a'r bardd a'r dramodydd W. B. Yeats. Bu i'r ddau, yn ystod eu hymweliadau cyson â Seaford House, annog de Walden i ysgwyddo'r cyfrifoldeb o noddi adfywiad y theatr yn ei wlad fabwysiedig. Perswadiwyd ef ymhellach i efelychu esiampl noddwyr y theatr yn Iwerddon, megis Lady Gregory, Edward Martyn ac Annie Horniman. Pwysleisiwyd gan y ddau hefyd bwysigrwydd adfywio'r iaith Gymraeg drwy gyfrwng y theatr er mwyn hybu cenedlaetholdeb. Yn y gyfrol *Confessions of a Young Man*, noda Moore yn ei draethawd, 'Epistle to the Cymry':

> I used to confide in Lord Howard all my plans for the revival of the Irish language, and one of my plans was a travelling theatre; my plan had come down from Goethe, who, when he was consulted as to the best means whereby the German language might be established in Poland, answered, "The best way to interest a people in a language is through the theatre".[8]

Ac wrth ymhyfrydu yn ymgyrch de Walden i sefydlu Theatr Genedlaethol yng Nghymru ar ddechrau ail ddegawd yr ugeinfed ganrif, meddai Moore yn orfoleddus, 'Goethe's idea has come to birth in Wales'.[9]

Gyda golwg ar ddarparu dramâu addas ar gyfer eu perfformio gan Gwmni Theatr Cenedlaethol, cynigiodd Howard de Walden yn y *Western Mail*, 24 Chwefror 1911, wobr o ganpunt am ddrama newydd, wreiddiol yn Gymraeg neu yn Saesneg. Y cyfarwyddyd oedd y dylai ymdrin â 'things Welsh', a gellid ei gosod mewn unrhyw gyfnod. Rhoddwyd penrhyddid i'r cystadleuwyr gynnwys 'drama, facts or fantasies, history, Ireland or grimmest realities'.[10] Wrth ddyfarnu'r wobr eglurodd Howard de Walden yn y *Western Mail*, 30 Tachwedd 1911, mai ei fwriad wrth sefydlu'r gystadleuaeth oedd 'to elicit plays "that ought to be performed". Yearly there are many plays staged which are "actable" but which should certainly never be performed . . . My hopes were based a little on the history of the Abbey Theatre'. Nid oedd ymateb de Walden i arlwy 1911 yn arbennig o ganmoliaethus, ac felly gellid tybio mai 'actable' yn unig oedd dramâu buddugol y flwyddyn honno. Rhannwyd gwobrau 1911 fel a ganlyn: deugain punt i *The Banner of the Red Dragon*, decpunt ar hugain i *Arwr Cymru*, ugain punt i'r ddwy ddrama fer *The Merry Cuckoo* a *The Welsh Honeymoon*, a decpunt i *Owain ap Cadwgan*.

Yng nghystadleuaeth 1912, fodd bynnag, cafwyd drama a oedd yn gwir deilyngu'r wobr, sef *Change* gan J. O. Francis. Ac eto, yn ei feirniadaeth yn Ionawr 1913, cyhoeddodd Howard de Walden na fyddai mwyach yn gwobrwyo drama mor 'Seisnig': 'I feel a certain grudge against the author of "Change" in that his work might well have been submitted to the horde of hungry managers in London with a good chance of success . . . Henceforward any contribution founded too obviously upon an English model will be viewed with a baleful eye. Steal as much from the English but don't copy them.' Er mawr foddhad iddo, dramâu Cymraeg a ddaeth i'r brig yng nghystadleuaeth 1913, ac, ar 1 Ionawr 1914, wrth gyhoeddi ei feirniadaeth yn y *Western Mail*, dywed: 'As the competition and the award is more for the purpose of stimulating authors, than making a definite decision as to merit, I think it will be well if the prize is divided between these two authors. I am very glad the old tongue has it this year . . . '. Y ddau oedd R. G. Berry ('Peredur') gydag *Ar y Groesffordd*, a D. T. Davies ('Ap Mwnwr'), gyda *Ble Ma Fa?*, *Ephraim Harris* ac *Y Dieithryn*. Yn ei feirniadaeth gwelir Howard de Walden yn datgan ei gefnogaeth i'r iaith Gymraeg. Yr oedd yn argyhoeddedig 'that the worthiest things would come from the land's own language', a'i fwriad oedd rhoi cyfle i 'a very living tongue have its full play and find as large an audience as it could'.

Un o'r ymgeiswyr yng nghystadleuaeth 1913 oedd Florence Howell gyda'i drama *Jane Wogan*. Nis gwobrwywyd gan de Walden gan ei fod o'r farn mai'r hyn a gafwyd yma oedd 'too much of a statement, a plain transcription from life, a gloss, not a play'. Ac eto, dyma ddrama a lwyddodd, ychydig flynyddoedd yn ddiweddarach, i ddenu cynulleidfaoedd brwdfrydig i Theatr St

Martin's yn Llundain, ac a gipiodd y wobr gyntaf o blith tri chant a hanner o ddramâu eraill—a hynny'n dra haeddiannol—mewn cystadleuaeth ryngwladol.

Erbyn 1914, fodd bynnag, yr oedd diddordeb dramodwyr yng nghystadleuaeth Howard de Walden wedi pylu, a'r flwyddyn honno pump o ddramâu yn unig a dderbyniwyd. Rhoddwyd y gorau i gynnal y gystadleuaeth yn ystod blynyddoedd y Rhyfel Mawr, ond fe'i hatgyfodwyd hi gan y noddwr ym 1919. Er iddi ym 1912 a 1913 ei sefydlu ei hun fel cyfrwng pwysig i gefnogi gweithiau tri o ddramodwyr addawol—J. O. Francis, R. G. Berry a D. T. Davies—nid oedd pawb, o bell ffordd, yn cymeradwyo un o amcanion sylfaenol y wobr, sef yr ymgais i hybu hunaniaeth cenedl drwy fynnu fod y dramâu yn ymwneud â 'things Welsh'. Yn *Wales* yn Chwefror 1913, ceir erthygl gyhyrog gan Tudur Jones yn dadansoddi'n dra beirniadol ymgais de Walden i sefydlu 'a school of dramatists in order that our nationality may be proven by their existence exclusively'. Y peth pwysig ym marn Tudur Jones oedd dod o hyd i ddramâu o safon, rhai a fedrai godi uwchlaw'r cenedlaethol—'plays in which the national idiom is lost sight of before the overwhelming significance of the human idiom'. Ategwyd y farn hon gan William Watkins yn yr un cylchgrawn yn Awst 1914. Iddo ef yr oedd y dramâu newydd a oedd yn ymwneud â Chymru yn rhai cwbl fewnblyg a phlwyfol: 'the appeal is to the clannish spirit. The Welsh dramatist must realise that . . . if he would have the world listening, he must sound to humanity and not to a nation'.

Ni chymerodd Howard de Walden fawr o sylw o'r lleisiau croes hyn. O'r cychwyn cyntaf yr oedd ef yn hyderus y byddai'r wobr yn fodd i adfywiogi'r ddrama yng Nghymru, a thrwy hynny, adfywhau ysbryd cenedlatholgar a diwylliant y Cymry. Credai hefyd fod arno gyfrifoldeb i sicrhau fod talentau dramodwyr ac actorion Cymru yn cael eu harddangos ar lwyfannau Lloegr a thu hwnt. I'r perwyl hwn noddodd berfformiadau o *Change* gan gwmni o actorion Cymreig (Incorporated Stage Society) yn Theatr yr Haymarket, Llundain, ar 7, 8 a 9 Rhagfyr 1913. Cafwyd adolygiadau tra ffafriol o'r perfformiadau yn y *Pall Mall Gazette* a *The Globe*, ond y mae'n rhaid mai'r adolygiad a ymddangosodd yn *The Observer* a ysbrydolodd de Walden i noddi ymhellach berfformiadau o *Change* yn Efrog Newydd a Chicago. Yn ôl adolygydd *The Observer:*

> When the Abbey Theatre players first came to London, we all delighted in their 'natural' playing, which was merely the sincerity and earnestness of, say the Hildenborough Village players, with the charm of the brogue added. But the 'natural' acting of the Welsh company was a different thing. It was a fine art . . .[11]

Yn erthyglau'r wasg yng Nghymru cyfeirir at lwyddiant ysgubol y ddrama yn America. Nid dyna'r realiti o bell ffordd. Perfform-iwyd *Change* yn America am y tro cyntaf yn y Booth Theatre yn Efrog Newydd ar 27 Ionawr 1914. Yn y Rhagair i'r argraffiad Americanaidd o'r ddrama ym 1914, dywed Montrose J. Moses: '"Change" met with a most deplorable and undeserved reception in America. Its first week was as disastrous as that of Mr Charles Kenyon's "Kindling", and though efforts were made to save so worthy a production from disaster, it failed to have the later success which "Kindling" attained'. Cyndyn iawn oedd theatrau de Cymru i agor eu drysau i gynhyrchiad o *Change*, er gwaetha'r ffaith fod Owen Rhoscomyl (Capten A. O. Vaughan) a Howard de Walden wedi ceisio darbwyllo'r rheolwyr y byddai unrhyw berfformiadau yng Nghymru yn rhwym o fod yn llwyddiannus yng ngoleuni'r ffaith fod theatrau America wedi cytuno i lwy-fannu'r ddrama. At hyn, gobaith de Walden oedd mynd â'r ddrama ar daith am gyfnod o bedwar mis i brif drefi'r de, ond dwy theatr yn unig a oedd yn barod i groesawu *Change*. Un ohonynt oedd Neuadd y Gweithwyr, Aberaman.

Bu amharodrwydd y theatrau i dderbyn cynhyrchiad yr Incor-porated Stage Society o *Change* yn sbardun i Howard de Walden a'i gefnogwyr fynd ati ar fyrder i sefydlu Cwmni Cenedlaethol yng Nghymru, ac i gynllunio theatr bwrpasol ar gyfer cynyrch-iadau'r cwmni arfaethedig. Ceir gan Owen Rhoscomyl yn y *Western Mail*, 20 Ionawr 1914, ddisgrifiad o'r hyn a oedd gan de Walden mewn golwg: 'it is to be a repertory theatre; that is to say, it will not merely present one strong play night after night . . . it will give a succession of plays night after night, one play after another . . . our Welsh audience will get a fresh play every night by going to the same theatre. To do this the theatre will have to have a long list of plays'. Rhaid hefyd oedd sicrhau y byddai'r theatr yn un symudol: 'The theatre must be where the people are . . . and the people of Wales are scattered. We have no one city large enough to support a repertory theatre. The Irish players could get steady audiences in Dublin, for Dublin had people enough . . . Since our people cannot all come to the theatre if we pitch it in one place, we must take our theatre to all the people by making it a travelling theatre'. Ond nid oedd y syniad o theatr symudol, ychwaith, yn llwyr ateb y broblem: 'a travelling theatre, fitted to tour through the outlying parts of Wales, is obviously not the vehicle for presenting plays to the audiences of our greater towns. Those audiences can only be reached through the large permanent theatres in those towns. Thus two methods will have to be provided—first, a travelling theatre to tour the land outside the largest towns, and, secondly, a travelling company of actors touring the theatres in the larger towns in the customary way, giving a repertory of plays instead of only one'.

Nid oedd dim yn newydd, wrth gwrs, yn y syniad o theatr symudol. Ym 1894, yn rhifyn cyntaf *Wales* O. M. Edwards, cyfeirir mewn erthygl ar 'The Welsh Drama' gan Tom Jones at yr angen am gwmni dwyieithog, am ddramâu newydd o safon ac am 'portable theatre' ac ynddi le ar gyfer cynulleidfa o fil. Ceir amcangyfrif hefyd o gostau theatr o'r fath. Yr oedd y Cymry, yn enwedig yn y de, yn hen gyfarwydd, wrth gwrs, â'r 'portable theatres' Saesneg a arferai ymweld â'r trefi, ond, ym 1914, yr oedd Howard de Walden yn dra awyddus i sicrhau cynulleidfaoedd fod ei theatr ef yn un gwbl wahanol o safbwynt chwaeth a moethusrwydd. Yn Ionawr 1914 ymgynghorodd â chynllunwyr blaenllaw y theatrau symudol, a dewisodd adeilad hynod gain â lle ar gyfer wyth gant o bobl. Sicrhawyd ef y byddai'r theatr wedi ei hadeiladu erbyn hydref 1914. Ceir disgrifiad o'r adeilad arfaethedig gan Owen Rhoscomyl yn y *Western Mail*, 20 Ionawr 1914:

It will be no bare booth lit with naphtha flares and ankle deep in mud, but a thoroughly up-to-date portable theatre, with plush-covered seats and hangings, and with fine carving and gilding; with a stage large enough for any play and with electric lights of full power. It will not be a shabby hole-and-corner booth, lurking in the shadows, but good enough for any deacon to enter at the head of his family, for this is one of the cases where "respectability" is really worthy of respect.

Ac ychwanega: 'If we are out to bring strong, clean Welsh drama to the people of Wales and so to encourage the prophets and poets of Wales to use the stage for their message, we must present those plays in honourable surroundings'. Y mae'r pwyslais, fel y gwelir, ar foethusrwydd yr adeilad ac ar barchusrwydd y dramâu a oedd i'w perfformio ynddo. Cynigir i'r cyhoedd theatr dra goleu-edig, yn llythrennol ac yn foesol, a gâi ei 'dilysu' gan gefnogaeth llenorion a beirdd Cymru. Dyma ymgais amlwg i ddymchwel y rhagfarn yn erbyn y theatr a'r ddrama. Nid 'Teml Satan' fyddai theatr symudol Howard de Walden.

Er sicrhau sefydlu Cwmni Drama Cenedlaethol cynhaliwyd cyfarfod yn swyddfeydd J. T. Richards a Morris, Y Stryd Fawr, Caerdydd, ar 29 Ionawr 1914. Yn bresennol yr oedd de Walden, Llewelyn Williams AS, Harry Webb AS, Lynn Thomas, Owen Rhoscomyl, Ted Hopkins a J. E. Morris. Penderfynwyd ffurfio cwmni yn dwyn y teitl 'The Welsh National Drama Company (Limited)', gyda'r is-deitl 'Welsh Players'. Etholwyd de Walden yn Gadeirydd, J. E. Morris yn Ysgrifennydd a'r digrifwr dramâu cerdd Ted Hopkins yn Rheolwr. Amcanion y cwmni oedd codi'r ymwybyddiaeth o bwysigrwydd y theatr yng Nghymru, hybu dramodwyr, denu actorion Cymraeg yn ôl i weithio yng Nghymru er dwyn bri i'w gwlad, a diogelu'r iaith Gymraeg. Y gobaith oedd y byddai'r cwmni, wedi cyfnod o wyth wythnos yn perfformio yn theatrau'r de tra oedd y theatr symudol yn cael ei llunio, yn teithio gyda'r theatr newydd hon yn ystod hydref a gaeaf 1914 o amgylch trefi a phentrefi'r gogledd. Yn rhifyn Mawrth 1914 o *The Welsh Outlook* cyhoeddir: 'A limited company, with Lord Howard de Walden as its chairman of directors has now been incorporated . . . adopting the title Welsh National Drama Company.' Er mai un o amcanion y cwmni oedd diogelu'r iaith, ni cheir unrhyw awgrym fod teitl Cymraeg ar gyfer y cwmni wedi'i fabwysiadu.

Yn ei erthygl yn y *Western Mail*, 20 Ionawr 1914, yr oedd Owen Rhoscomyl wedi nodi y byddai angen pum mil o bunnoedd i sicrhau troedle cadarn i'r cwmni newydd. Nododd hefyd fod dau o ddynion blaenllaw Cymru (nas enwir) eisoes wedi datgan eu parodrwydd i fuddsoddi. Yn y cyfamser, Howard de Walden ei hun a ysgwyddodd yr holl faich ariannol, ac aethpwyd ati i hysbysebu swyddi ar gyfer actorion proffesiynol dwyieithog. Ond, o'r cychwyn cyntaf, bu cryn feirniadu a checru. Yn *Wales*, Mawrth 1914, ymddangosodd ysgrif gan Beriah Gwynfe Evans yn dwyn y teitl 'The Mistake', ac ynddi lambastia'r awdur y penderfyniad i gyflogi actorion proffesiynol a'r polisi o ymweld â'r trefi mawrion yn unig yn ystod taith gyntaf y cwmni yn y de. '[D]oomed to inevitable failure' oedd dyfarniad Beriah Gwynfe Evans ar yr holl fenter, a hynny am fod y trefnwyr wedi anwybyddu dwy ffaith sylfaenol: 'first that the nationalism of Wales is not restricted to the great towns, and secondly, that the national talent of Wales does not take kindly to professionalism'. Ceisiodd Owen Rhoscomyl roi taw ar y cecru ac wfftio'r gwrthwynebiad i gyflogi actorion proffesiynol yn unig, gan nodi'n fachog yn y *Western Mail*, 27 Mawrth 1914: 'Watching the best amateurs you are all the time watching how they act. Watching the poorest professionals you are watching what they act'.

Yn llawn hyder, aeth rheolwyr y cwmni newydd ati i gyfweld nifer o actorion proffesiynol, ac erbyn Ebrill 1914 yr oeddynt wedi dewis y canlynol: Janet Evans, Lizzie Evans, David Hughes, Gunston Jones, E. Ponto Jones, Phil John, David Morgan, Gwilym Phillips, Tanad Powell, Rhuamah Rees, T. Costello Williams a Betty Wyn. Penodwyd Ted Hopkins yn gyfarwyddwr dramâu'r cwmni newydd, a'r gweithiau a ddewiswyd ar gyfer y teithiau arfaethedig i'r de a'r gogledd oedd *Change, Ephraim Harris, Ble Ma Fa?, Ar y Groesffordd* a *The Poacher*, ynghyd â dwy ddrama o eiddo T. E. Ellis (Howard de Walden), sef *Pont Orewyn* a *The Path Across the Hills*.

Yn *Wales*, Ebrill 1914, ceir ymateb Beriah Gwynfe Evans i'r dewis o actorion ac i'r cynllun cyffredinol i greu Theatr Genedlaethol yng Nghymru. Mewn darn yn dwyn y teitl 'Lord Howard de Walden's Mistake, And How It May Be Rectified'—darn mwy canmoliaethus o lawer na'i ysgrif flaenorol yn yr un cylchgrawn—y mae'n talu teyrnged i'r noddwr am gefnogi dramâu Cymraeg a Chymreig, ac am ddod o hyd i gwmni o actorion dwyieithog. Gwelai Beriah Gwynfe Evans y cwmni fel 'ysgol

deithiol' a fyddai'n medru hyfforddi cwmnïau amatur ym mhen-
trefi a threfi bychain Cymru. Dyma ei 'scenario':

> Take the average local dramatic society. In numberless instances these will
> hereafter be established in small country towns, in small villages, possibly
> even in remote hamlets . . . The only available building is the village
> schoolroom. It has no stage. This will be put up a couple of hours or so
> before the performance is due, and will consist of a few three-inch planks
> loosely placed on strong trestles. There are no footlights, no dressing-
> rooms, no curtains, no flies, no wings, no anything which professional
> actors associate in their minds with a 'stage'.
>
> Lord Howard de Walden's company of Welsh players come around and
> put up their movable theatre for a night or two at the nearest town, three
> to ten miles away by country road. Ardent members of the village society
> make a pilgrimage to see and hear the company of Welsh players. They
> for the first time realise what are the actualities and possibilities of a real
> stage and a real performance.

Yn ôl Beriah Gwynfe Evans, nid oedd gan y cwmnïau amatur
lleol yr adnoddau i sicrhau perfformiadau â rhywfaint o sglein yn
perthyn iddynt. Ond deuai theatr Howard de Walden i'r adwy yn
y cyswllt hwn: 'Here, then, comes the mission of Lord Howard de
Walden's company of Welsh players. Let him not alone send
round his travelling company of players, not alone his model
movable theatre, but let him encourage and assist these small local
dramatic companies to fit up their own little local theatres at
nominal cost'. Sut, felly, yr oedd cwmni de Walden i gyflawni
hyn? Yn syml, drwy ddarparu cyfarwyddiadau ysgrifenedig ar sut
i godi llwyfan addas mewn adeilad lleol, drwy sicrhau cyflenwad o
ddodrefn llwyfan, setiau a gwisgoedd, a thrwy anfon at y
cwmnïau bosteri yn arddangos golygfeydd o'r dramâu hynny a
ddewiswyd gan y Cwmni Cenedlaethol. Yn hyn oll, adlewyrchai
ysgrif Beriah Gwynfe Evans ddyheadau a chynlluniau de Walden
ei hun.

Yn ystod mis Ebrill 1914 aeth y Cwmni Cenedlaethol ati i
ymarfer, dan gyfarwyddyd Ted Hopkins, yr holl ddramâu a fab-
wysiadwyd. Yn y gobaith o sicrhau cynulleidfaoedd sylweddol ar
gyfer y perfformiadau agoriadol yn y Theatr Newydd, Caerdydd,
cynhaliwyd, ar 8 Mai, gyfarfod mawreddog yn Neuadd y Ddinas.

Ar wahoddiad yr Arglwydd Faer, J. Robinson, daeth pum cant o bobl ynghyd i wrando ar de Walden a George Moore yn canu clodydd y sefydliad newydd. Yn ei anerchiad pwysleisiodd Robinson ei fod yn bwriadu dysgu Cymraeg, a hynny am iddo brofi rhwystredigaeth o fethu dilyn y dramâu yr oedd wedi eu gweld y noson cynt—dramâu bychain a berfformiwyd gan blant yn un o bentrefi Ceredigion. Pwysigrwydd diogelu ac adfywio'r iaith Gymraeg drwy gyfrwng y ddrama oedd byrdwn neges George Moore yntau. Cyfeiriodd at ei fethiant i berswadio'r Gwyddelod i ddefnyddio'r theatr fel arf i atgyfnerthu'r iaith frodorol, a chyfeiriodd—a hyn, cofier, ar drothwy'r Rhyfel Mawr—at y sylw hwnnw gan Goethe (y cyfeiriodd Moore ato, fel y gwelwyd, yn *Confessions of a Young Man*), ynghylch y ffordd orau o boblogeiddio'r defnydd o'r iaith Almaeneg yng ngwlad Pwyl, sef drwy gyflwyno i'r brodorion ddramâu Almaeneg syml a dirodres. Y mae'n werth nodi na chlywyd gair o Gymraeg o enau'r siaradwyr yn Neuadd y Ddinas, Caerdydd, y noson honno. Diddorol yw sylwi hefyd fod George Moore yn awyddus i sicrhau pwysigion Caerdydd nad oedd rhaglen y Cwmni Cenedlaethol yn un drom, ac mai 'small unpretentious plays' a ddewiswyd ar gyfer y daith.

Yn anffodus, er gwaethaf y cyfarfod cyhoeddus yng Nghaerdydd ac erthyglau Owen Rhoscomyl yn y *Western Mail* o blaid y mudiad, tenau iawn oedd y gynulleidfa yn y Theatr Newydd ar gyfer y perfformiad agoriadol o *Change* ar nos Lun, 11 Mai 1914. Nid yw 'Alban', yn ei golofn 'O'r De' yn *Y Brython* ar 4 Mehefin, yn gywir yn ei honiad fod 'cynulliad da' yn y theatr ar y nos Lun. 'Rather disappointing' yw disgrifiad gohebydd y *Western Mail* ar 12 Mai o'r niferoedd, a damcaniaetha mai'r rheswm oedd bod y cyhoedd yn gofyn am 'assured successes, and not for what it might be tempted to regard as ventures'. Ymhlith y rhai a oedd yn gwylio'r perfformiad o *Change* yr oedd Maer a Maeres Caerdydd, Ardalydd Bute a'i wraig, Y Prif Gwnstabl David Williams, Howard de Walden, Mr a Mrs Edgar Jones, Y Barri, Owen Rhoscomyl a'i wraig, a sawl un arall o bwysigion Caerdydd. Gwelir gohebydd y *Western Mail* yn ymffrostio yn y ffaith fod nifer o gyfeiriadau at Gaerdydd yn y ddrama—gwaith a ddisgrifir gan yr awdur fel 'A Glamorgan Play'.

Tenau iawn hefyd oedd y gynulleidfa ar gyfer y perfformiad o *Ephraim Harris* ar y nos Fawrth—'the first Welsh play, in Welsh, ever produced in a regular theatre by a company of professional actors'.[12] Cawn ddisgrifiad o'r olygfa yn yr awditoriwm y noson honno gan 'Alban', a ddywed yn *Y Brython* ar 4 Mehefin mai 'ychydig oedd yn y Chwaraedy oddigerth yn eisteddleoedd y prisiau isaf. Prawf ydoedd hyn taw'r werin sydd mwyaf ymdeimladwy i fudiadau buddiolaf y genedl'. Pur ddirmygus yw'r gohebydd o ddylanwad 'cenedlatholwyr' y de, 'canys er cymaint fu'r chwythu ar utgyrn cenedlatholwyr ar hyd y blynyddau, bychan bychan iawn oedd ffrwyth eu dylanwad i'w weled yn y cynulleidfau tenau, a ddaeth ynghyd i wrando ar *Ephraim Harris*'. Y noson wedi'r cynhyrchiad, nododd gohebydd y *South Wales Daily News*: 'the support extended to the venture by the Welsh people of Cardiff was disappointing . . . it was natural to expect that the Welsh-speaking population of Cardiff would have flocked to the theatre—that the Cymmrodorion, the Cymry Cymreig, and the members of the Carmarthenshire and Cardiganshire societies would have been there in large numbers'.

Diau fod Howard de Walden ac Owen Rhoscomyl wedi rhagweld y diffyg cefnogaeth a'u bod, gyda chymorth Harry Webb a Llewelyn Williams, eisoes wedi trefnu sbloets a fyddai'n siŵr o lenwi seddau'r Theatr Newydd. Ar ddiwedd y perfformiad o *Ephraim Harris*, ac wedi i'r awdur ymddangos ar y llwyfan, cafwyd y datganiad theatraidd fod teligram newydd gyrraedd oddi wrth Harry Webb yn cyhoeddi y byddai'r Canghellor, Lloyd George, yn bresennol yn y Theatr Newydd ar y nos Wener a'r nos Sadwrn. Dyma greu diddordeb dros nos, felly—drwy gyfrwng enghraifft athrylithgar o oportiwnistaidd o gysylltiadau cyhoeddus—yng ngweithgaredd y Cwmni Cenedlaethol. Oni bai am ymweliad arfaethedig Lloyd George, y mae'n bur debyg y byddai'r adolygiad damniol ar *Ephraim Harris* a ymddangosodd yn y *South Wales Daily News* ar 13 Mai wedi cadw pobl Caerdydd draw o'r Theatr Newydd. Ar 8 Mai yr oedd Owen Rhoscomyl wedi sicrhau darllenwyr y *Western Mail* fod y ddrama 'of a most compelling nature', ond, ym marn adolygydd y *South Wales Daily News*, yr oedd yn hynod o wan o ran ei strwythur a llafurus iawn ei deialog. Ar y llaw arall, adleisio barn Owen Rhoscomyl a wnaeth adolygydd y *Western Mail* ar 13 Mai, gan ganu clodydd yr hyn a welai fel adeiladwaith crefftus y ddrama—'patterned with the Ibsenite's fondness for the psychological and spiritual'— ynghyd â'i defnydd o'r 'charming Glamorganshire dialect'. Ond, yn ôl pob tebyg, nid oedd gwendidau a chryfderau'r dramâu o bwys i'r torfeydd a ymgasglodd wrth ddrysau'r Theatr Newydd ar y dydd Mercher i archebu tocynnau ar gyfer gweddill yr wythnos. Y peth hollbwysig oedd cefnogaeth a phresenoldeb y Canghellor. Daeth cynulleidfa ardderchog i'r perfformiadau o *Change* ar y nos Fercher ac *Ar y Groesffordd* ar y nos Iau, ac ar ddiwedd y cynhyrchiad hynod lwyddiannus o ddrama R. G. Berry, ymffrostiodd de Walden o'r llwyfan yn y ffaith fod yr holl docynnau ar gyfer gweddill yr wythnos eisoes wedi eu gwerthu.

Ar y prynhawn Gwener teithiodd Lloyd George o Lundain i Gaerdydd yng nghwmni ei ferch Olwen, ynghyd â Llewelyn Williams. Croesawyd ef yn dywysogaidd yng ngorsafoedd Casnewydd a Chaerdydd ac ymgasglodd cannoedd ar hyd strydoedd y ddinas i gael cipolwg ohono yn cael ei yrru i Westy'r Parc i dderbyniad a drefnwyd ar ei gyfer gan yr Arglwyddes de Walden. Oddi yno, cerddodd ef a'i osgordd i'r Theatr Newydd i weld perfformiadau o *Ble Ma Fa?*, *The Poacher* a *Pont Orewyn*. Er i ddramâu D. T. Davies a Howard de Walden dderbyn cymeradwyaeth wresog, y ffefryn, o bell ffordd, oedd y gomedi ysgafn, *The Poacher*. Y noson honno, serch hynny, nid y cynyrchiadau ar y llwyfan oedd y prif atyniad, ond y perfformiadau cyffrous yn yr awditoriwm ei hun.

Wrth i'r llen ddisgyn ar ddiwedd y ddrama ddwys *Ble Ma Fa?* neidiodd swffragét o'i sedd yn rhes flaen y cylch cyntaf. Pwyntiodd fys cyhuddgar at focs y Canghellor gan weiddi'n eofn, 'Lloyd George! Is it right for you to come and see a play when women are suffering in prison?'[13]—gweithred a gythruddodd y gynulleidfa: 'there was a howl from the audience of "Chuck her out". She was seized upon by two stalwart stewards and hustled out with scant ceremony, a strong force of detectives guarding the doors to prevent the audience rushing to the corridors'.[14] Llwyddwyd i dawelu'r dorf, a chododd y llen ar gyfer y perfformiad o *The Poacher*. Er hyn, ni lwyddwyd i dawelu'r swffragetiaid. Yn ôl adroddiad y *South Wales Daily News*:

When the curtain rose on the second play "The Poacher", the lights having been switched off and the theatre being in darkness, another suffragette got up in the dress circle and in a solemn voice cried out, "The villain of the piece is in that box there."

The angry crowd stopped the play and howled their disgust. She was promptly hustled out by two detectives after the lights had again been switched on, and a few others who called "Bravo", were also unceremoniously bundled into the cloakroom. The final interruption came immediately the lights were turned down for T. E. Ellis's historical episode "Pont Orewyn".

A woman got up in the front row of the dress circle, but her remarks were soon cut short, and like the previous interrupters she was ejected through the swing doors by three police officers.

In all, eight suffragettes were turned out.[15]

Gwyddai'r heddlu, wrth gwrs, y byddai presenoldeb Lloyd George yn y Theatr Newydd yn cynnig i swffragetiaid y ddinas gyfle ardderchog i brotestio yn erbyn polisi llywodraeth y dydd yn erbyn rhoi'r bleidlais i ferched. (Yn wir, cafwyd rhagflas o'r hyn a oedd i ddod y funud yr ymddangosodd Lloyd George yn ei focs yn y theatr. Cododd pawb ar eu traed i groesawu'r Canghellor, ond, uwchben cymeradwyaeth y dorf, gellid clywed y waedd, 'Votes for Women!'.) Ym 1914, yr oedd cymdeithas y swffragetiaid yng Nghaerdydd yn un eithriadol o rymus, ac yn ail yn unig i gangen Llundain o ran nifer yr aelodau. Rhoddwyd arweiniad a hwb yn ystod y cyfnod hwn gan Margaret Haig Mackworth (Arglwyddes Rhondda yn ddiweddarach)—gwraig a gollfarnwyd yn llym am neidio ar fodur y Prif Weinidog Asquith pan fu i hwnnw ymweld â Chasnewydd, ac a garcharwyd ym 1913 am ffrwydro blwch post yn Heol Risca, Caerdydd. Diau hefyd fod yr hyn a ddigwyddodd ychydig ddyddiau ynghynt yn Llundain wedi cynnig esiampl i swffragetiaid Caerdydd ynghylch sut i weithredu'n gyhoeddus. Yn ystod perfformiad gala yn y Tŷ Opera Brenhinol yn Covent Garden, cododd swffragét gan gyfeirio ei phrotest daer at Siôr V yn ei focs brenhinol. Fel y dywed gohebydd y *Western Mail* ar 12 Mai: 'A storm of hissing stopped her further observations'. Diystyru'r brotest a wnaeth y Brenin Siôr, a go brin y cynhyrfwyd Lloyd George ychwaith— gŵr a oedd yn hen gyfarwydd â gweithredu cyhoeddus y swffragetiaid yn erbyn ei safiad haearnaidd o blaid polisi'r llywodraeth.

Yn y Theatr Newydd ar y nos Wener, buan yr anghofiwyd y cynnwrf wrth i'r gynulleidfa fwynhau'r gomedi ysgafn *The Poacher*, a chymeradwyo portread Gwilym Phillips o 'Dicky Bach Dwl'. Fel y nododd gohebydd y *South Wales Daily News*, cafwyd y brotest olaf o du'r swffragetiaid yn y theatr ar ddechrau *Pont Orewyn*, ond anwybyddu'r digwyddiad a wnaeth y gynulleidfa gan ei bod wedi ei syfrdanu gan set arbennig o foethus y ddrama a chan yr effeithiau sain a'r goleuo trawiadol. Hudwyd hwy ymhellach gan y defnydd o daflunydd—peth digon arbrofol yn y theatr ym 1914—i ddarlunio'r adar drycin yn heidio ynghyd yn ystod areithiau olaf gwarchodwyr y Tywysog Llywelyn. Diddorol sylwi fod Howard de Walden wedi defnyddio'r un dechneg yn y cynhyrchiad operatig o *Dylan* a berfformiwyd ar 4 Gorffennaf 1914 yn Theatr Drury Lane. Ond uchafbwynt technegol *Pont Orewyn* oedd yr eira trwchus o wadin gwyn a ddaeth i lawr o'r uchelfannau wedi marwolaeth Llywelyn. Wedi'r fath ddifyrrwch, prin oedd awydd y gynulleidfa i feirniadu ansawdd y ddrama. Ac, wrth gwrs, yr awdur ei hun a oedd yn ariannu holl fenter y Cwmni Drama Cenedlaethol. Y mae sylw byr 'Hesgin' yn *Y Brython* ar 2 Gorffennaf yn cyfleu'r neges yn groyw: 'Nid oes fawr i ddweyd am *Bontorewyn*, dramadig o waith Howard de Walden. Mae hi'n ddigon pert fel *tableau*'. Cafwyd *tableaux* lu yn *Dylan* hithau, ond ni fu i hynodrwydd y golygfeydd ar y llwyfan atal y wasg Saesneg rhag beirniadu, a hynny'n llym, libretto Howard de Walden. Yn ôl beirniad y *Birmingham Post*: '"Dylan" is a failure . . . the fault is considerably less the musician's than the poet's . . . With the Wardour-street diction, the obscure story, and the undramatic quality of the characters, Mr Holbrooke [y cyfansoddwr] is severely handicapped. Wagner himself could not have made an opera out of such a book'.[16]

Y mae'n rhaid mai tasg bur anodd i gyfarwyddwr oedd trawsffurfio *Pont Orewyn* yn ddrama lwyfan dderbyniol. Ymddengys i Ted Hopkins lwyddo i wneud hynny—o leiaf i'r graddau fod y perfformiad wedi plesio'r gynulleidfa amrwd yn y Theatr Newydd (bu i'r dorf alw ar yr awdur i ddod i'r llwyfan i gydnabod y gymeradwyaeth). Ymddangosodd de Walden yng nghwmni Ted Hopkins, gan ddweud yn ei anerchiad mai'r cyfarwyddwr a oedd yn gyfrifol am lwyddiant y cynhyrchiad. O'r seddau uchaf daeth y waedd, 'Let us have a song, Ted'—cais cwbl naturiol o gofio mai fel diddanwr yn theatrau cerdd y cyfnod yn bennaf yr adwaenid Ted Hopkins gan y cyhoedd. (Yr oedd ei ganeuon ef a'i chwaer May yn hynod o boblogaidd, yn enwedig eu cân 'double-act', 'Treorchy Fair'. Gwnaeth Hopkins enw iddo'i hun hefyd pan chwaraeodd ran Wil Hopcyn yn *The Maid of Cefn Ydfa*, ac o ddiddordeb pellach, fe ddichon, yw'r ffaith fod ei fab, John Hopkins, yn ystod chwedegau'r ugeinfed ganrif, yn un o gyfar-wyddwyr mwyaf medrus y gyfres deledu *Z Cars*.) Ond, yn sicr, ym 1914, camgymeriad oedd cyflogi 'variety artist' i gyfarwyddo dramâu megis *Ephraim Harris* a *Ble Ma Fa?*. Camgymeriad hefyd oedd cyflogi cyfarwyddwr a oedd yn gwbl ansicr ei afael ar yr iaith Gymraeg.[17] A bid siŵr, i nifer o selogion y capeli Cymraeg, nid oedd cyflogi diddanwr adnabyddus yn sioeau'r theatrau cerdd yn ernes o gravitas a 'glendid' yr arlwy a addawyd gan y cwmni newydd.

Yn amlwg, nid oedd hyn oll yn broblem o gwbl i'r gynulleidfa afieithus yn y Theatr Newydd ar nos Wener, 15 Mai. Wedi i de Walden a Ted Hopkins adael y llwyfan, bloeddiwyd am anerchiad gan Lloyd George. Ymddengys nad oedd y Canghellor wedi rhag-weld y byddai rhai Cymry pybyr yn y gynulleidfa yn ninas Caerdydd. Boddwyd ei eiriau agoriadol, 'Ladies and Gentlemen . . .', gan y floedd, 'Cymraeg!'. Dyma Lloyd George, felly, yn prysuro i geisio bodloni'r garfan honno â'r anerchiad, 'Wel, annwyl gydwladwyr, yntê', cyn troi at y Saesneg unwaith yn rhagor.[18] Byrdwn ei neges oedd ei argyhoeddiad y byddai'r ddrama'n datblygu'n rhan allweddol o ddiwylliant Cymru, a haerodd: 'I knew perfectly well you could not keep the drama out of Wales'.[19]

Ar nos Sadwrn, 16 Mai, wedi iddo dreulio'r bore yn ymweld â chleifion mewn ysbyty lleol, a'r prynhawn yn chwarae golff ym Mhorth-cawl, dychwelodd y Canghellor i'r Theatr Newydd i weld perfformiad y Cwmni Cenedlaethol o *Change*. Er na chaf-wyd cynnwrf dramatig o du'r swffragetiaid y tro hwn, yr oedd yr awyrgylch yn y theatr yn drydanol. Ar y nos Sadwrn eisteddai nifer o weinidogion, offeiriaid a diaconiaid yr ardal yn rhesi blaen y theatr. Felly hefyd ar y nos Wener, ac yr oedd eu presenoldeb y noson honno yn ddigon arwyddocaol i ysgogi gohebydd y

Western Mail ar 16 Mai i nodi: 'the audience . . . included several clergy and Nonconformist ministers and a brave show of deacons, who evinced the merriest of moods as the actors and actresses touched lightly, but quite humanly on leading characteristics of the people'. O gofio fod diaconiaid un o gapeli amlycaf Caerdydd wedi gwrthod cais gan y Cwmni Cenedlaethol i logi'r festri ar gyfer gweithdai ac ymarferion yn Ebrill 1914, y mae'n rhaid fod presenoldeb pobl flaenllaw o gapeli'r ddinas yn y Theatr Newydd yn *coup* i ymgyrch de Walden. Y mae'n rhaid hefyd mai tanseilio gwrthwynebiad y capeli i ymgyrch y cwmni newydd oedd bwriad Llewelyn Williams wrth dynnu sylw gohebydd y *Western Mail* at ddilysrwydd portread D. T. Davies yn *Ble Ma Fa?* o'r hen ddiacon, Simon Morris—'The old deacon was the real thing'. Dyma farn a ategwyd yn sylw cellweirus Lloyd George, 'He was the most perfect deacon I have ever seen outside a chapel'.[20]

Ar y nos Sadwrn, fodd bynnag, nid y rhesi o selogion y capeli a ddenodd sylw pennaf y wasg. Yn hytrach, y ddrama fawr oedd ymddangosiad theatraidd arweinydd y Methodistiaid Calfinaidd yng Nghymru, y Parchedig John Williams, Brynsiencyn, ym mocs dwbwl Lloyd George. Wedi i'r Canghellor a'i ferch Olwen, Mr a Mrs Llewelyn Williams, Mr a Mrs Harry Webb, Iestyn Williams ac Owen Rhoscomyl a'i wraig eistedd yn eu seddau yn y bocs, ac wedi i'r gynulleidfa ymdawelu, camodd John Williams, Bryn-siencyn, yn araf i ganol y cwmni dethol. Cododd Lloyd George, a'i arwain i'r sedd wag ar ei ddeheulaw. Dyma roi, felly—heb dorri'r un gair—sêl bendith Llywydd Cymanfa Gyffredinol y Methodistiaid Calfinaidd yng Nghymru ar y ddrama ac ar fudiad Howard de Walden.

Dianc yn chwim wedi'r perfformiad a wnaeth y Parchedig John Williams, ond nid cyn iddo ddatgan ei edmygedd o J. O. Francis ac o'r ymgyrch i sefydlu Cwmni Theatr Cenedlaethol. Pwysleisiodd, serch hynny, fod yn rhaid dod o hyd i ddramâu priodol, a chadw dramâu Saesneg gwachul o lwyfannau Cymru. Ond y mae'n bur sicr mai ei awydd i gefnogi'r Canghellor oedd prif gymhelliad John Williams, Brynsiencyn, dros ddod i'r Theatr Newydd. Heb os, yr oedd John Williams yn arf effeithiol yn nwylo Lloyd George. Dyma'r gŵr, fe gofir, a lysenwyd yn 'gapten Lloyd George' yn ystod y Rhyfel Mawr, ac a arferai recriwtio bechgyn ifainc Cymru o'i bulpud, a hynny yn ei wisg filwrol.

Ar 18 Mai cafwyd darn blodeuog yn y *Western Mail* yn datgan yn fuddugoliaethus, 'Pulpit as well as people have been caught in the net of drama'. Â'r gohebydd rhagddo i honni y byddai gweinidogion yr efengyl yn awr yn paratoi eu praidd 'for a foretaste of what will inevitably come in the history of a dramatic and emotional as well as an intellectual people'. Cafwyd darn yr un mor ddathliadol yn 'Nodiadau'r Mis', yn *The Welsh Outlook*, Mehefin 1914, lle yr honnir bod presenoldeb John Williams Brynsiencyn yn y Theatr Newydd yn sicr o newid agwedd y Cymry tuag at y ddrama: 'Knowing his broad outlook we are not surprised. Knowing his country we believe his example will strip the last rag of hypocrisy from those for whom the theatre is a taboo at home and legitimate in London and Liverpool'.

Heb os, sicrhaodd ymyrraeth y swffragetiaid a phresenoldeb John Williams, Brynsiencyn, a Lloyd George gyhoeddusrwydd ardderchog i'r Cwmni Cenedlaethol. Fel y dywed 'Alban' yn *Y Brython* ar 2 Mai: 'Anfarwolwyd y mudiad trwy ymweliad amserol y Canghellor. Yr oedd ei bresenoldeb nos Wener a nos Sadwrn yn drydan drwy'r ddinas a'r wlad'. Bu Lloyd George, wrth gwrs, wrthi'n hyrwyddo'r ddrama yng Nghymru ymhell cyn 1914. Yn ei araith fel Llywydd yn Eisteddfod Bangor, 1902, adleisiodd yr hyn a argymhellwyd gan O. M. Edwards yn Eisteddfod Genedlaethol Caernarfon, 1894, sef y dylid ystyried neilltuo un noson yn ystod wythnos yr Eisteddfod ar gyfer perfformiadau o ddramâu Cymraeg. Yn ei gyfweliadau â'r wasg yn ystod ei ymweliad â'r Theatr Newydd ceisiodd Lloyd George dynnu sylw ei gyd-Gymry at natur ac arwyddocâd y dramâu a wobrwywyd gan Howard de Walden ac a ddewiswyd ar gyfer taith y Cwmni Cenedlaethol. Wrth annerch y gynulleidfa o'i focs wedi'r perfformiad o *Change* ar y nos Sadwrn, dywedodd:

> It has been a dramatic presentation of the great transformation that has taken place in Welsh life, and the new problems which are confronting Wales. It is well we should understand them, and that they should be brought home to us by the brilliant play which we have witnessed. We in the North are a more stolid and slower race than you in the South, but it is coming our way.

It is well we should understand it, because understanding means toler-
ance and indulgence. These changes in the life of a nation don't come
without much searching of heart and bitterness, and the more we under-
stand what they mean, and that they are essential to the new life and vital
to a progressive nation the more tolerance will be shown.[21]

Wrth fwrw golwg dros yr wythnos ddrama yng Nghaerdydd,
gwnaeth 'Alban', yn *Y Brython* ar 21 Mai, ei orau glas i gefnogi'r
mudiad drwy geisio argyhoeddi'r darllenwyr 'mai nodwedd amlycaf
y Ddrama heddyw ydyw ei dyled i Biwritaniaeth hyfrytaf ein
gwlad annwyl. Bechgyn y gyfeillach a'r Ysgol Sul yw'r rhai mwyaf
llwyddiannus yn y gwaith newydd . . . Dyma ni bellach a'n
Drama Genedlaethol ar ben y ffordd'.

Y gwir amdani yw mai adlewyrchiad o realiti gymdeithasol a
chrefyddol y Gymru fodern a geir yn y dramâu a borfformiwyd
gan y cwmni. Yn hyn o beth, dangosodd y noddwr gryn hyblyg-
rwydd gan ei fod ef ei hun, o ran chwaeth, o blaid dramâu
barddonol, hanesyddol a chwedlonol. Yn *Wales*, Tachwedd 1913,
gwelir J. O. Francis ei hun yn dadlau o blaid y dramâu newydd,
ac yn *Y Beirniad*, Rhagfyr 1914, rhydd E. Morgan Humphreys glod
i D. T. Davies, ymhlith eraill, am gyflwyno ar lwyfan 'ddarlun o
fywyd cymdeithasol yn ogystal â darlun o gymeriadau unigol'. Bu
cystadleuaeth Howard de Walden yn gyfrwng pwysig, felly, i
ddynnu sylw at weithiau dramodwyr Cymraeg a Chymreig a oedd
â'u bryd ar dorri cwys newydd. Ac wrth wobrwyo *Ephraim Harris*
a *Ble Ma Fa?*, er enghraifft, dramâu a ysgrifennwyd yn y Wen-
hwyseg, ac wrth eu cynnwys yn rhaglen y Cwmni Cenedlaethol,
yr oedd de Walden ac aelodau'r Bwrdd yn datgan nad oedd yn
rhaid wrth iaith lenyddol, ffurfiol i sicrhau llwyddiant drama
Gymraeg ar lwyfan.

Gobaith de Walden a'i gefnogwyr oedd y byddai'r dramâu
newydd yn denu cynulleidfaoedd newydd. Yn ddiddorol, hawl-
iodd natur y dramâu ac ymateb y gynulleidfa yn y Theatr Newydd
iddynt sylw Lloyd George: 'I was almost as much struck by the
audience itself in the cheering. There was the same sort of
change. One section cheered one sentiment, and another section
another sentiment, and then there was a perplexed section. I
think the audience itself was quite as emblematic of the change
coming over the country as the play itself [*Change*] was'.[22] Digon

dilornus, er hynny, oedd yr asesiad o'r gynulleidfa hon yn *The Welsh Outlook*, Mehefin 1914. Yn 'Nodiadau'r Mis', honnir gan y golygydd mai cynulleidfa bur annatblygedig ei chwaeth a gafwyd yn y Theatr Newydd: '[I]t shows very nice feeling on the part of the audience always to cheer a noble sentiment', meddai, 'but it becomes a trifle wearisome when every time an actor or an actress remarks, "Only a mother knows that" or "I'm doing, *doing* what I know to be right", the audience interrupts with a cheer. Besides it hinders the action'. Credai'r golygydd y byddai cynulleidfaoedd mewn rhannau llai ymddangosiadol soffistigedig o Gymru yn ymateb yn llawer mwy deallus i berfformiadau'r Cwmni Cenedlaethol, a hynny'n bennaf am na lygrwyd eu chwaeth gan ddramâu arwynebol y *repertoire* Saesneg.

Yn yr un darn ceir beirniadaeth gref o duedd yr actorion i wawdlunio'r iaith Gymraeg a'r cymeriad Cymraeg. Ym marn y golygydd, dinistriwyd y cynhyrchiad o *Ar y Groesffordd* yn ogystal â rhan y diacon yn *The Poacher* gan y duedd hon. Nodir ymhellach fod llediaith i'w chlywed yn rhy aml o lawer ar lwyfan y cwmni newydd, a beirniedir y modd y bu i'r actorion droi comedi yn ffárs, a hiwmor yn fwrlésg. Nid yw presenoldeb ffárs a bwrlésg yn syndod, wrth gwrs, o gofio mai diddanwr yn y theatrau cerdd a oedd yn gyfrifol am y cyfarwyddo.

Yn yr adolygiad ar *Change* a geir yn yr un rhifyn o *The Welsh Outlook*, codir y ddadl a lesteiriodd holl ymgyrchoedd Howard de Walden i sefydlu Theatr Genedlaethol yng Nghymru, sef yr hen gwestiwn o ragoriaethau'r actor amatur a gwendidau'r actor proffesiynol. Fel y gwelwyd eisoes, yr oedd Beriah Gwynfe Evans wedi condemnio polisi'r Bwrdd o gyflogi actorion proffesiynol, ac ym Mehefin, wedi iddo weld y perfformiad o *Change*, aeth adolygydd *The Welsh Outlook* ati i asesu'r gwahaniaeth rhwng actio amatur ac actio proffesiynol: 'The "curtain" of the first act was positively horrible in its attitude-striking, eye-rolling, and hand-clutching; particularly in comparison with the effective and natural style in which most of the act had been conducted . . . Sam [Thatcher] again would have been admirable in the atmo-sphere of a music-hall sketch; but his head jerkings and wrigglings are not good enough for *Change*'. Daw'r adolygydd i'r casgliad fod y perfformiadau o'r ddrama yn y Theatr Newydd wedi arddangos, a hynny'n ddigamsyniol, 'the victory of "amateur" acting over sophisticated acting'. Ac fe lambastiwyd yr actor proffesiynol ymhellach ar 18 Mehefin, y tro hwn gan olygydd *Tarian y Gweithiwr*, J. Tywi Jones. Wrth drafod ymgyrch Howard de Walden dywed: 'Os yw'r symudiad i ddatblygu y *professional actor* yng Nghymru, ofnir mai ffordd y dirywiad a gymer'.

Fel y gwelir, felly, esgorodd y mudiad newydd a ariennid gan de Walden ar gryn drafod ar gyflwr, arwyddocâd a chyfrifoldeb y ddrama yng Nghymru ar ddechrau'r ugeinfed ganrif. Ddiwedd yr wythnos yng Nghaerdydd yr oedd gohebydd y *Western Mail* o'r farn fod yr ymgyrch eisoes yn llwyddiant, a bod Lloyd George wedi cyflawni gwyrth: 'By his glowing eulogies of the plays and his expressions of opinions as to the drama's real mission the Chancellor has strangled the opposition which was hinted at in the more Puritanical circles, and has given the people the cues as to the attitude they should take towards the drama, which he looks upon as an intellectual factor in the life-progress of the nation'.[23] Wedi'r holl sbloets, cwmni tra bodlon a ymgasglodd yng Ngwesty'r Parc wedi'r perfformiad ar y nos Sadwrn i fwynhau derbyniad yng nghwmni'r Canghellor a'r Arglwydd a'r Arglwyddes de Walden.

Perthnasol yw nodi'r ffaith fod drama o fath arall yn ymwneud â Chymro ariannog o Lundain wedi'i pherfformio yn ystod ymweliad y Cwmni Cenedlaethol â Chaerdydd. Ddydd Gwener, 16 Mai, teithiodd John Lewis, perchennog y siop enwog yn Oxford Street, Llundain, i Gaerdydd ar yr un trên â Lloyd George, i fynychu'r perfformiadau yn y Theatr Newydd. Yr oedd ei gefnogaeth i'r ymgyrch yn annisgwyl o gofio am ei elyniaeth gref tuag at ei feistr tir, Howard de Walden. Fel hyn y disgrifir yr elyniaeth honno, a'i natur chwerthinllyd, gan yr Arglwyddes de Walden:

> John Lewis wanted to have plate-glass windows on the side street of his extensive buildings . . . which took up a big stretch of Oxford Street, and was the more noticeable because Selfridges was not yet built. This had to be refused because of the policy protecting residential streets and buildings.
>
> So John Lewis got very angry and plastered the long frontage of his shop with enormous 15 ft by 10 ft placards headed in huge lettering 'THE WICKED LANDLORD, Lord Howard de Walden'.

In Court, Tommy cut a poor figure, because his lawyers had impressed on him that he would do best to plead ignorance to whatever point they attacked him on. So he had to say 'I'm afraid I don't know' and 'I am not up in the legal points there', and 'No! I can't answer that . . .'
Then he was granted one farthing damages![24]

Yr oedd hyn oll, wrth gwrs, yn ddeunydd drama i'r wasg Gymreig, ac yn y *Western Mail* ar 16 Mai, ceir llun o John Lewis a'i ysgrifennydd yn cyrraedd gorsaf Caerdydd. Dan y pennawd 'Mr John Lewis's Visit to Cardiff', ceir y sylw: 'Mr John Lewis, the well-known draper of Oxford Street, London, who, in spite of a long-existing feud, is doing all he possibly can to make Lord Howard de Walden's movement in regard to Welsh Drama a complete success'. Mae'n rhaid fod hyn wedi peri embaras i Lewis, oherwydd ar 19 Mai cyhoeddwyd yn yr un papur y llythyr canlynol ganddo:

Dear Sir—So after all in spite of my refusal to be photographed, you caught me unawares yesterday; but I wish you to clearly understand that I merely shine by a reflected light. My name would never have appeared in connection with this movement at all but for the work of Lord Howard de Walden, and all I have done has been to endeavour to second his public-spirited efforts to give it a good start.

Dyma ymgais, felly, i gymodi dros dro â'i feistr tir, a theg dweud nad hyrwyddo'r ddrama yng Nghymru oedd prif gymhelliad John Lewis dros ymweld â Chaerdydd, ac â'r Theatr Newydd, yn y cyswllt hwn.
    Ar 18 Mai, teithiodd y Cwmni Cenedlaethol i Ferthyr Tudful i berfformio yn y Theatre Royal. Yn y gynulleidfa ar nos Wener, 22 Mai, pryd y perfformiwyd *Ble Ma Fa?*, *Pont Orewyn* a *The Poacher*, yr oedd golygydd *Tarian y Gweithiwr*. Y mae'n amlwg o edrych ar nodiadau golygyddol J. Tywi Jones ar 28 Mai na chafodd ei blesio. Cyrhaeddodd y theatr yn rhy hwyr i weld y perffformiad o *Ble Ma Fa?*, ond yr oedd yn huawdl ei feirniadaeth o'r ddrama *The Poacher* a hefyd o rai o agweddau annirwestol y noson:

Pan ddisgynnodd y llen [wedi'r perfformiad o *Pont Orewyn*] a goleuo'r lle ac ychydig egwyl cyn y ddrama nesaf, cawsom hamdden i edrych o'n cwmpas ac i feddwl. Cododd y llen flaen a daeth llen yr hysbysiadau i'r golwg, ac yr oedd arni amryw hysbysiadau am gwrw a whisci. Nid oeddem yn teimlo fod y ddrama Gymraeg yn ei chartref lle yr hysbysebid pethau fel hyn mor ddigywilydd. Dichon mai gweled yr hysbysiadau hyn gododd syched ar y rhai aethant allan i gael llwnc.

Daw'r hyn a wêl fel amarch tuag at yr iaith Gymraeg hefyd dan lach Tywi Jones: 'Daeth geneth heibio a gofynasom iddi yn Gymraeg am raglen, ond nid oedd yn ein deall, a bu'n raid gofyn yn Saesneg. Nid oedd air o Gymraeg eto ar y rhaglen ag eithrio enwau dwy o'r dramodau a'u chwaraewyr. A dyma "Lager Beer" yn ein gwynebu eto ar y tudalen cyntaf a whisci ar yr ail dudalen'. Pur ansensitif, a dweud y lleiaf, oedd y penderfyniad i gyhoeddi rhaglen a oedd, i bob pwrpas, yn uniaith Saesneg—yn enwedig o gofio mai un o amcanion honedig y mudiad oedd hybu a diogelu'r Gymraeg. A ffôl a naïf oedd derbyn nawdd y cwmnïau whisgi a chwrw. Wrth gynnig gofod sylweddol i hybu'r ddiod gadarn yr oedd Bwrdd y Cwmni Cenedlaethol yn llwyr gadarnhau rhagdybiaethau'r rheini a wrthwynebai ymgyrch Howard de Walden.

Yng nghyswllt natur y cynyrchiadau eu hunain, fodd bynnag, gwnaeth yr actio medrus a'r golygfeydd trawiadol yn *Pont Orewyn* argraff ffafriol yn gyffredinol ar J. Tywi Jones. '[T]ipyn yn feichus', fodd bynnag, oedd ei asesiad o'r olygfa olaf hirwyntog yn darlunio marwolaeth Llywelyn. Ac nid oedd ganddo nemor ddim i'w ddweud o blaid *The Poacher*:

> Pan gododd y llen yr oeddem yng nghegin yr herwheliwr diwygiedig. Y mae'n flin gennym ddweyd nad oedd yn y ddrama hon o'r dechreu i'r diwedd ddim nad oedd yn ein clwyfo yn dost. Nis gellir ein cyhuddo o or-biwritaniaeth nac o ragfarn yn erbyn y ddrama, ond nis gallwn yn ein byw ddygymod a chymeryd pethau cysygredig yn ysgafn ar y llwyfan, a hynny a wnaed yn y ddrama un-act hon o'r dechreu i'r diwedd. Nid ydym yn ameu ei doniolwch na rhagoroldeb y chwarae . . . ond anfad o beth oedd cymeryd "argyhoeddiad", y "gobeithlu", a phethau eraill mor ysgafn. Gallem dybio mai testynau gwawd a dim arall oedd y pethau hyn gan y rhai a chwarddent ar ben y cyfeiriadau a wnaed atynt.

A daw i'r casgliad chwyrn: 'os rhoddir llawer o stwff tebyg i'r *poacher* ar y llwyfan, ofer fydd ceisio gwneud y Chwaraedy Cymreig yn boblogaidd gan oreuon y genedl.'

Yn rhyfedd iawn, serch hynny, gwelir J. Tywi Jones, yn y 'Llith Golygyddol' yn *Tarian y Gweithiwr* ar 18 Mehefin, yn datgan 'nad oes yn un o ddramodau'r Cwmni Cenedlaethol ddim a fyddai allan o le hyd yn oed mewn capel'. Cyfeiria hefyd at y ffaith ei fod yn anghytuno â'r farn a fynegwyd yn y golofn 'O Bant i Bentan' yn yr un papur parthed y ddrama *Ble Ma Fa?*. 'Os yw hon yn iawn y mae Cristionogaeth yn anwiredd', meddai'r colofnydd, gan fynd rhagddo i haeru bod *The Poacher* 'gynddrwg os nad gwaeth' na *Ble Ma Fa?*. Ei ddyfarniad yw y bydd 'yn rhaid i'r eglwysi wrthwynebu symudiad yr Arglwydd Howard de Walden, a gore po gyntaf y sylweddolir hynny'. Ymddengys, er hyn, fod golygydd *Tarian y Gweithiwr*, er gwaethaf ei wrthwynebiad i *The Poacher*, wedi penderfynu erbyn 18 Mehefin mai ei brif gŵyn yn erbyn cwmni de Walden oedd ei ddihidrwydd yng nghyswllt yr iaith Gymraeg. Cwestiwn creiddiol ei lith olygyddol oedd, 'Beth fydd y ddrama yn debyg i wneud dros ein cenedlaetholdeb?'. Condemnia'r ffaith na hysbysebwyd gweithgaredd y Cwmni Cenedlaethol mewn unrhyw bapur Cymraeg, ac y mae'n gwbl argyhoeddedig 'y bydd yn rhaid i'r ddrama fod yn Gymraeg yn ogystal ag yn Gymreig'. Gwendid mawr ymgyrch de Walden, felly, oedd 'Seisnigeiddwch' y cwmni, 'ynghyd ag arogl drws y stage yn ffroenau'r wlad'. Ym marn J. Tywi Jones, 'Gwell i Gymru na'r symudiad hwn sydd a chymaint o son amdano fyddai cael rhyw ffordd i feithrin yr ysbryd dramodaol a ffynnai eisoes bron ymhob pentref o bwys drwy'r wlad . . . i'w phentrefi y mae Cymru mewn dyled i'r ddrama fel cyfrwng diwylliant a hyfforddiant'. Y mae'r gwrthwynebiadau hyn oll, ynghyd â chamgymeriadau Bwrdd y Cwmni Cenedlaethol, yn peri bod y cwestiwn a ofynnodd W. J. Gruffydd yn *Y Beirniad* ym 1911 yn un tra perthnasol: 'a ydyw Cymru'n barod i'r ddrama? A ydyw yn ei haeddu?'. Anodd, hyd yn oed dair blynedd yn ddiweddarach, oedd anghytuno â'r ateb a roddwyd gan Gruffydd i'w gwestiwn: 'nid yw Cymru'n barod i'r ddrama nac ychwaith yn ei haeddu'.

Llugoer, yn gyffredinol, oedd y gefnogaeth ym Merthyr. Y prif gymhelliad yn achos y rheiny a fynychodd y perfformiadau yn y Theatr Royal oedd yr awydd i dalu teyrnged i J. O. Francis —un o feibion Merthyr, wrth gwrs—yn hytrach nag unrhyw awydd i gefnogi ymgyrch de Walden yn gyffredinol. Wedi'r perfformiad

27

o *Change* ar y nos Sadwrn, ymddangosodd J. O. Francis ar y llwyfan yng nghwmni'r Maer, y cynghorydd D. W. Jones, Ted Hopkins a dau o'i gyn-athrawon. Wrth gyflwyno iddo gas sigarennau, cawg rhosynnau a blwch inc arian, cyfeiriodd y Maer (H. M. Lloyd) ato fel 'the Zangwill of Wales'. Wedi'r dathlu ym Merthyr, aeth y dramodydd a'r cwmni i Aberaman ar 25 Mai, ac yn dilyn y perfformiad o *Change* yn Theatr y Grand y noson honno, traddododd J. O. Francis anerchiad byr o'r llwyfan i gynulleidfa dra gwerthfawrogol. Yn bresennol yr oedd J. Tywi Jones, ac yn *Tarian y Gweithiwr* ar 28 Mai, cyffesa ei fod yn bur rhagfarnllyd cyn iddo weld y ddrama, ond 'Diarfogwyd y rhagfarn honno yn llwyr'. Yr unig beth nad oedd yn ei hoffi oedd y 'llwon a'r rhegfeydd'.

Yr hyn a ddenodd nifer o drigolion Aberaman i Theatr y Grand oedd y ffaith fod dau fachgen lleol yn aelodau o'r Cwmni Cenedlaethol. Un ohonynt oedd Gwilym Phillips a dderbyniodd, yn ôl *The Aberdare Leader* ar 6 Mehefin, longyfarchiadau Lloyd George yng Nghaerdydd am ei bortread o'r cocni yn *Change*. Chwaraeodd hefyd ran y gweinidog yn *Ble Ma Fa?* a Dicky Bach Dwl yn *The Poacher*. Y llall oedd Phil John, a chwaraeodd ran Evan Wyn yn *Ar y Groesffordd*, Rhys yn *Pont Orewyn* a Shakki yn *Ephraim Harris*. Yn anffodus, ni chafodd *Ephraim Harris* lawer o gefnogaeth gan y nodir yn *The Aberdare Leader* ar 30 Mai fod y theatr, ar gyfer y perfformiad o'r ddrama ar y nos Fawrth, yn 'eithaf gwag', gyda chant ac ugain yn unig yn y gynulleidfa. Siomedig, felly, oedd yr ymateb i'r ddrama yn Aberaman, fel ym Merthyr yr wythnos flaenorol. Er hyn, yr oedd T. J. Thomas, Sarnicol, yn ei adolygiad ar y cynhyrchiad yn *The Pioneer* ar 23 Mai, yn argyhoeddedig fod y ddrama hon yn gyfrwng allweddol er hybu'r iaith lafar fel cyfrwng artistig: 'The danger in Wales has been the divorce of the common people from the classical language. The play portrays Welsh life in a colloquial language easily understood by the audience. Even though people may not all be conversant with the literary tongue, these plays will have the effect of making the colloquial again becoming classical'. Dyma, felly, ddrama a fyddai'n fodd i ddenu cynulleidfaoedd newydd i theatrau'r de. Y mae Sarnicol yn hael ei glod yn ogystal i actio crefftus Lizzie Evans (Dinah) a Janet Evans (Martha), a diddorol yw nodi ei fod yntau, fel Lloyd George, wedi tynnu sylw penodol at ymateb y gynulleidfa: 'a remarkable feature of to-night's performance was the interest the audience took in every part of the play which alternated between laughter and tears'.

Unwaith yn rhagor, serch hynny, hyglyw, yn ystod ymweliad y cwmni â Theatr y Grand, Aberaman, oedd lleisiau'r gwrth-wynebwyr. Yn rhifyn 6 Mehefin o *The Aberdare Leader*, gofynnodd cynrychiolydd o gapel Saron—un o gapeli mwyaf dylanwadol yr ardal—nifer o gwestiynau ynghylch natur ac ansawdd y dramâu: 'Do they represent Welsh life? Do they represent the religion of Wales and do the characters speak for the Welsh sentiment?'. Parod yw ei atebion i'w gwestiynau ei hun—'I answer these questions in the negative'—a chred fod 'Drygioni' yn llwyr fuddugoliaethus yn *The Poacher*: 'Jesus Christ versus Dickie Bach Dwl and Dickie wins the day'. Daw *Ble Ma Fa?* hefyd dan ei lach, gan y gwelir ynddi, yn ôl y sylwebydd hwn, 'the apotheosis of the agnostic'. Ond teg yw nodi fod *The Aberdare Leader*, yn ystod Mehefin, wedi cyhoeddi ymatebion gwydn yn cefnogi'r cwmni ac yn amddiffyn y dramâu a berfformiwyd.

Wedi'r wythnos yn Aberaman ymddengys fod y cwmni wedi teithio i dair canolfan arall, gan y nodir yn y *Llanelly County Guardian* ar 18 Mehefin mai Llanelli oedd y seithfed dref i'r cwmni ymweld â hi. Aberdâr oedd un o'r canolfannau eraill hynny, oherwydd ceir yn *The Aberdare Leader* ar 30 Mai y nodyn canlynol: 'When the plays were acted at Merthyr, the smallness of the audiences called forth bitter comments from Owen Rhos-comyl. But if the same number turn up during the week as came on Monday to Aberaman no such complaint can be made of Aberdare'. Bu'r Cwmni Cenedlaethol ym Mhontypridd hefyd, a chael, o ddydd Llun, 8 Mehefin, tan nos Sadwrn, 13 Mehefin, groeso brwdfrydig yno. Fel y nodir yn y *Pontypridd Observer* ar 13 Mehefin: 'each drama up to Thursday evening was attended by a large audience'. Diau fod y tair drama fer a berfformiwyd ar y nos Wener, a'r trydydd perfformiad o *Change* ar y nos Sadwrn, hwythau wedi denu cynulleidfaoedd da. A gellid cynnig mai Cas-newydd oedd y drydedd ganolfan gan fod cyfeiriad yn *The Welsh Outlook*, Mawrth 1914, at fwriad y Cwmni Drama Cenedlaethol i berffformio yno.

Theatr Haggar, Stryd y Farchnad, oedd y ganolfan yn Llanelli. Tenau iawn oedd y gynulleidfa ar y noson agoriadol, sef nos Lun 22 Mehefin, pan berfformiwyd *Change*, ond erbyn y noson gan-lynol yr oedd Owen Rhoscomyl wedi llwyddo i hel cynulleidfa sylweddol ynghyd. Wedi'r ail berfformiad o'r ddrama cafwyd anerchiad egnïol ganddo o'r llwyfan, pryd y dadleuodd mai drama tref Llanelli oedd *Change*: 'Was not the plot familiar to you, Llanellyites? Did you know the story of the tragedy enacted outside when you saw 'Mrs Price' and 'Lizzie Ann' eagerly watching the window? The shooting at the soldiers by the strikers, resulting in the death of 'Gwylim' at the garden wall—do you know where that scene was taken from? Why, it is a Llanelly scene! This is in fact Llanelly's own play. It was here that its tragedy was enacted during the Railway strike of 1911'.[25]

Yn yr un anerchiad ceisiodd Owen Rhoscomyl hefyd argyhoeddi'r gynulleidfa o rôl allweddol pobl Llanelli yn yr ym-gyrch i gyflenwi'r angen am ddramâu o safon—rhai amgenach na'r hyn a geid yn *repertoire* arferol Theatr Haggar. Cyfeiriodd at y ffaith fod rhai o aelodau'r pwyllgor a sefydlwyd yn Llanelli i hybu'r fenter yn betrus ynglŷn â phenderfyniad y cwmni i ber-fformio mewn theatr 'swyddogol'. Ei ymateb o'r llwyfan oedd: 'After all, ladies and gentlemen, it is only the name they shirk. The theatre simply implies four walls and a stage, and rows of seats. It is neither hell nor heaven (applause). The theatre has nothing to do with Sodom or Gomorra. It has nothing to do with hell or evil. It is simply brick upon brick—a building that is all'. Yn ôl Owen Rhoscomyl, y gynulleidfa ei hun a oedd ar fai am y dramâu gwachul a berffornid ar lwyfannau Cymru. O weld y fath ddramâu, dadleuodd, cyfrifoldeb y gynulleidfa oedd protestio drwy adael y theatr. Dyma ddadl ddigon teg, ond nid un a oedd yn debygol o berswadio capelwyr selog Llanelli a'r cylch i fynychu Theatr Haggar. Diddorol yw gweld, gyferbyn â'r adroddiad ar ymweliad y Cwmni Cenedlaethol yn y *Llanelly Mercury* ar 25 Mehefin, raglen Theatr Haggar ar gyfer yr wythnos ddilynol:

Next week there will be some unique turns at this Theatre. "The Four Miradors" will present some sensational flying cycling; "Marquis and Truly" will be exceedingly humorous; Tom Briarly, who is billed as the world's greatest shadowgraphist, will perform a most original and artistic act. For the first three nights the great picture-play, "The Midnight Wedding", will be the star film.

Nid yw'n syndod fod nifer o'r 'Llanellyites' yn ddrwgdybus o bedair wal Theatr Haggar. Nid oedd enw'r theatr yn gysur iddynt ychwaith, gan mai perchnogion theatrau teithiol oedd William Haggar a'i fab, ac wrth ymweld â threfi bychain y de ddiwedd y bedwaredd ganrif ar bymtheg a dechrau'r ugeinfed ganrif, eu harfer oedd codi'r theatr mor agos â phosib i'r tafarndai.

Er mor rymus a charismataidd oedd araith Owen Rhoscomyl o lwyfan Theatr Haggar, ni lwyddodd, o bell ffordd, i argyhoeddi gohebydd y *Llanelly Mercury*, oherwydd wrth drafod perfformiad y Theatr Genedlaethol o *Change*, dywed hwnnw'n flodeuog:

> one will never believe that Wales, beautiful Cambria, the land of the "cymanfaoedd" and "diwygiadau", the land which gave rise to such worthy and noble divines as Christmas Evans, John Herring, Aberteifi, John Elias o Fon, Williams Pantycelyn, and Williams o'r Wern, is so full of cant and hypocrisy, as the play would tend to convey . . . The play is lacking in a moral, and one is led to think that there is no good in anything. Goodness and sympathy are missing attributes. The Welsh are a jumble of hypocrites and contentious malcontents. Can other nations think well of us when we think so badly of ourselves? If Welsh dramas are to be produced, they must attempt at raising the standard of the nation.[26]

Mor wahanol yw'r farn hon i'r un a fynegir gan Idris Bell yn *The Welsh Outlook*, Awst 1914: 'The greatest need in modern Wales is that of self-criticism'. Dyma'r unig beth, yn ôl Idris Bell, a fyddai'n fodd i achub Cymru rhag hunanfodlonrwydd, a dywed y byddai'n gryf o blaid y ddrama pe bai hi'n gyfrwng i ddarparu'r hunanfeirniadaeth honno ar lwyfan. Adleisio'r farn a fynegwyd gan olygydd *The Welsh Outlook* yn y rhifyn blaenorol a wna Bell: 'There is nothing we need more in Wales than criticism . . . we want criticism of ourselves in Wales, and that the drama will give us'. Yr un i bob pwrpas oedd y pwynt a godwyd gan W. J. Gruffydd yn yr erthygl honno o'i eiddo yn *Y Beirniad* ym 1911: 'Mewn gwledydd lle mae cymaint o oferedd ac o ynfydrwydd ag sydd yng Nghymru heddyw, fe gyfyd weithiau y ddrama dychan

—*satire*—i ysgyrsio pechodau'r genedl. Paham na cheir hon yng Nghymru?'.

Un o'r rheini a fynychodd berfformiadau'r Cwmni Drama Cenedlaethol yn Llanelli oedd 'Hesgin'. Fe'i gwelir yn *Y Brython* ar 2 Gorffennaf yn datgan ei fod yn 'rhyw led feddwl' nad oedd ymgyrch Howard de Walden, 'hyd yn hyn, wedi cael rhyw lawer o afael ar y werin'. Bu 'Hesgin' yn Theatr Haggar, Llanelli, deirgwaith yn ystod ymweliad y cwmni, a haera yn *Y Brython* iddo glywed fod 'Pwyllgor y Cymrodorion [*sic*] wedi penderfynu gwneud—*dim byd*' i hyrwyddo'r fenter. Ceir ganddo hefyd feirniadaeth fywiog o rai o'r perfformiadau a welodd. Dywed fod 'yr hwn a gymer bart Lewis Price (y Socialist) [T. Costello Williams], yn siarad âg acen mor Seisnigaidd, ac yntau wedi gorfod mynd i weithio i'r pwll glo pan yn 15eg oed, ac heb fod o Gwm Rhondda yn ei fywyd. Mi glywais hefyd fod y llanc hwn nos Lun yn gwisgo gwasgod wen a choler uchter tair modfedd. Dyn a'm helpo! pe buasai Arweinydd Llafur yn ymddangos mewn *rig out* felly yn "Aberpandy", yn enwedig ar amser *strike*—why, they'd eat him! Yr oedd wedi cael ymwared o'r *fancy waistcoat* a'r *stiff collar* erbyn nos Iau; ond ymhell y bo'r *accent* yna'.

Nid oes gan 'Hesgin' fawr ddim i'w ddweud o blaid y ddrama *Ar y Groesffordd*—'Drama fach ysgafn, ddel, heb ddim neilltuol ynddi', yw ei ddyfarniad. Yr oedd gohebydd y *Western Mail* ar 15 Mai, fodd bynnag, yn ffyddiog y byddai drama R. G. Berry yn datblygu'n 'one of the most drawing plays of the whole repertory', a chofnododd, ar sail ymateb y gynulleidfa yn y Theatr Newydd, Caerdydd, i'r perfformiad ohoni y noson cynt: 'the house on Thursday night veritably went wild over some of the more mirthful situations and the performance was followed throughout with deep interest by all present'. Y mae 'Hesgin', ar y llaw arall, yn cynnig beirniadaeth graff o'r perfformiad a welodd yn Theatr Haggar, Llanelli: 'Mae'r ddrama wedi ei hysgrifennu yn nhafodiaith gogledd Cymru, ac mae'r rhan fwyaf o aelodau'r Cwmni, dybiaf i yn Ddeheuwyr—a dydi acen y North na'r oslef briodol ddim ganddynt. Yr oedd cynhaniad rhai o'r brawddegau yn chwithig iawn i'm clust fel Northman. Mae'n amlwg hefyd fod rhai o'r cwmni yn deall Saesneg yn well na Chymraeg. Nid ydynt yn siwr o dipyn o dreigliadau cydseiniaid'.

Wrth drafod *Ble Ma Fa?*, canolbwyntio a wna 'Hesgin' yn gyntaf ar y gynulleidfa: 'A gadawer i mi ddweyd yn y fan hon fod cymaint o eisiau dysgu cynulliadau o Gymry i wrando drama ag sydd i ddysgu cwmnïau o Gymry i chwarae. Bai mawr y gwrandawyr yn Llanelli bob nos oedd chwerthin dros y lle, fel ffyliaid, am ben pob dywediad *smart* neu ddigrif. Ond fe'u clafodd ac fe'u sobrodd *Ble Ma Fa?* nhw cyn pen pum munud'. Â rhagddo i drafod y portread o'r diacon, Simon Morris: 'yn y ddramatig hon yn unig, o'r rhai a welais i hyd yn hyn, y mae blaenor (neu ddiacon) sydd *yn* flaenor ac nid yn *caricature*. Ac eithrio Simon Morris, yn *Ble Ma Fa?* rhyw lechgwn eiddigeddus, rhyw hanner ffyliaid, neu rhyw greaduriaid crebachlyd a chulfarn ydyw eu "blaenoriaid" i gyd. Ni welais i ddim *samples* o flaenoriaid tebyg i rai *Beddau'r Proffwydi*, *Change* (Isaac Puw), ac *Ar y Groesffordd* yn unlle yn fy oes'. Dyma grynhoi barn nifer o adolygwyr eraill ynghylch y portreadau o'r blaenoriaid yn *repertoire* y Cwmni Cenedlaethol. Wrth droi at *The Poacher* cydnebydd 'Hesgin' ar unwaith mai ffars ydyw, ac 'os na fedr rhywun chwerthin wrth ei gweld, mae rhywbeth o le ar ei gyfansoddiad'. Cyfeiria yn ei adolygiad at y feirniadaeth lawdrwm a gafodd y ddrama ar dudalennau *Tarian y Gweithiwr*, gan gyhoeddi: 'Peidiwch a bod mor gignoeth, dachwi'.

Y mae'n werth tynnu sylw at y ffaith nad yr actorion a gyflogwyd gan Howard de Walden oedd yr unig rai i berfformio *Change* yng Nghymru yn ystod y cyfnod y bu'r Cwmni Cenedlaethol ar daith. Ar 15, 16 a 17 Mehefin, wythnos cyn i'r cwmni berfformio yn Llanelli, cafwyd cynhyrchiad hynod lwyddiannus o'r ddrama yn y Coliseum, Ystalyfera, a hynny gan gwmni o actorion amatur. Clodfforir y cynhyrchiad yn *Llais Llafur* ar 20 Mehefin, ac wrth roi cyhoeddusrwydd iddo ar 13 Mehefin, y mae neges y gohebydd yn un glir, sef mai yng nghynnyrch y cwmnïau drama amatur y gwelir gwir ddatblygiad y theatr yng Nghymru:

From what we have seen at rehearsals . . . we have no hesitation in declaring that the production at the Coliseum will equal anything given by the professional players on tour . . . Whilst every encouragement ought to be given to the company of professional players, it is conceded that the development of the Welsh drama must in the main be the work of local amateur companies.

Dyma lais arall, felly, a oedd yn hyglyw ei ddatganiad o blaid cyf-raniad y cwmnïau amatur.

Wrth ymadael â Llanelli am Abertawe y mae'n rhaid fod aelodau'r Cwmni Cenedlaethol, yng ngoleuni datganiad o'r fath, a'r gwrthwynebiadau lleol i'w hymweliad, yn betrus iawn ynglŷn â'r gefnogaeth a fyddai'n eu disgwyl yn Theatr y Grand, Aber-tawe, ar nos Lun 29 Mehefin. Fel y dywed 'Hesgin' eto: 'Wn i ddim fath dderbyniad gaiff y Cwmni yn Abertawe yr wythnos hon. Mae peth dychryn o glebar, dadleu a checru wedi bod yno'. Yn wir, yr oedd rhai o gapeli Abertawe yn groch eu gwrth-wynebiad i'r mudiad newydd, ac ar 21 Mai cyfeirir yn y *Western Mail* at ymateb rhai o aelodau o Gymdeithas y Cymmrodorion yn Abertawe i'r ymweliad arfaethedig. Honnodd un aelod, y Parchedig David Price, Bethesda, nad oedd ef yn bwriadu gadael i ddadleuon Lloyd George a John Williams, Brynsiencyn, gael unrhyw ddylanwad arno. Nid oedd yr Henadur Ben Jones yntau'n barod i dderbyn datganiadau John Williams fel unrhyw brawf o safon a sylwedd. Wythnosau cyn y perfformiadau yn Abertawe yr oedd yn bur amlwg, felly, fod gwrthwynebiad nifer o'r Cymry i 'Satan y Theatr' yn fygythiad i lwyddiant y daith. Unwaith yn rhagor, bu'n rhaid i Owen Rhoscomyl a Howard de Walden daro ar gynllun a fyddai'n sicrhau nad gwag fyddai'r seddau yn Theatr y Grand.

Y tro hwn, dyma de Walden yn galw am gymorth cyfaill arall iddo—neb llai na George Bernard Shaw. Cytunodd Shaw i ysgrifennu darn yn amddiffyn y Cwmni Cenedlaethol—datganiad a fyddai'n dymchwel rhagfarnau'r gwrthwynebwyr. Ymddangos-odd apologia George Bernard Shaw yn y *South Wales Daily Post* ddydd Sadwrn, 13 Mehefin. Y mae'n ymosodiad grymus a thra diddorol ar yr holl wrthwynebu a fu, a chan fod dadl Shaw yn adlewyrchu daliadau de Walden a'i Fwrdd, buddiol fydd dyfynnu'r darn yn ei gyfanrwydd:

> There are two things that may as well be said at the outset somewhat firmly about the proposed Welsh national theatre. If it succeeds it will not be a place for ebullition of patriotic sentiment and flattery of local self-sufficiency. On the contrary, it will be rather a place of humiliation and penitence, relieved by laughter and tears. The Irish have a national theatre, and a conspicuously successful one. But its earlier performances

had often to be protected by the police. Mr Yeats's 'Countess Kathleen' roused all the latent bigotry of Dublin against it. Synge's 'Playboy of the Western World' produced a fortnight's rioting, and, though an admitted masterpiece of this national literature, still provokes explosions of wounded Irish conceit. The peasant hero of one of Mr Lennox Robinson's plays makes his most effective exit with the words, 'I hate Ireland'.

Everything that is narrow and ignorant and ridiculous and dishonest in Wales will be castigated ruthlessly by the Welsh national theatre; and the process will not be popular with the narrow, the ignorant, the bigoted, and the ridiculous. Over the border nobody cares enough about Wales (why should they?) to tell her the truth about herself—to rub into her conscience the glaring faults of her striking qualities. If Wales thinks that a national theatre will be a place where her praises will be sounded continually, where the male villain will be an Englishman of the Church of England, and the female villain a French spy or a bishop's wife, whilst the hero (being a Welshman) will be insufferably noble, and the heroine (being a Welshwoman) too good for this earth, Wales will be disappointed. Just as the preachers of Wales spend much of their time in telling the Welsh that they are going to hell, so the Welsh writers of comedy will have to console a good many of them by demonstrating that they are not worth wasting good coal on.

If it be really true that Wales is in so benighted a condition that ministers are still to be found there who not only do not go to the theatre, but try to prevent other people from going, forgetting that a theatre is a place where two or three are gathered together, and that God fulfils himself in many ways without consulting the local clergy, I venture to remind these walkers in darkness that if they strangle the Welsh theatre to its cradle they will have, not a country without a theatre, but a country delivered over wholly to the crude cinematograph melodrama of the American and Italian film makers, and to musical comedies on tour from London. In Scotland in the seventeenth century, and in Geneva under Calvin, all theatrical enterprise was stopped; and the result was what Knox called 'a school of Christ', meaning, in fact, a place where joyless people hated their joyless neighbours, and cared for making nothing but making money, refusing to speak to or associate with people with £20 a year less than themselves.

Such a state of things is no longer possible. If Wales will not have the best that Wales can produce she will get the worst that the capitals of Europe can produce; and it will serve her right. There is no worse crime against religion than to close any of the many conduits of inspiration by which revelation comes to mankind. It is never attempted except by the people who believe that inspiration ceased several thousand years ago, and that, in effect, God retired from business when he finished the Bible and has not since had anything to say to us. The minister who says: 'I must be allowed to say what I like, as I am in the confidence of the Almighty, and know what is good for Him and good for you; but on no account must Shakespeare or Goethe be allowed to open their mouths in this Principality', ought really to have the state of his mind investigated by two doctors with a view to his treatment and cure. And the next Shakespeare or Goethe may be born in Wales.

If he finds a National Theatre there he will become a Welsh poet. If not, he will have to drift to London, as I had to drift from Dublin to London (there was no Irish National Theatre in my day), and produce the stuff London likes as best he can. It is to be noted that Lord Howard de Walden, who has done much more than the public knows to make some sort of serious poetic drama possible in London, is the man who, with London at his command, thinks it worth while to turn from it to Wales in his efforts to make a national theatre strike root. What is wrong with the London drama is that it has no roots; there is no taste of any native soil or race in it; it is all in cloud cuckoo land, and a very dull place that land is. If Manchester, Dublin and Glasgow produced, as they did, a genuine indigenous drama almost instantly upon the establishment of a permanent local theatre, what might not Wales do with its natural wealth of artistic facility and its sense of nationality?

But the drama will not come until the theatre is there for it; for even a Welshman will not write plays without any possibility of performance. That is why people say of the Welsh:

> "Taffy was a Welshman,
> Taffy was a poet,
> But as he had no theatre,
> He never came to know it;

and so Taffy, having no legitimate opportunities for the employment of his great gift of imagination and adventurousnes, became the less reputable things that are mentioned in the other version of that popular rhyme.

Er hyn, gan y gwyddai aelodau Bwrdd y Cwmni Cenedlaethol na fyddai dadl George Bernard Shaw yn ddigon, o bell ffordd, i ddarbwyllo pobl Abertawe o hygrededd menter Howard de Walden, trefnwyd bod darn arall yn ymddangos yn y *South Wales Daily Post* y diwrnod cyn i erthygl Shaw gael ei chyhoeddi. Teitl y darn oedd 'An Appeal To The Patriotic', a'i amcan oedd darbwyllo Cymry Abertawe mai dramâu 'racy of the soil' a fyddai'n ymddangos ar lwyfan Theatr y Grand. Adlewyrchu bywyd Cymru oedd y bwriad, ynghyd â rhoi llais i feddyliau a delfrydau ei phobl. Pwysleisiwyd yn yr apêl nad dynion â'u bryd ar wneud arian oedd aelodau Bwrdd y Cwmni Cenedlaethol, ond dynion yn hytrach a oedd yn hyderus y gellid, drwy gyfrwng y theatr, hybu diwylliant y wlad. Achos gwladgarol oedd ymgais Howard de Walden i sefydlu Theatr Genedlaethol yng Nghymru. Llofnodwyd yr apêl gan nifer o bobl amlwg Abertawe—yn eu plith Brif Siryf Morgannwg, Cadeirydd y gangen leol o'r Cymmrodorion, golygyddion y *Daily Post* a'r *Daily Leader*, D. Clydach Thomas a D. Vaughan Thomas. Diddorol yw sylwi fod Thomas arall wedi arwyddo'r apêl, sef D. J. Thomas, tad y bardd, Dylan. Gwyddai D. J. Thomas felly am Howard de Walden, a diau y gwyddai hefyd am ei gyfansoddiadau yn seiliedig ar *Y Mabinogi*. Fis wedi iddo arwyddo'r apêl, y mae'n rhaid ei fod wedi darllen yr adolygiadau a ymddangosodd yn y wasg leol ar yr opera *Dylan*. Dri mis yn ddiweddarach ganed mab iddo, a'i fedyddio'n Dylan. Ac ymhellach, ddeng mlynedd ar hugain yn ddiweddarach, bu i'r Dylan hwnnw—Dylan Marlais Thomas—yn Llanina, Ceredigion, elwa o nawdd a chefnogaeth Howard de Walden.

Ymddengys, er hyn, na fu erthygl George Bernard Shaw ac apêl pobl ddylanwadol Abertawe yn ddigon i ddileu'r ddrwgdybiaeth yn y cylch parthed y ddrama a menter de Walden. Dyma, felly, alw ar wragedd blaenllaw'r dref i ffurfio 'Ladies Auxiliary Committee' i hybu'r mudiad, ac ar 19 Mehefin aeth Syr Brynmor Jones a Howard de Walden i'r Guildhall yn Abertawe i annerch gwragedd cefnog yr ardal. Llywydd y noson oedd David Davies, Cadeirydd Bwrdd y *South Wales Daily News*, ac yn ystod y cyfarfod darllenwyd llythyrau yn cefnogi sefydlu Theatr Genedlaethol oddi wrth yr Anrhydeddus Colwyn Phillips ar ran ei fam, Arglwyddes Tyddewi, y Prifathro T. F. Roberts, yr Arglwyddes Stafford Howard, yr Athro J. E. Lloyd, Syr Griffith Thomas a W. Ormsby-Gore AS. Nodwyd bod David Davies, Llandinam, yntau'n bleidiol i'r fenter. Prif neges y llythyrau oedd fod y mudiad yn haeddu cefnogaeth ar sail ei waith gwerthfawr yn hybu a meithrin dramodwyr newydd o safon. Yn ei lythyr—a ddyfynnir yn y *South Wales Daily Post* ar 19 Mehefin —dywed y Prifathro T. F. Roberts, Is-ganghellor Prifysgol Cymru a chynlywydd Undeb y Bedyddwyr: 'I have pleasure in stating that I have read 'Change' and 'Ble Ma Fa?'—the two plays that have been printed under the auspices of the Old Students' Association of this college [Aberystwyth], and have also had the opportunity of seeing 'Ble Ma Fa?' acted . . . If these plays can be taken as indications of the aims of the present Welsh dramatic Movement, it will deserve the warm support of all patriotic Welshmen.' Gan fod pob llythyr yn cyhoeddi'r un neges i bob pwrpas—sef mor hanfodol bwysig bellach oedd mynd ati i gefnogi dramodwyr dawnus—y tebygolrwydd yw fod Owen Rhoscomyl a Howard de Walden wedi anfon glasbrint at y gohebwyr, ynghyd â chais yn eu cymell i ddatgan yn gyhoeddus eu cefnogaeth i'r fenter.

Yn ei hanerchiad hi i'r gynulleidfa yn y Guildhall, cyfeiriodd Mrs Aeron Thomas (dynes amlwg ym mywyd diwylliannol Abertawe yn y cyfnod hwn) at y gefnogaeth a roddwyd gan ddinas Caerdydd i'r Cwmni Cenedlaethol. Yr awgrym oedd y gallai Abertawe ragori ar groeso Caerdydd, a thrwy hynny, brofi mai hi oedd 'gwir Fetropolis Cymru'. Neges Owen Rhoscomyl i'r gwragedd ffasiynol oedd mai dramâu 'glân' ac addysgiadol y dylid eu cyflwyno ar lwyfannau Cymru—pwynt a ategwyd gan actores Saesneg o'r enw Cecilie Barclay, a oedd, yr wythnos honno, yn 'leading lady' yn y cynhyrchiad o *The Master of Iron* yn Theatr y Grand. Ei disgrifiad llipa hi o ddramâu taith y Cwmni Cenedlaethol oedd 'very beautiful'. Unwaith yn rhagor yr oedd y cyfarfod cyhoeddus hwn yn un uniaith Saesneg.

Y mae'n amlwg y bu i un gohebydd o swyddfa'r *Cambria Daily Leader* dreulio rhan sylweddol o'r noson yn canolbwyntio ar wisgoedd ysblennydd gwragedd Abertawe. Neilltuir gofod sylweddol yn y papur hwnnw ar 20 Mehefin ar gyfer disgrifio'r gwisgoedd hynny. Yr oedd gwisg Cecilie Barclay, er enghraifft, yn llawer mwy trawiadol na'i sylwadau ar ragoriaethau menter Howard de Walden, a chawn wybod ei bod wedi ymddangos mewn 'charming costume of saxe-blue shantung . . . the little coat having a short basque. Her hat of black taffetas was trimmed with a high blue feather mount, and lined to the face with blue aerophane'. Rhoddir hefyd yr un gofod i ddisgrifiad o wisg Mrs Vaughan, gwraig Owen Rhoscomyl, ag i'w datganiad o blaid cefnogi'r Cwmni Drama Cenedlaethol. Mewn ymateb i'r disgrif-iadau dilladol hyn, dywed 'Hesgin' yn *Y Brython*: 'Wn i ddim beth oedd diben darlunio'r *gowns* hynny, os nad dangos i Edward Thomas [y bardd] (yr hwn a alwodd Abertawe yn "Village" ac yn "dirty witch" yn yr *English Review* yn ddiweddar) fod gan rai ugeiniau o leiaf o ferched y dref ddillad glân i'w rhoi amdanynt'.[27] Heb os, cyfarfod i ddenu cefnogaeth dros-dro gwragedd tra Seisnig Abertawe oedd y cynulliad yn y Guildhall, ac y mae'n amlwg fod de Walden yn ddibynnol ar hufen cyfoethogion yr ardal i lenwi'r seddau yn Theatr y Grand. Targedu 'pobl o bwys' oedd y bwriad, yn hytrach na denu gwir garedigion y ddrama.

Ar nos Lun, 22 Mehefin, gwahoddwyd criw o bwysigion Abertawe a'r cylch i'r Albert Hall, y tro hwn i wrando ar Granville Barker a de Walden yn canu clodydd y mudiad cenedlaethol newydd. Ar wahoddiad y Maer, T. T. Croker, daeth tua phum cant ynghyd i ddathlu ymweliad y Cwmni Cenedlaethol ag Abertawe. Dyma dderbyniad a oedd yn ddrama ynddo'i hun. Ceir disgrifiad o'r achlysur mawreddog hwn gan 'Talnant' yn *Tarian y Gweithiwr* ar 2 Gorffennaf, a chan 'Gwyneth' yn *The Cambria Daily Leader* ar 23 Mehefin. Dywed yr olaf:

> The major hall appeared a veritable fairy bower. The balconies had been draped with coloured bunting, and arranged around the edge of each was a garland of foliage, from which peeped multi-coloured fairy lights. Across the top of the rooms flags were hung, and the area was draped with curtains and arranged with comfortable chairs and lounges, palms being placed about, giving a very restful effect.
>
> The decoration of the platform was most artistic. The front was a mass of lovely flowers, on either side being a large drooping red rambler rose tree. The organ was outlined with fairy-lights, and tall palms screened the band.
>
> In the minor hall where refreshments were served, one was transplanted to the Eastern world, for here the drapings of the walls were Oriental, palms and flowers also playing their part.
>
> The Mayor, wearing his robe and chain of office, and accompanied by the Mayoress, received the guests. During the evening the Police and County Council Band, under the baton of Mr A. Shakelford, R.M.S.M., played selections.

Yn amlwg, yr oedd Maer Abertawe yn benderfynol o beri i'r croeso a estynnodd Maer Caerdydd i'r Cwmni Cenedlaethol ymddangos yn amaturaidd a di-liw. Ceir yn yr un adroddiad ddisgrifiadau pellach o wisgoedd rhwysgfawr y gwragedd ar *catwalk* yr Albert Hall.

Yn ei anerchiad i'r dorf yn ystod y cyfarfod, canolbwyntiodd Granville Barker ar y ffaith fod celfyddyd y theatr yn un holl-bwysig i'r genedl Gymreig, gan derfynu ei anerchiad â'r geiriau, 'Wales must take her place amongst her brothers and sisters in the great Empire'. Un ffordd allweddol o wneud hynny, yn ôl Barker, oedd drwy groesawu'r Cwmni Cenedlaethol i Abertawe. Yn ei anerchiad ef, rhoddod Howard de Walden grynodeb o ddatblygiad ei fudiad, cyfeiriodd at y gwrthwynebiadau i'r ym-gyrch, a cheisiodd ddarbwyllo'r gynulleidfa fod y ddrama bellach yn gyfrwng pwerus ym mywyd y genedl—un nad oedd modd ei lesteirio a'i anwybyddu. Perthnasol yw nodi nad oedd selogion capeli'r cylch, actorion amatur yr ardal, a charedigion allweddol y diwylliant Cymraeg yn nalgylch Abertawe ymhlith y gwahodd-edigion yn sioe'r Maer.

Cafwyd barn carfan arall o drigolion Abertawe ynghylch ymweliad y Cwmni Cenedlaethol yn yr erthygl 'An Unpatriotic Welshman', a ymddangosodd yn *The Cambria Daily Leader* ar 27 Mehefin, ddeuddydd cyn noson agoriadol y cwmni yn Theatr y Grand. Dilorni'r holl gyhoeddusrwydd a wna'r 'unpatriotic Welshman'. Yn ei ddarn dychanol noda ei fod yn rhag-weld na fyddai gwasanaethau'r capeli yn cael eu cynnal yn ystod 'Holy Week' y Cwmni Cenedlaethol:

> Prayer meetings, services, cyfeillachau crefyddol, will be suspended, that the ministers, deacons, blaenoriaid, and young people may gather within the "hallowed walls" of the Grand Theatre. The first hymn that will be sung will be the following:
>
> > Mae'r iachawdwriaeth fel y mor
> >   Yn chwyddo byth i'r lan;
> > Drwy'r pit, a'r stalls, a'r boxes oll
> >   Rhown fawl i 'Lisa Ann'. [Lizzie Ann yn y ddrama *Change*].

Ac wrth drafod yr honiad a wnaed gan de Walden a'i gefnogwyr —y byddai dramodydd Cymraeg o athrylith yn cael cyfle ar lwyfan y Theatr Genedlaethol i ddatgan ei athroniaeth a'i neges —gofynna'r 'unpatriotic Welshman', yn ddigon bachog: 'Ond, "Ble Ma Fa?" Let me repeat, "Ble Ma Fa?"'.

Er gwaethaf y gwrthwynebiadau, ymgasglodd cynulleidfa ddigon parchus yn Theatr y Grand ar nos Lun, 29 Mehefin, i wylio'r perfformiad o *Change*. Yn ôl y *South Wales Daily Post* ar 30 Mehefin, yr oedd y gynulleidfa hon yn 'moderate in the upper and lower parts of the house and excellent in the circle'. Ceir cofnod, yn y *Cambria Daily Leader* ar 3 Gorffennaf, o ymateb y gynulleidfa yn Abertawe i *Change* pan berfformiwyd hi'r eilwaith yn Theatr y Grand ar nos Iau, 2 Gorffennaf: 'The audience was an impartial one. Their sympathy went in turn with the stolid and hardhearted but upright John Price, as representing the order of things on the one hand, and Lewis Price, who typifies the spirit of unrest and the new ideas'. Yn *The Cambria Daily Leader*, drannoeth y perfformiad cyntaf o *Change* yn Abertawe, ceir dadansoddiad teg o'r ddrama ei hun—'a great but an unequal play'. Ac wrth drafod y gwrthdaro canolog yn y ddrama rhwng gwerthoedd dwy genhedlaeth, a'r cyflwyniad o'r newid anochel yn natur y gymdeithas, dywed y colofnydd, J. D. Williams: 'Not a chapel, not a Welsh home, in Swansea, in which the tragedy is not working in some shape or other'.

Nid *Change*, serch hynny, ond yn hytrach *The Poacher* a ddenodd gynulleidfaoedd Abertawe. Yn ôl J. D. Williams yr oedd *The Poacher* 'worth all the Welsh dramas we have seen in Swansea this week put together,[28] a dyfynnir D. Vaughan Thomas gan ohebydd *The Cambria Daily Leader*: 'I consider that "The Poacher" is on a level with much of the best in Irish drama'.[29] Yn yr un erthygl gwelir Aeron Thomas, gŵr y wraig honno a siaradodd o blaid y Cwmni Cenedlaethol yn y Guildhall, yn anghytuno â'r farn hon, gan haeru fod *The Poacher* wedi methu cyflwyno darlun cywir o fywyd cefn gwlad Cymru.

Yn achos y dramâu Cymraeg, derbyniad anffafriol a gafodd *Ephraim Harris* yn Abertawe ar nos Fawrth, 30 Mehefin. Y bore canlynol disgrifiwyd hi gan ohebydd y *Cambria Daily Leader* fel drama a oedd 'too humdrum and sad', a chan ohebydd y *South Wales Daily Post* fel hyn: 'Even as a description of early nineteenth century Wales, the work we saw last night is a caricature'. Diddorol yw sylwi hefyd fod yr adolygydd hwn, er mor werthfawrogol ydoedd o actio 'rhagorol' y Cwmni, yn benderfynol o ganu clodydd yr actor amatur: 'The actors were, however, found and trained at a very short notice, and we shall not be far wrong in saying (with some knowledge of the hundred and fifty village companies which the Principality now possesses) that, excellent in every respect as the present hard-worked company is, Cambria could put into the field, if called upon, a hundred more of almost the same value'. Dyma, felly, osod yr actorion proffesiynol Cymraeg a Chymreig yn eu lle. Ar ddiwedd ei golofn, cyfeiria'r adolygydd at y ffaith fod nifer o bobl Abertawe yn edrych ymlaen at weld y ddrama y noson honno, sef 'magnum opus' R. G. Berry. Yn wir, hoff gynhyrchiad Cymraeg cynulleidfaoedd Abertawe oedd *Ar y Groesffordd*—drama, yn ôl gohebydd y *South Wales Daily Post*, a oedd yn fwy grymus o lawer na *Change*. Dywed y gohebydd, yn ei adroddiad ar 2 Mehefin, fod cynull-eidfa *Ar y Groesffordd* 'in raptures over mirthful situations in the joiner's shop and Dicki Betsi's kitchen'. Cyfeiria hefyd at atyniad y diweddglo, pan hudwyd pawb gan yr olygfa briodasol â'i 'display of orange blossoms'. Y mae'n amlwg, felly, fod Ted Hopkins wedi penderfynu dod â'r ddrama i ben yn null theatraidd y dramâu cerdd—dull a oedd yn anghydnaws, y mae'n rhaid nodi, â diweddglo cynnil y dramodydd ei hun. Perfformiwyd drama ychwanegol gan y cwmni, sef *The Path Across the Hills* o eiddo Howard de Walden ei hun, yn ystod yr ymweliad â Theatr y Grand, ond, yn anffodus, ni chafwyd dadansoddiad o'r cynhyrch-iad hwn gan yr adolygwyr. Er hyn, ceir cyfeiriad arwyddocaol at y ddrama, ar y cyd â dwy arall a berfformiwyd, gan ohebydd y *South Wales Daily Post* ar 4 Gorffennaf:

> Scotland has its 'kailyard' school of fiction. Wales possesses at present the 'kitchen' school of drama. In three of the four pieces that figured in the quadruple bill produced at the Theatre on Friday the kitchen again provided the venue: *Ble Ma Fa?*, *The Poacher*, and *The Path across the Hills*. There is a meal which figures in each of them. Wales is not a land where it is always dinner time.

Er bod *repertoire* y Cwmni Cenedlaethol wedi llwyddo i ddenu cynulleidfaoedd cymharol dda yn Abertawe, ynghyd â chefnog-aeth i'r mudiad yn gyffredinol, cyfaddefodd Ted Hopkins yn *The Cambria Daily Leader* ar 6 Gorffennaf fod yn rhaid yn awr fynd ati i gomisiynu dramâu tra gwahanol, megis comedïau ysgafn yn ymwneud â bywyd y werin a dramâu rhamant. Ymhyfrydodd yn y ffaith fod y cwmni, o ganlyniad i gefnogaeth pobl Abertawe, wedi gwneud elw sylweddol. O gofio am wrthwynebiad pybyr nifer o gapeli'r ardal i'r ymweliad, y mae'n rhaid fod Ted Hopkins, y cwmni ac aelodau'r Bwrdd wedi cael cryn foddhad o ddarllen y darn byr a gyhoeddwyd yn yr un rhifyn o *The Cambria Daily Leader*, lle y tynnwyd sylw at y ffaith fod y Parchedig Simon Jones, gweinidog Capel yr Undodwyr yn Abertawe, wedi cynnwys yn ei bregeth ar y nos Sul, drannoeth y perfformiad olaf o *Change* yn Theatr y Grand, drafodaeth ar y gwersi a godai o'r ddrama.

Y mae'n anodd dirnad, o'r adroddiadau cymysg yn y wasg, beth yn union oedd ymateb y Cymry Cymraeg yn benodol yn Abertawe i ymweliad y Cwmni Cenedlaethol. Yn y *South Wales Daily News* ar 1 Gorffennaf noda Ted Hopkins mai *Change* a'r 'triple bill' oedd y cynyrchiadau mwyaf poblogaidd. Ond, ar yr un pryd, y mae'n mynegi siom ynghylch cefnogaeth y Cymry Cymraeg: 'There are plenty of people to support Welsh drama . . . but so far the Welsh do not flock'. A phur siomedig yn ôl *The Cambria Daily Leader* oedd Maer Abertawe parthed cefnogaeth y Cymry Cymraeg: 'it ought to have been better patronised by the Welsh people'.[30] Ac eto, yn yr un golofn y mae D. Vaughan Thomas yn datgan: 'I am delighted that the Welsh public of Swansea supported the movement so well'.

Wedi'r wythnos yn Abertawe teithiodd y cwmni i Aberystwyth. Nid oes, serch hynny, dystiolaeth ar gael ynghylch natur y croeso a dderbyniwyd yno. Perfformiwyd *Change* ar 6 ac 8 Gorffennaf ac *Ar y Groesffordd* ar 7 Gorffennaf yn y Coliseum yn y dref. Y bwriad, wedi'r tridiau yn Aberystwyth, oedd cael rhai wythnosau o wyliau cyn cychwyn ar daith yn yr hydref i'r Gogledd, a phrofi, drwy wneud hynny, y gallai'r cwmni hawlio'n deg y disgrifiad 'Cenedlaethol'. Sicrhaodd Howard de Walden y Bwrdd y byddai'r theatr symudol hardd yn barod ar gyfer y daith, ac y defnyddid hi yn yr ardaloedd gwledig ac yn y trefi hynny lle na cheid neuaddau pwrpasol.

Ni fu i'r noddwr ddilyn y Cwmni i Aberystwyth, gan ei fod ef ei hun ar ddydd Sul, 5 Gorffennaf, yn actio mewn 'extravaganza' a gynlluniwyd gan J. M. Barrie a Granville Barker. Howard de Walden, wrth gwrs, oedd yn ariannu'r fenter. Ffilm gowboi oedd y strafagansa dan sylw, a cheir disgrifiad ohoni yn hunangofiant G. K. Chesterton a hefyd yng nghofiant Peter Whitebrook i William Archer.[31] Ond y disgrifiad gorau, o bell ffordd, yw'r un a geir yn hunangofiant yr Arglwyddes de Walden. Gorchwyl yr actorion oedd amneidio'n egnïol (dyma gyfnod y ffilmiau mud, wrth gwrs), a chreu golygfeydd llawn cyffro yn Swydd Hertford i gyfeiliant miwsig y Gorllewin Gwyllt. Yr actorion oedd George Bernard Shaw, Granville Barker, William Archer, Howard de Walden a 'dear, enormously fat G. K. Chesterton'. J. M. Barrie oedd yn ffilmio:

> We were instructed to be in a certain field on a certain Sunday, and previously to have stopped at the local pub, where Tommy was to array himself in cowboy chaps over old trousers, with a belt and revolver and hat to match. Now Archer, who wore a long moustachio and who was both good-looking and conscious of it got there first and chose the best suit. When G. K. Chesterton arrived, none would fit him and there was some anxious reorganising . . .
>
> Then the mad scenario began. Tommy and G. K. Chesterton crossed a 'roaring river' in a canal; they inadvertently fell out, Tommy on to his feet and G.K. on his back . . . he just lay there prepared to die with his face under ten inches of water, the rest of him very visible. They all had to lower themselves down from a 'perilous cliff' in a rope. In reality it was only ten feet high, and Bernard Shaw remained at the top and orated. He used his arms and declaimed, while we below shouted back, 'You can't be heard on this movie camera, so save your breath G.B.S., and for goodness sake come down, and don't waste so much film . . . Now at the end of it, the scheme was that I was to catch G.B.S. in a butterfly net— Yes, I agree with you, it makes no sense.[32]

Cynhaliwyd première y ffilm yn Theatr y Savoy yn Llundain— dangosiad cyntaf a ddaeth i ben mewn modd tra annisgwyl:

> at a given moment Tommy, Archer, and Chesterton arose from their stall seats, and with a roar drew long swords and rushed up on to the stage and the curtains came down. Then the invited audience had supper on the stage and I was at a table with Mr Asquith, Gladys Cooper, Irene Vanburgh and others.[33]

Yr eironi yn hyn oll, wrth gwrs, yw fod de Walden, wrth noddi'r ffilm, yn ariannu'r union gyfrwng a oedd yn graddol ddisodli'r ddrama—yn enwedig yn achos theatrau teithiol de Cymru. Ac ymhellach, onid dyma'n union y math o ffilm a ddisgrifiwyd gan George Bernard Shaw ei hun yn y *South Wales Daily Post* fel 'the crude cinematograph melodrama of the American film-makers'? Ond go brin fod Howard de Walden yn ystod haf 1914 wedi poeni rhyw lawer ynghylch cyflwr y ddrama. Ym mis Awst, chwalwyd y Cwmni Cenedlaethol gyda dechrau'r Rhyfel Mawr, ac ar 11 Medi hwyliodd de Walden i'r Aifft i ymuno â'r Westminster Dragoons. Dychwelodd i Loegr ar y llong *Saxonia* ym 1916, a bu'n gweithio am gyfnod yn y Swyddfa Ryfel, cyn ymuno â'r Ffiwsilwyr Brenhinol Cymreig yn Ffrainc. Yn ôl yr Arglwyddes: 'He liked being with the Welsh Regiment and was able to practice Welsh. He asked for books and band music, for his little Welsh dictionary'.[34]

Wedi'r Rhyfel Mawr, ailgydiodd de Walden yn ei gynllun i sefydlu Theatr Genedlaethol yng Nghymru. Ym 1919, noddodd unwaith yn rhagor gystadleuaeth ysgrifennu drama. Cafwyd trigain o gystadleuwyr, a'r tro hwn daeth dwy ferch i'r brig—Betty Eynon Davies (*Four Leaved Clover*) a Kate Roberts (*Y Fam*). Ond rhaid oedd aros tan 1933 cyn i de Walden lwyddo i wireddu ei freuddwyd. Y flwyddyn honno sefydlodd Gwmni Cenedlaethol arall—y tro hwn ym Mhlas Newydd, Llangollen.

CYFEIRIADAU

[1] Margherita Howard de Walden, *Pages From My Life* (London: Sidgwick and Jackson, 1965), 93.

[2] Ibid., 109.

[3] Ibid., 153.

[4] LlGC, XPR7535L799.

[5] Gerald Cumberland, *Written in Friendship* (London: Grant Richards, 1923), 197.

[6] Ibid., 201.

[7] Ibid.

[8] George Moore, *Confessions of a Young Man* (London: Penguin Books, 1939), 272.

[9] Ibid.

[10] *Western Mail*, 24 Chwefror 1911, 5.

[11] Gweler Olive Ely Hart, *The Drama in Modern Wales* (Philadelphia: University of Pennsylvania, 1928), 74.

[12] *Western Mail*, 8 Mai 1914, 4.

[13] *South Wales Daily News*, 16 Mai 1914, 7.

[14] Ibid.

[15] Ibid.

[16] Ceir rhan o adolygiad y *Birmingham Post* yn y *South Wales Echo*, 6 Gorffennaf 1914.

[17] Saesneg oedd mamiaith Ted Hopkins, un o fechgyn cymoedd y de. Treuliodd gyfran helaeth o'i yrfa yn perfformio yn sioeau cerdd Newcastle.

[18] *South Wales Daily News*, 16 Mai 1914, 7.

[19] Ibid.

[20] *Western Mail*, 16 Mai 1914, 7.

[21] *South Wales Daily News*, 18 Mai 1914, 7.

[22] Ibid.

[23] *Western Mail*, 18 Mai 1914, 5.

[24] Margherita Howard de Walden, op. cit., 84–5.

[25] *Llanelly Mercury*, 25 Mehefin 1914, 5.

[26] Ibid.

[27] *Y Brython*, 2 Gorffennaf 1914, 3.

[28] *The Cambria Daily Leader*, 4 Gorffennaf 1914, 4.

[29] *The Cambria Daily Leader*, 6 Gorffennaf 1914, 1.

[30] Ibid.

[31] G. K. Chesterton, *Autobiography* (London: Hutchinson, 1936), 231–4.

[32] Margherita Howard de Walden, op. cit., 97–8.

[33] Ibid.

[34] Ibid., 144.

Howard de Walden
a Chwaraedy Cenedlaethol
Cymru, 1927–40

Hazel Walford Davies

Wedi'r Rhyfel Mawr ymgartrefodd yr Arglwydd Howard de Walden a'i deulu unwaith yn rhagor yng Nghastell y Waun, Sir Ddinbych. Ond er iddo noddi cystadleuaeth ysgrifennu drama ym 1919, nid aeth ati ar fyrder i ailsefydlu Cwmni Theatr Cenedlaethol. Heb os, yr oedd effaith erchylltra'r brwydro yn Ffrainc wedi gadael ei farc arno, ac am nifer o flynyddoedd collodd flas ar fyw. Mewn llythyr at ei fab John ym 1921 dywed, 'The one that writes to you now is no more than a husk living out a life that he finds infinitely wearisome.'[1] Treuliodd gyfnodau maith yn y Congo ac yn ei gartref braf yn Kenya. Yng Nghymru, tra oedd yr Arglwyddes de Walden yn marchogaeth fel rhan o helfa Wynnstay neu yn croesawu'r teulu brenhinol i Gastell y Waun, byddai de Walden yn aml yn encilio i'w ystafell i ddarllen, ysgrifennu a phaentio. Dechreuodd ymddiddori mewn ffenomenâu seicig a mynychai nifer o seansau. Fel y dywed ei fab, 'There is no doubt that it was a different man that came back after the War.'[2] Er hyn, llwyddodd de Walden i ddal gafael ar ei ddiddordeb yn y theatr, a glynodd wrth y traddodiad blynyddol o gyfarwyddo, ar gyfer ei deulu a'i ffrindiau, bantomeimiau yng Ngaleri Hir Castell y Waun. Ei ffefryn oedd *The Reluctant Dragon*, ac yn y llun o olygfa o'r pantomeim a atgynhyrchir yn y bennod hon, gellir gweld dau o'i blant, John a Branwen, yng nghwmni'r Ddraig Gyndyn, sef Howard de Walden ei hun.

Gan nad oedd de Walden, ddechrau'r dauddegau, yn prysuro i sefydlu Cwmni Cenedlaethol, aeth Cymmrodorion Caerdydd ati i gynnig canpunt o wobr am ddrama hir newydd yn y Gymraeg yn y gobaith o ddod o hyd i ddramodwyr a fedrai gynhyrchu deunydd ar gyfer cwmni cenedlaethol newydd. Dyfarnodd W. Llewelyn Williams, beirniad y gystadleuaeth, £50 i D. T. Davies am *Branwen*, a £25 yr un i Brinley Jones am *Dewis Gweinidog* a D. R. Williams am *Iawn a Orfydd*. Wedi llwyddiant y gystadleuaeth hon, ymddengys fod Cymmrodorion Caerdydd, erbyn Rhagfyr 1921, wedi penderfynu mynd ati o ddifrif i sefydlu Cwmni Drama Cenedlaethol, oherwydd yn ystod y mis hwnnw hysbysebwyd nifer o swyddi ar gyfer y cwmni arfaethedig. Mae'n amlwg nad oedd ganddynt gyllid wrth gefn gan fod pob swydd yn ddi-dâl. Wrth amlinellu natur y fenter yn *Y Brython*, 15 Rhagfyr 1921, ymffrostia W. I. Jones yn y ffaith fod Cymmrodorion Caerdydd yn bwriadu ffurfio cwmni 'ar seiliau na chafwyd dim byd tebig iddo yng Nghymru o'r blaen, oblegid golygant iddo fod yn sefydliad ehangach a mwy parhaol na dim a fu hyd yn hyn ynglŷn â'r ddrama Gymraeg.' Yn achos y swyddi mae'n tanlinellu'r ffaith mai 'llafur cariad fydd y cwbl':

> Gofynnir i'r rhai a etholir i'r swyddi hyn roi'r rhan fwyaf o'u horiau hamdden at y gwaith di-dâl hwn, eithr fe'u gwobrwyir yn ôl llaw, er hynny, os byddant yn gynorthwy i ffurfio Cwmni Drama a fydd yn hysbys drwy holl Gymru a thu allan, ac i sefydlu Chwaraedy Cenedlaethol yn ninas Caerdydd a gydnabyddir ryw ddydd fel "Abbey Theatre" Cymru.

Prysura W. I. Jones hefyd i sicrhau'r cwmnïau amatur na fyddai'r Chwaraedy Cenedlaethol newydd yn fygythiad iddynt o gwbl. Yn wir, byddai llwyddiant y Chwaraedy yn deillio i raddau helaeth o gydweithrediad cwmnïau'r pentrefi. Ceir awgrym ganddo yn ogystal fod y Cymmrodorion yn dibynnu ar Gymry cyfoethog a haelfrydig Caerdydd a threfi eraill i noddi'r fenter.

Yn *Y Brython*, 23 Chwefror 1922, mae Saunders Lewis yn datgan yn fuddugoliaethus, 'Y mae'r cwmni hwn bellach yn gyflawn'. Â rhagddo i nodi mai 'Un o amcanion y cwmni ydoedd denu ato nifer o gymwynaswyr y ddrama Gymraeg er ceisio codi safon y math hwn ar lenyddiaeth, a gwella hefyd ar ddulliau trefnu a chyflwyno dramâu . . . y mae'r ffaith i Mr Dan Matthews, Pont-ar-Dulais, ymuno â'r cwmni, i fod yn drefnydd ac yn actor ynddo, yn arwydd o'r goreu'. Gan mai bwriad arall y Cymmrodorion oedd sbarduno dramodwyr i anfon eu gwaith at y cwmni, gwahodd-wyd D. T. Davies i ymgymryd â swydd darllenydd. Ond er gwaethaf yr holl hyder a'r brwdfrydedd, byrhoedlog oedd ymgyrch y Cymmrodorion i sefydlu 'Abbey Theatre' Cymru yng Nghaer-dydd.

Gwnaeth y cwmni newydd ei début yn Neuadd y Ddinas ar 13 Mai 1922 ar achlysur cynhadledd Undeb Cenedlaethol y Cym-deithasau Cymraeg. Perfformiwyd dwy ddrama, sef *Y Dieithryn* D. T. Davies, a *Gwaed yr Uchelwyr* Saunders Lewis. Y mae'r feirn-iadaeth ar y perfformiadau a ymddangosodd yn *Y Darian*, 1 Mehefin 1922, yn crynhoi barn cyfran helaeth o'r adolygwyr. Yn amlwg ni wnaeth Cwmni'r Cymmrodorion argraff dda, yn enwedig yn achos actio *Gwaed yr Uchelwyr*. Ymddengys mai diffyg mawr yr actorion oedd 'aneglurder eu parabl'. Yn ôl gohebydd *Y Darian*: 'Yr oedd yn rhaid clust-feinio, estyn ymlaen a chraffu tua'r llwyfan er mwyn ceisio derbyn rhediad y ddrama'. Ac ychwanega'n llym:

> Mae hyn yn anioddefol. Nid siarad mewn llais rhy isel a wnaent, yr oedd rhai ohonynt yn gwaeddi digon. Heb ddysgu dweyd eu geiriau yn eglur yr oeddynt.
>
> Ni chawsom drafferth o gwbl i glywed pob sill a ddywedwyd gan rhai a chwaraeai'r ddrama gyntaf [*Y Dieithryn*]. Siaradai Dan Matthews [Ianto, y Bugail] yn ddigon lleddf a distaw; nid oedd ond prin anadlu allan ambell air, ond yr oedd yn hyglyw drwy'r ystafell.

Beirniadodd eraill y golygfeydd moel, yr anffawd gyda'r llenni diffygiol, y symudiadau herciog a gwendidau sylfaenol *Gwaed yr Uchelwyr*. Y perfformiadau yn Neuadd y Dref ym mis Mai 1922 oedd y rhai cyntaf a'r olaf i Gwmni Cymmrodorion Caerdydd eu cyflwyno. Fel y dywed D. R. Davies, Aberdâr: 'And there it ended, until ten years later, when Lord Howard de Walden embarked upon his second ill-fated attempt to establish a National Theatre for Wales.'[3]

Yn y cyfamser, fodd bynnag, aeth nifer o garedigion y ddrama ati i ddadlau'n daer dros sefydlu theatr genedlaethol, a hynny ar fyrder. Ar 6 Mawrth 1924 holodd awdur y golofn 'Siaced Fraith' yn *Y Brython* yn ddiamynedd: 'Pa bryd, ie, pa bryd y caiff Cymru Chwaraedy Cenedlaethol i ddiddifynu'r genedl oddiwrth fôn y glêr theatraidd o Loegr?' Daeth llygedyn o obaith ym 1927 pan sefydlwyd Cynghrair y Ddrama Gymreig (nid 'Cymraeg', sylwer) dan lywyddiaeth de Walden. Un o brif amcanion y mudiad tra aflwyddiannus hwn oedd sefydlu theatr genedlaethol maes o law. Ond, o'r cychwyn cyntaf, bu dadlau ffyrnig rhwng yr aelodau ynglŷn ag union bwrpas a natur y theatr arfaethedig. Ar dudalennau *Y Llwyfan*, cylchgrawn y Gynghrair, ymddangosodd erthyglau o blaid ac yn erbyn cwmni dwyieithog. Yn Rhifyn 4, Mehefin/Gorffennaf 1928, rhybuddiodd Saunders Lewis: 'Rhaid ofni am ddyfodol y ddrama Gymraeg. Priododd â'r ddrama Saesneg mewn Undeb Cymreig.' Ac yn Rhifyn 5, Awst/Medi 1928, gwelir Conrad Davies hefyd yn poeni ynghylch safle'r Gymraeg o fewn cwmni dwyieithog. Yn ei farn ef byddai'n demtasiwn i'r fath gwmni berfformio swmp sylweddol o ddramâu Ewropeaidd a dramâu Saesneg a Seisnig, a thrwy hynny alltudio'r ddrama Gymraeg i'r cyrion. Dyma ddadl a oedd yn dal mewn grym ddeng mlynedd yn ddiweddarach wedi methiant ail gwmni cenedlaethol de Walden. Yn *Tir Newydd*, Chwefror 1938, wrth drafod y galw y pryd hwnnw am sefydlu cwmni cenedlaethol newydd sbon, dadleua R. G. Berry y byddai cwmni o'r fath, yn y pen draw, yn rhoi'r flaenoriaeth i ddramâu Saesneg:

> Sonnir yn y wasg bob yn awr ac eilwaith am y priodoldeb o gael theatr genedlaethol i Gymru, ond gwyddwn beth yw ystyr hynny—theatr i ddramâu Saesneg yn delio, fwy neu lai, â Chymru . . . Cenid y clychau yn llawen ugain mlynedd yn ôl, am ein bod yn credu yr estynnid oes yr iaith gan fudiad y ddrama Gymraeg, ond bellach gwelwn os bydd punt neu ddwy fwy o elw am wrando ar ddrama Saesneg, rhaid i'r Gymraeg glirio o'r golwg, ac yn aml yn ddiweddar troi'r byddygions o ddramâu Saesneg i'r Gymraeg, er mwyn cael 'droring rwm' a grand piano a stripin o grys main gwyn ar frest yr actorion a flinodd ar y gegin a'r brethyn cartref.

Bu dadlau brwd ar dudalennau *Y Llwyfan*, nid yn unig ynghylch iaith y cwmni arfaethedig, ond hefyd ynghylch y math o gwmni a fyddai'n gweddu orau i Gymru. Nid oedd amheuaeth gan D. R. Davies mai Cwmni Cenedlaethol o amaturiaid y dylid ei sefydlu: 'yn wyneb ffeithiau anocheladwy ein diffyg chwaraedai lle perfformir dramâu Cymraeg yn unig, a chyflwr economaidd y wlad ar hyn o bryd . . . rhaid am y presennol, os nad yn derfynol, sefydlu cwmni *amateur*.'⁴ A sut yr oedd ariannu'r fath fenter? Yn ôl D. R. Davies, ''Feallai, o weld a sylweddoli'r awydd am ffurfio Cwmni Cenedlaethol . . . y tŵf mewn noson ryw Arglwydd de Walden yr Ail yn ein gwlad . . .'⁵ Nid oedd Saunders Lewis yn rhannu gweledigaeth D. R. Davies parthed sefydlu Cwmni Cenedlaethol o actorion amatur, a chyflwynodd yn *Y Llwyfan*, Mehefin/Gorffennaf 1928, ddadl o blaid sefydlu cwmni cwbl broffesiynol. Ond y cam cyntaf oll, meddai, oedd cael hunanym-reolaeth i Gymru:

> . . . gellid wedyn cael cwmni drama o wŷr wrth grefft, lluniwr ac actor-ion wrth eu galwedigaeth. Bellach dyna'r fath o gwmni y credaf ei bod yn werth i neb ysgrifennu iddo nac ymboeni ag ef. Ni welaf obaith am gelfyddyd gain oddiwrth hyd yn oed y goreuon o *amateurs* Cymraeg. Ni ellir disgyblu neb yng Nghymru oddieithr crefftwyr yn dibynnu ar eu crefft am eu byw. I'r cwmnïau a welais i, rhyw sbri neu adloniant neu waith cenhadol oedd chwarae drama, nid crefft.

Yr oedd sawl un arall o aelodau'r Gynghrair yn dyheu am weld yng Nghymru gwmni tebyg i'r un amatur cenedlaethol a sefydlwyd yn yr Alban ym 1921. Cyflwynodd y cwmni hwnnw, rhwng 1921 a 1928, 60 o berfformiadau cyhoeddus ar hyd a lled yr Alban, yn Llundain a hefyd yn theatrau rhanbarthol Lloegr, a hynny gyda'r bwriad o hybu gweithiau dramodwyr Albanaidd. Y nod oedd cael ymgartrefu maes o law mewn adeilad addas a chreu cwmni cenedlaethol proffesiynol a sefydlog.⁶ Ond yr oedd y syniad o ddarparu cartref sefydlog ar gyfer cwmni cenedlaethol yn wrthun i garfan go gref o'r Gynghrair Gymreig gan y tybient mai cwmni teithiol oedd yn addas ar gyfer cymunedau bychain Cymru. Yr oedd nifer o gefnogwyr y theatr deithiol yn rhannu breuddwydion rhamantus Idwal Jones, un o olygyddion *Y Llwyfan*. Ddiwedd 1927, yn y rhifyn cyntaf, holodd:

> . . . a oes modd, dan nawdd yr Undeb, ffurfio cwmni ar linellau y Caravan Players? Cyfaddefaf fod y syniad yn gwresogi fy ngwythiennau. Symud o bentref i bentref, a chwarae yn y neuaddau neu awyr agored, cae, bywyd a chelfyddyd yn gymhleth mewn un rhamant, gwrando ar sylwadau gwerin gwlad, a gadael, fe ddichon, fel Olwen, flodau o'n hôl—rhyw fath ar ddolen gydiol rhwng Twm o'r Nant a pharadwys y ddrama Gymraeg!

Unodd nifer o aelodau'r gwahanol garfanau hyn i wrthwynebu'r ffaith fod tudalennau'r cylchgrawn yn cael eu defnyddio i bregethu neges wleidyddol. Yr oedd Saunders Lewis, fel y nodwyd eisoes, wedi datgan mai'r 'moddion gorau i helpu'r ddrama Gymraeg yw gweithio dros ymreolaeth wleidyddol'.[7] Cythruddodd y neges hon yr aelodau hynny a welai'r ddrama fel celfyddyd bur a'r Gynghrair fel mudiad cwbl amholiticaidd. Nid yw'n syndod, felly, o gofio holl drafferthion a rhwygiadau'r mudiad, i'r Gynghrair Ddrama Gymreig ddirwyn i ben ym mis Gorffennaf 1930, dair blynedd wedi ei sefydlu. Chwalwyd yr holl obeithion am sicrhau dyfodol llewyrchus i'r ddrama Gymraeg, a chwalwyd ar yr un pryd freuddwyd yr aelodau o sefydlu, dan adain y Gynghrair, Chwaraedy Cenedlaethol yng Nghymru. Er hyn, ymddengys nad oedd yr awydd i weld theatr genedlaethol yn cael ei sefydlu wedi pylu o gwbl ymhlith rhai o garedigion y ddrama ac, ym mis Awst 1930, gwahoddwyd nifer o'r cwmnïau amatur, ynghyd â dramod-wyr, i gyfarfod ar faes Eisteddfod Genedlaethol Llanelli i drafod y mater, ac i weld sut y gellid mynd ati i sefydlu cwmni proffesiynol a fyddai'n gonglfaen i'r cwmni cenedlaethol arfaethedig. Siop siarad yn unig oedd y cyfarfod hwn i bob pwrpas, ac ni chlywyd dim ymhellach am y cynlluniau a'r syniadau a wyntyllwyd ynddo.

Gwelir Dyfnallt Owen ar dudalennau *The Welsh Outlook* ym Mehefin 1927, yn gresynu'r ffaith nad oedd cenedl a chanddi eisoes Lyfrgell ac Amgueddfa Genedlaethol yn gallu ymfalchïo mewn Theatr Genedlaethol'.[8] Ond erbyn 1933 yr oedd y sefyllfa wedi newid, oherwydd yn Ionawr y flwyddyn honno cofrestrwyd yn Llundain gwmni cenedlaethol newydd sbon dan nawdd Howard de Walden. Ei deitl oedd 'The Welsh National Theatre Ltd', ac er iddo fodoli'n ffurfiol o 1933 tan 1940, pur helbulus fu ei hanes. Deilliodd nifer o'r trafferthion o ganlyniad i'r ffaith fod de Walden, y tro hwn, yn dymuno cysylltu'r cwmni â pher-fformiadau costus a rhwysgfawr o ddramâu a adlewyrchai ei chwaeth bersonol ef ei hun. Ym 1911, pan aeth ati i sefydlu'r Theatr Genedlaethol Gymreig, cefnogodd ddramâu a oedd yn adlewyrchu'r newidiadau cymdeithasol a chymdeithasegol yng Nghymru'r cyfnod, ond ym 1933 yr oedd o'r farn mai dramâu ac iddynt gast enfawr wedi eu cyfarwyddo gan ffigyrau byd-enwog a fyddai'r modd gorau o drwytho'r Cymry yng nghrefft y theatr.

Heb os, ei awydd i sefydlu cwmni cenedlaethol a fedrai lwy-fannu dramâu o'r fath a barodd iddo ariannu cynhyrchiad o *Yr Ymhonwyr*, sef cyfieithiad J. Glyn Davies a D. E. Jenkins o *The Pretenders* Ibsen, yn Eisteddfod Caergybi ym 1927. Llwyddodd, drwy gynnig tâl hael, i ddenu'r cyfarwyddwr Rwsiaidd byd-enwog, Theodore Komisarjevsky, i fod yn gyfrifol am y cyn-hyrchiad. Yr oedd de Walden eisoes wedi noddi cynhyrchiad o *The Pretenders*, a hynny ym 1913 pan lwyfannwyd y ddrama yn Theatr yr Haymarket, theatr yr oedd ef yn berchen arni ar y pryd. Cymaint oedd ei edmygedd o'r ddrama, a chymaint oedd ei awydd i roi cyfle i'r Cymry ei mwynhau, nes iddo gyflwyno dwy fil o bunnoedd i'r Eisteddfod ar gyfer costau'r cynhyrchiad. Dyma ddrama hanes ac iddi gynfas eang—un a oedd yn mynnu llwyfan mawr a llu o actorion. Gobaith de Walden oedd y byddai'r Cymry, o weld y perfformiad o *Yr Ymhonwyr*—ac, yn achos rhai, gael actio ynddo—yn ymwrthod â dramâu realaidd, bychain ac yn ymhyfrydu mewn dramâu ac iddynt elfen o basiant. Mae'r llythyr a anfonodd at J. Ellis Williams, flwyddyn cyn y perfformiad yng Nghaergybi, yn egluro'i safbwynt:

> I am a little afraid that the WD [Welsh Drama] (a revolting phrase) being born in an age devoted to the so called realism may settle down to the idea that this realism is its particular function. The said WD has had no tradition of the moralities turning into romantics, no classical period, no nothing. It springs full armed like Minerva and may be as pedantic a nuisance. And it looks like coming to a full stop unless it can shake itself free of these fetters.[9]

Credai de Walden fod gwir angen i'r ddrama Gymraeg ymwrthod â realaeth a chofleidio'r pasiant, y rhamant a'r ddrama hanes arwrol. Dywed ymhellach wrth John Ellis Williams yn yr un llythyr fod Ibsen yn ystod ei yrfa wedi disgyn o uchelfannau ei ddramâu mydryddol cynnar i gilffyrdd ei ddramâu realistig: 'all Ibsen's later topical plays are dating but the earlier romantic plays are I believe immortal. The Vikings in *Helgeland* and *The Pre-tenders* will be thrilling and vital when *Ghosts* etc will be merely silly'.[10] Yr oedd, yn amlwg, wedi ei ddallu gan liw a rhwysg y cynyrchiadau mawrion a welodd yn theatrau'r Cyfandir.

Llwyddodd, fodd bynnag, i ennyn diddordeb nifer fawr o'r Cymry yn nalgylch yr Eisteddfod yn y perfformiad o *Yr Ymhonwyr*. Ar ei alwad ef a Komisarjevsky daeth dau gant o actorion amatur ynghyd i'r ymarferion, ac ar nos Lun yr Eisteddfod ymgasglodd cynulleidfa o ddeng mil yn y pafiliwn mawr i weld y perfformiad. Ar ddiwedd y noson daeth de Walden ei hun i'r llwyfan i annerch y dorf yn Gymraeg. Eglurodd mai ei obaith oedd y byddai rhyw fardd Cymraeg yn cael ei sbarduno gan y cynhyrchiad i fynd ati i ysgrifennu drama yn ymwneud â hanes ei wlad, a thrwy hynny, osod Cymru ar fap y byd. Dyna a wnaeth Ibsen, yn ôl de Walden, wrth ysgrifennu *Kongsemnerne* (*Yr Ymhonwyr*). Drannoeth y perfformiad yr oedd gohebydd y *Western Mail* yn hael ei ganmoliaeth i'r cynhyrchiad:

> Altogether it was a gorgeous spectacle, a delightful pageant, a triumph of disciplined movement, and in the centre of it all the conflict of minds and of ideas. This was a performance none of the thousands present will forget.[11]

Er hyn, nid dyna oedd barn Efrydydd yn *Y Brython*, 11 Awst 1927:

> Er mor ddwfn y diolch i'r Arglwydd Howard de Walden . . . nid oedd yr hyn a gafwyd yng Nghaergybi yn ychwanegu llawer at fri y genedl fel cenedl o actyddion . . . Cyn belled a oedd cyrraedd nod yn y cwestiwn, siomedig oeddym yn mynd allan o'r babell, a rhwng dau feddwl pa un ai lles ynteu afles i'r ddrama yng Nghymru a fu'r anturiaeth fawr a'r gwario anghyffredin.

Beirniadodd Efrydydd ymhellach y lleisio, y symudiadau ar y llwyfan ac anwastadrwydd yr actio ynghyd â'r camgymeriad a wnaed wrth ddewis Gwynfor i chwarae rhan yr Esgob Niclas (teimlai fod y cymeriad hwn yn cael ei foddi yn rhy aml gan gryfder cymeriad Gwynfor ei hun). Yn amlwg, aflwyddiannus fu ymgais Komisarjevsky i drwytho a disgyblu'r prif actorion, heb sôn am y criw enfawr o actorion amatur, oherwydd yn ôl yr un gohebydd: 'Cafwyd yno rai pwyslesiadau elfennol, ac oslefiadau a oedd yn anheilwng o lwyfan y pentref gwledig chwaethach yr Eisteddfod Genedlaethol'. Ac oherwydd diffyg ymarfer methodd yr actorion ymdopi â'r meicroffonau ac, o ganlyniad, 'gorffenwyd rhai brawddegau a gychwynwyd yn ysgafn fel pe bâi darw rhuadwy ar y llwyfan'. Y gwir amdani oedd bod y trefnyddion, hyd yn oed cyn y perfformiad, yn ofni na fyddai'r ddeialog yn glywadwy, yn enwedig i'r gynulleidfa yn rhesi cefn y pafiliwn anferth. Cyngor Clydach Thomas i'r rheiny yn y seddi hynny oedd, 'Use your imagination'.[12]

Ymddengys fod de Walden wedi llwyddo i ennyn cefnogaeth Komisarjevsky i'r syniad o sefydlu theatr genedlaethol yng Nghymru ac i'r cynllun o sicrhau cydweithrediad y cwmnïau amatur, oherwydd yn ei gyfweliad â gohebydd y *Western Mail*, 3 Awst 1927, dywedodd y cyfarwyddwr ei fod yn gobeithio y gellid mynd ati i sefydlu cwmni gwir genedlaethol yng Nghymru. Yna ychwanegodd: 'Such a theatre would be impossible through the professional stage, which is commercialised'. Cyfeiriodd at esiampl y Moscow Art Theatre, a sefydlwyd 'on the best amateur effort'. Â rhagddo ymhellach i hyrwyddo achos de Walden:

> What a great chance you have in Wales . . . and what material is at your disposal! Really I feel after last night that if your amateur companies go along on the lines I expect them to it is inevitable that a Welsh national theatre will be formed, and that sooner than we may expect, perhaps.

Ac nid oedd un amheuaeth ganddo—na chan G. Vernon, rheolwraig llwyfan *Yr Ymhonwyr*, ychwaith—pa fath o berfformiadau y dylid eu llwyfannu gan gwmni cenedlaethol. Wrth drafod y cynhyrchiad o ddrama Ibsen yn yr un rhifyn o'r *Western Mail* dywedodd Vernon:

> This is an experiment Wales should follow up. Of course what you need is a Welsh play of the same type. The historical and the romantic play is one that appeals to the Welsh mind, and you have your material in the history of Llywelyn and Owen Glyndwr.

Dyma adleisio'n berffaith farn y noddwr. Mae'n werth nodi na cheir llawer o feirniadaeth ar de Walden ei hun gan adolygwyr. Yn wir, yr oedd hyd yn oed y beirniaid a fu'n fwyaf llym ar y cynhyrchiad yng Nghaergybi yn dra thirion tuag ato. Er enghraifft, gwelir Efrydydd yn ei ddarn tra beirniadol yn ysgrifennu'n delynegol am haelioni de Walden gan gyfeirio at ei 'diriondeb arferol' a'i 'ddiddordeb parhaol ym mhethau goreu ein cenedl'. Dywed: 'Pe caem rhagor o gyfoethogion Cymru gyda chalon mor agored, a bwriadau mor deilwng ag ef, buasai "Gwalia annwyl, gwlad y delyn" yn tyfu fel gardd o flodau yn fuan iawn'.[13] Ond, wrth edrych yn ôl, flynyddoedd lawer wedi'r perfformiad, yr oedd beirniad arall, sef J. Ellis Williams, yn llawer llai sentimental: 'I gyfadde'r gwir, tipyn o oferedd oedd gwario dwy fil o bunnau ar un perfformiad yng Nghaergybi, a disgwyl i'r noson gostus honno fod yn symbyliad i'r mudiad drama'.[14]

Os paratoi ar gyfer sefydlu theatr genedlaethol oedd de Walden yn Eisteddfod Caergybi, 1927, dathlu genedigaeth ei theatr newydd yn Ionawr 1933 oedd ei nod wrth noddi, ym mis Awst 1933, y perfformiad costus o *Pobun* yn Eisteddfod Genedlaethol Wrecsam. Cyfieithiad T. Gwynn Jones o *Jedermann*, yn seiliedig ar ddiweddariad Hugo von Hofmannsthal o'r ddrama foes ganoloesol, oedd *Pobun*. Ar 14 Rhagfyr 1932, anfonodd de Walden gyfieithiad Saesneg Richard Pyson o *Jedermann* at T. Gwynn Jones gan nodi yn ei lythyr ei fod yn cychwyn i Fienna drannoeth i geisio perswadio Dr Stefan Hock i ddod i Gymru i gyfarwyddo'r ddrama.[15] Yr oedd Stefan Hock eisoes wedi derbyn cryn glod am ei gynhyrchiad o'r ddrama yn America, ac yr oedd, wrth gyfarwyddo, yn efelychu technegau ei athro, Max Reinhardt, a oedd wedi cynhyrchu *Jedermann* yn yr awyr agored ar dir yr Eglwys Gadeiriol yn Salzburg ym 1920. Aeth de Walden yn unswydd i Salzburg i weld y cynhyrchiad hwnnw, ac yno y cyfarfu â Stefan Hock.

Mae'n rhaid fod T. Gwynn Jones wedi gweithio'n ddwys ar y cyfieithiad, oherwydd erbyn 29 Rhagfyr 1932 yr oedd *Pobun* yn nwylo Cadeirydd Pwyllgor yr Eisteddfod. Pan ymgartrefodd Stefan Hock yng Nghastell y Waun ym mis Mehefin rhoddwyd iddo gopi ffonetig o *Pobun*, gyda'r geiriau Saesneg ac Almaeneg islaw'r rhai Cymraeg. Ar gyngor de Walden ceisiodd ddysgu ychydig o Gymraeg drwy astudio'r cyfrolau *Welsh Made Easy* gan A. S. D. Smith ('Caradar'), Sais ac athro ysgol yn Lloegr.[16] Ond, er gwaethaf y ffaith iddo ei hastudio'n gydwybodol ni allai Hock gywiro Cymraeg ei actorion yn ystod yr ymarferion, a gwelir ef yn apelio fel hyn at T. Gwynn Jones am gymorth:

I think my Welsh has improved a little, since we last met, but I don't pretend I'm able to correct the Welsh of my actors. I should be so very glad if you could attend some of the rehearsals and listen to their pronunciation.[17]

Ymddengys, fodd bynnag, nad oedd ei anwybodaeth o'r iaith Gymraeg yn unrhyw rwystr ym 1933 ar gyfer dod yn aelod o Orsedd y Beirdd, oherwydd yn fuan wedi iddo gyrraedd Cymru cafodd wahoddiad i ymuno â hi. Ysgrifennodd ar unwaith at T. Gwynn Jones yn gofyn am gyngor ynglŷn â dewis enw barddol. Penderfynodd yn y lle cyntaf ar 'Stefan o Vienna'—'the latter town deriving its name from its Celtic inhabitants of pre-Roman times too'.[18] Ond, erbyn 1 Gorffennaf, wedi iddo ddarllen cyfrol John Rhŷs a D. Brynmor-Jones, *The Welsh People*, daeth i'r casgliad mai 'Stephan yr Alltud' fyddai'r enw mwyaf priodol. Ond 'Stefan o Vienna' a enillodd y dydd. Yr oedd de Walden (Ellis o'r Waun) a'i wraig Margherita (Perl y Waun) eisoes wedi eu derbyn i'r Orsedd yn ystod Eisteddfod Genedlaethol Corwen 1919. Ymffrostiodd yr Arglwyddes yn ei hunangofiant, *Pages From My Life*, ei bod hi wedi cael ei hanrhydeddu 'because I sang their own songs in Welsh which pleased them very much', a bod 'Tommy' ei gŵr wedi ei urddo 'because of his many services to Welsh Art'.[19] Yn sicr, ni fu iddi gael ei hurddo ar sail ei gafael ar y Gymraeg, fel y gwelir o'r disgrifiad canlynol o'r seremoni a geir yn ei hunangofiant:

So we also walked in the procession; and when the old Chief Bard held his sword on high, shouting, 'Cymry am bydd!' we joined in the acclaim.[20]

Yn ystod Mehefin a Gorffennaf gyrrid Dr Hock bob nos gan chauffer de Walden o Gastell y Waun i Wrecsam i ymarferion *Pobun*. Ceir gan 'Deio'r Rhyd', sef D. T. Morgan, a chwaraeodd ran y Diawl yn y ddrama, ddisgrifiad byw o'r Awstriad:

Gŵr byr, cestog ydoedd, pen crwn a gwddf tew, gwefusau trwchus a llygaid dwys a threiddgar. Meddai ar lais cyfoethog oedd wedi ei feithrin yn drwyadl ac felly o dan reolaeth berffaith. Gwisgai'n daliaidd, ymfalchiai yn ei gorff glân a graenus, a byddai bob amser fel pin mewn papur.[21]

Y mae D. T. Morgan yn huawdl ei ganmoliaeth i ddoniau cyfar-
wyddo Dr Hock. Dywed ei fod yn 'hollol gynefin' â chyfieithiad
T. Gwynn Jones: 'Gwyddai ystyr a gwerth pob gair ac acennu
pob brawddeg, ac hynny yn aml yn well na rhai o'r chwaraewyr
eu hunain fel y profwyd droeon yn yr ymarferiadau'.[22] Ond
cyfarwyddwr unbenaethol ydoedd yn ôl Morgan gan nad oedd
'lle i wahaniaeth barn ac nid oedd droi'n ôl ar ei ddyfarniad'.[23]
Nid oes un amheuaeth ym marn D. T. Morgan nad 'Gamaliel
mawr' ym myd y ddrama oedd Dr Hock, ac yn ei farn ef 'ni
welwyd na chynt na chwedyn ar lwyfan yr Eisteddfod Gened-
laethol, nac . . . ar unrhyw lwyfan yng Nghymru ddim hafal i
Pobun'.[24]

Rhoddwyd dau berfformiad o'r ddrama yn Eisteddfod Wrec-
sam a chostiodd y fenter oddeutu £1,500 i de Walden. Mewn-
foriodd ddillad arbennig o Salzburg, dillad a oedd yn perthyn i'r
Deutsches Theater ac a fenthycwyd gan Max Reinhardt ar gyfer
ei gynhyrchiad ef o *Jedermann*. Bu'n rhaid i de Walden dalu
cannoedd o bunnoedd am logi'r dillad yn y lle cyntaf, ynghyd â
thâl ychwanegol o £375 i awdurdodau porthladd Grimsby, cyn
cael caniatâd i gludo'r cistiau i Gymru. Aethpwyd â hwy i Groes-
newydd, ffermdy o eiddo de Walden ar gyrion Wrecsam, lle
roedd Stefan Hock, Mrs Emyr Williams, maeres y dref, a Mrs
Lloyd Jenkins, meistres y gwisgoedd, yn aros amdanynt. Yn
anffodus, nid anfonwyd agoriadau'r cistiau o Salzburg, a bu cryn
helbul cyn dod o hyd i grefftwr lleol a fedrai dorri'r cloeau
trymion.

Ar y noson agoriadol ymgasglodd tua deng mil o bobl yn y
Pafiliwn i weld tri chant o actorion amatur yn perffformio'r
ddrama foes. Dau o actorion proffesiynol yn unig oedd yn y
cwmni, sef Evelyn Bowen (Ffydd) a Clifford Evans (Pobun).
Rhydd gohebydd *Y Cymro*, 9 Awst 1933, amlinelliad o natur y
cynhyrchiad:

> Pwy bynnag a welodd "Pobun", y mae ganddo ddarluniau ar ei feddwl
> nas anghofir byth—yr Arglwydd Dduw yn siarad o'r tywyllwch ac yn
> anfon Angau ar ei neges ofnadwy i'r byd. Y canu nefolaidd o'r gwyll.
> Cariadferch Pobun yn cyrraedd gyda'i mintai o blant â thorsau.
>
> Godidogrwydd y wledd—dawns y gwahoddedigion, dawns y cogydd-
> ion, y chwerthin a'r canu wrth y bwrdd, y plant yn dawnsio ar alawon

Cymreig, yr Angau llygadrwth a'i balf ddu ar fron Pobun, a ffoi braw-
ychus y gwahoddedigion rhagddo.

Wedyn Pobun gyda'r ddwy, Ffydd a Gweithredoedd Da, yn dywedyd
ei bader ac yn ymbaratoi felly at y daith nad oedd yn dychwelyd ohoni.

Yr eglwys, a'r canu, a symudiadau'r angylion.

Rhuthr y Diawl o dywyllwch pen draw'r pafiliwn.

Yr arch a'r cynhebrwng dychrynllyd, du, gydag Angau ar y blaen.

A'r diweddglo—yr angylion yn plygu o amgylch Ffydd, a'r goleuni yn
gwanhau a marw amdanynt.

Dyma sioe fawreddog felly, a'r côr lluosog a'r gerddorfa lawn
yn rhan allweddol o'r sbloets. Yn y seddau blaen ar y noson gyntaf
eisteddai Bernard Shaw, Lilian Baylis, Phyllis Neilson Terry, St.
John Irving a Sybil Thorndike. Yr oeddynt, wrth gwrs, yn
westeion de Walden, ac yn aros yng Nghastell y Waun. Sylw
byrlymus Sybil Thorndike wedi'r perfformiad cyntaf oedd: 'It is
one of the most wonderful things, if not the most wonderful
thing, I have ever seen in my life. I was carried away by it. It was
beautiful'.[25] Aeth yr actores Phyllis Neilson Terry gam
ymhellach, gan ddatgan yn thesbiaidd, 'It was too beautiful'.[26]

Tra gwahanol, fodd bynnag, oedd y farn gyffredinol a
fynegwyd yn y wasg Gymraeg. Gofynnwyd pa effaith a gawsai'r
perfformiad o *Pobun* ar natur a safon actio a chynhyrchu yn ardal
Wrecsam, a'r casgliad oedd y 'buasai cynhyrchu drama ar raddfa
lai, neu mewn neuadd o faintioli gweddol ac o dan amodau
agosach at gyflwr pethau yng Nghymru, yn fwy o hwb i'r ddrama
na chynhyrchiad y Cwmni Cenedlaethol'.[27] Gofynnodd O. Llew
Owain, 'Beth fydd dylanwad y perfformiad tuag at berffeithio'r
ddrama yng Nghymru? Onid yw'n debyg fod mwy wedi ei wario
nag a enillwyd? Gall hynny fod'.[28] A dyma 'Rhys' yn *Y Brython*
ar 10 Awst 1933 yn holi:

Beth a ddysgasom wrth weled a chlywed y "ddrama foesol" hon?—a pha
gymwynas oedd ei llwyfannu â'r ddrama Gymraeg. Cofier mai estron
yw'r ddrama, ac mai estron galluog a'i cynhyrchai. Ein hangen mawr ni
yw cynhyrchu dramawyr a chynhyrchwyr yng Nghymru—ac atorion,
wrth gwrs. Ag edrych ar y perfformiad o'r unig safbwynt sy'n ddichonadwy
i Gymro, rhaid cyfaddef nad oedd y perfformiad—er mor ysblennydd ac
er mor gelfydd ydoedd—yn llawer o help i ddramawyr a chynhyrchwyr
Cymru.

Y mae Rhys yn beirniadu yn ogystal 'arddull Diwtonaidd, drymaidd' y cynhyrchiad ac yn dadlau nad oedd y defnydd o'r *goose-step* a'r awyrgylch Catholic yn gydnaws â'r ddrama Gymraeg. Ceir 'Carwr y Ddrama' yn *Y Brython*, 17 Awst 1937, yn gofyn o ba fudd i'r ddrama Gymraeg yr oedd y sioe yn Wrecsam. Mae'n ateb yn ddiflewyn-ar-dafod: 'Dim i'm tyb i! Cawn gystal effeithiau llwyfan yn Lerpwl neu Lundain, lle bydd cannoedd o Gymry yn cyrchu bob blwyddyn, a chystal dawnsio yn ein hysgolion'. Ac ynghylch cyflogi actorion proffesiynol fel Clifford Evans ac Evelyn Bowen dywed mai cyrchu dŵr dros afon oedd mynd allan o gyffiniau Wrecsam i chwilio am ddau actor proffesiynol 'gan fod cystal actorion ymhlith Cymry'r ardal pe wedi eu hyfforddi gan y cynhyrchydd'.

Yr oedd y beirniaid yn unfryd eu barn ynglŷn â diffygion y Diawl. Nid oedd yn Ddiawl Cymreig! Ymddengys mai 'edlych bach, llipa, diolwg, dirym a mwnciaidd' oedd Diawl Dr Hock, 'tameidyn llwyd, blewog, cornig, cyflonnog yn neidio, ymnyddu ac ysgrechian ar hyd y llwyfan er difyrrwch i bawb ac er braw i neb'.[29] Sylw O. Llew Owain oedd: 'Rhaid mai Diawl tramor ydoedd!'[30] Ni chafodd O. Llew Owain fawr o flas ychwaith ar berfformiadau Clifford Evans ac Evelyn Bowen, a hynny i raddau am fod eu dull o ddraddodi yn aneglur ac aneffeithiol. Yn amlwg nid ar y peiriannau trosglwyddo oedd y bai gan fod llinellau Angau (E. G. Hughes) i'w clywed yn glir ym mhen pellaf y pafiliwn. Ym marn y beirniaid a charfan sylweddol o'r gynulleidfa, y gorau o'r actorion amatur oedd sêr y noson, er gwaethaf symudiadau trawiadol y ddau actor proffesiynol. Ond plesiwyd yr holl gynulleidfa gan anerchiad Howard de Walden ar ddiwedd y perfformiad. Siaradodd yn Gymraeg, gan nodi iddo fwynhau eironi'r ffaith fod rhan Angau yn cael ei chwarae gan drefnydd angladdau yn ardal Wrecsam, rhan Mamon gan swyddog undeb, a rhan y Diafol gan un o ddiaconiaid parchus y dref.

Ond dri mis wedi'r cynhyrchiad yn Wrecsam gwelir J. Ellis Williams, wrth sôn am ei ymgais i ddod o hyd i nawdd ar gyfer cynhyrchiad ei gwmni amatur o *Taith y Pererin*, yn dweud mai fel hyn y bu iddo ymresymu:

> Waeth iti heb a gyrru at yr Arglwydd Howard de Walden. Oblegid er
> mor garedig y gŵr mawr hwnnw, yn anffortunus ei gynllun ef o helpu'r

Ddrama Gymraeg yw gyrru am Awstriaid (i Wrecsam) neu Rwsiad (i Gaergybi) a rhoddi rhwng dwy a thair mil o bunnau yr un iddynt i'w gwario ar un perfformiad.

Ac mi wyddwn innau, tra'n gwerthfawrogi haelioni'r gwrda, mai problem fawr cynhyrchwr o Gymro ydyw nid dysgu sut i wario dwy fil o bunnar ar gynhyrchu drama, ond sut i gynhyrchu drama ar ddwy fil o *geiniogau.*[31]

Ac yn y *Daily Express*, 23 Tachwedd 1933, dywed ymhellach:

Lord Howard de Walden . . . has been responsible for at least two huge spectacles. For the first he engaged a Russian to produce a Welsh version of a Norwegian play, for the last one at Wrecsam he had an Austrian to produce a Welsh version of a German play.

Both were stupendous shows, but as far as helping Welsh drama they had as much effect on its development as applying rouge to a rhinoceros' back.[32]

Ddeng mlynedd ar hugain yn ddiweddarach, yn ei gyfrol *Inc yn fy Ngwaed*, gwelir bod J. Ellis Williams yn dal yn argyhoeddedig mai ofer fu ymdrechion costus de Walden i ddylanwadu ar y theatr yng Nghymru.[33]

Fel y nodwyd eisoes, dathlu bodolaeth ei ail gwmni cenedlaethol oedd de Walden wrth ariannu'r cynhyrchiad o *Pobun* yn Awst 1933. Er Rhagfyr 1931 bu ef a dyrnaid o'i gefnogwyr yn paratoi'n ddiwyd ar gyfer sefydlu'r cwmni newydd. Y flwyddyn honno cyflwynwyd de Walden i Evelyn Bowen, actores ugain oed a oedd yr un mor awyddus ag yntau i weld Cwmni Cenedlaethol Cymru yn cael ei sefydlu. Gwnaeth ei hyder a'i brwdfrydedd argraff ffafriol ar de Walden, a rhoddodd ddau gan punt iddi i hyrwyddo'r mudiad ac i godi cwmni. Yr oedd ganddi gryn brofiad o weithio gydag amryw gwmnïau o safon a hefyd nifer o gysylltiadau dylanwadol ym myd y theatr yn Llundain. Yr oedd Esther Evelyn Bowen yn ferch i feddyg teulu, E. O. Bowen, yn Aberteifi. Collodd ei thad pan oedd yn ifanc iawn ac ailbriododd ei mam ag Owen Davies, rheolwr gyda Banc y Midland. Symudodd y teulu i fyw ym Mhorthmadog ac wedyn i Lanrhaeadr-ym-Mochnant. Anfonwyd Evelyn Bowen i ysgol breswyl ger Llanfairfechan, ac yno yr enynnwyd ei diddordeb mewn dawnsio ac actio. Ei huchelgais yn ei harddegau oedd bod yn ddawnswraig broffesiynol, ond o ganlyniad i anaf wrth farchogaeth, bu'n rhaid iddi ailfeddwl, a phenderfynodd ddilyn gyrfa fel actores.

Bu'n actio mewn nifer o gynyrchiadau ar lwyfan yr Old Vic, cyn ymuno â'r Macdonna Players, cwmni teithiol a oedd yn nodedig am ei berfformiadau o ddramâu Shaw. (Bu Gwen Ffrangcon Davies hefyd yn aelod o'r cwmni hwn.) Y mae'n rhaid fod Evelyn Bowen yn actores dra dawnus oherwydd gwahoddwyd hi ddiwedd y dauddegau i deithio gyda chwmni'r enwog John Martin-Harvey i Ganada. Ond erbyn dechrau'r tridegau yr oedd wedi hen flino ar natur arwynebol y theatr fasnachol yn Lloegr. Ei dyhead oedd dychwelyd i Gymru i gyfarwyddo cwmni ensemble tebyg i'r Compagine Des Quinze a welsai ar un o'i hymweliadau â Ffrainc. Cyfarwyddwr y cwmni hwnnw oedd Michel Saint-Denis, nai yr actor a'r cyfarwyddwr Jacques Copeau, ac yr oedd aelodau'r cwmni'n nodedig am eu ffordd unigryw o gyflwyno symudiadau, amneidiau a meim ar lwyfan. Dyma'r union sgiliau y dymunai Evelyn Bowen eu trosglwyddo i aelodau'r cwmni cenedlaethol arfaethedig yng Nghymru.

Corfforwyd cwmni de Walden yn ffurfiol ar 20 Ionawr 1933 yn swyddfeydd y cyfreithwyr Wiley and Powles, 30 Duke Street, St James, SW1, a rhoddwyd iddo'r teitl uniaith Saesneg 'The Welsh National Theatre Limited'. Yr oedd felly yn gwmni cyfyngedig gan warant, ond nid oedd iddo gyfalaf cyfran. Yn y ddogfen gofrestru nodir mai un o amcanion y cwmni oedd 'To promote the art of the theatre, particularly in the Principality of Wales'.[34] Arwyddwyd y ddogfen ar 18 Ionawr 1933 gan Esmond Henry a Harold Wilson Wiley (cyfreithwyr), Richard Ellis Roberts (awdur), Hilda Morgan (awdur), Richard Hughes (awdur), Evelyn Bowen (actores) ac Eiluned D. Lewis (newyddiadurwraig). Sefydlwyd Cyngor ar fyrder i reoli'r cwmni newydd. Y Cadeirydd oedd de Walden a'r Is-Gadeirydd oedd Richard Hughes. Aelodau cyntaf y Cyngor oedd Mrs Clement Davies, D. Haydn Davies, Mrs C. P. Williams a Howard Williams. Etholwyd Evelyn Bowen yn Ysgrifennydd.[35] Hi felly, ac nid Capten R. S. T. Fleming (fel y crybwyllir yn aml), oedd Ysgrifennydd cyntaf y cwmni newydd. Y bwriad maes o law oedd creu cymdeithas arbennig i unigolion a chwmnïau drama yng Nghymru. Y tâl aelodaeth oedd gini'r flwyddyn neu ddeg gini am oes, ac yr oedd gan yr aelodau hawl i ethol aelodau i'r Cyngor ac i bleidleisio yn y cyfarfodydd. Pencadlys y Cwmni Cenedlaethol oedd yr Hotel Seymour, Portman Square, Llundain.

Wythnos wedi'r cofrestru lansiwyd Cwmni Cenedlaethol Cymru yn yr Arts Theatre Club, Great Newport Street, Leicester Square. Yr achlysur oedd perfformiad o ddrama Saesneg gan Richard Hughes, *The Comedy of Good and Evil.* Y cyfarwyddwr oedd Robert Atkins, a'r actorion oedd Christine Silver, Hannah Jones, Jenny Nicholson, Fewlass Llewellyn, Roddy Hughes, Richard Littledale, J. Fisher White, Mary Morgan a Gwladys Evan Morris. Synnwyd nifer o garedigion y ddrama yng Nghymru gan bender-fyniad annoeth de Walden i lansio'r Cwmni Cenedlaethol yn Llundain, a chan y dewis o actorion proffesiynol o blith y Cymry alltud. Siom i nifer hefyd oedd mai drama Saesneg a ddewiswyd ar gyfer y lansio ac mai'r cyfarwyddwr oedd y Sais Robert Atkins. Ei arbenigedd ef oedd cyfarwyddo dramâu Shakespeare, ac ni wyddai nemor ddim am y ddrama yng Nghymru. Fis cyn y perfformiad o *The Comedy of Good and Evil* ysgrifennodd J. R. Francis o'i gartref yn Golders Green, Llundain, at D. R. Davies, Aberdâr, i gyfaddef ei fod yn bur bryderus ynglŷn â'r pender-fyniad i gychwyn y fenter yn Llundain: 'it would have been better to begin the scheme down in Wales'.[36] Yn yr un llythyr dywed ei fod wrthi'n cynghori Evelyn Bowen ynglŷn â'r ffordd ymlaen: 'I have specially stressed—and she has readily seen the basic need for linking anything she does with the existing amateur companies'.[37]

Go brin fod y perfformiad o *The Comedy of Good and Evil* wedi llwyddo i ddenu aelodau'r cwmnïau amatur o Gymru i'r Arts Theatre Club yn Llundain yn hwyr brynhawn Iau, 26 Ionawr 1933. Yn wir yr oedd y theatr yn hanner gwag, a gwesteion a ffrindiau de Walden oedd yn llenwi cyfran helaeth o'r seddi. Yn eu plith yr oedd Lloyd George, Clough Williams-Ellis, Syr Thomas a'r Fonesig Carey Evans, Charles Williams a Hilda Vaughan. Yno hefyd yr oedd hen elyn de Walden (gweler y bennod gyntaf), sef John Lewis, Oxford Street. Wrth ddisgrifio'r achlysur yn ei hunangofiant, methodd yr Arglwyddes de Walden guddio ei dirmyg tuag at John Lewis a Lloyd George:

Now here Mr John Lewis of Oxford Street comes into the story again . . .
and now he remembers that he is a Welshman and takes three whole rows
of stalls and fills them with his friends for the first night of Tommy's enter-
prise.

So when Lloyd George, the Prime Minister, and other V.I.P.'s were
invited to a big dinner after the show, I found myself with Lloyd George
on my right and old John Lewis on my left hand. Lloyd George was extra-
ordinarily unknowledgeable about his own country . . . he surprised one
by deploring the lack of Welsh painters and singers. I suggested Augustus
John, and half a dozen other painters, and Ethel Walker and other equally
illustrious singers, and he had not heard of them and was astounded.[38]

Ni cheir gair gan yr Arglwyddes am y perfformiad o *The Comedy
of Good and Evil*.

Drannoeth y perfformiad cafwyd adolygiad tra chanmoliaethus
yn y *Daily Herald* dan y pennawd 'National Theatre Premiere
Triumph', ac ym mhapurau eraill Stryd y Fleet defnyddiwyd y
geiriau 'brilliant', 'splendid' a 'successful' wrth ddisgrifio'r achlysur.
Ond stori arall a geir ar dudalennau *Y Ddolen*, cylchgrawn Cymry
Llundain, Chwefror 1933. Mae 'J.E.' yn ei adolygiad ar y
cynhyrchiad o *The Comedy of Good and Evil* yn dilorni barn y
'pseudo-artistic English critics' ac yn datgan yn glir mai siomedig
oedd cynhyrchiad cyntaf y cwmni newydd-anedig, yn enwedig o
gofio fod y perfformiad i bob pwrpas yn ernes o'r hyn y gellid ei
ddisgwyl gan gwmni Theatr Genedlaethol yn y dyfodol. Yr oedd
yn chwyrn ei feirniadaeth ar safon yr actio: 'we have no hesitation
in saying that even without the aid of professional equipment and
an expert producer such as they had here, the Mardy or the
Trecynon players would have acted this company right off the
stage.' Ymhellach, 'no Welsh producer, we feel sure, would have
been satisfied with a stage setting so hopelessly incongruous'.
Rhestrir y ffaeleddau yn ddidostur a chondemnir yn ogystal y
ddrama ei hun, a ddisgrifir fel 'experiment'. Ym marn yr
adolygydd, 'the experiment has not quite come off'.

Un o brif gwynion 'J.E.' oedd anallu'r actorion i ynganu'r
geiriau Cymraeg yn gywir. Ond beth arall y gellid ei ddisgwyl o
gofio mai uniaith Saesneg oedd nifer o'r actorion proffesiynol (er
eu bod o dras Cymreig) a recriwtiwyd gan Evelyn Bowen yn
Llundain? Mewn datganiad i'r *Ddolen* yn Ionawr 1933 yr oedd
Cyngor y Theatr Genedlaethol wedi cyfaddef:

If the Movement is to be truly National, then plays in Welsh must be included in our programme. We have endeavoured to form a bilingual company. Lord Howard de Walden warned us this would be impossible, and we have proved this to be so. Although there are a large number of Welsh professionals on the London stage few of them can speak the mother tongue.

Camgymeriad dybryd oedd y penderfyniad i ffurfio cwmni o blith Cymry Llundain yn unig, a chythruddwyd nifer o aelodau'r cwmnïau amatur yng Nghymru ymhellach gan ddatganiad Evelyn Bowen yn y *Western Mail*, 14 Mawrth 1933, fod gan y Cymry lawer mwy o barch at fenter a oedd yn deillio o Lundain nag at un a ddôi o Gaerdydd.

Yn yr adolygiad y cyfeiriwyd ato uchod rhoddasai 'J.E.' gyngor doeth i reolwyr y Welsh National Theatre Company Limited:

if the theatre is to be a mirror of our people it must reflect a truer image. To do something for Welsh Drama, and through the drama for Wales is the avowed object of this movement. Its main support must come from Wales, and its chief appeal must be to the Welsh people.[39]

Cyn y perfformiad ymffrostiodd Evelyn Bowen yn y ffaith ei bod wedi cynnwys dwy Gymraes adnabyddus yn y cwmni. Credai fod Gwladys Evan Morris yn enwog ar hyd a lled Cymru am iddi ysgrifennu *Lamb's Tales From Shaw*, a dadleuodd fod Mary Morgan yn ffigwr adnabyddus am i'w dramâu radio gael eu darlledu gan Awdurdod Rhanbarth y Gorllewin. Ond nid oedd fawr neb yng Nghymru wedi clywed sôn am y ddwy ferch ac ymddengys nad oedd y rhain yn ddigon talentog fel actorion i haeddu'r prif rannau yn *The Comedy of Good and Evil* gan iddynt gael eu castio fel 'Welsh village characters'.

Yn dilyn yr ymateb negyddol yng Nghymru i'r lansiad yn yr Arts Theatre Club aeth Evelyn Bowen ati i geisio adfer y sefyllfa. Perswadiodd Faeres Caerdydd i wahodd mawrion y cylch i Neuadd y Dref ar 28 Chwefror 1933 i wrando ar anerchiad ganddi yn canu clodydd The Welsh National Theatre Company Limited. Soniodd am awydd de Walden i gynnig gwaith llawn-amser am gyfnod o chwe mis i actorion Cymraeg a Chymreig ac am y trefniant i berfformio drama newydd gan J. O. Francis ar

achlysur cyhoeddi Eisteddfod Castell-nedd 1934. Er mwyn sicr-
hau'r gynulleidfa yng Nghaerdydd fod swyddogion yr Eisteddfod
Genedlaethol yn croesawu'r perfformiad nododd fod y Parchedig
Gwylfa Roberts, Cofiadur yr Orsedd, yn bwriadu ymuno â Chyn-
gor y cwmni. Breuddwyd gwrach oedd hyn, ac ni fu i Gwylfa
Roberts ymaelodi â'r Cyngor. Ni soniodd Evelyn Bowen air,
wrth gwrs, am yr anghydfod a fu ymhlith aelodau pwyllgor yr
Eisteddfod ynglŷn â'r penderfyniad i lwyfannu drama Saesneg ar
achlysur y Cyhoeddi.

Pur ddrwgdybus hefyd oedd nifer o Gymry Cymraeg Llundain
ynglŷn â pholisïau a Chymreictod Evelyn Bowen a'r Cyngor, a
gwahoddwyd hi i'w hannerch ym mis Mawrth 1933 i egluro'r
sefyllfa. Yn ei hanerchiad ceisiodd eu darbwyllo fod swyddogaeth
fyd-eang gan y Cwmni Cenedlaethol i'w chyflawni:

> Our theatre must not only be a mirror in which the rest of civilisation can
> see us. It must be more than that. It must be a window through which
> Wales can see the rest of civilisation and the rest of civilisation can see the
> world.[40]

Pwysleisiodd mai theatr i Gymru gyfan fyddai un de Walden a'i
bod hi'n bwriadu sefydlu pwyllgorau lleol o dan adain y theatr
newydd ar hyd a lled y wlad. Yr oedd yn awyddus at y dyfodol,
meddai, i gyflogi actorion amatur o Gymru yn ogystal ag actor-
ion proffesiynol. Mewn gŵyl ddrama yn Llanelli yn Ebrill 1933
daeth o hyd i ddyrnaid o actorion amatur addas a oedd yn
medru'r Gymraeg. Yr oedd hi felly—gan fod ganddi rai actorion
dwyieithog—yn barod yn awr i weithredu polisi'r cwmni newydd
o rannu'r repertoire yn dair rhan drwy gyflwyno dramâu Cym-
raeg, dramâu Saesneg ac iddynt gefndir Cymreig, a dramâu
rhyngwladol o'r safon artistig uchaf. Medrai yn ogystal ddechrau'r
ymarferiadau yng nghyswllt dramâu Seremoni Gyhoeddi'r
Eisteddfod, sef *Howell of Gwent* J. O. Francis a'r ddrama a ddis-
grifir ganddi fel 'curtain-raiser', sef *Doctor Er Ei Waethaf*, cyfieith-
iad Saunders Lewis o *Le Médecin Malgré Lui* Molière. Yn ei
datganiad i'r wasg ychydig cyn y perfformiad, rhydd Evelyn
Bowen gryn bwyslais ar y ffaith fod nifer o'r actorion, er eu bod
yn gweithio yn Llundain, yn hanu o dde Cymru, a bod gan hyd

yn oed yr actorion uniaith Saesneg gysylltiadau teuluol cryf â Chymru.

Cynhaliwyd perfformiadau'r Cwmni Cenedlaethol yn Neuadd Gnoll, Castell-nedd, 6 a 7 Mehefin 1933. Y ddau brif actor yn *Howell of Gwent* oedd Wilfrid Walter (Howell) a J. Fisher White (Cadvan). Magwyd Wilfrid Walter yn Llanfairfechan ac yr oedd yn un o actorion amlycaf yr Old Vic a Chwmni'r Royal Shakespeare yn Stratford-upon-Avon. Yr oedd J. Fisher White, a aned yn Sir Benfro, hefyd yn actor adnabyddus ar lwyfannau Llundain a Lloegr (ef a gymerodd rhan David Roberts yn y cynhyrchiad cyntaf o *Strife* Galsworthy). Yn ôl Evelyn Bowen, tasg anodd iawn oedd dod o hyd i actorion Cymraeg ymhlith y rhestrau a gedwid gan theatrau Llundain gan fod nifer ohonynt wedi newid eu henwau oherwydd rhagfarn rheolwyr y theatrau yn erbyn y Cymry a'r acen Gymreig. Ar gyfer *Howell of Gwent* bu'n rhaid iddi recriwtio, o blith yr actorion proffesiynol, y rhai a oedd ar y pryd yn ddi-waith ac yn 'gorffwyso'. Yr eithriad oedd Ray Cambrian a oedd, yn ôl y rhaglen, yn ymddangos drwy ganiatâd y Rochester Theatre Company.

Chwaraewyd rhan Gwyneth yn *Howell of Gwent* gan Evelyn Bowen ei hun. Ymhlith aelodau eraill y cast yr oedd Dafydd Gruffydd, mab W. J. Gruffydd, a Meriel Williams o Langennech a oedd maes o law i chwarae rôl allweddol yng ngweinyddiaeth y Cwmni Cenedlaethol. Y cyfarwyddwr oedd actor arall o Lundain, Fewlass Llewellyn. Lluniwyd y gwisgoedd costus gan Bruce Winston, y cynllunydd a greodd wisg 'Y Ddraig' ar gyfer pantomeimiau de Walden. Ar gyfer y rhannau llai cafwyd gwasanaeth parod amaturiaid bro'r Eisteddfod, a Cherddorfa Castell-nedd a'r Cwmni Opera lleol a oedd yn perfformio'r gerddoriaeth a gyfansoddwyd gan David de Lloyd. I blesio pawb canwyd Hen Wlad Fy Nhadau cyn y perfformiadau a God Save the King ar ddiwedd y noson. Howard de Walden, llywydd y noson gyntaf, oedd yn ariannu'r cyfan. Ar wahân i deitl drama Saunders Lewis a'r rhestr o'r dramatis personae yr oedd y rhaglen yn uniaith Saesneg, gan gynnwys y disgrifiad byr o *Doctor Er Ei Waethaf*. Ymddengys felly fod de Walden wedi llwyr anwybyddu'r feirniadaeth lem a gafwyd o sawl cyfeiriad ym 1914, yn ystod taith ei gwmni cenedlaethol cyntaf, ynglŷn â Seisnigrwydd y cwmni hwnnw a'i raglen brintiedig uniaith Saesneg.[41] Ac yr oedd y ffaith fod Evelyn Bowen hithau, er ei bod yn medru'r Gymraeg, yn dra Seisnig ei meddylfryd, yn golygu nad oedd achos y Gymraeg yn cael ei hybu o fewn y cwmni newydd.

Ceisiwyd denu cynulleidfaoedd sylweddol i Neuadd y Gnoll drwy nodi yn y wasg y byddai Sybil Thorndike a Lewis Casson yn bresennol yn y perfformiad agoriadol, ond ar y noson bu'n rhaid gwneud y tro â llythyr byr oddi wrth yr actores yn ymddiheuro i'r gynulleidfa a'r actorion am eu habsenoldeb. Er mawr foddhad i de Walden a'r trefnwyr yr oedd Neuadd Gnoll dan ei sang ar gyfer y ddau berfformiad. Wythnosau cyn y perfformiad cyntaf taenwyd y si ar led gan Evelyn Bowen mai drama gerdd yn llawn lliw a symudiadau cyffrous oedd *Howell of Gwent*, a gwnaethpwyd yn fawr o'r ffaith mai arfwisgoedd a oedd yn eiddo i de Walden ei hun y bwriedid eu defnyddio yn y perfformiad. Mae'n siwr fod yr amaturiaid, ynghyd â'r gerddorfa a'r cwmni opera lleol, hefyd wedi llwyddo i ddenu nifer fawr o drigolion yr ardal i'r perfformiadau.

Canmolwyd *Howell of Gwent* fel drama, ynghyd â'r perfformiad ohoni, i'r entrychion gan rai adolygwyr, a bu i un ohonynt ddatgan, 'The use of English by the National Company need not cause any uneasiness anywhere, provided that the spirit of their plays is Welsh'.[42] Ond yr oedd y beirniadaethau negyddol yn dra lluosog. Cyfeirient dro ar ôl tro at y sarhad o gyflwyno drama Saesneg fel prif ddrama'r Seremoni Gyhoeddi. (Yr unig air Cymraeg ynddi oedd 'Diolch'.) Condemniwyd actio tra rhwysgfawr, Shakespearaidd Wilfrid Walter a thueddiad Evelyn Bowen i fabwysiadu 'statuesque Constantine Collierish poses'.[43] Beirniadodd 'A Welsh M.A.' safon y ddrama ei hun, 'The homeliness of the speech, the irritating cliches, the melodramatic imprecations, persistently "let us down", assorting so ill with the very unrealistic background and the remote, barbaric sumptuousness of the costumes and general décor'.[44] Aeth Morgan Rees o Lanelli gam ymhellach. Yn ei farn ef prin y gellid galw *Howell of Gwent* yn ddrama: 'As presented at Neath, "Howell of Gwent" was partly play and partly opera—a kind of dramatic shandy-gaff'.[45] Ac er ei fod yn cyfaddef fod yr actio yn dda ar brydiau, condemniodd 'such features as clumsy sword-sheathing by some of the secondary

characters, fumbling with bows and arrows, "masking" of impor-
tant critical moments',[46] gwendidau a oedd yn rhoi 'a smack of
amateurishness' i'r perfformiad.

Wedi'r ddwy noson yng Nghastell-nedd bu i'r Cwmni
Cenedlaethol berfformio'r dramâu yn Neuadd Goffa y Barri ar
7 Mehefin, ac oddi yno aethant i Gaerdydd i gyflwyno *Howell of
Gwent* mewn perfformiad matinée yn theatr y Playhouse ar
brynhawn Sadwrn, 8 Mehefin. Yn ystod y daith ni chafodd y
'curtain-raiser' honedig yr un sylw â drama J. O. Francis gan yr
adolygwyr, ond yr oeddynt serch hynny'n unfryd eu barn fod y
cynhyrchiad o *Doctor Er Ei Waethaf*, a gyfarwyddwyd gan Clifford
Evans, yn llwyddiant. Cytunwyd fod Dafydd Gruffydd yn
ardderchog fel Sagnarelle, ac felly hefyd Evelyn Bowen fel ei
wraig Martine. Canmolwyd Meriel Williams hithau am ei chyf-
lwyniad o Jacqueline. O safbwynt ariannol, fodd bynnag, meth-
iant llwyr oedd taith gyntaf ail gwmni de Walden yn ne Cymru,
gan i'r cynyrchiadau wneud colled o £227.17.3. Yn ffodus,
derbyniodd Evelyn Bowen roddion o £490.17.6 gan gefnogwyr
de Walden y flwyddyn honno, a chodwyd swm o £36.2.6. drwy
wahodd unigolion a chwmnïau amatur i fod yn aelodau o'r
mudiad i greu theatr genedlaethol barhaol.[47]

Ffrwyth ymgyrch Evelyn Bowen i godi arian oedd y rhoddion
a'r ffioedd aelodaeth. Ond ni chafodd fawr ddim cefnogaeth gan
y cwmnïau amatur Cymraeg yng Nghaerdydd pan fu'n siarad yno
yng nghyfarfod blynyddol Adran Cymru o Gynghrair y Ddrama
Brydeinig ar 1 Mehefin 1933. Plesiwyd yr aelodau o ddeall gan-
ddi mai cwmni teithiol fyddai'r Cwmni Cenedlaethol newydd-
anedig, ac nad oedd un bwriad i sefydlu cartref parhaol yng
Nghaerdydd, nac yng Nghaernarfon chwaith. Yr amcan oedd
gwneud yr ymgyrch yn un 'cenedlaethol' yng ngwir ystyr y gair.
Yn anffodus, dieithriodd Evelyn Bowen ei chynulleidfa drwy
ganolbwyntio'n ormodol ar y polisi craidd o ddenu yn ôl i Gymru
actorion proffesiynol a oedd wedi ennill enwogrwydd a bri yn
Llundain. Yn oes aur y mudiad amatur, ac yng nghynhadledd
flynyddol ei gynghrair, mynnodd Evelyn Bowen ganu clodydd yr
actor proffesiynol a phwysleisio'i ragoriaethau. Canlyniad y
cyfarfod oedd iddi elyniaethu'r cwmnïau amatur ymhellach, ac er
iddi hi a Meriel Williams yn ddiweddarach geisio adfer y sefyllfa,

ychydig iawn o gefnogaeth a roddwyd gan actorion amatur i ail ymgyrch de Walden.

Cafodd apêl Evelyn Bowen am gefnogaeth ymateb go wahanol gan un sector o Gymry Llundain. Ar gais rhai o aelodau Cyngor y Cwmni Cenedlaethol noddwyd derbyniad uchel-ael gan y nofelydd Hilda Vaughan, a recriwtiwyd Sybil Thorndike a Lewis Casson i ofyn i'r gwesteion gyfrannu'n hael i'r fenter. Yn ei hanerchiad dywedodd Sybil Thorndike wrth Gymry cefnog Llundain fod angen rhywbeth amgenach yng Nghymru na chynyrchiadau'r cwmnïau amatur 'down there'.[48] Llwyddwyd i godi swm digon parchus yn ystod y cyfarfod, a pherswadiodd y cwmni dethol Evelyn Bowen i fynd i dde Cymru unwaith yn rhagor i chwilio am nawdd. Dagrau pethau oedd nad oedd ganddi hi nac aelodau'r Cyngor amgyffred o'r ffaith eu bod, drwy gadw eu pencadlys yn Llundain a thradyrchafu actorion alltud, eisoes wedi colli cydymdeimlad nifer sylweddol o garedigion y ddrama yng Nghymru. Ym Mehefin 1933, ar achlysur beirniadu cystadleuaeth 'Cwpan yr Arglwydd Howard de Walden' yn Theatr Fach Aberdâr, yr oedd Cynan wedi cefnogi'r syniad o theatr genedlaethol i Gymry 'for the best players of our societies to interpret our art'.[49] Ond, yn wahanol i Evelyn Bowen, actorion o'r cwmnïau amatur oedd gan Cynan mewn golwg fel aelodau o theatr genedlaethol.

Wedi ei hail daith ddiffrwyth i'r De i godi arian, sylweddolodd Evelyn Bowen o'r diwedd fod yn rhaid symud y pencadlys o Lundain i Gymru, a hynny ar fyrder. Bu hi a de Walden yn ymweld â nifer o ganolfannau ar hyd a lled y wlad, ac ym mis Hydref 1933, daethant o hyd i gartref addas, sef Plas Newydd, Llangollen. Prynwyd y plas ym 1932 gan Gyngor Dinesig Llangollen am £3,350 oddi wrth deulu'r Arglwydd Tankerville, a phan agorwyd ef i'r cyhoedd ar 25 Mai 1933, bu i'r Cyrnol Watkin Williams Wynn ddatgan ei fod yn mawr obeithio y defnyddid yr adeilad i hybu diwylliant a chefnogi'r celfyddydau. Gwireddwyd ei obeithion pan benderfynodd de Walden rentu adain ddwyreiniol Plas Newydd (sydd wedi ei dymchwel erbyn hyn), am dâl o £50 y flwyddyn. Cafodd yn ogystal ganiatâd i ddefnyddio tir helaeth Plas Newydd ar gyfer ymarferion, a'r lolfa eang ar gyfer ymlacio. Mewn dogfen a anfonodd at gydnabod yn

Llangollen ym 1983 rhydd Evelyn Bowen ddisgrifiad o'r adnoddau ym Mhlas Newydd: 'There were two large rooms, suitable for an office and for a wardrobe room; a very large hall for rehearsals. There was also a suite of rooms; living room, bathroom and bedroom, connected one with the other which provided ideal living quarters for the director-administrator. A small bedroom and the use of the kitchen were also included in the rental'. [50] Erbyn Tachwedd 1933 yr oedd y cytundeb rhwng Cyngor y Chwaraedy Cenedlaethol a Chyngor Tref Llangollen wedi ei arwyddo, ac yr oedd Evelyn Bowen wedi paratoi rhaglen o weithgareddau ac wedi amlinellu amcanion y ganolfan newydd. Cyflwynodd hwy i'r Cyngor yn ystod y Cyfarfod Blynyddol cyntaf, a gynhaliwyd yng Ngwesty'r George yn Amwythig ar 21 Gorffennaf 1934.

Y bwriad oedd:

(1) sefydlu Ysgol Ddrama flynyddol a fyddai'n cynnig hyfforddiant i actorion, cyfarwyddwyr, dylunwyr a thechnegwyr. [Yr oedd y gyntaf wedi'i chynnal ym mis Mai 1934]

(2) Llwyfannu dramâu o safon ar ddiwedd yr Ysgol Ddrama, wedi eu cyfarwyddo gan bobl brofiadol.

(3) Sefydlu llyfrgell o ddramâu.

(4) Sefydlu casgliad o wisgoedd, setiau, llenni a goleuadau a'u rhentu i'r cwmnïoedd amatur. [Nodwyd fod Sybil Thorndike, Lewis Casson a de Walden eisoes wedi rhoi nifer sylweddol o wisgoedd i'r casgliad.]

(5) Cefnogi ac ysbrydoli dramodwyr newydd.

(6) Cynhyrchu un ddrama Saesneg ac un Gymraeg ym mis Awst 1934.

(7) Ffurfio cwmni teithiol i fod yn enghraifft fyw i gwmnïau lleol o safonau proffesiynol.

Mewn datganiad i'r wasg nododd Evelyn Bowen mai ei gobaith oedd gwneud Llangollen yn ganolfan gŵyl ddrama arbennig yng Nghymru 'yn debyg i'r hyn ydyw Salzburg i'r ddrama yn Awstria a Malvern yn Lloegr'. [51] Ychwanegodd mai teitl pencadlys de Walden ym Mhlas Newydd fyddai 'Chwaraedy Cenedlaethol Cymru'.

Os oedd de Walden a'i Gyngor yn tybio y byddai'r Chwaraedy yn Llangollen yn derbyn croeso twymgalon y Cymry, buan y dadrithiwyd hwy. Er enghraifft beirniadwyd y dewis o Blas Newydd am ei fod mor bell o drwch y boblogaeth. Credai nifer fawr o aelodau'r cwmnïau amatur y dylid cael un ganolfan ar gyfer y gogledd ac un arall ar gyfer y de. Ac ym marn un gohebydd, 'the living drama of Wales . . . is to be found in its active members and not in a building or organisation'.[52] Mynegwyd cryn bryder hefyd ynglŷn â natur ac amcanion y mudiad. Yn ôl Dyfnallt yn *Y Tyst*, 19 Hydref 1933, yr oedd gofyn i'r Chwaraedy Cenedlaethol ei wneud yn glir 'ai datblygu'r wir ddrama Gymraeg yw ei amcan, ai ynteu rhoi hwb arall i'r ddrama Saesneg yng Nghymru'. Ac yn *Y Faner* yn yr un mis gwelwyd 'Euroswydd', sef Prosser Rhys, yn amau cymhwyster de Walden a'i griw i asesu anghenion y theatr yng Nghymru:

> Y mae Arglwydd Howard de Walden a'i amcanion yn dda, a haedda'r rheiny gael eu cydnabod, ond yn wir ac yn wir, y mae'n amheus gennyf a yw ef a'i gylch mewn cyffyrddiad digon agos â dramawyr Cymru ac actorion Cymru i allu cyflawni'r gwasanaeth gorau i fudiad y ddrama yng Nghymru . . . Efallai fod drama Saesneg yn anhepgorol yn Iwerddon, ond y mae'r iaith Gymraeg yng Nghymru yn ddigon byw i'w gwneuthur yn offeryn y ddrama genedlaethol.

Ar y llaw arall, nid oedd y fath gecru a gwrthwynebu wrth fodd Caradog Prichard, a gyhoeddodd fod yr adwaith negyddol i'r cwmni yn deillio o 'ysbryd o amheuaeth ac ofn'.[53]

Ond, heb os, yr oedd y flaenoriaeth a roddwyd i'r iaith Saesneg, yn enwedig yng ngweinyddiaeth y Chwaraedy, yn faen tramgwydd gwirioneddol. Uniaith Saesneg er enghraifft oedd holl ohebiaeth y cwmni. A gwelid Evelyn Bowen, hyd yn oed wedi iddi ymgartrefu ym Mhlas Newydd, yn troi dro ar ôl tro at Gymry dylanwadol Llundain am gyngor ac am nawdd. Yn y *Western Mail*, 3 Mawrth 1934, ceir sôn am y 'Daffodil lunch' a gynhaliwyd yn Llundain gyda'r bwriad o godi arian ar gyfer cynhyrchiad o *Howell of Gwent* yn Llangollen. Ymhlith y gwahoddedigion yr oedd Clough Williams-Ellis, Yr Arglwyddes Armstrong Jones, Yr Arglwyddes de la Rue, Berta Ruck a Hilda Vaughan. Rhaid oedd mynd i Lundain i geisio cymorth oherwydd yr ymateb llugoer a gafwyd i fodolaeth y Cwmni Cenedlaethol yng Nghymru ac i'r dewis o gartref ym Mhlas Newydd. Mewn cyfweliad â Wilbert Lloyd Roberts ym 1976 cyffesodd Evelyn Bowen fod gwrthwynebiad y Cymry Cymraeg i Blas Newydd ac i'r defnydd o'r iaith Saesneg ym mhencadlys y Cwmni Cenedlaethol wedi bod yn gryn syndod iddi.[54] Dywedodd hefyd ei bod wedi sylweddoli yn fuan iawn nad oedd ganddi wir ymwybyddiaeth o'r diwylliant Cymraeg. Pwysleisiodd ymhellach mai cam gwag gan y Cyngor oedd apwyntio person uniaith Saesneg (Capten R. S. T. Fleming) yn weinyddwr ac ysgrifennydd y Chwaraedy. Dyma'r union ffactorau a nodir gan David Jenkins, yn ei gofiant i T. Gwynn Jones, fel y rhai a oedd yn gyfrifol am fethiant ail ymgais de Walden i sefydlu cwmni cenedlaethol:

> Ni lwyddodd y Chwaraedy Cenedlaethol i ennill diddordeb y Cymry Cymraeg i'r graddau a obeithid, yn rhannol am fod ei phrif swyddogion heb fedru'r iaith, ac felly yn methu â chyfathrebu'n effeithiol hefo actorion amatur a geid ym mhob tref a phentref. Ar waethaf haelioni diamheuol yr Arglwydd Howard de Walden, rheswm arall dros ddiffyg ffyniant y Chwaraedy oedd nad oedd yn dyfiant naturiol o fywyd diwylliannol y genedl. Yr oedd yn cychwyn yn rhy uchelgeisiol, yn rhy ddieithr ei syniadau i fedru impio'n effeithiol ar y goeden Gymreig.[55]

O ganlyniad i'r cwyno ynghylch Seisnigrwydd y mudiad gwnaeth Evelyn Bowen ymdrech arbennig i gyflwyno rhaglen ddwyieithog ym mherfformiadau cyntaf y Chwaraedy, a gynhaliwyd yn Neuadd y Dref, Llangollen, ar 19, 20 a 21 Ebrill, 1934. Y dramâu oedd *Howell of Gwent* J. O. Francis a, *Y Gainc Olaf*, drama newydd gan T. Gwynn Jones, a'r gerddoriaeth gan W. S. Gwynn Williams. Y prif actorion y tro hwn yn *Howell of Gwent* oedd Powell Edwards (Howell), a fu'n aelod o gwmni opera Beecham, ac a gymerodd ran yn y perfformiad o *Pobun* yn Eisteddfod Wrecsam, Lloyd Evans (Cadvan) ac Evelyn Bowen (Gwyneth). Bowen hefyd oedd yn cyfarwyddo. Llwyddwyd i gael gwasanaeth hanner cant o amaturiaid lleol ar gyfer y canu, y gerddorfa a'r mân rannau. Aeth nifer o aelodau o gwmnïau drama gogledd Cymru i'r perfformiadau, yn dra chwilfrydig ar sail y ffaith fod Evelyn Bowen wedi ymffrostio i'r fath raddau mai rhan o swyddogaeth y Chwaraedy Cenedlaethol yn Llangollen oedd gosod safonau a hyfforddi'r Cymry yn y grefft o lwyfannu drama. Ni chafwyd cynyrchiadau disglair, a chrynhoir y diffygion gan O. Llew Owain yn ei adolygiad ar y perfformiad o *Y Gainc Olaf* yn *Y Genedl Gymreig* ar 23 Ebrill. Cyfeiria at yr anwastadrwydd 'mewn actio, llefaru, ac ynganu . . . Anffodus i'r delyn ddechrau canu o'r tu ôl i'r llen cyn i'r delyn ffug gael ei chodi ar lin y delynores'. Ac yna ychwanega'n ddigon chwyrn, 'Brychau ydyw y rhai hyn mewn cwmni y buasem yn disgwyl iddynt beidio bod'. Nododd pa mor anodd oedd clywed nifer o'r cymeriadau ac mai 'gwendid na ddylasai fod oedd yr anghofio a'r cymysgu ar y cychwyn. Bu raid i'r hen ffidler "bromptio" a gwneud hynny yn rhy amlwg'. Ar yr un pryd yr oedd O. Llew Owain yn barod i gyfaddef bod ambell agwedd ar y perfformiad yn tystio 'fod y posibilrwydd yn fawr ym myd y ddrama yng Nghymru'. Ac er gwaethaf y cynyrchiadau anwastad mae'n clodfori Evelyn Bowen am 'arwriaeth, ysbrydiaeth ac addewid'. Yn ei farn ef yr oedd digon o allu ganddi i ymateb i unrhyw her, ac yr oedd yn gwbl sicr y byddai 'ei phresenoldeb yn y Plas, a'i chysylltiad â'r mudiad yng Nghymru yn fendith anfesurol'. Dyma ef, felly, ym 1934 yn ceisio rhoi hwb i'r mudiad.

Yn ei adolygiad ar *Y Gainc Olaf* cyfeiriodd Nisien, sef y Parchedig Thomas Owen Jones, at y 'mân-lithriadau, megis pall-cof, tueedd i or-actio ar brydiau, a Chymraeg llesg un o'r prif gymeriadau'.[56] Tynnodd sylw at yr hyn a welai fel godidowgrwydd dawns-sipsi Mali (Evelyn Bowen), ond nid oedd mor frwdfrydig ei asesiad o'i chyflwyniad o rôl Gwyneth yn *Howell of Gwent*. Yn wir, y farn gyffredinol wedi'r noson yn Llangollen oedd mai dyletswydd y Cwmni Cenedlaethol oedd perffeithio'u crefft cyn ceisio cynnig i amaturiaid batrwm o lwyfannu proffesiynol. Ym marn y trefnwyr, fodd bynnag, buasai'r cynyrchiadau, er gwaethaf y ffaith na wnaethpwyd elw o gwbl, wedi bod yn gyfrwng pwysig i ledaenu gwybodaeth am y cwmni newydd.

Efallai mai'r peth mwyaf cyffrous ynglŷn â'r perfformiadau yn Llangollen oedd yr ymateb brwdfrydig a gafwyd i ddrama T. Gwynn Jones. Yr oedd y gynulleidfa a'r beirniaid o'r farn fod *Y Gainc Olaf* yn torri tir newydd o safbwynt pwnc, techneg llwyfan a hefyd o ran ei chymysgedd deniadol o ddeialog, dawnsio a chanu. Yn ôl Nisien yr oedd *Y Gainc Olaf* wedi dangos i'r genedl 'fod gan ein dramâwyr gyfle i lunio ein drama genedlaethol ar batrwm mwy addas na'r patrwm poblogaidd presennol',[57] a bod deunydd crai cyffrous i'w gael ar gyfer y llwyfan 'yn rhamant y gorffennol'. Ffrwyth polisi comisiynu Evelyn Bowen oedd *Y*

Gainc Olaf, ac mae fersiwn printiedig y ddrama yn adlewyrchu cryn dipyn o'i hawgrymiadau hi fel actores a chyfarwyddwraig, ynghyd ag awgrymiadau'r cerddor W. S. Gwynn Williams.

Bu T. Gwynn Jones yn gefnogwr selog ac yn gryn gymorth i Chwaraedy Cenedlaethol de Walden am nifer o flynyddoedd, a bu'n ysgrifennu a chyfieithu dramâu ar gyfer y cwmni am gyfnod maith, a hynny'n ddi-dâl. Bu hefyd yn gefnogwr brwd i Ysgol Ddrama flynyddol y Chwaraedy, er mai yn Saesneg y rhoddwyd yr holl hyfforddiant ac er mai Saeson oedd y mwyafrif o'r athrawon. Yn yr Ysgol Ddrama gyntaf a gynhaliwyd ym Mhlas Newydd, 18–25 Mai 1934, rhoddodd T. Gwynn Jones ddwy ddarlith yn Saesneg ar Twm o'r Nant (neu 'Twm Cornant' fel y'i gelwid gan un gohebydd o Sais). Yn ystod yr wythnos cafwyd gwersi ar actio, rheoli llwyfan, goleuo a chynllunio golygfeydd. Yr hyfforddwyr oedd Fewlass Llewellyn —a oedd ar y pryd yn athro yn Academi Ben Greet, Llundain— Thomas Taig, Cyfarwyddwr Theatr Fach y Mwmbwls a darlithydd yng Ngholeg y Brifysgol Abertawe, a David Neville Foulkes, cynllunydd golygfeydd ar gyfer nifer o ddramâu Ivor Novello. Evelyn Bowen oedd yn gyfrifol am y gwersi llais, coluro a meim, a Zara Havercroft Jones, myfyrwraig yng Ngholeg Cerdd Brenhinol Llundain oedd yr athrawes ynganu. Howard de Walden ei hun oedd yr hyfforddwr ffensio. Yn ôl un adolygydd, 'This bountiful patron of Welsh drama showed the students how to use bloodthirsty weapons artistically, and how to cause death in a duel with exquisite grace and dignified ease'.[58] Cydnabyddid de Walden fel ffensiwr tra medrus, ac ym 1920 dewiswyd ef fel chwaraewr wrth gefn ar gyfer tîm ffensio Prydain yn y Gemau Olympaidd yn Athen. (Bu iddo a'r pedwar aelod arall o'r tîm hwylio i wlad Groeg yn ei long bleser, *The Branwen*.) Cafodd de Walden gryn foddhad yn ystod ei ddosbarthiadau yn Ysgol Ddrama'r Chwaraedy o ddarganfod fod un bachgen ifanc, sef Howell Evans o'r Drenewydd, wedi meistroli yn ei ddosbarth-iadau, o fewn tridiau, y grefft o ffensio, a mynnodd ei fod o hynny ymlaen yn cael rhwydd hynt i fod yn rhan o gynyrchiadau'r Cwmni Cenedlaethol.

Yn ei ddarlith i aelodau'r Ysgol Ddrama pwysleisiodd Fewlass Llewellyn mai cyfrwng moesol oedd y theatr yn ei hanfod, a'r awgrym oedd, wrth gwrs, nad oedd gan y capeli yng Nghymru ddim i'w ofni o safbwynt safonau moesol arlwy'r Cwmni Cenedlaethol. Ac er mwyn pwysleisio'r hyn a welai fel rhuddin moesol cynhenid y ddrama gwahoddodd Evelyn Bowen ddisgyblion o Ysgol (Saesneg) Moreton Hall i wrando arni'n traddodi ar grefft y ddrama feim grefyddol, ac i wylio aelodau'r Ysgol Ddrama yn perfformio *Holy Angels*, drama feim fechan am eni Crist. Daeth yr Ysgol i ben ar nodyn dwys arall gyda'r aelodau'n perfformio *Deep Waters*, drama fer gan Ronald Elwy Mitchell, Americanwr o dras Gymreig.

Bu D. R. Davies, Aberdâr, yn y darlithiau a'r ymarferion, ac yn ei farn ef yr oedd yr Ysgol yn hynod o lwyddiannus. (Dywedodd un o'r myfyrwyr wrtho ei fod wedi dysgu mwy wrth wylio Fewlass Llewellyn wrth ei waith na phetai wedi darllen yr holl gyfrolau a ysgrifennwyd erioed ar y grefft o gynhyrchu dramâu.) Ond credai eraill fod yr hyfforddiant yn rhy uchelgeisiol ar gyfer amaturiaid. Wedi un o sesiynau ymarferol Thomas Taig ar sut i drawsnewid llwyfan cyfyng drwy gyfrwng goleuadau, honnodd un myfyriwr y byddai'n gwbl amhosibl i'r cwmnïau amatur efelychu technegau costus o'r fath: 'Amateurs must let imagination triumph over the lack of capital',[59] Un arall a fynychodd yr Ysgol oedd Saunders Lewis. Ar y pryd yr oedd ef a'i gyfaill Thomas Taig wedi derbyn gwahoddiad i fod yn aelodau o Gyngor y Chwaraedy. Diddorol yw gofyn beth, tybed, oedd ei ymateb i Seisnigrwydd digyfaddawd y weinyddiaeth ac i'r ffaith mai uniaith Saesneg oedd holl weithgareddau'r Ysgol Ddrama gyntaf yn Llangollen? Yn wir, yr unig Gymraeg a glywyd yn ystod y cwrs oedd geiriau'r alawon gwerin a ganwyd gan y myfyrwyr i gloi'r noson olaf.

O ganlyniad i Seisnigrwydd y Chwaraedy rhybuddiwyd Evelyn Bowen gan 'A Welsh Graduate' nad oedd gobaith codi safon yr actio yng Nghymru heb dalu sylw priodol i anghenion y cwmnïau Cymraeg:

> Now the movement is doomed to failure, or to a remote kind of existence, if it does not win a response in the heart of Welsh Wales. One of the greatest needs of Welsh players is training in diction. Welsh is a beautiful language . . . But it is too often mauled as a result of lack of training.[60]

Holodd beth yn union yr oedd y Chwaraedy Cenedlaethol yn bwriadu ei wneud ynglŷn â darparu hyfforddiant llais ac ynganu i amaturiaid Cymraeg eu hiaith. Yr ateb yn y dyddiau cynnar oedd 'Dim'. Fodd bynnag, yn dilyn Cyfarfod Blynyddol cyntaf Cyngor y Chwaraedy Cenedlaethol yn yr Amwythig ar 21 Gorffennaf 1934, cafwyd newid sylfaenol ym mholisi'r Chwaraedy, oherwydd llwyddodd Evelyn Bowen yn y cyfarfod hwnnw i gael caniatâd i ganolbwyntio'n gyfan gwbl ar ddramâu Cymraeg eu hiaith ar gyfer rhaglen taith arfaethedig y Cwmni Cenedlaethol yn ystod yr hydref. Yn yr un cyfarfod nododd ei phryder nad oedd cwmnïau amatur Cymraeg yn manteisio ar y cyfle i logi dillad, dodrefn a goleuadau o'r storfa ym Mhlas Newydd. Yn wir, yr unig gwmni a wnaeth hynny yn ystod y flwyddyn gyntaf oedd cwmni Theatr Fach y Barri, a hynny ar gyfer dwy ddrama Saesneg, *The Marquise* a *The Barretts of Wimpole Street*.

Wrth hysbysebu am actorion ar gyfer y daith pwysleisiodd Evelyn Bowen mai un o'r cymwysterau angenrheidiol oedd y gallu i siarad Cymraeg. Eglurodd mewn datganiad i'r wasg mai amcan y Chwaraedy oedd hybu'r ddrama yng Nghymru, ac un o'r ffyrdd o wneud hynny oedd drwy greu cysylltiad agos rhwng y pencadlys yn Llangollen a phwyllgorau a chwmnïau lleol ym mhob cwr o Gymru. Gosododd gryn bwyslais ar ddod o hyd i ddramâu gwreiddiol yn y Gymraeg ac ar ei bwriad i ddenu dramodwyr Cymraeg eu hiaith i gydweithio â'r Chwaraedy. Yn dilyn datganiad Evelyn Bowen gwelir y newyddiadurwr Selwyn Jones yn *Y Cymro*, 25 Awst 1934, yn adrodd fod yr hyfforddwyr yn gobeithio 'y byddai i Gymry ymhobman fabwysiadu'r Chwaraedy Cenedlaethol fel y gwnaethant â'r Eisteddfod Genedlaethol. Rhywbeth i Gymru i gyd yw'r mudiad hwn a Chymraeg yw ei iaith'.

Dramâu taith yr hydref oedd *Y Gainc Olaf* T. Gwynn Jones, y ddrama feim *The Story of Bethlehem* (bu i T. Gwynn Jones drosi geiriau caneuon Saesneg Angela Hubbard a Joyce Russell i'r Gymraeg yn y cyswllt hwn); *Treftadaeth*, cyfaddasiad Evelyn Bowen o ddrama Dorothy Massingham a Laurier Lister a seiliwyd ar gyfieithiad Luned Bebb o'r nofel *The Soldier and the Gentlewoman* gan Hilda Vaughan; *Pwerau'r Nos* Stephen J. Williams a gyhoeddwyd yn ddiweddarach dan y teitl *Y Dyn Hysbys* a *Bwci*,

cyfieithiad Selwyn Jones o *Goblin* Ronald Elwy Mitchell a oedd
eisoes wedi ei pherfformio yn America. Dyma arlwy amrywiol a
difyr, a'r cyfan yn Gymraeg. Yr oedd y rhaglen brintiedig hithau
yn uniaith Gymraeg ac eithrio'r teitl '*The Story of Bethlehem* (A
Mystery Play in Mime)'. Cyfarwyddwyr y dramâu oedd Evelyn
Bowen (*Y Gainc Olaf*, *The Story of Bethlehem* a *Pwerau'r Nos*),
Thomas Taig (*Treftadaeth*) a Ronald Elwy Mitchell (*Bwci*). Wrth
gyhoeddi enwau'r dramâu yn y wasg nodwyd mai'r bwriad oedd
perfformio o flaen y llenni heb un 'fflat' yn y gobaith y medrai'r
Cwmni Cenedlaethol ddangos i'r cwmnïau amatur sut i arbed
arian ac amser drwy hepgor cefnlen ddarluniadol.

Cyn cyhoeddi'r rhaglen derfynol yr oedd Evelyn Bowen, yn ei
hymgais i ddod o hyd i ddramâu newydd, wedi gofyn i Saunders
Lewis ym mis Gorffennaf am ddrama ar gyfer y cwmni. Methodd
ef ymateb i'r alwad, ac mae'n bosib iddo roi i Evelyn Bowen yr
un rhesymau dros wrthod y cais ag a gynigiodd i gangen Caer-
dydd o'r Cymmrodorion yn wyneb y cyhuddiad y dylai ef ac
eraill fynd i'r afael â'r dasg o ysgrifennu dramâu Cymraeg. Yn ôl
y *Western Mail*, 8 Awst 1934, dywedodd:

> There are three reasons why I don't write plays:
> (1) Because to write plays one must live a great deal in the theatre. At
> present, and until the Welsh National theatre settles down at Llan-
> gollen, there is no Welsh theatre where one can live—and breathe.
> (2) Because, apart from teaching literature at the University College,
> Swansea, I am president of the Welsh Nationalist Party, editor of "Y
> Ddraig Goch", member of the University committee of the BBC, a
> promoter of the Welsh National Development Council, and am at
> present writing an economic pamphlet on the heavy industries of
> South Wales. How, then, can I live in the theatre?
> (3) Because I have no serious grudge against Welsh playgoers.

Awdur arall y cysylltodd Evelyn Bowen ag ef oedd Kitchener
Davies. Gofynnodd iddo yn ystod Eisteddfod Castell-nedd 1934
am gopi o *Cwm Glo*, y ddrama a achosodd y fath gynnwrf yn yr
Eisteddfod y flwyddyn honno. Ei bwriad oedd ymgorffori per-
fformiad o'r ddrama yn rhaglen y daith. Ond wedi ei darllen,
newidiodd ei meddwl. Yn y *Daily Herald*, 5 Medi 1934, dan y
pennawd 'National theatre says "*Cwmyglo* is Mediocre', ceir y
datganiad canlynol ganddi:

> We thought of presenting the play if it was as good as we were led to believe, but having read it, we found that although the first act was very promising the rest of the play was very mediocre.
>
> We therefore could not consider changing our repertoire to produce this play, for we have much better plays in stock.

Yn siŵr ddigon, nid oedd *Bwci*, er enghraifft, yn un o'r 'better plays' hynny, ac mae'n bur debyg mai ceisio osgoi helynt yr oedd Evelyn Bowen wrth wrthod *Cwm Glo*.

Chwarae'n saff a wnaeth hefyd wrth beidio â chyflogi actorion theatrau Lloegr ar gyfer y daith. Dywedodd yn y *Western Mail*, 23 Gorffennaf 1934:

> The touring company will, therefore, play only in Welsh during this first national tour . . . No attempt is to be made to cast the plays from the professional rank. If we can possibly do away with the 'star' system and get people to play for the mere joy of the work, and not for a huge salary, we shall have no difficulty.

Actorion amatur a ddewiswyd, felly, a'r unig actorion proffesiynol yn eu plith oedd Meriel Williams a hyfforddwyd yn RADA, Robert Williams a fu'n aelod o Gwmni'r Ddraig Goch, Caernarfon, ac Evelyn Bowen ei hun. Yr aelodau eraill a enwir yn y Rhaglen yw Howell Evans o'r Drenewydd (y gŵr a wnaeth argraff ffafriol ar de Walden o ganlyniad i'w sgiliau ffensio), Ted Hughes, Cefn, Sir Ddinbych, Ivor Green, Rhos, R. Owen Pugh, Caergybi, Menai Ellis Jones, a fuasai'n aelod o'r Liverpool Players, Robert Williams, Betty Williams, Olive Kyffin, Ronald Elwy Mitchell, Emlyn Davies, Bae Colwyn, a Wynne Jones, Llangollen.[61] Y cantorion oedd Mair Roberts, Bethesda (soprano), Katie Roberts, Deiniolen (contralto), Edgar Williams, Rhos (tenor), a Wynne Jones (baritôn). Yr offerynwyr oedd Irma Suranze (ffidil), May Lewis, Deiniolen (piano), a Hayden Lewis, Pen-y-bont ar Ogwr (soddgrwth). Teithiodd Zara Havercroft Jones hefyd fel aelod o'r cwmni gan ei bod, yn ôl Evelyn Bowen, yn awyddus i astudio 'areitheg' y Gymraeg ar gyfer paratoi llawlyfr i actorion ar sut i ynganu geiriau. Trefnydd y cwmni oedd Selwyn Jones a'r trefnydd llwyfan oedd Robert Williams gyda Zara Havercroft Jones ac Emlyn Davies yn ei gynorthwyo.

Wedi chwe wythnos o ymarfer ym Mhlas Newydd aeth y cwmni ar daith ddechrau Hydref gyda'r bwriad o berfformio am dair noson ym mhob canolfan. Y canolfannau hynny oedd Llanfair Caereinion (1–3), Merthyr Tudful (4–6), Aberdâr (8–10), Tonypandy (11–13), Castell-nedd (15–17), Ystradgynlais (18–20), Cwmllynfell (22–4), Fforest-fach (25–7), a Llanelli (29–31). Ym mis Tachwedd teithiodd y cwmni i'r trefi a'r pentrefi canlynol: Caerfyrddin (1–3), Castellnewydd Emlyn (5), Llandysul (6–7), Llanbedr Pont Steffan (8–10), Aberystwyth (12–14), Tal-y-bont (15–16), Machynlleth (17), Penrhyndeudraeth a Phorthmadog (19–21), Bangor (22–4), Rhosllannerchrugog (26–8), a Llangollen (29–30). Yna aethant i Gaer ac oddi yno i Lerpwl i berfformio'r rhaglen yn Chwaraedy David Lewis ar wahoddiad Cymdeithas Genedlaethol Gymreig Glannau Mersi.

Cyn y daith, bu Mai Roberts, cynorthwywraig Evelyn Bowen, yn ymweld â'r holl ganolfannau er mwyn sefydlu pwyllgorau lleol i ofalu am y trefniadau. Yn anffodus, ni wyddai aelodau'r pwyllgorau beth yn hollol oedd gofynion y cwmni o safbwynt hysbysebu a threfniadau llwyfan. Ni fu i Mai Roberts na Selwyn Jones holi ynglŷn ag adnoddau'r neuaddau, ac fel y cawn weld, bu'r amryfusedd hwn a'r diffyg dealltwriaeth rhwng y pwyllgorau lleol a'r pencadlys yn Llangollen, yn feini tramgwydd i lwyddiant y perfformiadau yn nifer o'r canolfannau. Tra oedd Mai Roberts yn teithio o amgylch Cymru yr oedd gwniadwraig y chwaraedy, sef Nesta Edwards (Hannaby yn ddiweddarach), wrthi ym Mhlas Newydd yn paratoi gwisgoedd yn seiliedig ar gynlluniau Bruce Winston, David Neville Ffolkes, Ronald Elwy Mitchell ac Evelyn Bowen. Gwnaethpwyd yn fawr o'r ffaith fod nifer o'r gwisgoedd wedi eu gwneud o frethyn Cymreig. Arian de Walden, unwaith yn rhagor, oedd y tu ôl i bob dim, yn cynnwys cyflog Gladys Pugh, dynes o Langollen a benodwyd yn howsgiper i Evelyn Bowen.

Yn ystod cyfnod cynnar yr ymarfer bu T. Gwynn Jones, W. S. Gwynn Williams ac Evelyn Bowen wrthi'n ail-lunio rhannau o *Y Gainc Olaf*. Drwy gyfrwng Gwynn Williams y daeth Evelyn Bowen yn ymwybodol o sgript *Y Gainc Olaf* a hynny ddechrau 1934. Swynwyd hi gan y ddrama ac fe ysgrifennodd at yr awdur am ganiatâd i'w chyfarwyddo yn Llangollen.[62] Yn ystod Chwefror

gwnaethpwyd newidiadau sylfaenol i'r sgript o ganlyniad i awgrym-
iadau o du'r cerddor a'r gyfarwyddwraig. Gwelir Gwynn Williams
ar 28 Chwefror, er enghraifft, yn ysgrifennu at y dramodydd fel a
ganlyn:

> I am afraid that the secular words you have written to "Cwynfan Prydain"
> do not lie happily upon the old tune as it was sung in the eighteenth
> century. If you can find a copy of my "Old Welsh Folk Songs" you will
> see the words that Williams Parry wrote to this tune . . . I shall be very
> grateful if you can let me have new words that bring out the quick note
> of the third syllable in each line.[63]

Bu'n rhaid iddo hefyd egluro mewn llythyr at T. Gwynn Jones
arwyddocâd y termau 'Stage left' a 'Stage Right': 'Miss Bowen
tells me that the "left" and "right" of the stage is that of the
players not the audience. I have therefore made the necessary
alterations'. Â Gwynn Williams rhagddo i egluro sut y gwnaeth
profiad ymarferol Evelyn Bowen wrth gyfarwyddo'r sgript yn yr
ymarferion arwain at newidiadau pellach i gyfarwyddiadau
llwyfan T. Gwynn Jones:

> Then we felt that it would be rather difficult to maintain Mali on the stage
> while the Dancers enjoyed themselves with "Y Bore Glas". We feel no
> Welsh people could behave like that in front of the sorrowing girl! So
> Miss B suggested getting her off . . . and bring her on again (drawn by the
> dances, as it were . . .)[64]

Ar wahoddiad Evelyn Bowen aeth T. Gwynn Jones i rai o'r
ymarferion yn ystod y cyflwyniad cyntaf yn Llangollen ym mis
Ebrill ac aeth eilwaith i Blas Newydd ym mis Medi, a hynny er
mwyn gweld drosto'i hun beth yn union oedd gofynion y broses
o lwyfannu. Ar y pryd yr oedd y fath gydweithrediad yn beth
cwbl arloesol yng Nghymru, ac yn ernes o'r hyn y dymunai de
Walden ei weld yn digwydd ar hyd a lled y wlad. Ei ddyhead
oedd meithrin dramodwyr drwy eu gwneud yn ymwybodol o'r
ffaith nad llenyddiaeth yn unig oedd drama, a bod modd i actorion
a chyfarwyddwyr awgrymu nifer o newidiadau pwysig er gwella'r
sgript ar sail gofynion y llwyfan. Diddorol nodi fod noddwr arall,
a chyfarwyddwr arall, hefyd wedi rhoi cyfle, flynyddoedd yn

ddiweddarach, i Saunders Lewis yntau addasu rhannau o'i ddramâu er sicrhau eu heffeithiolrwydd ar lwyfan. Y noddwr hwnnw oedd ffrind de Walden, R. O. F. Wynne, Garthewin, a'r cyfarwyddwr oedd Morris Jones.[65]

Cafodd *Y Gainc Olaf* dderbyniad gwresog ym mhob un o'r canolfannau yn ystod taith Cwmni Cenedlaethol de Walden o amgylch Cymru ym 1934. Wedi'r ymweliad â Merthyr nododd un gohebydd, '. . . at Merthyr the programme presented was very well rehearsed, particularly "Y Gainc Olaf", a work which marks a definite departure from the old themes and style of Welsh drama'.[66] Dyma ddrama un-act a oedd yn apelio gan ei bod yn cyfuno deialog, cerddoriaeth, canu a dawnsio. Y ddeunawfed ganrif yw'r cyfnod dan sylw ynddi, a'r hyn a gyflwynir yw byd-olwg dawnswyr Calan Mai mewn gwrthgyferbyniad ag eiddo'r Diwygwyr. Yn ystod y ddrama clywir ceinciau ysgafn a llawen y dawnswyr a thonau lleddf ac araf y Diwygwyr, a cheir alawon megis 'Cwynfan Prydain' yn null y naill a'r llall. Cyfansoddodd T. Gwynn Jones eiriau newydd ar gyfer 'Y Bore Glas', 'Suo-Gân', ac 'Y Glomen'. Addasodd hefyd eiriau 'Yr Hen Ŵr Mwyn' a 'Modryb Neli', gan na fyddai awgrymiadau rhywiol 'Modryb Neli' wedi gweddu i barchusrwydd y Cwmni Cenedlaethol. Un o uchafbwyntiau'r cynhyrchiad oedd dawnsio Evelyn Bowen ei hun, yn enwedig ei pherfformiad o ddawnsfeydd cyffrous y sipsiwn. (Treuliasau hi a Gwynn Williams gryn dipyn o amser yng nghwmni sipsiwn a oedd yn byw ar y bryniau o gwmpas y Bala, er mwyn dysgu ganddynt symudiadau a rhythmau'r hen ddawnsfeydd traddodiadol.[67])

Yn anffodus, ni chafwyd asesiadau gwrthrychol-feirniadol o berfformiadau'r Cwmni Cenedlaethol ym mhapurau'r de. Cyn y daith yr oedd T. O. Phillips wedi ceisio darbwyllo darllenwyr y *Western Mail* mai eu dyletswydd oedd rhoi cefnogaeth lwyr i'r fenter:

> They have no pretensions of being a company of well-disciplined West End actors . . . the majority of the cast are young, ambitious amateurs who have joined the company to perfect their histrionics . . . what they merit is support and appreciation, encouragement and goodwill, for it requires great faith to get things done in art.[68]

Ac wedi'r perfformiadau ym Merthyr, yn lle dadansoddiadau craff a beirniadol ohonynt, ceir yn hytrach ddarn gan 'Special Correspondent' y *Western Mail* yn clodfori amcanion y Chwaraedy: 'After the two performances I feel the Welsh National Theatre movement has chosen the best method. They will do their best work by travelling through Wales producing their plays in towns and rural areas, and awaken a Welsh consciousness which we hope will eventually result in creative dramatic energy . . . There is a ray of hope in the visit of the National Theatre Company that these aims will be achieved'. Yr oedd fel petai'r papur yn y cyfnod hwn yn ymatal yn fwriadol rhag beirniadu gwaith y Cwmni Cenedlaethol.

Ddiwedd wythnos gyntaf y daith rhoddodd y Cwmni Cenedlaethol berfformiadau ar 7 Hydref yn theatr y Playhouse, Caerdydd, mewn cyngerdd a drefnwyd i godi arian ar gyfer Cronfa Trychineb Glofa Gresffordd. Y ddrama a ddewiswyd oedd *The Story of Bethlehem*, a gwnaeth y Cwmni argraff ddofn ar y gynulleidfa ddethol. Yn eu plith yr oedd Arglwyddi Aberdâr, Dinefwr a Thredegar, Syr William Reardon Smith, Syr James Gomer Berry a Syr William Davies. Ymhlith y noddwyr a nodir ar y Rhaglen ceir enw Saunders Lewis, 'President of the Welsh Nationalist Party'. Yr oedd *The Story of Bethlehem* yn addas ar gyfer dwyster yr achlysur gan ei bod yn ddrama feim lawn defosiwn ac urddas. Llenwid y llwyfan â chanhwyllau eglwysig, ac yn y canol safai'r Fair Forwyn yn ei gwisg o las Della Robbia. Yr oedd y gerddoriaeth a gyfansoddwyd gan Agnes H. Lambert yn ei chartref wrth droed Cader Idris, yn gweddu'n berffaith i naws yr achlysur. Canwyd hefyd addasiadau T. Gwynn Jones a W. S. Gwynn Williams o hen garolau Cymraeg megis 'Hir Oes Fair', 'Roedd yn y Wlad Honno', 'Clychau Rhiwabon', 'Hen Dôn Llyfr Ficer' a 'Gwêl yr Adeilad'.

Cyfres o tableaux trawiadol oedd y ddrama feim hon, gyda thriawd—ar y piano, y ffidil a'r soddgrwth—yn chwarae wrth i'r actorion symud ac ystumio. Rhwng pob golygfa canai'r côr yr hen garolau Cymraeg. Un o brif atyniadau'r cynhyrchiad oedd prydferthwch y gwisgoedd ac amrywiaeth y golygfeydd. Ym marn O. Llew Owain, a welodd y cynhyrchiad ym Mangor, 'Dylai holl actyddion Cymru weled y godidogrwydd llwyfannol hon'.[69] Ond, ar yr un pryd, mae'n nodi na lwyddwyd i gyfleu swyn y carolau gan fod y côr yn canu'n ymosodol o gryf. Ac ym marn gohebydd *Y Brython*, 13 Rhagfyr 1934, yr oedd aneglurder geiriol y côr yn amharu ar yr holl gynhyrchiad.

Er mor amrywiol ac apelgar oedd arlwy'r Cwmni Cened-laethol, ni chawsant fawr o gefnogaeth yn y De, ac ar ddiwedd ail wythnos y daith dywedodd Evelyn Bowen wrth ohebydd y *Western Mail* a'r *South Wales News* ei bod yn siomedig yn nifer y cynulleidfaoedd.[70] Dyma safbwynt tra gwahanol i'r un a roddod i D. R. Davies wedi'r perfformiad yn Neuadd Kirkhouse, Merthyr, pan oedd yn dal yn obeithiol ynglŷn â gallu'r cwmni i ddenu cynulleidfaoedd. Fel y crybwyllwyd eisoes, nid y cynyrchiadau eu hunain oedd yn bennaf cyfrifol am y seddau gwag, ond y diffyg trefniadau yn gyffredinol. Cafodd y cwmni drafferthion bron ym mhob canolfan, o'r gyntaf yn Llanfair Caereinion i'r un olaf yn Rhosllannerchrugog, a hynny am fod y neuaddau a'r adnoddau mor wahanol i'w gilydd. Bron yn ddieithriad wedi i fws a thryc y cwmni gyrraedd y ganolfan, rhaid oedd mynd ati i aildrefnu llwyfan, ailwampio symudiadau ac addasu'r goleuadau. Er enghraifft, yn achos y gomedi ysgafn *Pwerau'r Nos* y bwriad oedd cyfleu newidiadau yn y golygfeydd drwy gyfrwng gwahanol oleuadau ar gynfas, ond yn nifer o'r neuaddau nid oedd digon o drydan ar gael i wneud hyn yn bosibl, a dinistriwyd y cynhyrch-iad o'r herwydd. Yn ogystal, yr oedd aneffeithiolrwydd y pwyll-gorau o safbwynt hysbysebu ymlaen llaw yn aml yn golygu na wyddai'r bobl leol ddim am ymweliad y Cwmni Cenedlaethol.

Ar 16 Hydref 1934 ysgrifennodd un o'r actorion, Ivor Green, Rhos, at D. R. Davies i leisio'i gŵyn:

> Ychydig o gefnogaeth a gafodd y cwmni yn Nhonypandy. 'Roedd cynulliad gweddol dda nos Sadwrn. Ond yma yn Nedd neithiwr 'roedd hi'n dorcalonnus. Wn i ddim a oedd pedwar dwsin yn y neuadd. Doedd dim rhagor beth bynnag. 'Roedd y bobl a edrychai ar ôl y neuadd ddim yn gwybod i sicrwydd am ein hymweliad. Wrth gwrs, does dim eisiau i mi ail-adrodd fy marn wrthych am y trefniadau.[71]

Ond ymddengys na chafwyd cefnogaeth caredigion y ddrama hyd yn oed yn y canolfannau hynny lle yr hysbysebwyd y rhaglen ymlaen llaw. Yn ei adolygiad ar y perfformiadau yn Neuadd Fair,

Bangor, yn *Y Genedl Gymreig*, 3 Rhagfyr 1934, cyfeiria O. Llew Owain at y ffaith na lwyddwyd, o bell ffordd, i lenwi'r neuadd fechan yn ystod ymweliad y Cwmni Cenedlaethol. Yna, mae'n achub ar y cyfle i rybuddio'r darllenwyr: 'os na chefnogir yr ym-drech gan ddramodwyr, actyddion, ac eraill a honant eu hunain yn garedigion y ddrama, ofer y gwaith'.

Ceir cymysgedd o glodfori hael a beirniadu llym yn adolygiad O. Llew Owain ar berfformiadau'r Cwmni Cenedlaethol. Wrth drafod yr actio yn *Y Gainc Olaf* dywed: 'Pan geir cyfuniad o fynegiad wyneb, trem y llygad, ystum corff priodol, a trosglwydd-iad clir o lais, ni ellir ystyried y cyfryw yn actyddion gwael. Nid oedd y pedwarawd hwn o rinweddau yn y perfformiad prynhawn Sadwrn yn rhy amlwg'. Er iddo ganmol sgiliau Evelyn Bowen (Mali) a Meriel Williams (Sabel), fe'u beirniadodd am iddynt fethu ynganu'n gliriach. Yn y perfformiad ym Mangor bu'n rhaid i Cynan, ar fyr rybudd, gymryd lle Robert Williams yn rôl y prif gymeriad, Siôn Dafydd y ffidler. Difyr yw sylwadau O. Llew Owain ar ei berfformiad:

> Medrodd roddi gofid yn ei oslef, galar yn ei drem, a thristwch yn ei ystum. Gwyddis y rheswm iddo troi [*sic*] ei gefn at y gynulleidfa wrth ffidlo. Anffodus oedd hynny. Golygai golli peth pwysig a roddodd Cynan yn ei actio cyn hynny—mynegiant wyneb, yr hyn sydd yn wir hanfodol. "Ni wyddwn o'r blaen fod Cynan yn ffidler," meddai rhywun wrthyf. Prawf ydyw hyn ei fod wedi llwyddo i dwyllo un, os nad y mwyafrif. Ond nid oedd wedi cael digon o ymarferiad gyda'r gwaith . . . nid oedd tôn y ffidil yn cyfateb i'w bowio . . . rhaid cofio mai Cwmni Cenedlaethol ydyw'r cwmni, ac nad ydyw cydymdeimlad i fod yn y geiriadur.

Ond eto i gyd mae O. Llew Owain yn gorffen ei adolygiad yn gadarnhaol: 'Hir oes a fo i'r cwmni cenedlaethol.'[72]

Ym 1948, fodd bynnag, wrth fwrw trem yn ôl dros y cyfnod, nid oedd mor frwdfrydig o bell ffordd. Condemniodd y papurau Saesneg am beidio â beirniadu perfformiadau'r cwmni, gan haeru mai 'gwasanaeth cenedlaethol a fuasai beirniadu'r cwmni hwn'. Yna, cyfeiria at wendidau'r actorion a oedd yn 'hanner-Saeson':

> Yr oedd treigladau (fel y sylwyd yn y newyddiaduron Cymraeg) ac yngan-iadau rhai o'r hanner-Saeson yn y cwmni, mor ddiffygiol a phoenus fel na

fedrai clust Cymro lai na merwino. Dylai "Cwmni Cenedlaethol Cym-
reig" (megis Cwmni'r Comedie Française yn Ffrainc) osod safon sut i
lefaru'r heniaith yn gywir, ac yn berorol. Collodd *Cynghrair y Ddrama
Gymraeg* a'r *Llwyfan* eu dylanwad a'u hamcan, wrth geisio gwasanaethu
"dau arglwydd". Nid oedd Chwaraedy Llangollen na "chenedlaethol" na
"Chymraeg", ac oherwydd hynny ni chyffyrddodd â dychymyg na chalon
y mudiad Cymraeg.[73]

Dro ar ôl tro gwelir y beirniaid Cymraeg—megis yn achos per-
fformiadau cwmni cyntaf de Walden ym 1914—yn cyfeirio at y
cynanu aneglur, y llediaith annerbyniol a'r geirio gwallus. Wedi
iddo fynychu perfformiadau'r cwmni yn Lerpwl cyhoeddodd
D. T. H. yn *Y Brython*, 13 Rhagfyr: 'Y mae'n gwbl bwysig i
Gwmni Chwaraedy Cenedlaethol Cymru barchu ein hiaith, a'i
siarad yn ei gloywder a'i melyster crisialaidd megis y cynhanir yr
iaith Saesneg yn ei glendid ar lwyfannau yn Malvern neu yn
Stratford-on-Avon'. Sylw cryno Rhys Pugh yn *Y Ford Gron*,
Tachwedd 1934, oedd: 'Gall y mudiad hwn ennill calon y wlad
ond na rodder poen i glustiau un o'r gwrandwyr'.

Camgymeriad, wrth gwrs, oedd ymddiried y dasg o gyfar-
wyddo dramâu Cymraeg i bobl uniaith Saesneg megis Thomas
Taig a Robert Elwy Mitchell. Nid oedd gan Thomas Taig, er
enghraifft, unrhyw ymwybyddiaeth o gyfoeth tafodiaith ac o
bwysigrwydd y gwahaniaethau ieithyddol rhwng de a gogledd, ac
yng nghyfarfod Cyngor y Chwaraedy yn Abertawe, Medi 1935,
awgrymodd y dylid rhoi heibio'r defnydd o dafodiaith a chael
Cymro diwylliedig i lunio deialog a fyddai'n 'dderbyniol' ym
mhob rhan o Gymru. Yr oedd hwn yn amlwg yn gwestiwn a
oedd yn poeni de Walden hefyd oherwydd cyfeirir ato gan yr
Arglwyddes yn ei hunangofiant: 'One of the difficulties was over
the Welsh plays, because of the language of North and South
Wales being unexpectedly different'.[74]

Nid Seisnigrwydd rhai o'r cyfarwyddwyr a'r actorion oedd yr
unig faen tramgwydd. Cas gan nifer o'r Cymry oedd naws
Gatholig nifer o gynyrchiadau'r daith, yn enwedig rhai Evelyn
Bowen. Yr oedd hi ar y pryd wedi dyweddïo â'r actor Robert
William Speaight, a oedd wedi troi at yr Eglwys Gatholig. Yr
oedd Catholigiaeth yn dra phwysig iddi yn y cyfnod hwn felly,
a'i thuedd, megis Stefan Hock yntau, oedd creu cerddoriaeth

gefndirol a golygfeydd tra Chatholig eu naws. 'Gwir Gatholig' oedd disgrifiad byr gohebydd *Y Brython* ar 13 Rhagfyr 1934 o'r canu yn *The Story of Bethlehem*, ac wrth gyfeirio at wisg yr hen ffidler, Siôn Dafydd—gwisg a gynlluniwyd gan Evelyn Bowen— dywed: 'Yn bersonol, nid oeddwn yn hoffi ei ddiwyg (hwyrach mai ei ymddangosiad ef a barodd i rai feddwl mai ystafell mewn mynachlog a welent)'. Mae'n rhaid fod y gefnogaeth lugoer a'r beirniadu llym wedi bod yn siom i Evelyn Bowen, yn arbennig gan mai hi, wedi'r cyfan, oedd yn gyfrifol am yr holl raglen. Hi hefyd oedd hyfforddwraig y dawnswyr yn *Y Gainc Olaf*, a nod- odd mewn cyfweliad â Wilbert Lloyd Roberts ym 1976 ei bod wedi ei brifo gan y darn bach pigog o eiddo J. Ellis Williams a ymddangosodd yn *Y Seren*, Rhagfyr 1934. Yno y mae'r awdur yn cymharu'r dawnsio ym mherfformiad y Cwmni Cenedlaethol o ddrama T. Gwynn Jones â'r dawnsio y bu iddo ei fwynhau cymaint mewn perfformiad gan gwmni amatur yn y Bala o'r pantomeim *Cinderella*—a ddisgrifir ganddo fel 'A West End Panto in the stronghold of Welsh Calvinistic Methodism':

> Last month I went to hear the Welsh National Theatre Company doing "Y Gainc Olaf", where dancing again is a feature of the play. That also was quite good. But Oh! what a difference there was between theirs and this! It was a difference between a geometrical drawing and an artist's canvas.

Ond, er gwaethaf holl ddiffygion y cwmni, a'r feirniadaeth ohonynt a gafwyd yn y papurau Cymraeg, yr oedd rhaglen a pherfformiadau'r daith wedi ysgogi dadlau a thrafod—fel y dengys R. E. J. wrth adolygu'r perfformiad o *Pwerau'r Nos* yn *Y Brython*, 13 Rhagfyr 1934:

> Yr oedd y gwaith hwn mor newydd i gynulliad o Gymry Lerpwl a'r cylch nes cynhyrchu "beirniadaeth" ryfedd, a dweud y lleiaf, ymhlith y sawl a'i gwelodd ar y llwyfan. Praw bod angen diwyllio cefnogwyr y ddrama Gymraeg yw'r "beirniadu" a gafwyd gan "y dyn yn y stryd" ar ôl y per- fformiad.

Tra oedd y cwmni yn Aberystwyth bu Evelyn Bowen yn annerch myfyrwyr y Coleg, ac wedi'r anerchiad cafwyd trafodaeth fywiog ar y perfformiadau, ar natur y dramâu ac ar hanfodion theatr genedlaethol. Dyma'r Chwaraedy felly yn ysgogi pobl ifainc i ymddiddori yn y theatr ac i ddadansoddi perfformiadau. Yn wir, cafodd y Cwmni Cenedlaethol groeso arbennig yn Aberystwyth, a bu Prosser Rhys yn fawr ei gefnogaeth yn *Y Faner*, 20 Tachwedd 1934. Credai y 'dylai'r Cymry wneuthur popeth yn eu gallu i gefnogi a symbylu'r cwmni a'i hyrwyddwyr', a phroffwyda'n hyderus y byddai'r cwmni 'ymhen tair blynedd' yn denu 'neuaddau gorlawn'. Caiff Evelyn Bowen glod arbennig ganddo, a phwysleisia ei gallu i siarad 'Cymraeg esmwyth y De'. Clodforwyd hi ymhellach gan Owain Tudur yn *Y Brython*, 29 Tachwedd 1934, a dywed y colofnydd fod y gyfarwyddwraig eisoes 'wedi gwneuthur argraff anneiladwy ar bawb yng Nghymru'. Yr oedd Selwyn Jones yr un mor gefnogol, ac wedi'r perfformiad olaf yn Lerpwl tanlinellodd yn *Y Brython* y pwysigrwydd o weld y Cwmni Cenedlaethol 'yng ngoleuni ei ddyfodol' gan ei bod yn llawer rhy gynnar yn ei hanes, meddai, i asesu ffrwyth ei waith.

Eto, yr oedd yn gwbl amlwg i de Walden a'i swyddogion eu bod wedi methu denu'r cwmnïau amatur i'r perfformiadau, ac mae'n arwyddocaol mai un cwmni Cymraeg yn unig yn y cyfnod hwn a ddewisodd ymaelodi â'r Chwaraedy. O gofio nerth y cwmnïau amatur yn y tridegau hawdd cytuno â T. O. Phillips mai 'breuddwyd gwrach ramantus' oedd yr 'awgrym fod amaturiaid yn croesawu cyfle i weld y proffesiynol ar waith'.[75] Yn *Y Brython*, 29 Tachwedd 1934, gwelir Owain Tudur yn ceryddu'r amaturiaid am eu 'diffyg cefnogaeth', ac yn beirniadu 'oerfelgarwch' rhai o arweinwyr y ddrama: 'Hwyrach eu bod yn ofni bod rhyw gwmni yn codi i beryglu eu llwydd hwy eu hunain'. Ar y llaw arall, wrth edrych yn ôl ar gyfnod y daith, barn y dramodydd Ronald Elwy Mitchell, a benodwyd maes o law i Gadair Ddrama ym Mhrifysgol Wisconsin, oedd fod actorion y Cwmni Cenedlaethol 'below average amateur standard . . . the costumes and settings a sorry muddle, and the lighting so grotesque as to be more entertaining than pathetic'.[76]

Nid yw'n syndod fod Evelyn Bowen yn ddigon bodlon ddiwedd 1934 i ffarwelio â chyfrifoldebau a thrafferthion y Chwaraedy Cenedlaethol, yn enwedig gan fod y daith wedi gwneud colled o £1,340.8.11. Ar 19 Ionawr 1935 priododd â'r actor Robert

Speaight yn Llundain, gyda Shirley, merch Hilda Vaughan a Charles Morgan, yn forwyn briodas, a de Walden, ei chyn-gyflogwr, ymhlith y gwesteion. Erbyn 1938 yr oedd y briodas wedi chwalu, a'r flwyddyn honno symudodd Evelyn Bowen i Ddulyn a phriodi â Frank O'Connor a oedd yn rheolwr Theatr yr Abbey. Chwalwyd y briodas honno ym 1952 ac aeth Evelyn Bowen i Nova Scotia i ymgymryd â swydd Cyfarwyddwr Drama Prifysgol Acadia. Yno sefydlodd gwmni theatr labordy a chreodd raglen unigryw yn Theatr y Mermaid lle roedd actorion ifanc brodorol, dan ei chyfarwyddyd, yn ysgrifennu sgriptiau ac yn treulio dwy flynedd yn eu perffeithio cyn eu perfformio yng Nghanada ac Ewrop. Ym 1976 a 1978 daeth Evelyn Bowen (Mrs Garbary erbyn hyn) a'i chwmni i Brydain i gyflwyno gweithiau a oedd yn gyfuniad o ddeialog, cerddoriaeth, meim, dawnsio ac athleteg. Dyma o'r diwedd wireddu ei breuddwyd o hyfforddi grŵp ensemble yn nhechnegau'r Compagnie Des Quinze. Ym mis Gorffennaf 1983 daeth â chriw ffilm i Langollen i wneud rhaglen ddogfen ar ei chyfnod fel ysgrifenyddes a chyfarwyddwraig y Chwaraedy (gwelir hi yn y llun yn y bennod hon, yn sgwrsio am y dyddiau hynny.)[77] Hanner can mlynedd cyn hyn fe'i hadwaenid hi fel 'The Lena Ashwell of Wales', ond wedi iddi adael Cymru am Iwerddon buan yr anghofiwyd amdani, a chymerwyd ei lle gan Meriel Williams, merch ifanc ddeinamig o Langennech.

Pedair ar bymtheg oed oedd Meriel Williams pan berswadiwyd hi gan de Walden ym 1934 i ymuno â'r Cwmni Cenedlaethol, wedi iddo ei gweld yn actio mewn cyflwyniad dramatig yn nhŷ un o'r aelodau seneddol Cymraeg yn Llundain.[78] Flwyddyn yn ddiweddarach, a hithau ond yn ugain oed, apwyntiwyd hi'n Gyfarwyddwraig Chwaraedy Cenedlaethol Cymru. Mewn cyf-weliad â Wilbert Lloyd Roberts ym 1979 dywedodd ei bod, cyn sôn wrtho am ei chyfraniad hi i'r Chwaraedy, am 'setlo unwaith ac am byth' y cwestiwn o gyfraniad, neu ddiffyg cyfraniad, Clifford Evans i fodolaeth Cwmni Cenedlaethol de Walden. Mewn cyf-weliad â Bleddyn Beynon ar gyfer y *London Welshman* ym Medi 1963, mae Clifford Evans yn honni mai ef a wnaeth awgrymu i Howard de Walden y dylid mynd ati yn y tridegau i sefydlu theatr genedlaethol yng Nghymru. Dywed ymhellach fod de Walden wedi ceisio ei berswadio i ddychwelyd o Lundain i Gymru i fod yn gyfarwyddwr cwmni cenedlaethol arfaethedig: 'to compensate me for the loss of my career in the Commercial Theatre in London he offered me a life contract'.[79] Yn ôl Meriel Williams go brin fod de Walden wedi cynnig y fath gytundeb gan y gwyddai yn well na neb mai byr iawn fyddai oes unrhyw gwmni proffesiynol yng Nghymru'r cyfnod. Ymddengys fod Meriel Williams, pan dderbyniodd y swydd ym Mhlas Newydd, yn teimlo'n bur ddig tuag at Clifford Evans. Meddai wrth Wilbert Lloyd Roberts, 'Dodd dim un bwriad gan Clifford Evans i ddod 'nôl i Gymru yn y tridegau i helpu sefydlu Cwmni Cenedlaethol. Ar y pryd o'dd e am fod yn un o sêr y West End. Yr odd y cast i gyd yn gwbod ei fod wedi cael ei dalu'n ardderchog am ei rôl yn *Pobun*—mynnodd mwy o arian na neb arall. Ond, wedyn, yn y chwedege, wedi iddo sylweddoli na fydde fe byth yn seren yn Lloegr, dechreuodd dreio'i lwc yng Nghymru drwy gefnogi symudiad arall i sefydlu theatr genedlaethol yn Abertawe, ac wedyn yng Nghaerdydd'.[80] Ychwanegodd nad Clifford Evans ond, yn hytrach, Evelyn Bowen oedd y sawl a gymhellodd de Walden i sefydlu'r Chwaraedy.

Wrth ddechrau ar ei gwaith ym Mhlas Newydd penderfynodd Meriel Williams osod ei stamp hi ei hun ar y Chwaraedy. Nid llawforwyn Evelyn Bowen oedd yr actores ifanc hon a enillodd fedal aur am ei hactio yn y RADA. Cas ganddi oedd cynyrchiadau defosiynol, Catholig ei rhagflaenydd, a'r modd y canolwyd y cwmni yn Llangollen. Yn ei thyb hi rhaid oedd llunio polisi ar fyrder a fyddai'n denu amaturiaid i ymaelodi, a dechreuodd hyfforddi cwmnïau yng Nghonwy, Llandudno, Rhoslannerchrugog, Corwen ac Abermaw. O ganlyniad i'r cymorth a roddodd i'r cwmni yng Nghorwen gyda'i chynhyrchiad o *Elijah*, llwyddodd i gael ychydig o arian i goffrau'r Chwaraedy drwy drefnu fod y cwmni'n llogi'r holl wisgoedd o'r casgliad ym Mhlas Newydd. Teithiodd o amgylch Cymru yn annerch cwmnïau drama yn Gymraeg ac yn Saesneg, a rhan bwysig o'i neges oedd fod gofyn, a hynny'n fuan, sefydlu canolfan yn y de, oherwydd heb y ganolfan honno ni fyddai'r Chwaraedy'n haeddu'r disgrifiad 'cenedlaethol'. Yn Llanelli, y dref lle yr addysgwyd hi, aeth mor bell â dweud ei bod o'r farn nad oedd Llangollen yn fan addas ar gyfer lleoli pencadlys y Cwmni Cenedlaethol.

Yn ystod ei hymweliadau â gwahanol ganolfannau yng Nghymru ceisiodd berswadio actorion amatur, yn enwedig y Cymry Cymraeg, i ymuno â'r Cwmni Cenedlaethol. Yn anffodus, nid oedd ganddi fawr o brofiad o realiti bywydau actorion amatur yn y tridegau. Syndod iddi oedd y ffaith nad oedd gan y glöwr, y crydd, yr athro, y siopwr a'r wraig tŷ a oedd yn aelodau o gwmni lleol unrhyw fwriad i adael eu gwaith sefydlog a'u teuluoedd i ymuno ag ymgyrch broffesiynol de Walden, a hynny am gyfnod o chwe mis y flwyddyn yn unig. Mewn teipysgrif fer sy'n trafod hanes y Chwaraedy, dywed D. R. Davies, gan gyfeirio at Meriel Williams:

> A few years ago, a Welsh professional actress toured Wales and found, to her surprise, that the amateur movement had too strong a hold upon the Welsh consciousness to warrant worshipping at the shrine of profession-alism.[81]

Rhywbeth cymunedol a chystadleuol oedd actio i aelodau'r cwmnïau amatur, ac yng nghyni'r dauddegau a'r tridegau yr oedd y ddrama yn adloniant tra phwysig ym mhentrefi a threfi bychain Cymru. Ac ymhellach, yr oedd llwyddiant y cwmni lleol, wrth gwrs, yn fater o falchder ac ymffrost i'r gymuned, yn enwedig petasai'r cwmni'n dod i'r brig yn un o gystadlaethau'r Eisteddfod Genedlaethol. Dirmygai Meriel Williams yr elfen gystadleuol hon a chredai fod cystadleuaeth ddrama yr Eisteddfod (er iddi hi ei hun hyfforddi cwmnïau ar ei chyfer) wedi gwneud drwg enfawr i safon yr actio yng Nghymru, gan fod enillwyr y gystadleuaeth, yn ei barn hi, yn cael eu hannog i gredu eu bod bellach yn gwybod pob dim am y grefft o berfformio. At hyn, cyhuddodd y cwmnïau amatur o feithrin 'plwyfoldeb ofnadwy' drwy wrthod derbyn yr hyfforddiant yr oedd wedi'i gynnig iddynt yn rhad ac am ddim. Yn ddi-os, yr oedd personoliaeth ymosodol Meriel Williams yn dieithrio'r cwmnïau y bu hi yn ymweld â hwy ym 1935, ac yn ystod anerchiad a roddodd i gwmnïau amatur yng nghyffiniau Abertawe, cythruddodd un o'r actorion i'r fath raddau nes iddo godi ar ei draed a gweiddi 'Ewch o ma, ferch, a'ch tipyn diploma o Lunden'.[82]

Anodd gwybod p'un ai amhoblogrwydd cynyddol y Chwar-aedy ynteu amhoblogrwydd Meriel Williams ei hun a oedd yn gyfrifol am y gostyngiad sylweddol yn nifer y myfyrwyr a fynychodd yr ail Ysgol Ddrama yn Llangollen ar 19–23 Ebrill 1935, er gwaethaf y ffaith fod y ffi a oedd i'w thalu am gael mynychu'r Ysgol yn hynod o isel y flwyddyn honno. Dichon hefyd mai rhan o'r broblem oedd disgyblaeth lem y cwrs ynghyd â'r rhaglen haearnaidd. Mor wahanol i ffurfioldeb Seisnig yr hyfforddiant ym Mhlas Newydd oedd naws ymlacedig, gartrefol Ysgol Ddrama Coleg Harlech yr un flwyddyn. Ysgol i'r di-waith oedd yr olaf, a denwyd iddi 30 o fyfyrwyr, dros ddwbwl y nifer a gofrestrodd ar gyfer cwrs y Chwaraedy. Yn Harlech nid pobl broffesiynol o Loegr na Saeson a drigai yng Nghymru oedd y tiwtoriaid, ond ffigurau cyfarwydd megis R. Wallis Evans a D. Haydn Davies, Maerdy. Efallai hefyd fod y si ar led fod de Walden, oherwydd colledion taith ei gwmni o amgylch Cymru, yn bwriadu rhoi'r gorau i noddi'r Chwaraedy. Gostyngodd nifer aelodau'r Chwaraedy ym 1935 o 148 i 72, a bu'n rhaid i de Walden wneud datganiad i'r wasg yn sicrhau'r cyhoedd ei fod yn bwriadu parhau i gefnogi a noddi'r Chwaraedy Cenedlaethol.

Er mwyn ceisio denu aelodau newydd lluniodd Meriel Williams bamffled dwyieithog yn rhestru amcanion ac adnoddau'r Chwaraedy. Fel hyn y disgrifiwyd gweledigaeth y Cwmni Cenedlaethol:

(1) Cael Chwaraedy wrth broffes parhaol Cymreig [*sic*], yn meddu ar bob cyfleustra [*sic*] i hyrwyddo efrydiaeth ac arferiad y ddrama.

(2) Cael cnewyllyn bach o chwaraewyr a rydd eu holl amser i ymarferyd ac efrydu.

(3) Cynhyrchu perfformiadau drama o safon uchel ac felly roddi cyfle i bawb a gymer ddiddordeb i ddysgu oddi wrthynt ac i'w hefrydu.

(4) Dodi'r manteision hyn at alwad actorion a chwmnïau llafur cariad a chynorthwyo'r rhai a fynnai roddi cais ar gynyrchiadau fo'r tu hwnt i'r galluoedd cyffredin.

(5) Iawn gyfeirio yr hyn a sylweddolir drwy gystadleuaeth at ddibenion pellach.

(6) Dyrchafu'r ddrama i'w phriod le yn gydradd â cherddoriaeth ymhlith celfyddydau'r Dywysogaeth.

Ym mhamffled Meriel Williams ceir gwybodaeth am y dosbarthiadau a gynigid ganddi i gwmnïau yng nghrefft 'Llwyfan, Cynhyrchu, Ymddygiad Corff, Ystum a Chynhyrchu Llais'. Cost y dosbarthiadau oedd 10/6 i aelodau a 12/6 i eraill. Gellid cael hyfforddiant unigol am 2/6 yr awr i aelodau a 3/- yr awr i eraill. Cyfeirir yn y pamffled at y llyfrgell o ddramâu a oedd yn cynnwys teipysgrifau a llawysgrifau, a sefydlwyd er cof am A. O. Roberts, a hefyd at y casgliad arbennig o lenni, offer goleuo, golygfeydd a gwisgoedd a oedd ar gael ym Mhlas Newydd ar gyfer cwmnïau amatur. (Ychwanegwyd at y storfa ddillad a gyflwynwyd gan Sybil Thorndike a Lewis Casson pan roddodd de Walden holl wisgoedd y Cwmni Opera Prydeinig i'r Chwaraedy. Ef oedd noddwr y cwmni hwnnw, ac wedi iddo chwalu ddechrau'r tridegau, prynodd de Walden y gwisgoedd ar gyfer perfformiadau ei Gwmni Cenedlaethol.) Dosbarthwyd pamffled Meriel Williams i nifer o gwmnïau ac unigolion, ond ni chafwyd fawr o ymateb. Yna gosodwyd hysbyseb yn y papurau yn ystod hydref 1935 yn gofyn i'r cwmnïau amatur anfon eu manylion at Capten R. S. T. Fleming, ysgrifennydd a gweinyddwr y Chwaraedy, gan fod Meriel Williams yn casglu data ynglŷn â'r cwmnïoedd a oedd yn bodoli yng Nghymru. Anwybyddodd y cwmnïau drama y cais. I'r Cymry Cymraeg yr oedd Seisnigrwydd y weinyddiaeth ym Mhlas Newydd, a'r ffaith fod Meriel Williams yn hyfforddi nifer o gwmnïau amatur cylch Llangollen i berfformio dramâu Saesneg, yn ddigon o brawf nad oedd y Chwaraedy yn un trwyadl Gymraeg. Fel y dywedodd Meriel Williams ei hun, 'Deryn Dierth oedd y mudiad ym Mhlas Newydd ym marn yr amaturiaid Cymraeg'.[83]

Yna, yn ystod Rhagfyr 1935, daeth cefnogaeth i'r Cwmni Cenedlaethol o gyfeiriad tra annisgwyl. Mewn erthygl yn y *North Wales Times* a ailgyhoeddwyd yn *Y Brython*, 12 Rhagfyr 1935, ceir gan Kate Roberts sylwadau miniog i'w dweud ynghylch y ddrama yng Nghymru—a chlodfora'r Cwmni Cenedlaethol am geisio gwella'r sefyllfa. Ei chŵyn oedd mai bywyd Lloegr a gâi ei bortreadu ar lwyfannau Cymru, 'ac iaith Lloegr a ddefnyddir, a dulliau Lloegr o gynhyrchu drama a ddynwaredir. Ac mae'r holl beth mor ddieithr i'n gwlad â changarŵs'. Â Kate Roberts rhagddi i ganu clodydd y Cwmni Cenedlaethol:

O'r anhrefn melltigedig uchod fe geisiwyd cael trefn. Fe ffurfiwyd Cwmni Cenedlaethol Cymru i fynd o gwmpas y wlad, ac fe wnaeth y cwmni hwnnw yr un peth angenrheidiol, sef perfformio dramâu Cymraeg. Mor amheuthun oedd cael edrych ar lwyfan heb fod yn ddynwareiddiad o'r

West End! Fe wna'r Cwmni Drama Cenedlaethol wasanaeth mawr i Gymru pe na wnai ddim ond dysgu i chwaraewyr sut i ddefnyddio'u traed a'u dwylo. Rhyw actio o'u brestiau i fyny a wna'r Cymry, a gadael i weddill eu cyrff ymdaro rywsut. Cofiant ormod am eu lleisiau a mynegiant yr wyneb, gan anghofio'u traed a'u dwylo. Ond gan y Cwmni Cenedlaethol cafwyd pob peth yn gymesur. Yr oedd yn bleser edrych ar y llwyfan a gweld tlysni ffres ystafelloedd Cymreig yn hytrach na chrandrwydd gwywedig 'drawing-rooms' Seisnig.

Efallai ei bod wedi bod yn bleser i Kate Roberts 'edrych ar y llwyfan' yn ystod taith y cwmni ym 1934, ond mae'n rhaid fod llediaith nifer o'r actorion a'r diffygion amlwg o ran ynganiad eu Cymraeg wedi ei digio. Ond nid yw'n dewis cyfeirio o gwbl at y gwendidau hyn.

Ni fu geiriau Kate Roberts yn llawer o gysur i Meriel Williams yn ystod Rhagfyr 1935 gan iddi, y mis hwnnw, dynnu nyth cacwn am ei phen drwy ennyn llid Cynan—neu'r 'Welsh Nash' fel y'i gelwid ganddi. Ddechrau Rhagfyr cyhoeddwyd yn y *News Chronicle* sylwadau yr honnwyd i Meriel Williams eu gwneud yng nghartref un o'i ffrindiau yn Abermaw pan oedd yno yn hyfforddi cwmni amatur Saesneg y dref. Yn ôl yr adroddiad, haerodd Meriel Williams y dylid rhoi blaenoriaeth yn yr Eisteddfod Genedlaethol i'r ddrama ac nid i'r cadeirio gan mai prin oedd y Cymry a ymddiddorai mewn barddoniaeth o'u cymharu â'r nifer a ymhyfrydai yn y ddrama, a oedd, wedi'r cyfan, yn rhan annatod o fywyd y genedl. Yn ôl yr adroddiad yn y *News Chronicle*, bu iddi honni fod yr Eisteddfod yn diraddio'r ddrama drwy gael amaturiaid yn hytrach na phobl broffesiynol i feirniadu'r cystadlaethau, a chynigiodd wasanaeth y Chwaraedy (hynny yw, ei gwasanaeth hi ei hun) i'r Eisteddfod. Cafwyd penawdau gogleisiol yn y *News Chronicle* o ganlyniad i'r stori: 'Should Bards Give Way to Drama?' ac 'Anglicised "National" Theatre Sneers at Welsh Amateurs'.

Aeth pethau o ddrwg i waeth pan gyhoeddwyd yn yr un papur ateb Cynan, a dyma agor y llifddorau i lythyru brwd ynglŷn â'r mater. Ni wnaeth yr anghydfod, wrth gwrs, unrhyw les i broffil y Chwaraedy Cenedlaethol. Byrdwn ateb Cynan oedd fod gan y Cymry ddiddordeb byw mewn barddoniaeth gan fod deng mil ohonynt yn flynyddol yn bresennol yn seremonïau'r Goron a'r

Gadair yn yr Eisteddfod Genedlaethol, a chyfeiria'n benodol at boblogrwydd gweithiau beirdd fel T. Gwynn Jones, W. J. Gruffydd ac R. Williams Parry. Yng nghyswllt beirniaid y cystadlaethau drama, dadl Cynan oedd mai amaturiaid hefyd oedd beirniaid y cystadlaethau llên, barddoniaeth a cherdd, a phrysura i amddiffyn statws yr amatur:

> The whole of our Welsh drama movement is amateur—that is the main difference between it and the English drama movement. Ours is purely a folk movement. Yet, unlike Miss Williams, I cannot regard the label "amateur" as a term of contempt. May I be permitted to remind her that the literal meaning of the word is "one who follows any science, art or occupation, not from pecuniary motives, but for the love of it."[84]

Yna gwelir Cynan yn troi'r ymosodiad yn un personol:

> But of the amateur personnel of the panel of drama judges at the last National Eisteddfod at Caernarvon, Miss Williams can hardly be regarded as a disinterested critic, as she trained one of the unsuccessful companies. Therefore it is hardly surprising to find, after Miss Williams's attack on "amateur adjudications", that she proceeds to offer her own services instead, stating that the "Welsh National Theatre is always prepared to assist the National Eisteddfod committees if asked."[85]

Dywed fod dau reswm dros beidio â rhuthro i dderbyn y gwahoddiad. Yn gyntaf, yr oedd yr Orsedd eisoes yn derbyn cyngor ynglŷn â'r ddrama gan D. Haydn Davies (gŵr arall a lwyddodd i godi gwrychyn Meriel Williams fel y cawn weld), ac yn ail yr oedd Seisnigrwydd y 'Welsh National Theatre' yn Llangollen yn golygu fod y mwyafrif o'r cwmnïau Cymraeg yn gwrthod gwneud dim â'r mudiad. Mewn datganiad pellach i'r *News Chronicle*, 14 Rhagfyr 1935, y mae Cynan yn llym ei feirniadaeth ar y Chwaraedy: 'the Llangollen institution . . . claims in its title to be definitely "Welsh" and definitely "National" —two adjectives that imply to any logical mind loyalty to our national language, literature and traditions. The only complaint that we of the Welsh Drama Movement have against the "Welsh National Theatre" of Llangollen is that it is at present neither "Welsh" nor "National", nor is it a "Theatre"'.

Cynddeiriogwyd Meriel Williams gan y cyhuddiadau a'r ensyn-
iadau, a chafodd Cynan ymateb chwyrn ganddi, a hynny drwy
gyfrwng llythyr i'r wasg. Yn ei hateb ymfflamychol y mae'n
dadlau fod y sylwadau honedig o'i heiddo a gyhoeddwyd yn y
News Chronicle yn gwbl ddi-sail, a dywed fod Cynan wedi ei
wneud ei hun yn gyff gwawd drwy beidio â chysylltu â hi yn y lle
cyntaf i sicrhau cywirdeb yr honiadau. Yna â rhagddi'n hyderus
i'w hamddiffyn ei hun, ac y mae'n werth dyfynnu'r rhan hon o'i
hateb yn ei chyfanrwydd:

Nid awgrymais o gwbl y dylai'r dramawr yng Nghymru gael ei le priodol
ar draul y bardd. Y mae'r syniad yn chwerthinllyd. Dweud a wnes i fy mod
yn hyderu y câi'r ddrama o dipyn i beth yr un safle anrhydeddus yn yr
eisteddfod ag a gaiff barddoniaeth a cherddoriaeth. A wêl rhywun fai ar
hyn?

Baldordd yw sôn am apêl barddoniaeth at y werin yn y cysylltiad hwn.
Gwn fod "aml blismon yn hoff o farddoniaeth"—a diolch am hynny.
Ond gyda llaw, gwn hefyd am y modd ffiaidd y triniwyd un o urddasolion
y genedl, sef y Prifardd Gwynn Jones ei hun, ar lwyfan yr Eisteddfod
Genedlaethol ym Mangor ac yng Nghaernarfon. Mae'r atgof yn dwyn
gwrid i wyneb pob un a gâr ddiwylliant ac urddas ei wlad.

"Ten thousand Welsh people in the Eisteddfod Pavilion will listen with
rapt interest to a detailed adjudication on the Chair and Crown poems."
"Hot air", frawd, "hot air!"

Eto drachefn, ni ddywedais yn y sgwrs yn Abermaw yr un gair bach am
yr "Amateurs". Sut y gallwn, a minnau ar y pryd yn ceisio cynorthwyo
"amateurs", ac wedi cydweithio â dwsinau ohonynt, ac yn dal i wneud
led-led y wlad ers amser bellach. Nid myfi yw'r un i geisio difrio gwaith
yr "amateur"; gwn trwy brofiad am ei dalent, ei ymdrech a'i frwdfrydedd,
ac am awydd cryf y rhan fwyaf ohonynt am wella cyflwr y ddrama yng
Nghymru.

Nid yr "amateurs" yw'r drwg, ond yn hytrach "amateurishness" *rhai*
pobl sydd ar brydiau yn dangos ei ben—y bobl sydd yn gwybod y cwbl,
ac sy'n gymaint o awdurdod ar bopeth ynglŷn â'r ddrama nad oes mwyach
ddim ganddynt i'w ddysgu. Pobl o farn—heb erioed fynd trwy
brentisiaeth a disgyblaeth y gwir "amateur".

Am ensyniadau Cynan amdanaf fi fy hun, nid ydynt yn deilwng ohono.
Ond pan ddywed mai mudiad Seisnig yw Chwaraedy Cenedlaethol
Cymru—a defnyddio gair sathredig arall, y mae'n siarad trwy ei het! Deued
yma i weld drosto'i hun lyfrau'r Chwaraedy, a chaiff agoriad llygad.

Y mae'n debyg na fu'r un mudiad cymdeithasol na diwylliannol erioed
nad oedd rhywun yn gweld bai arno ac yn estyn bys ato. Ond gwrtaith da
yw cenfigen!

Hoffwn sicrhau Cynan "y gwerthfawrogir gwaith y Chwaraedy" er gwaethaf anawsterau cwmnïau Cymraeg yn y Gogledd a'r De, ac y gallwn "siarad ein heniaith"—llafar De a Gogledd—heb flewyn ar ein tafod.[86]

Gwaethygu a wnaeth y sefyllfa o ganlyniad i'r ateb hwn, a gwnaeth ymateb ymosodol Meriel ddrwg enbyd i'r Chwaraedy. Heb os, ei dyletswydd, wedi iddi ddarllen honiadau newyddiadurwr y *News Chronicle*, oedd ysgrifennu at y golygydd ar fyrder i'w gwadu. Ond ni wnaeth hynny. Yn *Y Brython*, 26 Rhagfyr 1935, lambastiodd Cynan Seisnigrwydd y Chwaraedy:

> Yn Saesneg yr anfonir gohebiaethau allan oddi yno, fel y cwynodd golygyddion ein papurau Cymraeg drachefn a thrachefn. Yn Saesneg y cynhelir pob ysgol ddrama ganddynt. Yn Saesneg y bu Miss Williams ei hun yn hyfforddi cwmni Cymreig ar gyfair Cystadleuaeth yr Eisteddfod. Ac yn bendifaddau, nid yw y tipyn o lyfrau Cymraeg ar eu silffoedd yn ddigon i ymlid ymaith awyrgylch cwbl Seisnig eu pencadlys. Ni chanfyddai ymwelydd wahaniaeth rhyngddo ac awyrgylch ac iaith sefydliad cyffelyb yn Bath, dyweder. Popeth yn dda, ond rhag cywilydd na alwer lle o'r fath yn 'Genedlaethol' nac yn 'Gymreig'. Pa ryfedd na fynn y mwyafrif mawr o'n cwmnïau Cymraeg ddim ag ef? Pa ryfedd fod ein noddwyr haelionus yn ddiweddar wedi gorfod yn gyhoeddus ddatgan eu siom, na byddai iddo gefnogaeth y genedl? Y mae'n rhy hwyr ar y dydd bellach i unrhyw sefydliad 'cenedlaethol' dalu'r ffordd yng Nghymru ac yntau'n diystyru'r Gymraeg.

Ceisiodd T. O. Phillips ym mis Ionawr 1936 roi taw ar yr holl gecru. Galwodd am undod a chydweithredu er budd y ddrama. Er ei fod yn gefnogol i'r mudiad ym Mhlas Newydd ('Its founding was not a finger-post, as was suggested at the time; but a landmark in the history of Welsh drama'),[87] mae'n beirniadu Meriel Williams am iddi hyfforddi cwmnïau ar gyfer cystadlaethau drama'r Eisteddfod drwy gyfrwng y Saesneg ac yn condemnio yn ogystal y defnydd o'r Saesneg yn ystod Ysgol Ddrama'r Chwaraedy. Er ei fod yn apelio am oddefgarwch o du'r ddwy ochr, Meriel Williams a gaiff y cerydd mwyaf llym ganddo:

> But Miss Williams should realise that an attitude of "We are the oracles and you the puppets" will cut no ice. It is demoralising; what is more, it is untrue. It has become increasingly obvious that there is a tendency on the part of some members of the National Theatre to under-estimate the

histrionic ability of some of our best amateur actors and dramatic critics, and to adopt a very austere air of aloofness and finality.

What Miss Williams forgets (or overlooks, perhaps) is that what may apply to North Wales is by no means true of South Wales, where we have at least half a dozen companies who still give Welsh histrionics a status.

Again I reiterate that it is grossly unfair to the drama movement to expect it to replace the traditional forms of literature. What is more, the experts of the National Theatre must realise that Wales is rapidly growing acting-conscious and has its experts, though they may be outside the National Theatre. There was a time, perhaps, when geese could be passed off as swans, but a revitalised and ennobled taste has brought about a noble era in histrionics and made the National Theatre possible.

This militant and defiant attitude is like to make of Plas Newydd a very fine "white elephant". It was never intended that the Welsh National Theatre should become an unbending and didactic force in Welsh life.[88]

Yn ystod y dadlau cyhoeddus ysgrifennodd nifer o aelodau Cyngor y Chwaraedy at Meriel Williams yn ei chyhuddo o fod yn fyrbwyll. Ysgrifennodd hithau yn ei thro at T. Gwynn Jones am air o gysur. Dyma, yn amlwg, oedd yr hyn a gafodd, oherwydd mewn llythyr ato yn Rhagfyr 1935 dywedodd nad oedd sylwadau angharedig rhai o aelodau'r Cyngor o bwys iddi mwyach gan ei bod wedi profi cryn ryddhad o ddeall nad oedd T. Gwynn Jones wedi digio wrthi: 'it was your reaction to the whole thing that meant anything to me'.[89] Haerodd Meriel Williams yn ddiweddarach mai cenfigen a sbardunodd Cynan i ymosod arni. Wrth feirniadu cystadleuaeth ddrama yn ystod 1935 bu'n hallt ei beirniadaeth ar un ddrama'n arbennig, a chafodd wybod maes o law mai Cynan ei hun oedd awdur y ddrama honno. Wedi hyn, medd Meriel Williams, trodd Cynan yn erbyn yr ymgyrch ym Mhlas Newydd.[90] Ceisiodd de Walden ei hun sicrhau cymod ym 1936 drwy awgrymu y dylid gwahodd Cynan i ymuno â Chyngor y Chwaraedy. Gwrthod a wnaeth Cynan, 'as other Welsh dramatic activities already demand such a considerable amount of my time and what little financial support I can afford'.[91]

Yn ystod cyfnod y cecru rhwng Cynan a Meriel Williams dengys un penderfyniad a wnaethpwyd ganddi hi a de Walden nad oedd unrhyw syniad gan yr un ohonynt pa fath o arlwy a fyddai'n denu'r cwmnïau Cymraeg. Yn ystod Tachwedd 1935 yr oedd cynlluniau pendant gan Meriel Williams i gynhyrchu

Rhyfeddod, drama newydd gan T. Gwynn Jones a gomisiynwyd ym 1934 gan Evelyn Bowen. Ar 16 Tachwedd 1935 ysgrifennodd at yr awdur i ddweud mai tasg anodd oedd dod o hyd i actorion addas, 'as their Welsh in most cases is so very bad'.[92] Mae'n rhaid felly ei bod wedi diystyru'r actorion amatur, rhugl eu Cymraeg a oedd wrth law, a mynd ar ofyn actorion proffesiynol neu aelodau o'r cwmnïau lleol Saesneg yn unig. Er gwaethaf ei chynlluniau i gynhyrchu *Rhyfeddod* yn gynnar ym 1936 (yr oedd hi ei hun wedi penderfynu chwarae rôl Elsie neu Gwen Parri), gwelir hi ar 7 Rhagfyr yn ysgrifennu at T. Gwynn Jones i'w hysbysu nad oedd modd cynhyrchu'r ddrama wedi'r cyfan gan y byddai'n rhaid iddi roi ei holl sylw i ymarferion perfformiad arfaethedig yn Lerpwl o *Llwyfan y Byd/Theatre of the World*, sef cyfieithiadau T. Gwynn Jones i'r Gymraeg ac i'r Saesneg o addasiad Hugo von Hofmannsthal o ddrama foes Caldéron, *El gran teatro del mundo*. Rhaid felly oedd i'r ddrama fechan Gymraeg ildio i sbloets arferol y Chwaraedy, ac unwaith yn rhagor, gwahoddwyd Stefan Hock i gyfarwyddo'r sioeau.

Gwyddai T. Gwynn Jones mai annoeth oedd gosod *Rhyfeddod* o'r neilltu a chanolbwyntio'n gyfan gwbl ar berfformiad yn Lloegr o ddrama arall gyfandirol ei naws. Ymddengys iddo fynegi ei wrthwynebiad, oherwydd derbyniodd yr ymateb canlynol oddi wrth Meriel Williams:

> I most certainly agree with you it's original plays like "Rhyfeddod" that are going to make a Welsh National Theatre but I also believe that in order to kill with a final blow . . . it is necessary to put on a big "splash" production like "The Theatre of the World".[93]

Ac ychwanega—a hynny braidd yn ffuantus—'To me, of course, a production of "Rhyfeddod" will be of far more interest and I am looking forward to the time when I can start on it'. Bu'n rhaid i T. Gwynn Jones aros tan ddiwedd 1937 cyn gweld *Rhyfeddod* ar lwyfan.

Llwyfan y Byd/Theatre of the World, felly, oedd prosiect y Chwaraedy Cenedlaethol yn ystod wythnos y Pasg, 6–11 Ebrill 1936. Aethai Meriel Williams i Lerpwl ddechrau'r flwyddyn i geisio codi tair cerddorfa, tri chôr, cwmni o wyth ar hugain o actorion Cymraeg a chwmni arall o wyth ar hugain o actorion

Saesneg ar gyfer y perfformiadau. Achosodd y polisi o gyflwyno perfformiadau Cymraeg a Saesneg gan ddau gwmni gwahanol gryn gynnwrf ymhlith Cymry Lerpwl, a phan aeth Stefan Hock i gyfarfod yn Neuadd Rushworth ar 15 Ionawr 1936, darganfu fod yn rhaid iddo amddiffyn penderfyniad Cwmni Cenedlaethol Cymru i recriwtio Saeson i berfformio'r fersiwn Saesneg. Cafwyd gan ohebydd *Y Brython* ar 23 Ionawr 1936, adroddiad byw o'r cyfarfod. Soniodd fod y Dr Stefan Hock wedi dweud ychydig eiriau yn Gymraeg cyn troi i'r Saesneg, gan fod nifer o gyn-rychiolwyr cwmnïau Saesneg Lerpwl a'r cylch yn bresennol ar wahoddiad y Chwaraedy Cenedlaethol. Gofynnodd Gwilym R. Jones a Sally Edwards i'r Dr Hock egluro paham y gwahoddwyd Saeson i gymryd rhan yn y ddrama, a mynegodd Megan Thomas, Penbedw, ei hanfodlonrwydd nad Cymry Cymraeg a fyddai'n perfformio'r fersiwn Saesneg o *Llwyfan y Byd*. Yna, dan y pennawd 'Amddiffyn y Saeson', dyfynnir cyfraniadau Morris Jones (Cyfarwyddwr Cwmni Garthewin yn ddiweddarach) ac eraill i'r ddadl:

'Fel un o'r cynrychiolwyr Cymreig, synnaf at y cyfeillion Seisnig na buasent yn amddiffyn eu hunain', meddai Mr Morris Jones, Kensington. 'Y mae'n bwysig i'r Cymry fod yn gyson, a pham yr oeddynt am dderbyn gwasanaeth Dr Hock, a drama dramor ac am rwystro'r Saeson actio?' Credai ef y gallai'r Saeson actio'n well na'r Cymry yn Saesneg.

Miss Sally Edwards: Beth am farn Dr Hock?

Mr Morris Jones: Y mae celfyddyd yn gyd-genedlaethol.

Mr Ellis Jones, Lerpwl: Y mae'r Cymry cystal â'r Saeson yn actio yn Saesneg, a Chwaraedy Cymreig yw hwn.

Mr W. T. Mathias: Y mae arnaf ofn fod y cwbl wedi ei drefnu ymlaen llaw. Carwn gael gwybod os yw hynny'n wir.

Mr R. Vaughan Jones: Credaf fod Mr Morris Jones i'w longyfarch am ei ddewrder yn siarad fel y gwnaeth. Cyfle da yw hwn i ddwyn y Cymry a'r Saeson i ddeall ei gilydd yn well.

Dywedodd Dr Hock nad oedd neb yn y byd a fedrai ragori ar y Cymry fel actorion. Hyderai y maddeuai'r Saeson iddo am ddywedyd bod yn well ganddo'r Cymry na'r Saeson.

O ganlyniad i'r drafodaeth fywiog hon, penderfynwyd sefydlu pwyllgor bychan i helpu Cwmni'r Chwaraedy gyda'r gwaith o drefnu'r perfformiadau. Yn 'Senedd y Darllenwyr' yn yr un rhifyn o'r *Brython*, ceir ymateb darllenydd anhysbys o Gaer i'r cyfarfod yn Neuadd Rushworth, a chyfeiria fel hyn at Morris Jones: 'Ymffrostiai un dyn ifanc a'i galwai ei hun yn Gymro yn y ffaith ei fod yn gyd-genedlaethol ei feddwl. Fe ddylai wybod mai mudiad i hybu ein drama *genedlaethol* yw'r chwaraedy hwn. Ond hwyrach mai dymuniad y 'Cymro' hwn a siaradai mewn Saesneg rhodresgar—oedd troi'r Chwaraedy yn Chwaraedy Cenedlaethol Lloegr—dyna yw cyd-genedlaetholdeb i liaws o Gymry'. Y farn gyffredinol ymhlith y Cymry Cymraeg ynglŷn â'r cyfarfod hwn oedd yr un a fynegwyd gan 'Un o Gaer' yn *Y Brython*, 23 Ionawr 1936: 'Cyfarfod digrif oedd hwn, a dysgais i, beth bynnag, na fynn y Chwaraedy Cenedlaethol fod yn Gymreig. Nid trwy gael cwmni o Gymry a Saeson i chwarae drama Almaenaidd dan gyfarwyddid Awstriaid . . . y gyrrir y ddrama Gymraeg yn ei blaen'.

Os oedd Cyngor y Chwaraedy a Meriel Williams yn tybio y byddai cynnal y perfformiadau yn Lerpwl yn golygu na fyddai ar y Cwmni Cenedlaethol gyfyngiadau Ymneilltuol ynglŷn â pharchu'r Saboth, yna buan y dadrithiwyd hwy. O'r cychwyn cyntaf gwrthodwyd cais Stefan Hock i gynnal ymarferion ar y Sul ar lwyfan y Pafiliwn, Lodge Lane. Synwyd ef gan ddadleuon tân a brwmstan Dr J. G. Moelwyn Hughes a'r Parchedig J. H. Jones yn erbyn torri rheolau cysegredig y Saboth. A dyma gychwyn ar ohebu brwd yn y papurau o blaid ac yn erbyn cynnal ymarferion ar y Sul. Er enghraifft, nodwyd gan G. Jones, Walton, fod Undeb Corawl Cymreig Lerpwl yn cael rhwydd hynt i wneud hynny. Ond, wrth gwrs, mater arall oedd y ddrama, hyd yn oed os drama grefyddol oedd dan sylw. Aeth de Walden a Hugh Jones, Llangollen, i gyfarfod yn Lerpwl ar 18 Mawrth 1936 i drafod y mater ac i geisio datrys yr anghydfod. Cadeiriwyd y cyfarfod gan Dr J. G. Moelwyn Hughes ei hun, a oedd ar y pryd yn llywydd etholedig y Methodistiaid Calfinaidd. Eglurodd wrth de Walden fod cynnal ymarferion ar y Sul yn groes i reolau sylfaenol y Cyfundeb Methodistaidd—newydd syfrdanol, mae'n siŵr, i un a oedd wedi arfer, ar y Sul, saethu anifeiliaid gwyllt yn Kenya, cynnal twrnameintiau ar dir Castell y Waun, ac ymlacio ar ei longau pleser. Ond yr oedd rheolau'r Methodistiaid Calfinaidd yn ddigyfaddawd, a thrannoeth y cyfarfod, ildiodd de Walden.

Derbyniodd Dr Moelwyn Hughes deligram o Gastell y Waun yn ei sicrhau y byddai'r ymarferion yn cael eu cynnal ar ddiwrnodau gwaith yn unig.

Oherwydd yr holl wrthwynebiadau penderfynodd de Walden fod yn rhaid gwneud rhywbeth i adfer enw da'r Chwaraedy Cenedlaethol, a threfnwyd iddo ddarlledu rhaglen yn Gymraeg o Gaerdydd ar 4 Ebrill 1936. Ei bwnc oedd y cynhyrchiad o *Llwyfan y Byd* a'i obeithion a'i amcanion wrth sefydlu cwmni cenedlaethol, dwyieithog, llawn-amser yng Nghymru. Yn y darllediad pwysleisiodd mai cydweithio â'r cwmnïau amatur, nid cystadlu â hwy, oedd y nod. Cyfeiriodd at y ffaith fod nifer o drigolion Cymru yn ddi-Gymraeg, ac felly fod dyletswydd ar gwmni cenedlaethol yng Nghymru i gynnwys dramâu Saesneg yn ei repertoire. Crybwyllodd yn ogystal y posibilrwydd o sefydlu canolfan i'r Chwaraedy Cenedlaethol yn y de. Er hyn, dylid nodi na fu i'r Chwaraedy wneud unrhyw ymdrech i ddenu caredigion y ddrama yng nghymoedd y de i'r perfformiadau yn Lerpwl. Ond gofalwyd, serch hynny, fod trefniadau arbennig yn eu lle i gludo pobl o Swydd Lincoln ac o arfordir gogledd Cymru i Lerpwl.

Er mawr lawenydd i'r swyddogion ym Mhlas Newydd, ni chafodd y cecru effaith andwyol ar faint y cynulleidfaoedd a heidiodd i Theatr y Pafiliwn. Yn wir, yr oedd y neuadd yn orlawn ar gyfer y cynyrchiadau Saesneg a'r rhai Cymraeg fel ei gilydd. Bu'r hysbysebu a'r cyhoeddusrwydd, wrth gwrs, yn allweddol i lwyddiant y fenter. Gwnaethpwyd yn fawr o'r ffaith mai'r perfformiad yn Lerpwl, gan y Chwaraedy, oedd y cynhyrchiad llawn cyntaf o ddrama Caldéron ym Mhrydain (er bod addasiadau ohoni wedi cael eu cyflwyno yn Peterborough a Leeds). Pan berfformiwyd hi yn Lerpwl yr oedd y ddrama eisoes wedi ei gwahardd yn yr Almaen gan y Natsïaid oherwydd ei neges grefyddol. Y neges honno oedd fod yn rhaid i bob dyn chwarae'r rhan a roddwyd iddo gan Dduw, ac wedi i'r rôl honno ddod i ben, rhaid oedd iddo ymadael â llwyfan y byd a derbyn y wobr neu'r gosb yn ôl ei haeddiant.

Cafodd y cynyrchiadau yn Lerpwl rai adolygiadau tra brwdfrydig a chanmolwyd y 'wledd i'r llygad a'r glust'. Cymaint oedd y clod a gafodd Stefan Hock gan rai adolygwyr fel yr awgrymwyd y dylid ei apwyntio i Gadair Ddrama yng Ngholeg y Brifysgol,

Aberystwyth: 'he could lead and inspire us—and do for Welsh drama what Professor T. Gwynn Jones has already done for Welsh poetry'.[94] Canmolwyd cyfieithiad Cymraeg T. Gwynn Jones o addasiad von Hofmannsthal, ond mae'n werth nodi mai llugoer oedd yr ymateb i'w fersiwn fydryddol Saesneg. Yn rhy aml o lawer, yn ôl un gohebydd, yr oedd y cyfieithiad yn arddangos 'strange lapses into passages like this: "Some eventuality has occurred the like of which, at any rate, has never occurred to me."—an impossibly pompous phrase to put into the mouth of the volatile, childlike Curiosity'.[95]

Yn y papurau Cymraeg, unwaith yn rhagor, y codwyd y pwyntiau mwyaf dadlennol ynghylch cynhyrchiad y Chwaraedy Cenedlaethol. Cyfeiriwyd ynddynt at 'anaddasrwydd' cyflwyno drama foes i gynulleidfaoedd a oedd wedi hen ymgyfarwyddo â phrofi dramâu realaidd ar lwyfan. Ymhellach, yn *Y Brython*, 9 Ebrill 1936, condemnir y cynhyrchiad oherwydd bod 'arafwch y chwarae yn feichus o'r dechrau i'r diwedd', a chyfeirir yn ogystal at y 'bwnglerwch gyda'r treigliadau' a pherfformiad anwastad y côr. Ym marn R.E.J. yn *Y Brython*, 16 Ebrill 1936, 'Nid oedd fawr o newydd-deb i'w ganfod yn y cynhyrchiad dan sylw. Gwisgai arddull y Cyfandir mewn mwy nag un ystyr'. Beirniedir cerddoriaeth Josef Holbrooke am ei bod, ym marn yr adolygydd, yn rheoli'r symudiadau a gwneud *marionettes* o'r actorion. Y mae R.E.J. yn cloi ei sylwadau drwy nodi: 'Ofnir y bydd colled ariannol drom ar y perfformiadau'. Yn ystod yr wythnos derbyniwyd swm o £96.9.15 o werthiant tocynnau, a £13.3.2. o werthiant copïau o'r cyfieithiad. Gwnaethpwyd elw o £4.0.80. Ond nid dyna'r holl stori wrth reswm. Arian de Walden a chyfraniadau rhai o'i ffrindiau a oedd yn ariannu'r holl fenter— o logi'r neuadd i gyflog a llety Stefan Hock, yn ogystal â chyflogau'r technegwyr, arweinyddion y côr a'r gerddorfa. Y flwyddyn honno nodir ym mantolen y cwmni fod y cynhyrchiad di-nod o *The Late Christopher Bean* a gyfarwyddwyd gan Meriel Williams ac a berfformiwyd gan gwmni amatur Abermaw yn nhref Llangollen hefyd wedi gwneud elw ar sail rhoddion a gwerthiant tocynnau. Ond dylid tynnu sylw at y ffaith fod yr elw a ddeilliodd o'r cynhyrchiad o *The Late Christopher Bean* ddwywaith y swm a sicrhawyd gan *Llwyfan y Byd*.

Wedi'r perfformiadau yn Lerpwl gofynnwyd cwestiwn pwysig yn *Y Brython*: 'Pa effaith a gaiff y cynhyrchiad ar dyfiant y ddrama Gymraeg? Ofnaf fod yn rhaid ateb nad oedd a wnelo'r antur hon fawr ddim â datblygiad Y Ddrama Gymraeg. Yr oedd yn arbrawf diddorol, yn bregeth foes huawdl mewn symudiadau, lliwiau a rhethreg, ac yn glod i'r cynhyrchydd medrus a'i gwmni cymysg. A dyna'r cwbl'.[96] Wrth drafod dewis y Chwaraedy o ddrama foes ganoloesol, gwelir awdur y golofn 'Ein Pobl a'n Pethau' yn *Y Brython*, 16 Ebrill 1936, yn codi pwynt tra diddorol ynglŷn â'r math o ddrama y dylid ei berfformio gan gwmni cenedlaethol:

> A oes yna ymwybod yn cerdded trwy Gymru heddiw,—rhyw broblem astrus, losg, y teimlir i'r byw oddi wrthi? Os oes, o'r ffynhonnell hon y tardd y ddrama genedlaethol, ac nid o ymhel â chyfieithiadau a chwaraeon moesol yr Oesoedd Canol. Tybed nad oes defnydd drama fawr yn y cyni yn Neheudir Cymru, neu yn y digwyddiadau cyffrous yn Llŷn [Penyberth] y dyddiau hyn?

Dyma'r union bwynt a wnaed yng Nghaerdydd flwyddyn yn ddiweddarach gan Sybil Thorndike: 'Can we instil into the minds of Welsh children the fact that what goes on in their own daily life and in the places where they live, is the material that will one day get a National Theatre for Wales'.[97] Yn amlwg nid oedd arlwy y Chwaraedy ym 1936 wrth fodd colofnydd *Y Brython*, ac mae'n amheus ynghylch priodoldeb yr ansoddair 'cenedlaethol' yn enw'r cwmni:

> Ni ddylid cymysgu hawl y sefydliad i'r teitl "cenedlaethol" a hawliau'r Eisteddfod Genedlaethol i'r un ansoddair, oblegid ni ddylid anghofio mai cwmni preifat yw'r Chwaraedy Cenedlaethol, Cyf., wedi'r cwbl, er mai fel sefydliad cenedlaethol y gofyn am ein cefnogaeth. Y llynedd aeth cwmni o actorion Cymreig ar daith actio trwy Gymru yn enw'r Chwaraedy Cenedlaethol, a chofir fel y bu beio ar glaerineb y cyhoedd tuag ato. Dylesid cadw mewn côf y pryd hwnnw mai cwmni drama cenedlaethol mewn enw yn unig ydoedd, ac na feddai'r hawl a fynnai rhai pobl iddo i ddisgwyl am wrogaeth ddiwarafun holl garedigion y ddrama yng Nghymru.[98]

Wedi'r perfformiadau yn Lerpwl, penderfynodd de Walden a Meriel Williams fod yn rhaid, cyn diwedd 1936, roi sylw dyledus i dde Cymru, a phenderfynwyd noddi perfformiad o *Llwyfan y Byd* ym Mhafiliwn Aberpennar. Y bwriad yn y tymor hir oedd sefydlu Gŵyl Ddrama'r Tri Dyffryn i gyfateb i Ŵyl Gerdd y Tri Dyffryn a oedd eisoes yn bodoli. Dyma gyfle ardderchog i ymestyn gweithgareddau'r Chwaraedy i'r de, a hynny ar y cyd â Chyngor Cenedlaethol y Gwasanaeth Cymdeithasol a oedd yn rhannol noddi'r Ŵyl Gerdd yn flynyddol. Aeth Meriel Williams ati i hel cwmni ynghyd a chynigiwyd cytundeb i Stefan Hock i gyfarwyddo'r ddrama. Ond bu'n rhaid rhoi'r gorau i'r cynllun pan hysbyswyd Capten R. S. T. Fleming gan y Gwasanaeth Cymdeithasol fod y dyddiadau a ddewiswyd gan y Chwaraedy ar gyfer y perfformiadau yn y Pafiliwn yn gwbl amhosibl gan eu bod yn cyd-daro â gweithgareddau allweddol yr Ŵyl Gerdd. Yn amlwg, nid oedd Capten Fleming na Meriel Williams ychwaith wedi ymdrafferthu gofyn am raglen yr Ŵyl Gerdd ymlaen llaw. Dyma enghraifft bellach o wendidau sylfaenol y gweinyddu ym Mhlas Newydd. Yr un flwyddyn methwyd codi digon o arian (na brwdfrydedd) yn lleol ar gyfer gwireddu un o freuddwydion eraill Meriel Williams, sef cyflwyno perfformiad awyr agored o *A Midsummer Night's Dream* yng ngerddi'r plas.

Yn Awst 1936, ar achlysur Eisteddfod Genedlaethol Abergwaun, ceisiodd de Walden—yn ofer—gymodi rhwng Cynan a Meriel. Cyfrannodd de Walden yn hael i'r eisteddfod hon. Ym mis Ionawr 1936, hysbysodd swyddogion yr Eisteddfod y byddai'n talu am lety i holl aelodau'r pedwar côr a oedd yn bwriadu dod o Ganada i'r Eisteddfod ar y llong *Letitia*. Dywedodd hefyd y byddai croeso iddynt fynychu derbyniad ar ei long bleser yn harbwr Abergwaun (ffaith a esgorodd ar benawdau megis 'To Eisteddfod by Yacht' yn y wasg). Yr oedd y cyfan, wrth gwrs, yn gyhoeddusrwydd ardderchog i'r Eisteddfod. At hynny, sicrhaodd de Walden fod Lilian Baylis, un o'r gwragedd mwyaf dawnus ym myd y theatr yn Lloegr yn y cyfnod hwnnw, yn annerch, dan nawdd y Chwaraedy, y gynulleidfa cyn y perfformiad yn yr Eisteddfod o gyfieithiad Mary Hughes o *Ann Marlowe* Florence Howell. Yr oedd sylwadau thesbiaidd Lilian Baylis yn debyg iawn i ddatganiadau Sybil Thorndike wrth drafod y Cymry a'u cariad at gelfyddyd: 'How dearly you love art in Wales. It is something to be proud of. It is magnificent'.[99] Ac wrth gyfeirio at ymgyrch de Walden i sefydlu cwmni cenedlaethol ei chyngor oedd: 'Be brave, and go on'.

Yn fuan wedi'r Eisteddfod cynhaliwyd Cyfarfod Blynyddol y Chwaraedy ym Mhlas Newydd. Nodwyd yn y cofnodion fod Saunders Lewis wedi ymddeol o'r Cyngor, a bod Cynan wedi gwrthod y cynnig i ymuno. Etholwyd T. Gwynn Jones yn is-lywydd ac yn ystod y cyfarfod ymbiliodd D. Haydn Davies, a oedd bellach yn aelod o'r Cyngor, ar i'r Chwaraedy Cenedlaethol wneud ymdrech i gydweithio â'r cwmnïau amatur yn y de. Cafodd ymateb go chwyrn gan Meriel Williams, a ddywedodd wrtho mai cyfrifoldeb yr aelodau hynny a oedd yn hanu o'r de oedd trefnu hyn oll am mai hwy oedd yn adnabod y bobl dan sylw ac yn ymwybodol o'u hanghenion. Ond ymatebodd Haydn Davies drwy awgrymu mai cyfrifoldeb Meriel Williams oedd dod i'r de am fis i drefnu rhaglen o weithgareddau. Aeth yn gweryl rhyngddynt, ac, fel y gwelir maes o law, effeithiodd yr anghydfod ar raglen waith y Chwaraedy Cenedlaethol. Yn yr un cyfarfod hysbyswyd yr aelodau fod Meriel Williams wrthi'n paratoi i gyfarwyddo *Deep Waters* gan Robert Elwy Mitchell a drama newydd gan T. Gwynn Jones, sef *Rhyfeddod*. Newydd da de Walden i'r Cyngor oedd ei fod yn cynnal trafodaethau â swyddogion yr Eisteddfod Genedlaethol i sicrhau perfformiadau o ddramâu yn ogystal â'r cyngherddau arferol gyda'r nos. Y newydd drwg a gafwyd ganddo oedd mai methiant fu'r ymgais i wneud y Chwaraedy'n hunangynhaliol, a bod codiad sylweddol yn rhent Plas Newydd a'r stordy dillad.

Sylw un gohebydd ar 26 Medi 1936 oedd fod Cyfarfod Blynyddol y Chwaraedy wedi mynd heibio 'braidd yn ddi-sylw'. Nododd y cafwyd profion yn y cyfarfod hwnnw nad oedd y mudiad mor genedlaethol ei apêl ag a awgrymid gan ei enw: 'Hyd yn hyn, ni chyffyrddodd y mudiad yn nychymyg y genedl'.[100] Yna, prysura i gynnig cyngor i swyddogion y Chwaraedy Cenedlaethol:

Gallai'r Chwaraedy wneuthur llawer peth buddiol er datblygiad y mudiad drama yng Nghymru gyda'i adnoddau ariannol presennol. Teimlir yn bur gyffredinol na chynyrchia Cyngor y Chwaraedy Cenedlaethol ddoniau gorau byd y ddrama Gymraeg, ac nad yw mewn cysylltiad digon agos â'r mân gwmniau amatur Cymreig ledled y wlad ac â'r Eisteddfod Genedlaethol. Dylid trefnu i'r cwmnïau a ymunodd eisoes â'r Chwaraedy gael llaw yn rheolaeth y mudiad. Yn bennaf peth, dylid symud yr amheuaeth sydd yng nghylch Cymreictod y mudiad a'i hyrwyddwyr.[101]

Anwybyddu'r cyngor i raddau helaeth a wnaeth Meriel Williams. Gwyddai erbyn diwedd 1936 fod ei hymgais i ddenu'r cwmnïau amatur i ymaelodi â'r Chwaraedy wedi methu. Dyma felly newid polisi unwaith yn rhagor drwy sefydlu nifer o 'Gwmnïau Cenedlaethol' yn nalgylch y Chwaraedy. Sefydlwyd y cyntaf yn Llangollen, a rhoddodd y cwmni ei berfformiad agoriadol o *Nine Till Six* Aimee a Philip Stuart, ar 20 Ionawr 1937. Cydweithiodd Meriel Williams ymhellach â'r cwmni yn ystod y flwyddyn ar gynyrchiadau o *The Torchbearers* George Kelly, *Rhyfeddod* T. Gwynn Jones, *Night Must Fall* Emlyn Williams ac o rannau o *Llwyfan y Byd*. Ffurfiwyd 'Cwmni Cenedlaethol' arall yn Rhos-llannerchrugog, a'i gynhyrchiad cyntaf oedd *Deep Waters* Robert Elwy Mitchell. Perfformiodd y cwmni a sefydlwyd yn Llandudno *The Brontës* a *The Silken Purse*. Ffurfiwyd cwmni hefyd yn Amlwch. Teitlau Saesneg oedd gan y cwmnïau hyn, ac ymffrostiai pob un ohonynt ei fod yn 'Welsh National Theatre Company'. Y trefniant oedd fod gan bob cwmni ei reolwr busnes, ei reolwr llwyfan a'i gyfarwyddwr ei hun, ond rhoddwyd addewid iddynt o gymorth sylweddol gan staff y Chwaraedy Cenedlaethol. Yr oedd y Chwaraedy yn ei dro yn disgwyl derbyn arian o'r gwerthiant tocynnau i gwrdd â'r holl gostau, ac yr oedd yn gofyn i aelodau'r cwmnïau gyfrannu tâl aelodaeth o swllt yr un y flwyddyn. Fel y gellid disgwyl, dirmygwyd cynllun newydd Meriel Williams gan y cwmnïau Cymraeg, ac yn arbennig felly y penderfyniad i roi'r teitl 'cenedlaethol' i gwmnïau lleol, Saesneg, di-nod.

Ddechrau Mai 1937 aeth T. Gwynn Jones i Landudno i weld perfformiad o *Rhyfeddod*. Yr oedd Meriel Williams wedi llwyddo o'r diwedd i hel ynghyd actorion a oedd yn medru'r Gymraeg, ac ym mis Ebrill, yn ystod y cyfnod ymarfer, ysgrifennodd at yr awdur yn pwyso arno i ychwanegu at y golygfeydd gan fod y ddrama'n rhy fyr o lawer. Gwnaeth T. Gwynn Jones rai ychwanegiadau, ond nododd ar yr un pryd mewn llythyr ati:

> I don't like to lengthen a play simply to make it long enough for performance by itself. I know I am heterodox, probably, but I think I am right. Welsh plays are dreadfully padded with useless talk, mostly piffle.[102]

Yn yr un llythyr y mae'n gadarn ei gyfarwyddyd ynglŷn â'r set: 'I should like an 18th century sitting-room in a country mansion'. Diau ei fod yn dal i gofio'r holl feirniadaeth ynglŷn â'r set Gatholig ei naws a gynlluniodd Evelyn Bowen ar gyfer ei fersiwn hi o *Y Gainc Olaf.* Wedi iddo weld y perfformiad o *Rhyfeddod* yn Llandudno, sylweddolodd T. Gwynn Jones fod y ddrama fel y bu i Meriel Williams nodi yn rhy fyr o lawer, ac aeth ati i ddiwygio'r sgript ac i wneud ychwanegiadau pellach ar gyfer y perfformiad arfaethedig yn Aberystwyth.

Cynhyrchiad mawreddog y Chwaraedy yn ystod Gorffennaf 1937 oedd y ddau berfformiad o *Llwyfan y Byd* yn Abaty Glyn-y-Groes. Y tro yma Meriel Williams oedd yn cyfarwyddo, a hi, yn eironig ddigon, oedd yn chwarae rhan Doethineb. Perfformiwyd y ddrama gan bedwar cant o amaturiaid lleol. Ceisiwyd denu cynulleidfa sylweddol i Lyn-y-Groes drwy roi gwybod i'r papurau y byddai un o'r actorion yn gwisgo copi o wisg ysblennydd un o gyndeidiau de Walden. Nodwyd yn ogystal fod Meriel Williams yn bwriadu cario 'a tiny missal, the property of Lord Howard de Walden. It is a beautiful little volume and is worth at least £1,000'.[103] Yn ystod y perfformiadau, de Walden ei hun oedd yn gyfrifol am y goleuo trawiadol, 'during which three angels appeared, one in each lancet of the east window, a scene most vividly remembered'.[104] Recordiau o gerddoriaeth Josef Holbrooke a ddefnyddiwyd, ar wahân i ganeuon y côr a hyfforddwyd gan Gwenllian Williams a Brynle Hughes o Gorwen. Ar gyfer y datganiadau cludwyd organ o gapel lleol i'r abaty.

Sioe leol i bob pwrpas oedd hon. Gobaith Meriel Williams a de Walden ddechrau 1937 oedd y byddent yn medru dod â'r Chwaraedy i sylw cynulleidfa ehangach drwy berfformio cyfieithiad T. Gwynn Jones o *Macbeth* ym mhafiliwn Eisteddfod Genedlaethol Machynlleth y flwyddyn honno, gyda Sybil Thorndike yn chwarae'r Arglwyddes, ac Emlyn Williams yn chwarae Macbeth. Aeth yr actores ati i ddysgu Cymraeg, ac aeth T. Gwynn Jones ati i ddiwygio'i gyfieithiad ryw gymaint (trosiad a gyhoeddwyd gan O. M. Edwards yn *Cymru* ym 1916). Anfonodd Sybil Thorndike lythyr at T. Gwynn Jones yn gofyn am gopi o'i gyfieithiad gan ei bod am fwrw ati 'to get Lady Mac into my head in Welsh'.[105] Adroddwyd yn y papurau ei bod yn treulio'i hamser hamdden yn astudio *Welsh Made Easy* a'r Beibl Cymraeg yn ei chartref, Bron-y-Garth, Porthmadog. Hysbysodd Meriel Williams T. Gwynn Jones fod pwyllgor yr Eisteddfod wedi caniatáu i'r Cwmni Cenedlaethol berfformio yn y pafiliwn ei hun am ddwy noson. Yr oedd de Walden, wrth gwrs, eisoes wedi addo y byddai ef yn gofalu am yr holl gostau. Ond yna derbyniodd T. Gwynn Jones lythyr annisgwyl gan Meriel Williams: 'You have probably heard that Machynlleth has turned down a production of "Macbeth". They would!'[106] Yn yr un llythyr dywed ei bod yn awr yn bwriadu cyfarwyddo'r ddrama rywle yn y Rhondda. Ceisiwyd cael eglurhad gan bwyllgor yr Eisteddfod yn achos y newid meddwl a fu ynglŷn â'r perfformiad o *Macbeth* gan y Cwmni Cenedlaethol. Ond ofer fu'r disgwyl am ateb, ac yn *Y Cymro*, 31 Gorffennaf 1937, ceir y sylw canlynol: 'Dylid rhoi eglurhad boddhaol i genedl oedd wedi disgwyl rhywbeth anarferol am un wythnos yn y flwyddyn'. Wrth wrthod *Macbeth* yr oedd yr Eisteddfod, yn ôl un gohebydd Saesneg, wedi darparu 'just such a programme that any local committee might have organised in any town in Wales'.[107]

Yr oedd y Parchedig Fred Jones ac un neu ddau aelod arall o'r Pwyllgor Gwaith yn erbyn y syniad o wahodd Sybil Thorndike i actio ar lwyfan Eisteddfod Genedlaethol Machynlleth. Yn *Y Cymro*, 16 Hydref 1937, ceir eglurhad ganddo dros ei wrthwyn-ebiad i gynllun y Chwaraedy Cenedlaethol:

> Yr hyn a gymeradwyid oedd cyfieithu un o ddramau Shakespeare gan T. Gwynn Jones . . . a'r follt fawr oedd cael Miss Sybil Thorndike, un o brif ser y llwyfan Seisnig, i gymryd prif ran. Dallwyd y rhan fwyaf gan danbeidrwydd y seren hon, ond cynullais i fel un ddigon o sobrwydd [*sic*] i ofyn a fedrai'r seren hon Gymraeg. Atebwyd fi yn rhannau [*sic*]. Wedi elwch, tawelwch. Gofynnid ym mhob pwyllgor wedyn am fanylion y trefniadau; cofia rhai ohonom byth stacato'r atebion a'r diwedd fu syrth-io'r pyramid hwn a'r esboniad a gafwyd oedd bod rhai o'r chwaraewyr yn America—y cyfandir mawr cyfleus.

Dyna golli cyfle, felly, i weld un o actoresau gorau ei chyfnod yn actio ar lwyfan y Brifwyl. Ond o graffu ar sylwadau'r Parchedig Fred Jones ymddengys nad oedd y Chwaraedy yn ddi-fai. Pur sigledig oedd y weinyddiaeth ar y gorau, a go brin y byddai Sybil

Thorndike wedi medru ymdopi â chyfieithiad T. Gwynn Jones. Er hyn, ni wnaeth awdurdodau'r Eisteddfod wedyn fawr ddim er sicrhau perfformiadau blaengar ym Machynlleth, a barn un gohebydd oedd y byddai 'dau berfformiad o "Macbeth" yn llawer urddasolach, yn fwy teilwng o'r Eisteddfod, ac yn well atyniad na'r rhaglen gyffredin a gawsom yno mewn neuadd fechan. Ond dyna fel y bu—diffyg gweledigaeth yn yr uchelfannau'.[108]

Wedi'i hanwybyddu gan bwyllgor Eisteddfod Machynlleth a chlywed nad oedd gan bwyllgor Eisteddfod Caerdydd 1938 fwriad i wahodd y Cwmni Cenedlaethol i berfformio yno, aeth Meriel Williams at aelodau pwyllgor Eisteddfod Dinbych 1939. Yr oeddynt yn barod i dderbyn y cynhyrchiad o *Macbeth* ar yr amod na fyddai unrhyw gwmni yn llwyfannu'r ddrama yng Nghaerdydd. Yr oeddynt hefyd yn barod i wario £500 ar y cynhyrchiad a thalu T. Gwynn Jones am y cyfieithiad. Mewn llythyr at T. Gwynn Jones, meddai Meriel Williams: 'For the first time we have a National Eisteddfod Committee prepared to spend money and give all the facilities for dramatic production'.[109] Yn y cyfamser, fodd bynnag, penderfynasai pwyllgor Eisteddfod Caerdydd mai cyfieithiad T. Gwynn Jones o *Macbeth* fyddai'r ddrama ar gyfer wythnos yr Eisteddfod ac mai D. Haydn Davies fyddai'r cyfarwyddwr. Dyma ef, felly, yn achub y blaen ar Meriel Williams.

Yr hyn a gythruddai Meriel Williams oedd y ffaith fod cynhyrchiad Haydn Davies yn gwbl annibynnol ar y Chwaraedy Cenedlaethol. Ysgrifennodd at bwyllgor Eisteddfod Caerdydd i ddweud mai eiddo'r Chwaraedy oedd hawlfraint perfformio'r fersiwn Cymraeg o'r ddrama, ac mai hawl y Cwmni Cenedlaethol oedd llwyfannu'r cyfieithiad am y tro cyntaf yng Nghymru. Fel y dywedodd wrth T. Gwynn Jones: 'I do hope this meets with your approval. I did it because I felt that if put on in a slip-shod way by an amateur company Shakespeare plays would have no hope of ever being done in Wales and in Welsh'.[110]

Ysgrifennodd aelod o bwyllgor yr Eisteddfod ati i ofyn am gopi o'r fersiwn diwygiedig o *Macbeth* a baratowyd gan T. Gwynn Jones ar gyfer perfformiad arfaethedig y Cwmni Cenedlaethol yn Eisteddfod Machynlleth. Atebodd hithau y byddai'n rhaid iddynt dalu £40 am y fraint. Eglurodd wrth T. Gwynn Jones ei rheswm dros hawlio'r tâl: 'I do hope that you understand why I wanted them to pay for copies in the first place. I am all out to have your work published, but it is very unfair that the "Mudiad" should pay when the Eisteddfod gets everything free'.[111] Mewn llythyr arall ato mae'n cwyno fod aelodau o bwyllgor yr Eisteddfod wedi gweithredu'n hunandybus yn achos *Macbeth*, 'sweeping everybody and everything before them exactly as if their eisteddfod was to be the be all and end all'.[112] Ac yna mae'n pwyso ar T. Gwynn Jones i ateb y cwestiynau canlynol:

(1) Will they be allowed to produce the original translation?
(2) Are you going to make a new translation for them?
(3) Or are you going to allow them to make a transcript for themselves.[113]

Cythruddwyd T. Gwynn Jones gan ei hyfdra, yn enwedig gan y gwyddai fod de Walden ei hun yn awyddus i anghofio annheyrngarwch Haydn Davies i'r Chwaraedy. Yn wir yr oedd de Walden wedi bod yn erfyn ar Meriel Williams i brysuro gyda'r trefniadau a wnaeth yn Ionawr 1938 ar gyfer perfformio *Macbeth* yn Llanelli ym mis Ebrill dan nawdd y Chwaraedy. Gan fod Meriel Williams yn taeru mai gan y Cwmni Cenedlaethol oedd yr hawl i lwyfannu *Macbeth* yn Gymraeg am y tro cyntaf, byddai'r perfformiadau o'r ddrama gan y Cwmni yn Llanelli ym mis Ebrill yn fodd i hyrwyddo cynhyrchiad Haydn Davies o *Macbeth* yn Eisteddfod Caerdydd ym mis Awst. Mewn cyfweliad â Wilbert Lloyd Roberts ym 1978, disgrifiodd Meriel Williams Haydn Davies fel 'un a weithredodd yn groes i ddymuniad Cyngor y Chwaraedy' yn achos *Macbeth*, a chyfeiriodd at 'y cynllunio a fu y tu ôl i ddrysau caeëdig' yr adeg honno. Yn amlwg, yr oedd yn dal yn chwerw ddeugain mlynedd yn ddiweddarach. Y chwerwder a'r dicter hwnnw a barodd iddi ysgrifennu mewn modd mor rhyfygus at T. Gwynn Jones a oedd wedi bod yn hynod amyneddgar a charedig tuag ati. Ond y tro hwn, yr oedd T. Gwynn Jones am ddangos iddi na fedrai fod mor rhydd ei thafod:

The history of the "Macbeth" business from my side is briefly this. The transaction was made well over 30 years ago. Twice published, no notice was taken of it until 1936 when a production at Machynlleth was suggested. I gave provisional consent. That proposal having failed, I gave the

N.T. permission to prepare the play and to make a transcript of the "Cymru" version at its own expense for revision. This was done.

I then understood that there were negotiations between the N.T. and Cardiff, in which I had no part. These having broken down the N.T. decided to produce the play somewhere in S.W. It was then announced in the press that the Cardiff proposal had been abandoned with the suggestion that this was due to my attitude. Later Cardiff wrote to me (for the first time) asking for permission to produce "Macbeth" during the Eist. week, whether the N.T. had or had not done so in the meantime. I replied I should have no objection, suggesting they should come to terms with you for the loan of a copy of the revised version, as that was the property of the N.T.

This suggestion seemed for some reason to have been impractical. As I have not at any time or in any way agreed to limit the production of the play I gave Cardiff permission to make their own transcript from "Cymru". This they have done, and I propose to do for them what I did for the N.T., as there is no other possibility. As to any money value of the version I do not propose to make any terms, any more than I did in the case of the two occasions of "Llwyfan y Byd".

I have not yet received the official thanks of the N.T. for the translation of "Llwyfan y Byd". I have attempted to do a little for the development of the drama in Wales. I make no terms any more than I did in "Llwyfan y Byd" which brought me nothing. I am sorry, but I have followed my own sense of fair play and impartiality.

I sincerely regret the disagreement between the two organisations but manifestly I can have no responsibility in the matter. I hope the Llanelly production will prove such a success as to justify the venture.[114]

Wedi iddi dderbyn y llythyr uchod gwyddai Meriel Williams mai gwell fyddai iddi ganolbwyntio ar ei chynhyrchiad o *Macbeth* yn Llanelli. Llwyfannwyd hwnnw yn Neuadd y Sgowtiaid, 11–16 Ebrill 1938, gyda Meriel Williams ei hun yn chwarae rhan Lady Macbeth. Actorion amatur o ardal Llanelli oedd aelodau'r cwmni, a dyma'r tro cyntaf i fersiwn Cymraeg o un o ddramâu Shakespeare gael ei lwyfannu. Yr oedd y rhan fwyaf o'r actorion o dan bump ar hugain oed. Chwaraewyd Macbeth gan glerc llongau, Macduff gan athro ysgol, Duncan gan feddyg a Banquo gan glerc y Maer. Gweithwyr o waith alcam y dref oedd y milwyr a'r llofruddion, a gwragedd tŷ oedd y gwrachod. Chwaraewyd Malcolm gan fachgen ysgol a Seward gan ofalwr ysgol.[115] Daeth de Walden i Lanelli i gynnal gweithdai ffensio a daeth un o bibyddion yr Arglwydd Erskine i chwarae yn y perfformiadau.

Trefnodd de Walden i'r Arglwydd Erskine a T. Gwynn Jones letya yng nghartref yr Arglwyddes Howard Stepney ar noson y perfformiad cyntaf. Crachach Llanelli a'r cylch oedd yn llenwi'r seddau gorau ar y noson agoriadol.

Cafodd y cynhyrchiad gefnogaeth frwd gan bobl Llanelli drwy gydol yr wythnos. Yr oedd y ffaith fod cerddorfa'r dref yn diddori'r gynulleidfa yn ystod yr egwyl ac mai pobl leol oedd yr actorion yn atyniad mawr. Ond yr oedd Meriel Williams wedi sicrhau hefyd ei bod hi ei hun yn cael sylw gan y papurau yng Nghymru. Ysgrifennodd at Selwyn Jones yn gofyn iddo sicrhau cyhoeddusrwydd iddi:

> Selwyn I would like a little publicity for myself too if you can get it. You know the kind. Busy young woman. Shakespeare for the 1st time in Welsh and producing a play for the Queen's performance and adjudicating a Drama Festival at Pembrey all at the same time.[116]

Wrth grynhoi ei hamryfal weithgareddau cyfeiria Meriel yn y llythyr uchod at y ffaith ei bod yn cynhyrchu perfformiad ar gyfer ymweliad y Frenhines Mary â Chaerdydd ar 6 Ebrill 1938. Yn ei llythyr at Selwyn Jones y mae'n ymffrostio yn y ffaith mai hi a gafodd ei dewis yn y cyswllt hwn: 'I wonder what Haydn will think of that when he hears it!!'[117] Ac mewn llythyr arall at Selwyn Jones cyhoedda ei bod yn bwriadu cynhyrchu sioe 'that will make Haydn and many others sit up and take notice'.[118] Ei gobaith oedd cyflwyno fersiwn o *Llwyfan y Byd*, ond perswadiwyd hi gan y Pwyllgor Trefnu i ddewis *The Poacher* J. O. Francis yn lle hynny gan y byddai'r ddrama ysgafn honno, ym marn aelodau'r Pwyllgor, yn fwy addas ar gyfer yr achlysur.

Yn ystod 1938 yr oedd de Walden a Meriel Williams yn bur hyderus ynglŷn â dyfodol y Chwaraedy. Ym mis Ionawr gwahoddwyd Cwmni Drama Cenedlaethol Llandudno gan R. O. F. Wynne, sgweier Garthewin, Llanfairtalhaearn, Sir Ddinbych, i berfformio yn ysgubor y plas, a oedd wedi ei haddasu yn theatr fechan ym 1937. Wrth sefydlu'r Chwaraedy ddechrau'r tridegau bu i Evelyn Bowen ddatgan y byddai'r Cwmni Cenedlaethol yn barod i berfformio mewn ysguboriau petai angen.[119] Dyma wneud hynny, felly, ond dylid cofio bod hon yn ysgubor dra arbennig, un a ddeuai, maes o law, yn gartref i Gwmni Drama Garthewin ac yn feithrinfa bwysig i Saunders Lewis. Nid cynulleidfa o Gymry Llanfairtalhaearn a'r cylch, fodd bynnag, a wahoddwyd ym 1938 i wylio perfformiadau'r Cwmni Cenedlaethol o'r ddrama feim *The Story of Bethlehem* a *Y Gainc Olaf* T. Gwynn Jones, eithr pobl fel Arglwyddes Aberconwy, Dom Romnal Alexander, D. R. Rinvolucri. Plesiwyd hwy yn fawr: 'Lady Aberconwy followed the Welsh play with special interest, and after the entertainment, asked for enlightenment on the meaning of some of the phrases which eluded her . . . in addition to the excellence of the acting, the costumes and lighting effects were worthy of a West End production'.[120] Yr oedd T. Gwynn Jones ei hun wrth law i egluro rhannau o'i sgript i'r Arglwyddes gan ei fod yn un o westeion R. O. F. Wynne ym Mhlas Garthewin y noson honno. Bu ymweliad y cwmni â Garthewin yn un arwyddocaol gan i R. O. F. Wynne ddweud wrth T. Gwynn Jones a Meriel Williams dros frecwast yn y plas, drannoeth y perfformiadau, yr hoffai weld yr ysgubor yn datblygu'n ganolfan er budd y ddrama yng Nghymru. Ategir hyn yn ei gyfweliad radio â Dafydd Gruffydd yn y pumdegau:

> A few years ago before the last war the late Howard de Walden established a Welsh National Theatre Company with its headquarters in Llangollen, but they were faced with the difficulty that few towns and villages in Welsh speaking Wales could provide adequate stage facilities for the drama. Here and there a fair sized concert platform might be available, but a concert platform and a stage properly constructed for the drama are two quite different things. So it occured to me that it would be a simple matter to turn the old barn at Garthewin into a pleasing little theatre and thus provide one centre for the drama in the midst of Welsh Wales.[121]

Ym 1936, flwyddyn cyn addasu ysgubor Garthewin, pwysleisiodd Kitchener Davies wrth feirniadu cystadleuaeth ysgrifennu drama mewn eisteddfod leol yn Aberdâr, fod yn rhaid sicrhau theatr a gweithdy addas ar gyfer dramodwyr os oedd y ddrama yng Nghymru i ffynnu: 'Y mae gennym actorion, cynhyrchwyr, beirniaid ac awduron o ryw fath, ond nid oes gennym weithdy. Yr ydym ni (yr awduron) yn gwybod mor blentynnaidd ydyw ein gwaith. Y mae arnom angen gweithdy lle y gallwn ysgrifennu a chynhyrchu dramâu a fyddo deilwng ohonom fel cenedl'.[122] Yn anffodus, nid oedd y Chwaraedy yn Llangollen yn darparu unrhyw weithdai i ddramodwyr, er gwaethaf yr honiad mai un o'i amcanion oedd dod o hyd i ddramâu newydd a hybu dramodwyr Cymraeg. Er i'r Chwaraedy lwyfannu drama newydd, sef *Pwerau'r Nos* gan Stephen J. Williams, yr unig ddramodydd a gomisiynwyd ac a fabwysiadwyd gan y mudiad oedd T. Gwynn Jones, a rhyw ddwywaith neu deirgwaith yn unig ar hyd y blynyddoedd y bu iddo ef fynychu ymarferion y Cwmni Cenedlaethol. Fel y gwel-wyd eisoes, wfftio *Cwm Glo* Kitchener Davies a wnaeth Evelyn Bowen yn lle achub ar y cyfle i gynhyrchu'r ddrama bwysig honno. Ac oherwydd diffyg gweledigaeth Evelyn Bowen a Meriel Williams a'u hanallu i werthfawrogi pwysigrwydd meithrin dramodwyr Cymru a chomisiynu gweithiau newydd ganddynt, ni fu i'r Chwaraedy Cenedlaethol afael yn nychymyg a denu diddordeb a chefnogaeth dramodwyr Cymraeg y cyfnod dan sylw.

Er hyn, yr oedd gan Meriel Williams ddigon i'w wneud yn ystod 1938 gan ei bod wedi sicrhau teyrngarwch y cwmnïau Saesneg yng nghyffiniau Llangollen, a bu'n eu hyfforddi i lwy-fannu *Springtide, Thomases and Welsh Ballet, The Theatre of the World, Mrs Ponsonby's Lover, Night Must Fall* a *Macbeth*. Yn ystod y flwyddyn cyfarwyddodd un ddrama Gymraeg, sef *Yr Erodrom* J. Ellis Williams, ac yr oedd ar yr un pryd yn ymgyrchu i sefydlu cwmni sefydlog ym Mhlas Newydd. Meddai mewn llythyr at Selwyn Jones:

> The Mudiad by means of a recent gift has found it possible to further their plans for a standing company. We are now asking for a thousand members to pay a subscription of £1.1.8 a year. 12 people will then be chosen from Wales. They will for the first year be taught all the sides of theatre production and then they will tour South Wales, Ireland, London and other provincial towns and make a short tour of America. All the plays will be native but in English as well as Welsh.
>
> The players must be able to speak Welsh fluently.[123]

Y sawl a gyfrannodd y 'recent gift', wrth gwrs, oedd Howard de Walden.

Aethpwyd ati i hysbysebu am actorion. Nodwyd mai hyd eu diwrnod gwaith am naw mis fyddai o naw y bore tan naw y nos.

Er bod y gwaith yn ddi-dâl, cynigiwyd i'r darpar actorion lety a chynhaliaeth yn rhad ac am ddim. Richard Llewellyn a Meriel Williams oedd yn cyfweld—er i'r si fynd ar led y byddai Frank O'Connor yn dod yn unswydd o Ddulyn i gynnal cyfweliadau. Un o'r ymgeiswyr llwyddiannus oedd yr actor Meredith Edwards, a welodd hysbyseb y Cwmni Cenedlaethol yn y *Chester Chronicle*: 'Ie, yn Saesneg yr oedd yr hysbyseb—a dim o'r lol yma am Theatr Genedlaethol Cymru'.[124] Ceir darlun byw ganddo yn ei gyfrol *Ar Lwyfan Awr* o'r cwrs ac o amgylchiadau byw y myfyrwyr. Mewn tŷ anghysurus yn y dref—tŷ a fedyddiwyd 'Y Shack'—yr oedd y bechgyn yn byw, ac wrth iddynt fwyta eu cinio oer beunyddiol o ffa-pob ym Mhlas Newydd, gallai'r actorion ifanc 'aroglu cinio'r byddygions yn y llofft'.[125] Y 'byddygions' oedd Meriel Williams a Richard Llewellyn, a oedd wedi ymgartrefu ym Mhlas Newydd, ar gost de Walden, er mwyn gweithio ar *How Green Was My Valley*. Yn ôl Meredith Edwards, 'Methodd Robert Owen Pugh â diodde'r anghyfiawnder un diwrnod a thaflodd y ffa at y cynhyrchydd Miss Williams, Dip. R.A.D.A.'[126] Pan adroddodd Wilbert Lloyd Roberts y stori wrth Meriel Williams ym 1979 yr oedd hi'n cofio'r achlysur i'r dim, a'r rheswm annigonol a gynigiodd dros roi ffa i'r actorion ddydd ar ôl dydd oedd ei bod yn ceisio eu paratoi ar gyfer y bywyd caled a oedd yn eu disgwyl ym myd y theatr.

O ddarllen *Ar Lwyfan Awr* gellir casglu nad oedd rhyw lawer o edmygedd gan Meredith Edwards at yr athrawon ym Mhlas Newydd:

> Miss Meriel Williams . . . oedd yn ein dysgu sut i ynganu, ac anadlu o'r deiafram—a threio cael gwared ar ein hacen Gymraeg, syndod o beth wrth feddwl eu bod yn sefydlu Theatr Genedlaethol *Cymru*. Miss Chubb, merch dal, esgyrnog, athletaidd oedd yn ein hyfforddi mewn dawnsio a 'deportment', ond gorchwyl anodd, os nad amhosibl, oedd llwyddo efo Elis Lloyd Owen o'r Rhondda, Iolo Williams o Brunboro, Swydd Caer, Robert Owen Pugh o Sir Fôn a mab i goliar o'r Rhos. Ac i goroni'r cwbl yr oedd Ffrancwr, 'Proffesor' yn ein dysgu sut i ffensio![127]

Monsieur Alibert oedd y Ffrancwr hwn—tiwtor ffensio personol yr Arglwydd de Walden a'i wraig. Anodd yw dychmygu'r criw o fechgyn cefn gwlad o ogledd Cymru a chymoedd y De yn ymateb yn chwim i gyfarwyddiadau Monsieur Alibert: 'En garde! —battez coupez—tirez droit—alongez-vous'.[128] Tiwtor arall oedd F. Goulding a gynigiai hyfforddiant mewn dylunio a chreu golygfeydd.

Yn ystod y cwrs bu'n rhaid i Meriel Williams, ar gais de Walden, ymgymryd â'r gwaith pellach o arolygu'r holl drefniadau ar gyfer y perfformiad o *Ein Tywysog Olaf* D. W. Morgan, yn Eisteddfod Genedlaethol Dinbych 1939. Erbyn hyn yr oedd Capten Fleming wedi ymddeol, a'r unig gymorth gweinyddol oedd gan Meriel Williams oedd Mrs Mona Reeves, a fu'n ysgrifenyddes gynorthwyol y Chwaraedy drwy gydol ei oes ym Mhlas Newydd. Costiodd y cynhyrchiad a gyfarwyddwyd gan Stefan Hock dros fil o bunnau. Bu'n fethiant llwyr, a bu i sawl aelod o'r gynulleidfa adael y Pafiliwn cyn diwedd y perfformiad. Owen Jones a chwaraeai ran Llywelyn, ond, yn ôl pob tebyg, seren y noson oedd Hugh Griffith. Dyma farn J. Ellis Williams am acen Owen Jones, a'i ddisgrifiad o ymateb y gynulleidfa i'r perfformiad:

I hated to hear a Welsh prince speak with an English accent as much as I should hate to hear the English Robin Hood speak with a Yankee accent . . . the quiet scenes, the longish monologues and the static dualogues bored the audience so much that the tittle-tattle in the auditorium completely drowned the (at times) rather inaudible talk on the stage.[129]

Annoeth oedd gwahodd Stefan Hock i gyfarwyddo *Ein Tywysog Olaf*, gan iddo, unwaith yn rhagor, ganolbwyntio ar y gwisgoedd, y sain a'r goleuo a hynny ar draul y ddeialog. Sylw gohebydd *Y Brython*, 12 Awst 1939, oedd: 'Ni fuasai cynhyrchydd o Gymro wedi gorwneud y cynhyrchiad ar draul y diddordeb ychwanegol'. Ac yn *Y Cymro*, 12 Awst 1939, honnodd D. W. Morgan, awdur y ddrama, mai camgymeriad oedd 'dewis estron heb unrhyw amgyffred o'r ysbryd Cymraeg' i lwyfannu drama yn ymwneud â hanes ac arwyr Cymru. Mae'n feirniadol yn ogystal o set Josef Carl, y cynllunydd o Awstria, am iddo osod rhes o groesau Celtaidd 'fel rhes o fwganod rhwng yr actorion a'u gwrandawyr. *Croesau* oeddynt yn wir i'r miloedd a phawb yn gwallgofi wrth geisio dilyn symudiadau a deall sibrydion y ddeialog tu draw iddynt'. Y sylw mwyaf bachog a chyrhaeddgar, efallai, oedd hwnnw a aeth ati i gymharu y cynhyrchiad drudfawr o *Ein*

Tywysog Olaf â chyflwyniad syml Kate Roberts o *Tri Chryfion Byd*
Twm o'r Nant:

> The most memorable thing about the Eisteddfod is the striking fact that
> Viennese Dr Stefan Hock's professional production of the 'big play' of the
> week was a dismal flop, and that the best of the week was an amateur
> production of a simple little play by a local playwright. The professional
> failure cost £1,000. The amateur success less than £10.[130]

Ddeufis wedi'r cynhyrchiad o *Ein Tywysog Olaf* bu'n rhaid i
Stefan Hock ymddangos o flaen tribiwnlys yng Nghaernarfon.
Gosodwyd ef ar restr 'Gelynion Estron' Prydain, a hynny er
gwaethaf y ffaith fod Lloyd George, de Walden, T. Gwynn Jones
ac eraill wedi ysgrifennu o'i blaid i'r Swyddfa Gartref. Er 1933
buasai Hock yn holi T. Gwynn Jones ynglŷn â'r posibilrwydd o
symud ei deulu i Brydain a chael ei benodi i Gadair Almaeneg yn
un o golegau Prifysgol Cymru. O ganlyniad i'r ffaith fod nifer o
Gymry amlwg wedi arwyddo deiseb ym 1936 yn cefnogi ei gais
i ymgartrefu ym Mhrydain, cafodd drwydded gan y Swyddfa
Gartref i aros a gweithio yng Nghymru a Lloegr yn ystod 1937.
Adnewyddwyd y drwydded ar gyfer 1938 a 1939, ond, er mawr
ofid i'w ffrindiau, carcharwyd ef ym 1940 mewn gwersyll ar Ynys
Manaw. Cafodd ei ryddhau ym 1941 a phenderfynodd beidio â
dychwelyd i Awstria ('my own country having lost its
independence'.)[131] Bu'n cynnal ei deulu drwy weithio i Adran
Almaeneg y BBC yn Llundain, ond ni wahoddwyd ef, wedi
1939, i ymgymryd â gwaith cyfarwyddo yng Nghymru.

Nid oedd yr ymateb pur ddirmygus a gafodd *Ein Tywysog Olaf*
yn argoeli'n dda i ymgais Meriel Williams i sefydlu cwmni ym
Mhlas Newydd, yn enwedig gan ei bod wedi mynnu fod aelodau'r
cwrs hyfforddi yn Llangollen yn mynychu'r perfformiad ac yn ei
asesu. Os dyma oedd cynnyrch Stefan Hock, un o hoff gyfar-
wyddwyr y Chwaraedy Cenedlaethol, i ba bwrpas y bu i'r
aelodau ddioddef diflastod y lletty, llymdra'r oruchwyliaeth a
gorthrwm yr hyfforddi? Ond yna, cafodd Meriel Williams,
unwaith yn rhagor, gefnogaeth o gyfeiriad cwbl annisgwyl. Yn y
Welsh Review, Awst 1939, wele J. Ellis Williams yn datgan:

> The last tour of the Welsh National Theatre players—a conglomerate
> crowd of unequal actors brought together in too great a hurry by her

predecessor—was a financial and artistic flop. Village companies who went to see the performances returned from them disgusted, disillusioned, and disheartened. When Meriel told me she was planning a second tour, I scoffed. But when she elaborated her plans, I remained to pray . . . that her indomitable courage would meet with its just reward. She held over three hundred auditions, retained a fifteen who showed most promise, is now giving these players a nine months' intensive course in stage acting and deportment and enunciation, and is putting into the work all she is capable of.

It will be a sad thing for Welsh drama if this—the only *national* effort being made—proves another flop.

Ond i bob pwrpas dyna'n union—'another flop'—oedd ymgais Meriel Williams i baratoi Cymry ifainc ar gyfer ffurfio cwmni cenedlaethol llawn-amser. Ei chamgymeriad oedd mabwysiadu arferion ac ethos RADA ac ymddangos gerbron y darpar chwaraewyr ifainc fel prima donna. Camgymeriad arall oedd anwybyddu cyngor doeth Mary (Hughes) Lewis. Ddeuddydd wedi ei phriodas aeth i gyfarfod a gynhaliwyd yn Ionawr 1939, yn Seaford House, cartref de Walden yn Llundain. Amcan y cyfarfod oedd trafod dyfodol y Chwaraedy a'r cwmni newydd yn Llangollen. Yn bresennol oedd aelodau'r Cyngor gan gynnwys John Scott-Ellis, mab de Walden, a nifer o Gymry Cymraeg megis D. R. Davies a Selwyn Jones. Tanlinellodd Mary Lewis y pwysigrwydd o gomisiynu dramâu Cymraeg, a dywedodd fod yn rhaid gwneud ymdrech arbennig i wahodd aelodau o'r cwmnïau amatur Cymraeg i'r ganolfan yn Llangollen. Ond nid oedd yr iaith Gymraeg yn rhan ganolog o'r ddarpariaeth ym Mhlas Newydd, ac yn ei gyfrol *Inc yn fy Ngwaed* gwelir J. Ellis Williams, er gwaethaf ei gefnogaeth i Meriel Williams ym 1939, yn cyfaddef na wnaeth y Chwaraedy Cenedlaethol gyffwrdd 'â dychymyg na chalon y mudiad Cymraeg'.[132] Wedi'r cwrs naw mis ym Mhlas Newydd aeth Meriel Williams a'i chwmni bychan o fyfyrwyr i Baris i berfformio *The Poacher* J. O. Francis i Gymdeithas Gymraeg y ddinas. Yn ystod yr ymweliad mynychodd y myfyrwyr berfformiad gan y Comédie-Française o ddrama olaf Molière, *Le Malade imaginaire*, a dichon y bu'r profiad o weld y cwmni hwn yn perfformio yn fwy buddiol o lawer iddynt na holl ddosbarthiadau'r Chwaraedy yn Llangollen.

Fel y dywed Meredith Edwards: 'Rhyfeddwn ar eu symudiadau baletig a'u lleisiau soniarus a'u hamseriad cywrain. Fe chwaraeais i Argan yn "Y claf Di-glefyd" efo Cwmni Theatr Cymru ychydig flynyddoedd yn ôl, ac er mor llwyddiannus y cynhyrchiad, mae'n dda na welodd y Cymry y Comédie-Française yn perfformio'r ddrama'.[133] Daw i'r casgliad fod 'yn rhaid cael Theatr Genedlaethol i Gymru, ond mae'n rhaid iddi fod yn broffesiynol, a rhaid inni ddysgu gan wledydd eraill, gan gadw ein hynodrwydd ein hunain'.[134] Ac ychwanega bwynt pwysig yn y cyswllt hwn:

> Rhaid bod o ddifrif a chael gwared â'r hen syniad sydd gennym, fod drama i fod at rhyw achos da. Yr unig ffordd i gael parhad ydyw trwy gael pobol, actorion, wrth y gwaith bob dydd mewn gweithdy, hynny yw theatr; yn saernïo drama ac yn perffeithio eu gwaith. Dyna ydyw'r gwahaniaeth mawr rhwng proffeswriaeth ac amaturiaeth, fod gwaith parhaol yn digwydd mewn gweithdy. Mae lle mawr i'r amatur yn y theatr wrth gwrs, ond os am ddatblygiad a chreu Theatr, a safon, yna mae'n rhaid cael proffeswriaeth.[135]

Yr eironi yw mai dyma union neges de Walden ac un o amcanion sylfaenol ei Chwaraedy Cenedlaethol.

Tra oedd Meriel Williams a'i hactorion ym Mharis anfonodd de Walden deligram yn eu gorchymyn i ddychwelyd i Brydain ar frys oherwydd peryglon y rhyfel. Wedi i'r cwmni gyrraedd Llundain bu'n rhaid iddynt gysgu am dair noson ar feinciau gorsaf Paddington cyn cael trên yn ôl i Langollen. Oddi yno anfonwyd hwy i'w cartrefi. Ymhen ychydig, cysylltodd Meriel Williams â rhai ohonynt i'w siarsio i ymuno â hi ac ymaelodi fel actorion ym mudiad E.N.S.A. (Entertainments National Service Association). Dywed Meredith Edwards yn *Ar Lwyfan Awr* iddo berfformio, fel aelod o E.N.S.A., mewn cynyrchiadau o *Pygmalion* a *Cobbler's Wax* Eynon Evans mewn gwersylloedd ar hyd a lled Prydain. Gellid tybio mai'r peth doethaf yn ystod y Rhyfel fuasai rhoi'r gorau i'r Chwaraedy a'i brosiectau, ond yn yr adroddiad a gyflwynwyd i'r Cyngor yn ystod 1939 ceir y nodyn canlynol:

CURRENT WORK

Since the first month of the War the Company has been engaged in Troops' entertainmemt under the official auspices of E.N.S.A. Almost without exception its services have proved highly popular.

> The nature of this new work calls for immediate discussion of the possibility of setting up an additional centre in South Wales.[136]

Ni ddaeth dim o'r syniad hwn. Ar 27 Rhagfyr 1939 dengys y fantolen a baratowyd gan gwmni Andrew W. Barr, Llundain, fod y Chwaraedy mewn dyled o £2,418.8.0. Y flwyddyn ganlynol bu i'r cyfreithwyr Wiley and Powels, Llundain, gau llyfrau 'The Welsh National Theatre Company Ltd' am byth.

Ym mis Mai 1940 dychwelodd Meriel Williams unwaith yn rhagor i Langollen ar achlysur ei phriodas â Bernard Garel-Jones. Darparwyd y wledd briodas yn adain ddwyreiniol Plas Newydd. Eu mab yw'r Barwn Garel-Jones, yr Aelod Seneddol Ceidwadol dros Watford rhwng 1979 a 1997. Bu Meriel Williams am rai blynyddoedd yn bennaeth ar ysgol breifat ym Madrid lle y dysgid Saesneg i Sbaenwyr cefnog, a hefyd, oherwydd ei sgiliau ariannol, daeth yn filiwnydd ac yn ddynes fusnes uchel ei pharch.

Ym 1944 dychwelodd y perchenogion, sef y teulu Myddelton, i fyw yng Nghastell y Waun, ac er mawr dristwch iddo, bu'n rhaid i de Walden chwilio am gartref arall yng Nghymru. Daeth o hyd i un yn Llanina, Ceredigion, ond byr fu ei arhosiad yno. Bu farw yn Llundain ar 5 Tachwedd 1946 yn 66 mlwydd oed. Ugain mlynedd yn gynharach yr oedd wedi dweud mewn llythyr at J. Ellis Williams:

> In a sort of way I may regard myself as one of the godfathers of Welsh drama. I was very nearly present at its birth. And I have foreseen several of its difficulties.[137]

Ac mewn erthygl graff a phwyllog, 'Towards a Welsh Theatre', a gyhoeddwyd yn *Wales* ym Mehefin 1944, ddwy flynedd cyn ei farw, fe'i ceir yn disgrifio'r math o theatr a fyddai, yn ei farn ef, yn ffynnu yng Nghymru. O ddarllen yr erthygl honno heddiw, mae'n syndod cynifer o'i freuddwydion sydd wedi eu gwireddu. Yr oedd de Walden erbyn 1944 wedi sylweddoli nad oedd y Cymry ar y cyfan yn barod yn y cyfnod hwnnw i groesawu theatr genedlaethol broffesiynol. Fel hyn yr egyr ei ysgrif:

> There seems to be some demand for a National Theatre in Wales. I wonder why? There are many things which are right and reasonable for

the Welsh to demand but I do not think a National Theatre is amongst the immediate issues. Wales may well leave the matter to rest for a century or so.

Ond yn nhermau seicoleg ac ideoleg bersonol, yr oedd de Walden wedi crisialu gweledigaeth ddyfnach o lawer ryw ddeng mlynedd ar hugain cyn hyn—yn ystod rhyfel arall—a hynny ar ffurf fwy preifat. Bu iddo wasanaethu fel swyddog ieuaf yn Adran 29 y Fyddin Brydeinig yng Nghyrch Gallipoli—yn gyntaf fel Swyddog Glanio Milwrol yn Imbros a Bae Sulva, ac yna fel Dirprwy Gynorthwyydd ac Y.M.G. Yr oedd yn un o'r staff ymgilio ym mis Rhagfyr 1915, ac ymhlith yr olaf i adael pan ddaeth y digwyddiad trasig hwn i ben. Yr Hydref blaenorol, yng nghanol yr ymladd yn ystod y rhyfelgyrch hwnnw, ysgrifennodd lythyr hir, anghyoeddedig at ei fab, John. Ni ddisgwylid i swyddogion ieuaf yn Gallipoli oroesi ond am ychydig wythnosau ('I am afraid I must go landless to the end and likely enough leave my carcase out here upon this undesired cape'). Y mae'r llythyr hwn, o ran hyd a dwyster, yn fwy o destament ymadawol yn wyneb marwolaeth debygol y tad.

Un yn unig o blith yr ystyriaethau niferus a grybwyllir yn y llythyr yw Cymru a'i diwylliant, ond eir i'r afael â hi'n union-gyrchol ac yn hynod bwrpasol. Yn naturiol, y mae gallu tir a daear Cymru i herio'r dychymyg â'u harddwch yn bresenoldeb grymus a chofiadwy yn y fan hon:

> I often walk in imagination as it is up the hill behind Chirk, round through the Warren and down to Tynant and I think I can make sure of every yard of ground. And often, too, I go and sit beside the little pool of the Ceiriog under the Gelli wood . . . I am sitting now in my room in Adams tower looking up the valley and the wind is driving the wet leaves against the panes and the fierce wind all warm and misty is booming up through those wonderful tall oaks straight from the Berwyns.

Y mae hyn yr un mor bwerus â disgrifiad D. H. Lawrence mewn llythyr o'r olygfa o un o gartrefi ei blentyndod fel 'the country of my heart'.

Ond, yng nghanol y drin, rhydd y llythyr i fywyd diwylliannol Cymru gyd-destun ehangach o lawer na hinsawdd neu dopograffi.

'I have felt something always drawing me towards this people,' ysgrifennodd de Walden. 'It may be the passion I have always felt for the Mabinogion'. Ac anoga'r aristocrat a'r milwr ei fab i ddangos ei ochr yn ddigamsyniol pa bryd bynnag y bo bywyd y meddwl dan ystyriaeth, neu dan fygythiad ('Don't let the fools persuade you that there is anything peculiarly manly in being a pudding-head ignoramus'). Ond ym 1915 yr oedd de Walden hefyd yn ysgrifennu ynghylch dychmygu byd '[in which] a real aristocracy of very able men might be allowed to administer small areas with absolute powers'. Gellid dadlau, a medrwn dderbyn, nad oedd goblygiadau totalitaraidd y term 'absolute powers' yn rhagweladwy ym 1915. Yn wir, yr hyn sy'n amlwg yn ymdriniaeth de Walden â Chymru yw ei agwedd wrthimperialaidd a'i safbwynt datganolaidd:

> I have grown to love the idea of the small state more and more as I grow older. I have steadily lost interest in empires and, if I have not come down absolutely to the parish pump, I now regard my country as merely one of a very loose confederacy of small states, some of which will in the course of time develop upon other lines than our own and possibly break away to form other ties and alliances. For this reason I have fallen into great sympathy with Wales, liking its sturdy clinging to its old tongue and tradition. I do not love the state in which I find it. I am far from admiring the results that the pawnbrokers ideals of the last century have achieved. In fact the country and its people are in a [. . .] condition due, as usual, largely to fermented religion. But it is a country so beautiful in itself, so full of bad poets (a most desirable quality) that I do still believe it might achieve some sort of individual life. I was trying, before our lives broke up, to work out a sort of dream of it in a modernized version of Rhonabwy: if God spares me I should like to try and finish it, but I am writing all this in case I should not return to my ordinary work again and then it will matter very little what I tried to do. I do not suppose that you or anyone else will care to take the work up.[138]

CYFEIRIADAU

1 Lord Howard de Walden, *Earls Have Peacocks* (London: Haggerston Press, 1992), 36.

2 Ibid.

3 LlGC, Casgliad D. R. Davies, 101/1.

4 D. R. Davies, 'Cwmni Drama Cenedlaethol i Gymru', *Y Llwyfan*, Cyfrol 1, Rhif 6, Hydref/Tachwedd, 1928, 91.

5 Ibid.

6 Ailsa Craig, 'Creating a National theatre in Scotland', *Y Llwyfan*, Cyfrol 1, Rhif 6, Hydref/Tachwedd, 1928, 101–3.

7 Saunders Lewis, 'Rhai Amheuon', *Y Llwyfan*, Cyfrol 1, Rhif 4, Mehefin/Gorffennaf, 1928, 49.

8 Dyfnallt Owen, 'The Drama Movement in Wales', *The Welsh Outlook*, Cyfrol XIV, Rhif 6, Gorffennaf 1927, 184.

9 LlGC, Papurau John Ellis Williams, 1/4.

10 Ibid.

11 *Western Mail*, 2 Awst 1927, 5. Gweler hefyd *Western Mail*, 3 Awst 1927, 10.

12 *Western Mail*, 2 Awst 1927, 5.

13 *Y Brython*, 11 Awst 1927, 8.

14 LlGC, Papurau John Ellis Williams, 6/2.

15 LlGC, Papurau T. Gwynn Jones, G 1043.

16 Urddwyd Caradar, sef Arthur Saxon Dennett, yn aelod o Orsedd y Beirdd ym 1918 yn Eisteddfod Genedlaethol Castell-nedd. Yn yr *Herald Cymraeg*, 13 Awst 1918, ceir yr adroddiad canlynol: 'Ond mae'n debyg na theilyngodd neb anrhydedd yr Orsedd yn fwy na Sais ieuanc o'r enw Smith, athro mewn ysgol yn Surrey. Dysgodd y gŵr ieuanc hwn y Gymraeg mor drylwyr fel ag i allu cyfansoddi barddoniaeth Gymreig, ac aeth yn llwyddiannus drwy arholiad yr Orsedd. Fel ymhob Eisteddfod mae'n debyg fod yn yr Orsedd y boreu yr urddwyd y gwr ieuanc hwn lawer o Gymry mewn enw, a rhai na fyddant byth yn siarad gair o Gymraeg os y gallant, a diau fod gweled Sais ieuanc wedi gallu meistroli'r Gymraeg i'r fath raddau fel ag i allu barddoni ynddi wedi codi gwrid i'w hwynebau'.

17 LlGC, Papurau T. Gwynn Jones, G 1946.

18 Ibid.

19 Margherita Howard de Walden, *Pages From My Life* (London: Sidgwick and Jackson, 1965), 151.

20 Ibid.

21 Deio'r Rhyd, 'Ai 'Pobun' oedd Uchafbwynt y Ddrama Gymraeg?', *Y Corn Gwlad*, Rhif 1, 1919–50, 48.

22 Ibid., 49.

23 Ibid., 50.

24 Ibid., 52

25 *Western Mail*, 18 Awst 1933, 11.

26 Ibid.

27 LlGC, Casgliad D. R. Davies, 38.

28 Ibid.

29 Ibid.

30 Ibid.

31 LlGC, Papurau J. Ellis Williams, 2/1.

32 Ibid.

33 J. Ellis Williams, *Inc yn fy Ngwaed* (Llandybïe: Llyfrau'r Dryw, 1963), 42–3.

34 LlGC, Papurau Selwyn Jones, 30. Gweler y ddogfen 'Memorandum and Articles of The Welsh National Theatre Limited'.

35 LlGC, Casgliad D. R. Davies, 101/3. Gweler enwau aelodau cyntaf y Cyngor yn yr adroddiad 'The Welsh National Theatre Company Limited, 1933'.

36 LlGC, Casgliad D. R. Davies, 101/1.

37 Ibid.

38 Margherita Howard de Walden, op. cit., 148.

39 *Y Ddolen*, Cyfrol VIII, Rhif 2, Chwefror 1935, 15.

40 *Western Mail*, 14 Mawrth 1933, 7.

41 Am fanylion pellach gweler Pennod 1 yn y gyfrol hon.

42 LlGC, Casgliad D. R. Davies, 101/1.

43 Ibid.

44 Ibid.

45 Ibid.

46 Ibid.

47 Ibid., 101/3.

48 Ibid., 101/1.

49 Ibid.

50 Casgliad preifat Gordon Sherratt, Llangollen.

51 LlGC, Casgliad D. R. Davies, 101/1.

52 Ibid.

53 Ibid.

54 Casgliad preifat Mrs Wilbert Lloyd Roberts. Cyfweliad ar dâp rhwng Evelyn Bowen a Wilbert Lloyd Roberts, 1976, tâp 2.

55 David Jenkins, *Thomas Gwynn Jones* (Dinbych: Gwasg Gee, 1973), 351.

56 LlGC, Casgliad D. R. Davies, 101/1.

57 Ibid.

58 Ibid.

59 Ibid.

60 Ibid.

61 Nodir yn *Y Cymro*, 24 Awst 1944, 1, fod Lorraine Thomas, Elisabeth Vaughan a Pat Thomas yn aelodau o'r cwmni, ond ni cheir eu henwau ymhlith y 'dramatis personae' ar raglen swyddogol y daith.

62 LlGC, Papurau T. Gwynn Jones, G 234.

63 Ibid., G 111, 9.

64 Ibid.

65 Am fanylion pellach gweler Hazel Walford Davies, *Saunders Lewis a Theatr Garthewin* (Llandysul: Gwasg Gomer, 1995).

66 LlGC, Casgliad D. R. Davies, 101/1.

67 Ibid. Gweler y llythyr a anfonwyd gan Evelyn Bowen at D. R. Davies.

68 O. Llew Owain, *Hanes y Ddrama yng Nghymru* (Lerpwl: Gwasg y Brython, 1948), 265–6.

69 *Y Genedl Gymreig*, 3 Rhagfyr 1934, 5.

70 LlGC, Casgliad D. R. Davies, 101/1.

71 Ibid.

72 *Y Genedl Gymreig*, 3 Rhagfyr 1934, 5.

73 O. Llew Owain, *Hanes y Ddrama yng Nghymru* (Lerpwl: Gwasg y Brython, 1948), 266.

74 Margherita Howard de Walden, op. cit., 150.

75 LlGC, Casgliad D. R. Davies, 101/1.

76 Ibid.

77 Casgliad preifat Gordon Sherratt, Llangollen.

78 Casgliad preifat Mrs Wilbert Lloyd Roberts. Cyfweliad ar dâp rhwng Meriel Williams a Wilbert Lloyd Roberts, 1979, tâp 1.

79 LlGC, Papurau Clifford Evans, 26.

80 Casgliad preifat Mrs Wilbert Lloyd Roberts. Cyfweliad ar dâp rhwng Meriel Williams a Wilbert Lloyd Roberts, 1979, tâp 2.

81 LlGC, Casgliad D. R. Davies, 101/1.

82 Casgliad preifat Mrs Wilbert Lloyd Roberts. Cyfweliad ar dâp rhwng Meriel Williams a Wilbert Lloyd Roberts, 1979, tâp 1.

83 Ibid.

84 *News Chronicle*, 7 Rhagfyr 1934, 18.

85 Ibid.

86 *Y Brython*, 19 Rhagfyr 1935, 4.

87 LlGC, Casgliad D. R. Davies, 101/1.

88 Ibid.

89 LlGC, Papurau T. Gwynn Jones, G 5929.

90 Casgliad preifat Mrs Wilbert Lloyd Roberts. Cyfweliad ar dâp rhwng Meriel Williams a Wilbert Lloyd Roberts, 1979, tâp 2.

91 LlGC, Casgliad D. R. Davies, 101/1.

92 LlGC, Papurau T. Gwynn Jones, G 5930.

93 Ibid., G 5929.

94 LlGC, Casgliad D. R. Davies, 2/2.

95 Ibid., 54.

96 *Y Brython*, 9 Ebrill 1936, 8.

97 Gweler Hywel Teifi Edwards, 'Y Parchedig E. R. Dennis', yn Hazel Walford Davies (gol.), *Llwyfannau Lleol* (Llandysul: Gwasg Gomer, 2000), 48.

98 *Y Brython*, 16 Ebrill 1936, 4.

99 LlGC, Casgliad D. R. Davies, 30.

100 Ibid.

101 Ibid.

102 LlGC, Papurau T. Gwynn Jones, B 184.

103 *Daily Herald*, 17 Gorffennaf 1937, 10.

104 Gordon Sherratt, *An Illustrated History of Llangollen* (Llangollen: Ceiriog Press, 2000), 116.

105 LlGC, Papurau T. Gwynn Jones, G 312.

106 Ibid., G 5925.

107 LlGC, Casgliad D. R. Davies, 30.

108 Ibid., 101/1.

109 LlGC, Papurau T. Gwynn Jones, G 5952.

110 Ibid., G 5941.

111 Ibid., G 5948.

112 Ibid., G 5953 A.

113 Ibid.

114 Ibid., G 5953 B.

115 Duncan, J. O. Williams; Macbeth, Maldwyn Lee; Arglwyddes Macbeth, Meriel Williams; Banquo, Howard Davies; Fleawns, Hugh Bonnell; Macduff, Glyn Phillips; Arglwyddes Macduff, Edwina Morgan; mab Macduff, Donald Francis; Malcolm, E. Bonnell; Donalbain, Arfon Griffiths; Lennox, Hugh Lewis; Ross, Ifor Evans; Mentieth, Ben Jones; Angus, Joseph Thomas; Caithness, Edgar Howells; Siward, Hugh Bonnell; Siward Ieuanc, Hugh Barnaby; Seyton, Arwyn Roberts; Meddyg, W. H. Williams; Rhingyll, Emrys Marks; Porthor, W. H. Williams; Hen Ŵr, J. O. Williams; Necate, Agnes Anthony; Dewinesau: Moss Lloyd, Veris Williams, M. A. Griffiths; Drychiolaethau: O. Richards, B. Bonnell, Ruth Powell, Irene Jenkins, Ena Edwards; Llofruddion: Emrys Marks, Will Jones, Glyn Phillips; Milwyr: D. S. Jones, Emrys Marks, Brinley Thomas, Will Jones, Harold Jones, Arfon Griffiths, Huw Thomas, W. J. Howells; Gweision: Kenneth Miles, Frank Francis; Cydymaith Arglwyddes Macbeth, M. Every.

116 Papurau Selwyn Jones, 30.

117 Ibid.

118 Ibid.

119 *Western Mail*, 14 Mawrth 1933, 7.

120 LlGC, Casgliad D. R. Davies, 101/1.

121 Robert Wynne, 'The Garthewin Little Theatre', Archif Wynne Garthewin, Prifysgol Cymru, Bangor.

122 LlGC, Casgliad D. R. Davies, 2/3.

123 LlGC, Papurau Selwyn Jones, 30.

124 Meredith Edwards, *Ar Lwyfan Awr* (Tŷ ar y Graig, 1977), 41.

125 Ibid., 42.

126 Ibid.

127 Ibid.

128 Margherita Howard de Walden, op. cit., 173.

129 LlGC, Papurau J. Ellis Williams, 1/8.

130 Ibid., 1/4.

131 LlGC, Papurau T. Gwynn Jones.

132 J. Ellis Williams, *Inc yn fy Ngwaed* (Llandybïe: Llyfrau'r Dryw, 1963), 42.

133 Meredith Edwards, *Ar Lwyfan Awr* (Tŷ ar y Graig, 1977), 43.

134 Ibid.

135 Ibid., 44.

136 LlGC, Casgliad D. R. Davies, 101/3.

137 LlGC, Papurau J. Ellis Williams, 1/4.

138 Casgliad preifat Thomas Seymour, nai yr Arglwydd Howard de Walden.

1.1. *Yr Arglwydd a'r Arglwyddes Howard de Walden a'u gefeilliaid*
John a Bronwen ym Mhasiant Harlech, 1920. Ymddangosodd yr
Arglwydd de Walden fel Iarll Penfro a'r Arglwyddes
fel Margaret o Anjou.

1.2. *Yr Arglwydd a'r Arglwyddes de Walden*
yng Nghastell y Waun.

1.3. *Y Tŷ Hebog (cynllunydd, E. W. Pugin) ar dir Castell y Waun.*

1.4. *Lloyd George a'i ferch Olwen yn cyrraedd gorsaf Caerdydd,*
15 Mai 1914, ar gyfer perfformiadau'r Cwmni Cenedlaethol.

1.5. *John Lewis, Oxford Street, Llundain,
a'i ysgrifennydd Mr Maxwell yn sefyll ger prif
fynedfa'r Theatr Newydd, Caerdydd, 15 Mai, 1914.*

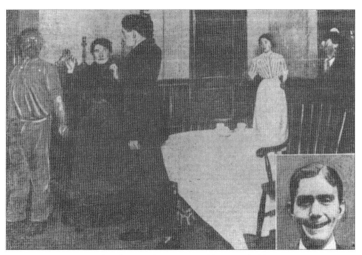

1.6. *'Change' ar lwyfan y Theatr Newydd, Caerdydd, 15 Mai 1914.
David Morgan (John Price), Rhuamah Rees (Gwen Price), T. C. Williams
(Lewis Price), Janet Evans (Lizzie Ann), David Hughes (John Henry Price).
Gwelir J. O. Francis, yr awdur, ar waelod y llun.*

1.7. 'Ephraim Harris', ar lwyfan y Theatr Newydd, Caerdydd, 12 Mai 1914. Y prif gymeriadau: Janet Evans (Martha), T. C. Williams (Y Parchedig Evan Jones), Rhuamah Rees (Mrs Harris), David Morgan (Ephraim Harris).

1.8. Howard de Walden, William Archer, J. M. Barrie, G. K. Chesterton, George Bernard Shaw ar set eu 'ffilm cowboi', 1914.

2.1. *Perfformiad yng Nghastell y Waun o'r pantomeim 'The Reluctant Dragon'
a ysgrifennwyd gan yr Arglwydd Howard de Walden. Yn y llun gwelir John a
Bronwen, plant yr awdur. Y ddraig yw yr Arglwydd Howard de Walden ei hun.*

2.2. *Evelyn Bowen,
cyfarwyddwraig y Chwaraedy Cenedlaethol.*

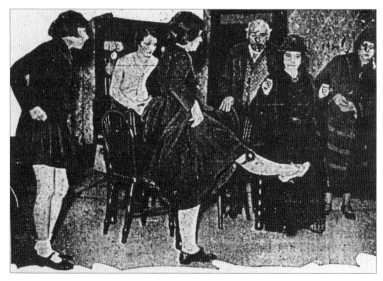

2.3. 'The Comedy of Good and Evil'.

2.4. 'Howell of Gwent'.

2.5. *Dau boster: 'Y Gainc Olaf'*
a 'Howell of Gwent'.

2.6. *Aelodau Cwmni'r Chwaraedy Cenedlaethol yn eu cartref ym Mhlas*
Newydd, Llangollen yn 1934. (Rhes flaen): Mair Roberts, Wynne Jones,
Evelyn Bowen, Emlyn Davies. (Rhes ganol): Howell Evans, Menna Ellis Jones,
Katie Roberts, May Lewis, Zara Havercroft Jones, Betty Williams. (Rhes gefn):
Edgar Williams, Meriel Williams, R. Owen Pugh, Ronald Elwy Mitchell.

2.7. *Dr Stefan Hock.*

2.8. *'Pobun'.*

2.9. *Angau, Mamon a'r Diawl ('Pobun')*.

2.10. *'The Story of Bethlehem'*.

2.11. 'Y Gainc Olaf'.

2.12. 'Pwerau'r Nos'.

2.13. *Cartref y Chwaraedy Cenedlaethol, sef adain ddwyreiniol Plas Newydd, Llangollen.*

2.14. *Meriel Williams,*
ail gyfarwyddwraig
y Chwaraedy Cenedlaethol.

2.15. *Emyr Cyfeiliog (heb het) yn cyfarch Dr Stefan Hock.*
Yn y darlun hefyd gwelir Tom Carrington, H. V. O. Cook, J. Ogwen Jones
a'r Arglwydd Howard de Walden (ar y dde).

2.16. *Evelyn Bowen Garbary yn Llangollen yng nghwmni*
Wynne Jones a Bert Edwards yn 1983.

3.1. *Aelodau Ymddiriedolaeth Theatr Dewi Sant yn edmygu model pensaernïol
ohoni mewn cyfarfod yng Ngwesty'r Parc, Caerdydd, Mawrth 1961
(o'r chwith: Clifford Evans, Cennydd Traherne, Saunders Lewis,
Ben Jones, Yr Arglwydd Aberdâr, Elidir Davies).*

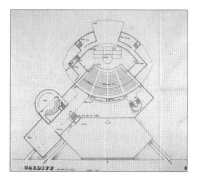 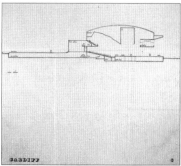

3.2 a 3.3. *Dau gynllun pensaernïol cynnar gan Elidir Davies ar gyfer Theatr
Dewi, yn deillio o 1961. Mae'r cyntaf yn dangos lefel ganolig yr adeilad,
gyda llawr yr awditorwm a'r llwyfan; mae'r ail yn groes-doriad drwy'r adeilad.*

4.1. *Theatr Deithiol Sean Kenny. Nesta Howe (Cyfarwyddwr Gweinyddol
y Welsh Theatre Company), a'r Athro Gwyn Jones (Cadeirydd
Cyngor y Celfyddydau) yn dangos model o'r gragen i Jennie Lee
(Gweinidog gyda chyfrifoldeb dros y Celfyddydau).*

4.2. *Y gragen wedi ei gosod yn barod ar gyfer perfformiad.*

4.3. 'Deud Ydan Ni', 1967. John Greatorex, Stewart Jones, Ronnie Williams, Ryan Davies, Olwen Rees, Mari Griffith, Gaynor Morgan-Rees.

4.4. 'Saer Doliau', 1967. Gaynor Morgan-Rees, Owen Garmon, David Lyn.

4.5. 'Y Claf Di-Glefyd', 1971. Y cast gyda Meredith Edwards fel Y Claf.

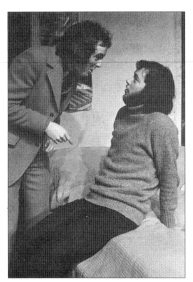

4.6. 'Rhyfedd Y'n Gwnaed'
('Dwy Ystafell'), 1971.
Dewi 'Pws' Morris
a Dyfan Roberts.

4.7. Pantomeim 'Mawredd Mawr',
1971–72.
Grey Evans, Sharon Morgan,
Dyfan Roberts.

4.8. 'Cymerwch Bwytewch', 1977. Adran Theatr Ifanc.

4.9. 'Esther', 1979.
Glyn Williams, John Ogwen, Stewart Jones, Maureen Rhys, Cefin Roberts.

5.1. 'Torri Gair', 1982. Rhian Morgan (Bridget), Geraint Lewis (Manus),
Nia Caron (Maire), Alun ap Brinli (Doalty), Betsan Llwyd (Sarah).

5.2. 'Noa', 1982–3. Dafydd Hywel (Noa) yn erbyn
cefnlen 'yr haul/lleuad'.

5.3. 'Tŷ ar y Tywod', 1983. Nia Caron (Yr Eilun Nwyd), Betsan Llwyd (Y Wraig), Rhian Morgan (Y Fam), Geraint Lewis (Gŵr y Tŷ), Richard Elfyn (Llanc 2), Ynyr Williams (Gŵr y Ffair), Alun ap Brinli (Llanc 1).

5.4. 'Y Pwyllgor' yn rhaglen 'Tair Drama Fer', 1983.
Ynyr Williams (Obadiah), Alun ap Brinli (Malachi Williams),
Geraint Lewis (Matthew), Rhian Morgan (Mari), Richard Elfyn (Jacob).

5.5. 'Siwan', 1983. Maureen Rhys (Siwan), J. O. Roberts (Llywelyn)
yn ymarfer. Gwelir Emily Davies yn eistedd yn y cefn.

5.6. 'Gernika!', 1983. Alun ap Brinli, Geraint Lewis, Nia Caron,
Richard Elfyn, Ynyr Williams, Matthew Aran, Betsan Llwyd,
Mike Pearson, Lis Hughes Jones.

'Theatr Dewi': Ymddiriedolaeth Theatr Dewi Sant a Phwyllgor Cymreig Cyngor Celfyddydau Prydain Fawr, 1959–67

Roger Owen

Bu'r blynyddoedd rhwng 1959 a 1967 yn rhai digon cythryblus yn hanes diweddar y theatr yng Nghymru. Yr oedd y mudiad drama amaturaidd, a fu'n asgwrn cefn i'r theatr ers blynyddoedd, yn dirywio'n gyflym, a'i gynulleidfaoedd yn edwino ym mhobman oherwydd twf a hoen y cyfryngau darlledu Saesneg. Yr oedd y theatr broffesiynol hithau yn dal ar ei phrifiant, yn brin o adnoddau ac yn ysbeidiol ac anwastad ei safon. Ond amlygwyd hefyd lewyrch a blaengarwch yn ystod y cyfnod hwn, yn enwedig yng Ngwyliau Drama Cenedlaethol Garthewin a Llangefni ac ar lwyfannau'r Eisteddfod Genedlaethol lle cafwyd cynyrchiadau arloesol fel *Troelus a Chresyd* ym 1954, *Gymerwch Chi Sigarét?* ym 1956, a *Brad* ym 1958. Fodd bynnag, digon digyswllt oedd y cynyrchiadau hynny, a phrin y gellir dweud eu bod wedi cyfrannu at adfywiad yn y theatr. Nid rhyfedd felly fod lleisiau i'w clywed erbyn diwedd y degawd yn galw am greu theatr o 'uchel amcanion' a fyddai'n gallu adeiladu ar sail potensial y datblygiadau cadarnhaol hyn a gadael ei hôl ar holl weithgarwch theatraidd Cymru.

Deuai'r galwadau hyn o sawl cyfeiriad ym 1959. Yn gyntaf oll, deuent o du Pwyllgor Cymreig Cyngor Celfyddydau Prydain Fawr, a oedd ar y pryd yn straffaglu i drefnu teithiau achlysurol ledled Cymru gan gwmnïau o actorion proffesiynol. Roedd hwn yn weithgarwch blinderus ac aneffeithiol ar y cyfan, ond nid oedd gan y Pwyllgor Cymreig adnoddau digonol i wneud llawer mwy na hynny ar y pryd. Nodwyd yn Adroddiad Blynyddol y Cyngor ym 1959–60 fod y teithiau yn 'costly to operate, and the results may not always be seen to justify the expenditure . . . It is expensive as well as selective diffusion . . . '[1] Deuai galwad hefyd o du corff Prydeinig Cyngor y Celfyddydau, a gyhoeddodd adroddiad tra dylanwadol ym 1959, sef *Housing the Arts in Great Britain*. Yn yr adroddiad hwn, nodwyd fod prinder dybryd o adeiladau teilwng ar gyfer y celfyddydau perfformiadol yng Nghymru, yn enwedig ym maes y theatr, a chasglwyd fod angen sefydlu Theatr Genedlaethol i Gymru yng Nghaerdydd ar sail adeilad newydd ar gyfer y Coleg Cerdd a Drama.[2] Ni chafwyd esboniad ar y berthynas briodol rhwng y Coleg a'r Theatr Genedlaethol yn yr adroddiad, ond, serch hynny, roedd yr argymhelliad i sefydlu Theatr yn ddigon diamwys. O ganlyniad i'r adroddiad hwn, deuai galwad arall am ddatblygu gweithgarwch y theatr Gymraeg o du corff newydd ac annibynnol, sef Ymddiriedolaeth Theatr Dewi Sant.

Daeth yr Ymddiriedolaeth ynghyd am y tro cyntaf ar brynhawn Mercher, 16 Rhagfyr 1959, mewn cyfarfod a gynhaliwyd yn y Mermaid Theatre yn ninas Llundain. Yn bresennol yn y cyfarfod roedd pedwar sylfaenydd yr Ymddiriedolaeth: Arglwydd Aberdâr, y Cyrnol Cennydd G. Traherne, Saunders Lewis a'r actor Clifford Evans. Nod yr Ymddiriedolaeth oedd hyrwyddo'r hyn a argymhellwyd yn *Housing the Arts in Great Britain*, sef adeiladu Theatr Genedlaethol i Gymru yn ei phrifddinas ac aeth ati yn ystod hanner cyntaf y 1960au i ymgyrchu a phwyllgora'n egnïol er mwyn ceisio cyrraedd y nod hwnnw. Breuddwyd yr Ymddiriedolaeth oedd codi theatr ysblennydd yng nghanol dinas Caerdydd a fyddai'n rhoi hwb aruthrol nid yn unig i weithgarwch theatraidd Cymru, ond hefyd i bob math ar gelfyddyd berfformiadol Gymreig. Mynnai'r Ymddiriedolaeth y medrid defnyddio Theatr o'r fath er mwyn dyrchafu gweithgarwch y theatr Gymreig i'r entrychion a dwyn y theatr yn ôl i ganol ymwybyddiaeth y Cymry o'u diwylliant a'u hunaniaeth genedlaethol. Yn nhyb Clifford Evans, yr oedd Theatr o'r fath yn allweddol bwysig, gan mai ei nod sylfaenol fyddai 'helpu'r genedl i barhau': 'Mae celfyddyd fawr, fe wyddom, yn gyffredinol, ond cyn bod yn gyffredinol rhaid iddi'n gyntaf fod yn lleol; rhaid fod llofnod pobl arbennig arni a dylanwad ffordd o fyw. Bydd Theatr Genedlaethol yn helpu i ail-lenwi cronfa ysbrydol y genedl'.[3]

Roedd cynllun pensaernïol y Theatr arfaethedig yr un mor rhwysgfawr â datganiadau Clifford Evans. Fe'i cynlluniwyd gan y pensaer theatraidd disglair Elidir Davies, a oedd yn ffigwr o fri ym myd y theatr Brydeinig tua diwedd y 1950au, ac yntau wedi cynllunio'r Mermaid Theatre yn Llundain—y theatr newydd gyntaf i'w chodi o fewn muriau'r ddinas honno ers cyfnod Shakespeare. Byddai adeilad y theatr hon yn un cynnil a thra blaengar. Ar gyfer yr Ymddiriedolaeth, penderfynodd Davies, felly, gynllunio adeilad amlbwrpas y gellid ymestyn ac addasu ei awditoriwm yn sylweddol yn ôl y gofyn: ceid ynddo le i gynulleidfa o 948 ar gyfer drama, ond, trwy godi rhan o nenfwd yr awditoriwm, gellid cynnig lle i hyd at 1,548 ar gyfer sioeau mawrion, opera, balé neu gyngherddau cerddorfaol. Yr oedd y fath gynllun yn chwyldroadol ar sawl cyfrif, ond yn un dadleuol hefyd, a bu dadlau ffyrnig ynglŷn â'i hwylustod a'i ymarferoldeb yn ystod y blynyddoedd dilynol. Ceid yn y Theatr hefyd ofod stiwdio bychan, adnoddau ar gyfer ymarfer a chreu setiau, llyfrgell, oriel gelf a bwyty moethus. Yr oedd i fod yn ganolfan a chartref ar gyfer gweithgarwch celfyddydol o'r radd flaenaf, ac yn goron ar ymdrechion diwylliannol Cymru oll—Theatr, ys dywedai Clifford Evans, 'y byddai Dafydd ap Gwilym a Thwm o'r Nant yn ymhyfrydu ynddi; . . . Theatr y medrai Charles o'r Bala a Howell Harris ei pharchu; . . . Theatr y bydd cenedlaethau i ddod yn falch o'i pherchenogi'.[4] Ei henw fyddai 'Theatr Dewi'—y *St. David's Theatre*—er clod i nawddsant y genedl; ac, wrth gwrs, fe enwyd yr Ymddiriedolaeth ei hun yn yr un modd.

Dechreuodd ymgyrch Ymddiriedolaeth Theatr Dewi Sant yn ffurfiol ym 1959, ond tyfasai'r weledigaeth a roddodd fod iddi ers blynyddoedd. Yr oedd y weledigaeth honno'n gysylltiedig ag un dyn yn anad neb, sef yr actor a'r cyfarwyddwr, Clifford Evans. Bu Evans yn ffigwr amlwg ar y llwyfan a'r sgrin rhwng tua chanol y 1930au a'r 1970au, ac, er iddo dreulio'r rhan fwyaf o'i amser yn byw a gweithio yn Llundain, gellid dadlau bod rhan helaethaf ei yrfa yn ymgorffori ymdrech i sicrhau'r profiad, y safonau proffesiynol a'r weledigaeth theatraidd y byddai eu hangen arno er mwyn sefydlu a chynnal theatr genedlaethol Gymreig. Fe'i ganed yn Senghennydd ger Caerffili ar 17 Chwefror 1912, ond fe'i haddysgwyd yn Ysgol Ramadeg Llanelli, a chafodd ei brofiad cyntaf fel actor gyda'r Gymdeithas Ddrama Gymraeg yno. Ym 1930, enillodd ysgoloriaeth i'r *Royal Academy of Dramatic Art* yn Llundain, ac, wedi graddio, dechreuodd ar ei yrfa fel actor proffesiynol, gan ennill clod ymron yn syth fel perfformiwr a chanddo ddawn arbennig mewn rhannau dwys a rhamantus.

O safbwynt y theatr genedlaethol Gymreig, daeth y digwyddiad mawr cyntaf yng ngyrfa Clifford Evans ym 1934, pan gyfarfu â'r noddwr a'r ysgogwr pwysig hwnnw, yr Arglwydd Howard de Walden. Ar y pryd, roedd de Walden yn hyrwyddo Cwmni'r Chwaraedy Cenedlaethol Cymreig, a gwahoddwyd Evans i ymuno â'r Cwmni er mwyn chwarae'r brif ran mewn cynhyrchiad mawreddog o'r ddrama foes *Pobun* dan gyfarwyddyd y Dr Stefan Hock, un o gydweithwyr y cyfarwyddwr Awstriaidd byd-enwog, Max Reinhardt. Hudwyd Evans gan uchelgais de Walden, ac ni fu'n hir cyn herio'i noddwr, fel y nododd wrth Bleddyn Beynon ym 1963: 'At that time I had only been a professional actor in England for five years, but, with the bravado of youth, I tried to persuade Lord Howard to build a National Theatre for Wales'. Er mai gwrthod cais Evans a wnaeth de Walden—'He suggested that my aspiration was a little premature'—mae'n amlwg fod hyfdra'r gŵr ifanc wedi gadael ei ôl ar de Walden, gan iddo yntau wedyn geisio darbwyllo'r Evans ifanc i gymryd rôl flaenllaw yng Nghwmni'r Chwaraedy Cenedlaethol: '. . . [he] tried to persuade me to become the Director of a professional company of players, that, under his patronage, would tour the towns and villages of Wales. To compensate me for the loss of my career in the Commercial Theatre in London he offered me a life contract'.[5] Cafodd Evans ei hun mewn cyfyng-gyngor. Roedd yn dechrau ennill bri iddo'i hun ar lwyfannau'r West End a Broadway, ond roedd hefyd yn awyddus i weithio yn ei famwlad ac i weld darparu gwell cyfle i actorion proffesiynol Cymreig. Ond roedd hefyd yn feirniadol o waith de Walden, a dyma a dorrodd y ddadl iddo yn y pen draw. Penderfynodd na fedrai cwmni teithiol fel y Chwaraedy Cenedlaethol weithredu fel Theatr Genedlaethol go iawn, a'i bod yn gwbl angenrheidiol i ymgorffori'r cyfryw theatr mewn adeilad, fel y nododd ym 1963: 'Above all: I was convinced then as I am convinced now that the Welsh National theatre must have a permanent home in Wales.'[6]

Un arall a fu'n ddylanwad pwysig ar weledigaeth Evans o theatr genedlaethol Gymreig oedd y cynhyrchydd enwog o dras Gymreig, Arthur Hopkins. Cyfarfu â Hopkins pan ymddangosodd ar Broadway ym 1934 a 1936. Credai Hopkins mewn sefydlu adeiladau theatraidd ac iddynt gyfleusterau teilwng ar gyfer actorion: dyna, yn ei farn ef, oedd sail pob celfyddyd yn y theatr. Ys dywed Bleddyn Beynon: 'Hopkins had strong views on the theatre . . . His words fell on eager ears, and none more eager than Evans'.[7] Cafodd Evans gyfle i roi egwyddorion Arthur Hopkins ar waith ym 1950, pan wahoddwyd ef gan Bwyllgor Cymreig Cyngor Celfyddydau Prydain Fawr i olynu Lionel Harris fel cyfarwyddwr Theatr y Grand yn Abertawe. Yn ystod y cyfnod hwn, wedi iddi gael ei chlustnodi fel theatr a reolid yn uniongyrchol gan Gyngor y Celfyddydau, roedd proffil cyhoeddus a chenedlaethol y Grand yn eithaf uchel. Nod y Cyngor oedd ceisio adfywio'r theatr mewn ardal a ddioddefodd yn enbyd adeg y rhyfel, a chreu traddodiad o theatr broffesiynol. Wrth gwrs, gan mai hon oedd yr unig fenter o'i bath yng Nghymru, edrychai yn debyg iawn i ymgais ar ran Cyngor y Celfyddydau i sefydlu rhyw fath ar theatr genedlaethol. Bachodd Evans ar ei gyfle, ond, ysywaeth, cymharol aflwyddiannus fu'r Grand fel canolfan genedlaethol. Er gwaethaf y ffaith iddi gyflwyno digon o ddramâu safonol a diddorol—gan roi ei gyfle cyntaf i'r actor Richard Burton ar lwyfan theatr—bu'r fenter yn drychineb o safbwynt ariannol, yn rhannol oherwydd bod y theatr ei hun yn brin o gefnogaeth ac adnoddau, ac yn rhannol oherwydd penderfyniad Evans i redeg y dramâu am bythefnos ar y tro (bu'r Grand yn rhedeg cyn hynny ar sail 'rep' wythnosol). Ar ôl i Gyngor y Celfyddydau dynnu'i gymorth ariannol yn ôl yn dilyn y cyfnod prawf cyntaf o chwe mis, methodd y Grand â sicrhau nawdd pellach gan Gyngor Tref Abertawe, a bu'n rhaid i'r cynllun ddod i ben.

Bu methiant yr arbrawf hwn yn y Grand yn siom aruthrol i Evans, ond cafodd gyfle i adfer rhyw gymaint o'i enw da fel cyfarwyddwr yn fuan wedi hynny, pan wahoddwyd ef gan Gyngor Dinas Caerdydd i gyfarwyddo pasiant Gŵyl Brydain yng Ngerddi Sophia. Bu'r cynhyrchiad yn llwyddiant sylweddol, ond bu'n arwyddocaol hefyd am iddo ddatblygu'r berthynas rhwng Evans a Chyngor Dinas Caerdydd, a darbwyllo Evans y dylid ac y gellid creu Theatr Genedlaethol i Gymru yn ei phrifddinas. Taniwyd ei frwdfrydedd, fel sy'n amlwg yn ei erthygl, 'To Be Or Not To Be', yng nghyfnodolyn Cymry Llundain, *Y Ddinas*, Gorffennaf 1957. Yn ei erthygl, amlinellodd yr hyn a ddylai fod yn egwyddorion gweithredol ar gyfer theatr genedlaethol Gymreig, gan nodi fel y byddai'n rhaid i theatr o'r fath helpu i wireddu holl botensial theatraidd a chenedlaethol y Cymry: '. . . it must be more than a building erected purely for dramatic spectacles', meddai. 'It must also be a workshop and a training ground for new art forms; an *Ecole des Beaux Arts*. A great and beautiful building with theatre stages, sound stages, workshops, stores, studies, lecture rooms for teaching the techniques of Radio, Television, Cinema and Theatre. It must be a vast workshop of the arts'.[8] Er mwyn bod yn weithdy o'r fath, rhaid fyddai i'r theatr ymwrthod yn llwyr â'r math o theatr a welsid yng Nghymru a thu hwnt yn ystod y blynyddoedd blaenorol. Mae sylwadau ffraeth a chrafog Evans ar y mater hwn yn werth eu dyfynnu'n helaeth:

> . . . when we speak of a National Theatre for Wales, we must envisage something that bears little relation to the Theatre as some of us have known it.
>
> It must be nothing like the 'let's have fun in the village—something to do on a Saturday night—your Sal was better than Sybil Thorndike in the part—what did you think of me'—kind of theatre.
>
> It must be nothing like those brave insistent Arts Council sponsored tours of the Valleys which the Local Welsh Amateur Societies looked down their noses at.
>
> It must be nothing like the Local Welsh Amateur Society.
>
> It must be nothing like Big Drah-mah weeks—those Welsh cup-finals in play-acting with clerical referees.
>
> It must be nothing like the local weekly Repertory company, acting its seedy professional heart out twice nightly on the Cwmscwt waterfront.
>
> It must be nothing like the overipe Welsh corn which seems to be ever green in the West End.
>
> It must be nothing like the 'Over Cream Forest' genuine-gone-native ever so daring Welsh non-speaking Caradoc Evans 'Duw Duw' type of theatre.
>
> It must be nothing like those quasi professional productions of sentimental plays with Welsh backgrounds and the odd Welsh word thrown

in and guaranteed to make the audience giggle like a lot of children play-
ing at postman's knock.

   Above all, it must be nothing like the full blown English commercial
theatre which stands about on street corners oggling passers by to pay five
bob plus or minus entertainment tax, to come inside and see Gerty Garter
or some 'all star classic'.[9]

Er iddo ymosod ar bob math ar theatr boblogaidd yn ei erthygl,
credai Evans y dylai'r Theatr Genedlaethol fod yn theatr i'r bobl,
un a fyddai'n destun balchder iddynt—sefydliad annibynnol, fel y
Brifysgol neu'r Llyfrgell a'r Amgueddfa Genedlaethol, a fyddai'n
rhydd o ddylanwad masnachol ac yn rhydd o drethi lleol neu
genedlaethol. Ond yn bennaf oll, dylai'r Theatr fod yn adeilad
hardd: 'It must be a beautiful building. Let Welsh-American
Frank Lloyd Wright, one of the world's greatest architects, be
asked to design it'.[10] Nodwedd arall o gryn bwys yng nghyfan-
soddiad y Theatr hon, meddai Evans—ac un sy'n dra diddorol o
ystyried y dadlau a fu ar y pwynt hwn yn ystod y 1960au—fyddai
ei gwasanaeth i'r theatr ac i'r iaith Gymraeg:

   One thing is evident: the soul of a nation is her language; therefore a
   language is essential to the life of a nation. Without this prime factor there
   is no nation . . . Unless Welsh is a living language Wales as a nation does
   not exist . . . A Welsh National Theatre must be truly National, where
   the Welsh language takes pride of place.[11]

Credai Evans y byddai'n rhaid codi tua £1,000,000 er mwyn
gwireddu'r freuddwyd, ac, er mwyn codi'r swm aruthrol hwnnw,
rhaid fyddai creu ymddiriedolaeth a sefydlu apêl ryngwladol at
bob Cymro a Chymraes ar draws y byd: 'Let us not be faint
hearted over the money difficulties', meddai, '. . . it is far more
important to be clear as to the kind of Theatre we want, *be aware
of the vital need*, and then make a united effort to build it with the
help of God'.[12]

   Tua'r adeg hon, cyfarfu Evans â'r actor-gyfarwyddwr Bernard
Miles, pan oedd yntau'n ymgyrchu i sefydlu'r Mermaid Theatre
yn ninas Llundain. Bu gwylio Miles wrthi yn ymlafnio i wireddu'i
freuddwyd yntau yn erbyn llu o broblemau yn ysbrydoliaeth i
Evans, ond diau mai'r digwyddiad pwysicaf a ddeilliodd o'r cyfnod

hwn oedd cyfarfyddiad Clifford Evans â phensaer y Mermaid Theatre. Gŵr â'i deulu'n hanu o Sir Gaerfyrddin oedd Elidir Davies, a phensaer theatraidd o weledigaeth a phrofiad eang. Roedd yn awyddus iawn i fod yn rhan o gynllun cenedlaethol Evans, a bu'r ffaith iddo ddarganfod y fath artist o dras Gymreig yn hwb aruthrol yn ei dro i freuddwydion Evans yntau. O fewn dim o dro, daeth Elidir Davies yn ffigwr cwbl allweddol i gyn-lluniau Evans ac Ymddiriedolaeth Theatr Dewi Sant.

Pan gyhoeddwyd *Housing the Arts in Great Britain* ym 1959, yr oedd Evans yn barod i weithredu. Bu union weledigaeth yr adroddiad yn dân ar ei groen, gan yr argymhellai ddatblygiad a thwf graddol fel sail ar gyfer creu theatr genedlaethol, yn hytrach na chynnig gweledigaeth feiddgar ac eofn a ddynodai uchelgais a statws newydd i'r theatr yng Nghymru. Fel dyn theatr hyd fêr ei esgyrn, nid oedd y fath gyfaddawd wrth fodd Evans o gwbl, fel y nododd Bleddyn Beynon: 'Next to the Bible on the Evans' book-shelves stands Granville Barker's *National Theatre*. Clifford Evans almost knows it by heart. "It is one of the great heresies" says Granville Barker . . . "that a National Theatre can be started in a small way." '[13] Aeth Evans ati yn ystod haf a hydref 1959 i gysylltu â phobl a fyddai'n gymwys i gefnogi a hyrwyddo theatr genedl-aethol, ac i ddechrau rhoi cnawd ar sgerbwd ei weledigaeth. Mewn dogfen ddrafft i'w thrafod fel datganiad cyntaf o fwriad a gweledigaeth yr Ymddiriedolaeth, dyddiedig 14 Tachwedd 1959, pwysleisiodd fod i'r Theatr arfaethedig rôl bwysig nid yn unig yn natblygiad y theatr yng Nghymru ond hefyd ym mywyd diwyll-iannol Cymru gyfan:

> We all realise that if Wales is to overcome the challenge of this modern age it is essential to develop not only her economic and industrial life but her vitally important artistic and social life. Wales must become the centre of its own creative and executive skills.
>
> The genius of our people calls for a professional centre of the Arts in Wales: a forge, a workshop, a theatre dedicated to the dramatic fire that is our heritage.[14]

Rhaid fyddai i'r Theatr Genedlaethol geisio atal llif actorion dawnus Cymru i Lundain a denu'n ôl y rheiny a adawsai eisoes. Dyna'r unig ffordd yn nhyb Evans i sicrhau parhad a datblygiad

celfyddyd y theatr yng Nghymru, ac i ddyrchafu safonau pro-
ffesiynol y cyfrwng. Er mwyn gwneud hynny, rhaid fyddai cadw
grŵp ohonynt gyda'i gilydd fel *ensemble* dros gyfnod helaeth a
sicrhau bod ganddynt ganolfan o bwys, un y byddai'r byd i gyd
yn ei hedmygu, a pholisi celfyddydol cyntaf y Theatr ar restr
Evans oedd 'To engage and keep together a strong team of
players and to develop a vigorous native style both in production
and performance'. Nid rhyfedd felly iddo roi cymaint o bwys yn
y ddogfen gynnar hon ar weledigaeth a gallu Elidir Davies. Hyd
yn oed cyn cyfarfod ffurfiol cyntaf yr Ymddiriedolaeth, yr oedd
pwysigrwydd Davies i'r fenter yn amlwg, ac nid oes amau edmyg-
edd Clifford Evans o'i waith:

> The St David's Theatre is to be designed by Elidir Davies, a Welshman,
> and one of Britain's leading architects: He has visited and made a special
> study of the new theatres which have been built in Europe and America
> since the end of the war; profiting from this experience he will design a
> theatre for Wales that will rank with the finest in Europe.[15]

Wrth drafod cynllun y Theatr arfaethedig yn yr un ddogfen,
nododd Evans y dylai ddal tua 750 o gynulleidfa yn ei phrif
awditoriwm, ac y gosodid y seddi am bris rhesymol, er gwaethaf
statws cenedlaethol yr adeilad: '. . . prices will range from 3/6 –
15/- with at least 300 seats at 5/-'. Ac fe ategwyd yr egwyddor
hon yn ddiweddarach, wrth restru polisïau cyffredinol y Theatr.
Nodwyd mai un o'r conglfeini fyddai'r ymdrech i sicrhau bod
theatr yn adloniant digon rhad i'w fwynhau gan gynulleidfa eang
ac mai un o'r polisïau amlycaf fyddai gostwng pris ymweliad â'r
theatr, 'so that it can become a habit instead of an occasional
luxury'. Yr oedd poblogrwydd a hygyrchedd yn greiddiol i
weledigaeth Clifford Evans ar gyfer Theatr Dewi, a mynegodd ei
awydd i wasanaethu'r cyhoedd wrth iddo ddisgrifio awyrgylch
gyffredinol y Theatr yn ogystal â'i harlwy gelfyddydol: 'The
Theatre will be in pleasant surroundings with full amenities for
the public', meddai, gan ychwanegu, 'Amenities for the pleasure
and comfort of the public will be one of the most important
features of the theatre'. Yr oedd Evans hefyd yn benderfynol o
fod yn flaengar o safbwynt cyfleusterau technolegol, a nododd y
dylai Theatr Dewi gynnwys offer ac adnoddau soffistigedig: 'The

design of the Theatre will include facilities for the operation of
T.V. cameras. There will also be a film projector and stereo-
phonic recording [equipment] for the showing of special interest
films'. Mynnai weld y Theatr yn llwyfan ar gyfer rhai o'r cwmnïau
theatr mwyaf blaenllaw yn ynysoedd Prydain, gan gynnwys
y Mermaid Theatre, yr Abbey Theatre, a'r Glasgow Citizens
Theatre, ynghyd â chwmnïau mawrion y byd: '. . . The Comédie
Française, The Moscow Arts, and the Theatres of Italy, Germany
and Spain'. Yr oedd plwyfoldeb ffansïol a sentimental—os nad
barddonllyd—Evans i'w gweld yn amlwg yn y ddogfen hefyd, yn
enwedig yng nghyswllt yr iaith a'r diwylliant Cymraeg: 'In the
Theatre', meddai, 'there is to be a Hall of Poets—Llys y Beirdd—
on the walls of which the names of all the Eisteddfod's chaired
Bards and crowned Poets will be recorded'.[16]

Diau mai un o'r polisïau mwyaf arwyddocaol i'w grybwyll yn
y drafft cynnar hwn oedd y penderfyniad i geisio cartrefu sawl
ffurf ar gelfyddyd o fewn yr un adeilad. Yn ogystal â chynnig 'a
wide range of dramatic and musical entertainment, ancient and
modern, foreign and home-grown . . . and provide an Art Gallery
for the exhibition of painting and sculpture',[17] rhoddai'r Theatr
lwyfan hefyd i gyngherddau cerddorol ac operâu. Yr oedd y
penderfyniad hwn yn un beiddgar iawn, nid yn unig am ei fod yn
cynnig her heb ei ail i'r pensaer, ond am ei fod hefyd yn mynnu
bod hyrwyddwyr y Theatr yn cydgysylltu'u cais hwy am ganolfan
genedlaethol ag anghenion nifer o grwpiau eraill, yn enwedig
felly'r Cwmni Opera Cenedlaethol. Mae'n anodd gwybod faint y
gwyddai Clifford Evans am gyflwr ac uchelgais y cwmni hwnnw
ym 1959, ond bu ei benderfyniad ef—ac Elidir Davies hefyd,
mae'n debyg—i ddynodi Theatr Dewi fel canolfan ar gyfer y
Cwmni Opera a'r Cwmni Theatr Cenedlaethol arfaethedig yn un
tyngedfennol yn y pen draw. Bu rhagweld costau tebygol y fenter
hefyd yn faen tramgwydd i gynlluniau'r Ymddiriedolaeth. Yn y
ddogfen hon, amcangyfrifai Evans y byddai angen codi £500,000[18]
i adeiladu a dodrefnu'r Theatr, £5,000 i'w chynnal yn flynyddol,
a £5,000 i lansio'r fenter. Fel y gwelir isod, roedd rhai o'r amcan-
gyfrifon hyn yn rhy isel o lawer.

Pan ddaeth hi'n amser cynnal cyfarfod cyntaf Ymddiriedolaeth
Theatr Dewi Sant, felly, roedd cynlluniau Evans eisoes wedi

ymffurfio. Fel y nodwyd eisoes, cyfarfu'r Ymddiriedolaeth am y tro cyntaf yn Ystafell y Bwrdd, y Mermaid Theatre, ar 16 Rhagfyr 1959. Yn bresennol roedd pedwar sylfaenydd yr Ymddiriedolaeth, sef y Cyrnol Cennydd G. Traherne, Arglwydd Aberdâr, Saunders Lewis a Clifford Evans, gyda Bernard Miles yn bumed aelod *ex officio*. Busnes cyntaf y cyfarfod oedd darllen a thrafod datganiad Evans, ac ystyried a oedd yn gymwys fel dechreubwynt ar gyfer cynlluniau'r Ymddiriedolaeth. Cytunwyd i'w dderbyn yn amodol, ac fe aeth Evans a Saunders Lewis ati yn ystod yr wythnosau dilynol i ailddrafftio ac i gyfaddasu nifer o bwyntiau. Diddorol yw nodi'r gwahaniaeth rhwng dogfen wreiddiol Clifford Evans a'r fersiwn diwygiedig a gynhyrchwyd wedi cyfarfod cyntaf yr Ymddiriedolaeth. Cadarnhawyd amcangyfrif Clifford Evans o faint y Theatr; nodwyd y byddai'n darparu lle i gynulleidfa o 800, rhyw 50 yn fwy nag amcangyfrif gwreiddiol Evans, a ffigwr sy'n awgrymu'n gryf nad oedd cynllun Elidir Davies wedi dod i law eto. Ymhelaethwyd yn sylweddol hefyd ar y gweithgareddau eraill y gellid eu cynnwys o fewn y Theatr:

> The Theatre, in addition to Drama, will provide for the presentation of the finest orchestral and choral music. Special facilities for the transmission of Television will be a feature of the stage design. Stereophonic sound equipment will be installed to give recorded programmes for the jazz enthusiast, and the Theatre will have its 35mm projector for the film enthusiast. There will be a permanent exhibition gallery for Welsh crafts and skills.
>   . . . A project already planned by the Cardiff Corporation will provide for an Art Gallery and a Students Theatre for the Cardiff School of Music and Drama.[19]

Ymhelaethwyd hefyd ar swyddogaeth Clifford Evans. Ef, meddid, fyddai Cyfarwyddwr y Theatr, ac ef fyddai'n gyfrifol am weinyddu ei pholisi artistig: 'The artistic administration of the St David's Theatre will be in the care of the Director, Clifford Evans, supported by a management Committee and an Advisory Council'.[20] Yn sgîl y penderfyniad hwn i'w orseddu fel cyfarwyddwr, drafftiodd Evans gyfres o argymhellion ar gyfer natur ac ansawdd y Theatr, a'u danfon mewn llythyr at Elidir Davies. Rhydd y llythyr argraff fyw o'r math o Theatr y dymunai Evans ei harwain, a diddorol yw sylwi ar fanylder rhai o'i argymhellion. Unwaith eto, mae'n werth dyfynnu'n helaeth o'r rhain:

Dear Elidir,
I am very anxious to have a long talk with you about the theatre plan.
My main concern as you know is the stage and the planning behind it . .

I want to be assured of the best placing of the store room, rehearsal rooms, at least two offices, wig + make up, wardrobe rooms (for I shall have to build up these departments to make the theatre self contained in every way).

The actors' daily professional life (I intend to give long term contracts) will be centred in the theatre as another man's is at his office, and if his energies are to be kept fresh, it must be physically centred there. The senior members of the company will have their properly furnished dressing rooms—each his own—which will equally serve for study or rest, and from them they must be able to pass easily to stage, rehearsal room or wardrobe + wig, make up department.

A lecture room will be needed—this can be used as a library and could also be the place in which, upon occasion, the theatre could welcome dramatists, critics, and distinguished men and women of the theatre from other countries.

There should be a designers workroom for model work etc, where play productions may be practically planned. And an operation room for public relations planning.

All this as well as the usual manager offices, boardrooms, + Director quarters.[21]

Mewn cyfres o nodiadau cyffelyb o'r un cyfnod, nododd Evans y dylai'r Theatr hefyd fod yn gyfforddus ac yn gartrefol i'r gynulleidfa. Er gwaethaf y ffaith fod disgwyl iddi fod yn ganolfan genedlaethol, ac yn theatr o faint sylweddol, mynnai Evans y dylid sicrhau bod ei hawditoriwm yn ddigon hyblyg i fedru cynnal awyrgylch gyfeillgar:

Seating ought always to be upon the arc of a moderate sized circle. This keeps the tiers in touch with each other as well as with stage/makes a friendlier assemblage and makes it far easier for the actors to create + sustain an "emotional atmosphere".[22]

Daeth penllanw ar y gwaith hwn o amlinellu nod ac amcanion yr Ymddiriedolaeth ar ddydd Iau, 30 Mawrth 1961, pan gyflwynwyd anerchiad gan Clifford Evans i Arglwydd Faer ac aelodau Corfforaeth Ddinesig Caerdydd yn Neuadd y Ddinas. Pwrpas y cyfarfod hwn oedd cyflwyno cynlluniau'r Ymddiriedolaeth i uchelwyr y ddinas a chofnodi'r ffaith fod Caerdydd, trwy law yr Arglwydd Faer, wedi cytuno i roi darn o dir ger y castell fel cartref ar gyfer y theatr arfaethedig. Yr oedd hefyd yn gyfle i aelodau'r Gorfforaeth Ddinesig, a'r wasg hithau, weld cynlluniau pensaernïol Elidir Davies am y tro cyntaf.

Ymddengys fod Theatr Dewi i'w lleoli yn Stryd y Castell yng nghanol Caerdydd, wrth ymyl y castell ei hun a chyferbyn â Stryd Westgate. Roedd nifer o elfennau allweddol iddi, gan gynnwys y brif theatr, theatr stiwdio (a elwid hefyd yn 'School theatre' ar y cynlluniau; mae'n debyg, felly, mai hon oedd y theatr a fwriadwyd ar gyfer defnydd y Coleg Cerdd a Drama), cyntedd gyda swyddfa docynnau, oriel, bwyty, bariau a llyfrgell. Y tu ôl i'r llwyfan, ceid ystafelloedd ymarfer, ystafelloedd gwisgo, ystafell werdd, swyddfeydd, storfeydd a gweithdai; a'r tu allan, yng nghefn yr adeilad, byddai yna fan agored a weithredai fel theatr awyr agored. Ceid lle i barcio ceir o flaen ac o dan yr adeilad. Yn y cynllun hwn, ceid lle i gynulleidfa o tua 950 mewn dau fanc o seddi; yr oedd hyn oll yn wahanol iawn i'r cynllun diweddarach a gyflwynwyd gan Elidir Davies, lle ceid awditoriwm hyblyg y gellid newid ei faint yn sylweddol i gynnwys rhwng 948 a 1,548 o seddi trwy godi darn o'r nenfwd. Er hynny, roedd y cynllun hwn yn dal i awgrymu'n gryf mai theatr amlbwrpas a fwriadwyd gan Elidir Davies, gan fod gofod wedi'i neilltuo yn yr awditoriwm ar gyfer cerddorfa, ac ystafell newid fawr ar gyfer corws y tu ôl i'r llwyfan.

Rhydd anerchiad Clifford Evans i'r cyfarfod syniad pellach o ddatblygiad prosiect yr Ymddiriedolaeth. Amcangyfrifai Evans yn awr y costiai'r Theatr £300,000 i'w hadeiladu. Er mwyn cyfiawnhau'r fath wariant, meddai, byddai'n rhaid bod yn ddyfeisgar ac yn ddiwyd wrth geisio'r moddion i sefydlu a chynnal y fenter. Byddai'n rhaid i apêl ariannol yr Ymddiriedolaeth fod yn un fydeang, gyda chyrff cyhoeddus o bob math yn ei chefnogi hefyd. Yn ogystal â'r llywodraeth ganolog a'r awdurdodau lleol ledled Cymru, soniai Evans am nawdd gan unigolion blaenllaw, gan ddiwydiant, yr Undebau Llafur, a chronfa degwm yr Eglwys a oedd yn ffynhonnell ariannol ar gyfer y celfyddydau y bu llawer o drafod a dadlau yn ei chylch yn ystod y cyfnod hwnnw. Ond un o'r ffynonellau pwysicaf yn nhyb Clifford Evans fyddai caredigion a mynychwyr y Theatr, sef aelodau'r cyhoedd y taniai safon a gweledigaeth cynyrchiadau Theatr Dewi eu brwdfrydedd: '. . . the Theatre's own talent', meddai wrth y cyfarfod, 'will be a potential source of income'. Ymhelaethodd ar y gobaith hwnnw wrth amlinellu amcan sylfaenol y Theatr i alluogi talentau Cymreig i aros yng Nghymru i berffeithio'u crefft:

> To accept special responsibility for the performance of plays in the Welsh language and to give general encouragement to dramatists working in that language. To train producers, actors and actresses in that language.
>   To provide opportunities for Dramatists writing in the English language, for potential producers, actors and actresses, and designers to learn and perfect their craft in Wales.[23]

Mae'r pwynt olaf hwn yn un allweddol bwysig, am fod y pwyslais a geir ynddo ar alluogi artistiaid theatraidd i ddysgu a pherffeithio'u crefft *yng Nghymru*, a'u cymell i beidio â hel eu pac am Lundain, yn gyfeiriad at brofiad Clifford Evans ei hun a nifer o'i gydnabod ym myd y theatr gyfoes. Yn hynny o beth, nodai'r rhestr yn benodol mai un o amcanion sylfaenol yr Ymddiriedolaeth oedd gwahodd 'outstanding Welsh artists, now working in England and elsewhere, to work in the St David's Theatre'.

Os adlewyrchai'r ddogfen ddiweddaraf hon ymgais yr Ymddiriedolaeth i wynebu anawsterau a phosibiliadau materol y theatr Gymreig gyfoes, yr oedd ynddi hefyd hen ddigon o'r delfrydu penrydd a welwyd yn rhai o'r datganiadau blaenorol. Yr oedd diweddglo'r datganiad, yn wir, yn adlais uniongyrchol o'r sylwadau a gyflwynwyd ar ddiwedd yr erthygl 'To Be or Not To Be' ym 1957:

> It must be a place of reaffirmation, for in this day and age we need confirmation of ideals that are being ruthlessly challenged.
>   It must be a place to refill the Nation's spiritual reservoir. It must be a Theatre in every way worthy of National and International respect.
>   We must not be satisfied with less.[24]

Mewn sawl ffordd, roedd y cyfarfod hwn yng Nghaerdydd gerbron yr Arglwydd Faer a Chyngor y Ddinas yn drobwynt yn hanes cynnar Ymddiriedolaeth Theatr Dewi Sant. Hyd at y pwynt hwn, yr oedd wedi derbyn cefnogaeth eang o blith Cymry alltud Llundain, yn arbennig cydweithwyr Clifford Evans ei hun; erbyn y cyfarfod yng Nghaerdydd, yr oedd wedi derbyn ernes o gefnogaeth gan Gyngor Dinas Caerdydd i wireddu'r cynllun, ac, wrth gwrs, roedd cynlluniau a modelau pensaernïol ysblennydd Elidir Davies wedi'u datgelu i'r cyhoedd am y tro cyntaf. O ystyried hyn oll, gellid dweud bod ymgyrch yr Ymddiriedolaeth yn mynd yn ei blaen yn gampus. Fodd bynnag, roedd trafferthion lu o'i blaen. Breuddwyd oedd cynllun yr Ymddiriedolaeth hyd yn hyn, ac er mwyn troi'r freuddwyd honno'n realiti, byddai'n rhaid darbwyllo'r gwahanol sefydliadau a'r corfforaethau a gysylltid â'r prosiect i'w ariannu. Ar ôl Mawrth 1961, rhaid fyddai cychwyn ar y broses boenus a blin o geisio darbwyllo deiliaid llinynnau'r pwrs cyhoeddus fod Theatr Genedlaethol amlbwrpas yng nghanol dinas Caerdydd yn ateb i holl broblemau theatraidd y rheiny a garai'r cyfrwng yng Nghymru. Ac ymhlith y deiliaid hynny yr oedd grŵp o bobl a'u cafodd eu hunain yn gwrthwynebu cynlluniau'r Ymddiriedolaeth yn fwyfwy pendant a chadarn yn ystod y blynyddoedd dilynol, sef Pwyllgor Cymreig Cyngor Celfyddydau Prydain Fawr, dan gadeiryddiaeth yr Athro Gwyn Jones a chyfarwyddyd y Dr Roger Webster.

Os ysbrydoliaeth oedd prif arf Ymddiriedolaeth Theatr Dewi Sant, ymarferoldeb oedd prif gais Pwyllgor Cymreig Cyngor Celfyddydau Prydain Fawr. Credai'r Pwyllgor Cymreig na fedrai unrhyw theatr, waeth beth fyddai'i harlwy na'i llwyddiant, ddenu mwy na 2 y cant o boblogaeth dinas megis Caerdydd. Yn wir, roedd gan y pwyllgor ystadegau i 'brofi' ei achos. Yr oedd aelodau'r pwyllgor, felly, yn ddrwgdybus iawn o uchelgais ac addewidion crand yr Ymddiriedolaeth. Nid oedd dim oll yn natganiadau delfrydgar yr Ymddiriedolaeth i gadarnhau sut y deuai'r holl weithgarwch i fwcwl nac ychwaith pwy fyddai'n gyfrifol am ei ariannu a'i gynnal o flwyddyn i flwyddyn. Creu'r Theatr, ac yna delio â phroblemau o'r fath ar ôl ennyn diddordeb a brwdfrydedd y cyhoedd oedd cynllun yr Ymddiriedolaeth—ymdrin â'r prosiect 'o'r brig i lawr' fel y dywedir. I'r gwrthwyneb, 'o'r gwaelod i fyny' y gweithredai'r Pwyllgor Cymreig, gan geisio sicrhau cynaladwyedd y theatr arfaethedig yn gyntaf oll.

Yr oedd y Pwyllgor Cymreig yntau'n ystyried prosiect i greu theatr genedlaethol. Fel y nodwyd eisoes, roedd Cyngor y Celfyddydau wedi bod yn gweithio'n ddygn i geisio sefydlu theatr broffesiynol yng Nghymru ers ei ymgorffori yn olynydd y CEMA (Council for the Encouragement of Music and the Arts) ym 1946, yn gyntaf oll trwy redeg a rheoli Theatr y Grand yn Abertawe yn uniongyrchol, ac yna trwy ddarparu teithiau cenedlaethol gan gwmnïau achlysurol arbennig i'r ardaloedd niferus hynny na chaent eu gwasanaethu gan theatr broffesiynol. Cydnabyddai'r Pwyllgor fod y fath weithgarwch yn gynhenid broblematig. Methasai cynllun y Grand, yn ôl addefiad y Pwyllgor ei hun, am ei fod wedi methu â denu digon o gefnogaeth gan y gymdeithas leol, ac am ei fod wedi'i reoli'n ddiffygiol. Ys dywedai Adroddiad Blynyddol Cyngor Celfyddydau Prydain Fawr ym 1950–1, '(a) there must be an active preliminary interest among local citizens and a solid centre of box office support; (b) there must be full control of the theatre and not a mere tenancy of it':[25] fe gofir, wrth gwrs, mai cyfarwyddwr artistig y Grand ar adeg methiant y cynllun hwn oedd Clifford Evans ei hun.

Erbyn dechrau'r 1960au, yr oedd y Pwyllgor Cymreig yn llwyr argyhoeddedig fod angen sefydlu cwmni parhaol er mwyn datblygu proffesiynoldeb y theatr Gymreig; wedi 1959, yr oedd yn ymwybodol hefyd o'r argymhelliad a wnaed i adeiladu Theatr Genedlaethol fodern a theilwng fel canolbwynt i'r fath fenter. Ond nid ar redeg y mynnai'r pwyllgor gyflawni'r bwriad olaf hwn, ond trwy weithredu'n bwyllog, a chadw o fewn y cyfyngiadau ariannol a oedd arno: fel arwydd o ddelfryd yn anad dim, fel cynllun i'w wireddu o fewn degawd (os nad mwy), y dehonglid argymhelliad *Housing the Arts in Great Britain*. Nid felly'r awydd i greu cwmni proffesiynol parhaol i deithio trwy Gymru gyfan; roedd hwnnw'n amcan i'w weithredu'n syth. Ym mis Rhagfyr 1960, felly, penderfynodd is-bwyllgor Drama'r Pwyllgor Cymreig y dylid comisiynu memorandwm er mwyn cynllunio dyfodol sefydlog a llewyrchus i'r theatr broffesiynol yng Nghymru. Ym mis Ebrill 1961, cyflwynwyd hwnnw i'r is-bwyllgor Drama gan y cyfarwyddwr Clifford Williams. Fe argymhellai gwmni parhaol wedi'i seilio yng Nghaerdydd gyda chynifer â phosibl o actorion a thechnegwyr Cymreig yn gweithio iddo ('and of these as many bilingual artists as could be found, providing that artistic merit remained the main criterion of casting'), pob un ohonynt ar gytundeb blwyddyn. At hynny, nodwyd y dylai'r cwmni arfaethedig hwn deithio'n helaeth: 'The year's work should include tours of Wales and a season of plays in Cardiff . . . At some point in the year the company should be divided into two and tour plays in both Welsh and English'.[26] O fewn blwyddyn, yr oedd y cwmni parhaol hwn, sef y *Welsh Theatre Company*, wedi'i ffurfio'n swyddogol ac eisoes wedi cyflwyno'i daith gyntaf o ddrama Robert Bolt, *A Man for All Seasons*, gyda Warren Jenkins yn gyfarwyddwr artistig.

Wrth gwrs, go brin fod y Pwyllgor Cymreig yn brolio sôn am y *Welsh Theatre Company* yn ei ddyddiau cynnar fel theatr genedlaethol Gymreig. Yn ei Adroddiad Blynyddol 1961–2, cyfeiriwyd ato'n ddigon gwylaidd fel 'the first step in the establishment of a professional theatre for Wales'.[27] Fodd bynnag, wrth iddo hyrwyddo'r cwmni yn ystod y blynyddoedd dilynol, trafodwyd ar y cyd ei statws proffesiynol a'i le blaenllaw yn theatr Cymru fel ei bod yn amhosibl ystyried y naill heb y llall. Erbyn Adroddiad Blynyddol 1963–4, roedd y Pwyllgor Cymreig yn ei ystyried yn gwmni cenedlaethol *de facto*: 'Any national theatre company', meddid, wrth grybwyll polisi teithiol cynnar y cwmni, 'must serve the whole of Wales'. Ac yn ddiweddarach, fe ategwyd y sylw hwn: 'No national theatre company can grow in Wales until it has a theatre of its own . . . With so slender a theatrical tradition Wales needs above all else a theatre where a company can build up from the beginning a permanent organisation with its own full-time staff of producers, actors, designers and technicians'.[28] Dyna'n union a wnâi'r *Welsh Theatre Company*, wrth gwrs.

Yn ei ddogfennau mewnol ei hun, roedd y Pwyllgor yn fwy ymwthiol o lawer, gan bledio achos y *Welsh Theatre Company* fel cwmni cenedlaethol o'r cychwyn cyntaf. Mewn dogfen gyfrinachol o nodiadau drafft ynglŷn â gweithgarwch y Pwyllgor Cymreig dyddiedig 22 Mai 1962, nodwyd mai nod y Pwyllgor oedd sefydlu nifer o wahanol gwmnïau cenedlaethol mewn gwahanol feysydd: '. . . the Committee is working towards the establishment of national promoting organisations in the arts', meddid, '. . . a national theatre, a national orchestra and a central organisation for arranging concerts and exhibitions . . . The Committee's theatre company may be regarded as the first step towards a national theatre'.[29] Ac fe esboniwyd safiad y *Welsh Theatre Company* yn hyn o beth gan y cyfarwyddwr, Warren Jenkins, mewn llythyr at Roger Webster ar 10 Awst 1963: '. . . To the uninitiated WE are the "National", albeit embryonic, "Theatre" . . . as the Welsh Theatre Company is, to the profession, the only viable organisation we are ipso facto the "National" theatre'.[30]

Yr oedd gan Bwyllgor Cymreig Cyngor Celfyddydau Prydain Fawr agenda bendant, felly, i hyrwyddo'i gwmni theatr ei hun; yn sgil hynny, croeso cymysg a gâi cynlluniau Ymddiriedolaeth Theatr Dewi Sant ganddo ymron o'r cychwyn cyntaf. Un o'r problemau cynharaf i'w hamlygu gan y Pwyllgor oedd y berthynas arfaethedig rhwng Theatr Dewi a Chwmni Opera Cenedlaethol Cymru. Ym Mehefin 1961, er enghraifft—ac yntau newydd gael ei wahodd am 'leisurely glass of wine ar lannau Tafwys' gan Clifford Evans adeg cynhadledd penseiri theatr yn Llundain[31]— ysgrifennodd Roger Webster at Evans yn sôn am bryderon Cyfarwyddwr Cyffredinol y Cwmni Opera, W. H. Smith: 'I had a talk with Mr. W. H. Smith of the Welsh National Opera Company and I think I managed to clear the air considerably. He would be pleased to meet members of the Trust and to discuss his problems with them'.[32] Yr oedd y Cwmni Opera Cenedlaethol yn tyfu'n gyflym yn ystod y cyfnod hwn, a'i fri yn lledu i bedwar ban byd, ac roedd ei lwyddiant yn achos balchder—ac ymrwymiad ymarferol—gan y Pwyllgor Cymreig. Pan glywsai am gynlluniau'r Ymddiriedolaeth i gartrefu'r Cwmni Opera Cenedlaethol yn Theatr Dewi, diau fod Smith wedi gresynu na chawsai ei wahodd i fod yn rhan o'r trafodaethau rhwng yr Ymddiriedolaeth a'r pensaer. Yn sicr, ceir awgrym clir ei fod yn fwy parod i drafod ei bryderon gyda Webster a'r Pwyllgor Cymreig nag â'r Ymddiriedolaeth. Ar ôl derbyn llythyr hwyrfrydig gan Arglwydd Aberdâr a oedd yn frwd dros waith y Cwmni Opera, ac yn datgan parodrwydd i addasu cynlluniau'r Ymddiriedolaeth er mwyn cwrdd â'i ofynion,[33] fe'i pasiwyd ymlaen at Webster: 'I received from Lord Aberdare this morning a letter, under private and confidential cover, in regard to the theatre project', meddai Smith, 'and I thought you would like to have a copy of it. I do not think you will regard this as official—my object in sending it to you is to keep you informed of what is transpiring'.[34]

Problem arall a ddaeth i'r amlwg yn gynnar yn ystod ymgyrch yr Ymddiriedolaeth oedd ymlyniad y Pwyllgor Cymreig wrth y Theatr Newydd yng Nghaerdydd. Ddechrau Hydref 1962, aeth yn argyfwng ariannol ar y Theatr Newydd, a bygythiwyd ei dyfodol fel llwyfan ar gyfer theatr fyw wedi i Gyngor Dinas Caerdydd wrthod cynnig nawdd ychwanegol iddi. O ganlyniad, ymddangosai y byddai'n rhaid ei gwerthu i gwmni Mecca fel neuadd fingo. Codwyd storm o brotest yn y wasg o'r herwydd, ac fe droes y cyfan yn drychineb o safbwynt cyhoeddusrwydd i'r Ymddiriedolaeth wedi i'r Henadur Lincoln Hallinan, a oedd wedi'i dderbyn erbyn hyn yn un o ymddiriedolwyr Theatr Dewi Sant, gymeradwyo difodiant y 'New': 'The loss of the New Theatre will be more than compensated for by the projected Welsh National Theatre', meddai, '. . . we can look forward to the Welsh National Theatre as one of the most important cultural events for years. This will put Cardiff . . . on the map as a cultural city without equal . . . The death of any theatre is a tremendously sad blow, but let us face the fact that the New Theatre has really been dead for some time'.[35]

Cafwyd ymateb egnïol a chwyrn gan y cyhoedd i'r syniad hwn o adael i'r Theatr Newydd fynd i'r gwellt. Cefnogai'r *Western Mail* yn gryf achos y Theatr Newydd, ac yr oedd ei wrthwynebiad i ddadl Hallinan yn glir: 'Some of our aldermen sound almost relieved that they will not need to be bothered with a new committee. The city's offer of £40,000 was insultingly small . . .'[36] Taranai'r Athro Gwyn Jones yntau yn erbyn dadl Hallinan: '. . . the city council's action defies comprehension . . . When we met representatives of the council . . . we assured them that once they bought the New Theatre we would co-operate in every possible way to ensure its financial stability and artistic success . . . We further assured them that we would use the New Theatre as a headquarters of our own company . . .'[37] Ac er mai beirniadu Cyngor y Ddinas a wnâi Jones gan mwyaf, amlygai hefyd y cysylltiad rhwng penderfyniad y Cyngor a chynlluniau'r

Ymddiriedolaeth: 'We would all welcome a national theatre', meddai, 'but to destroy the theatre we had and extinguish the theatre-going public is not a happy augury for the success of the new one. The debate has never been whether Cardiff can afford two theatres but whether it should have one . . .'[38] Ceisiodd Arglwydd Aberdâr achub cam yr Ymddiriedolaeth—'We believe that Wales should have a National Theatre sited in the capital city of Cardiff . . . it must be one of the best theatre buildings in Europe'—ac amddiffyn datganiad Hallinan ynglŷn â'r Theatr Newydd hefyd: 'We do not believe that it is possible to convert the New Theatre into a National Theatre, as it is too old-fashioned and lacks the necessary facilities'.[39] A rhag cael ei feirniadu gan y rheiny a resynai eisoes at draha'r Ymddiriedolaeth a Chyngor y Ddinas wrth weithredu ar draul trethdalwyr Caerdydd, nododd na fyddai'n rhaid codi trethi lleol yng Nghaerdydd er mwyn talu am y fenter. Ei ddadl oedd y byddai'r fenter yn talu amdani ei hun—gyda pheth help gan Gyngor y Celfyddydau. Achubodd yr Athro Gwyn Jones ar ei gyfle, gan amlygu pa mor ddwfn bellach oedd y bwlch a dyfasai rhwng y Pwyllgor Cymreig a'r Ymddiriedolaeth:

> . . . either . . . the trustees already feel assured of sufficient monies to meet a substantial proportion of what must be very heavy running costs from sources other than the rates—which is a gratifying though surprising thing to hear—or they reveal that even now in their third year of existence the trustees have not troubled to acquaint themselves with the principle governing Arts Council subsidies . . . the city of Cardiff cannot throw away the New Theatre and, at some future date, get a replacement on the cheap. It is unhelpful and unrealistic, if the St. David's Trustees even inadvertently encourage the City Council to think that it can.[40]

Bu'r ddadl gyhoeddus hon yn niweidiol i broffil cyhoeddus yr Ymddiriedolaeth, am mai cefnogi'r Theatr Newydd (a chan hynny, ddadl yr Athro Gwyn Jones) a wnâi'r rhan fwyaf o theatr-garwyr Caerdydd, ac am mai aelodau'r Ymddiriedolaeth a droes y ffrwgwd yn un personol. Ddiwrnod ar ôl cyhoeddi llythyr Gwyn Jones, ymosodwyd arno gan Lincoln Hallinan: 'The pronouncements made by Professor Gwyn Jones reek of arrogance, intolerance and an air of superiority which are unworthy of a man of his position and they do no credit to the committee he represents if they approve of his statements'.[41] Bu'r cyfan yn gryn bryder i Gadeirydd yr Ymddiriedolaeth, fel y nodwyd gan Ysgrifennydd Cyffredinol Cyngor Celfyddydau Prydain Fawr yn Llundain, Syr William Emrys Williams. Cyfarfu Arglwydd Aberdâr ac yntau ar 15 Tachwedd 1962: 'What he is really troubled about', meddai Williams mewn llythyr at Roger Webster, 'is that the St. David's Trust has got off on the wrong foot, and has somehow inadvertently contrived to get itself the image of being in some way opposed to the acquisition of the New Theatre'. Diddorol nodi iddo ychwanegu'r canlynol hefyd: 'He recognises that one or two members of his Trust are liabilities. He was at much pains to assure me that his Trust would welcome the purchase, by the Corporation, of the New Theatre, despite the part played by Hallinan in recent events'.[42]

Yn anffodus i Aberdâr, er gwaethaf y ffaith fod William Emrys Williams wedi mynegi edmygedd personol ohono yn sgil y cyfarfod hwn ('He evidently had no ulterior motive in asking me to meet him, and he did not ask me to use any influence in any direction whatsoever . . . He seems a pleasant, well intentioned man and he speaks with genuine admiration for the work of the Welsh Committee and the Welsh Office'),[43] yr oedd yn dra beirniadol ohono ef a'i gyd-ymddiriedolwyr ar fater y Theatr Genedlaethol:

> I soon came to the conclusion that he and his associates have no real understanding of the size of the problem and particularly the economics of it . . . I further gave the opinion that the only body in Wales capable of tackling this problem was the Welsh Committee of the Arts Council, and that unless they adopted the project, I did not think it could come to anything . . .
>
> I am sure the conversation has done no harm, but I do not suppose it will do much good, mainly because the St. David's project is at present such a flimsy one.[44]

Gwir eironi'r digwyddiadau hyn ddiwedd 1962 oedd mai digon pitw oedd y bygythiad i ddyfodol y Theatr Newydd mewn gwirionedd. Fel y dywedodd T. E. Merrells, pe hysbysid y Cyngor yn bendant fod y Theatr Newydd i'w throi'n neuadd fingo, 'there would be plenty of time to consider a compulsory purchase order'.[45] Ac, wrth gwrs, achub y Theatr Newydd a wnaeth Cyngor y Ddinas yn y pen draw—am gyfnod o saith mlynedd, o leiaf—a'i hariannu wedi hynny fel canolfan ar gyfer y Cwmni Opera Cenedlaethol a'r *Welsh Theatre Company* yntau. Ar y cyfan, bu'r helynt yn ergyd i hygrededd ac enw da'r Ymddiriedolaeth, a hynny'n gwbl ddiangen.

Daeth y cam nesaf o bwys yn hanes yr Ymddiriedolaeth ar 14 Mawrth 1963, pan gyfarfu â'r Pwyllgor Cymreig a chynrychiolwyr Cyngor Dinas Caerdydd. Yn y cyfarfod hwn, cyflwynwyd drafft o ddatganiad gan y Pwyllgor ynglŷn â sefydlu theatr genedlaethol, drafft a oedd yn wahanol mewn sawl ffordd i gynllun yr Ymddiriedolaeth. Yr egwyddor gyntaf a nodwyd yn natganiad y Pwyllgor oedd teithio: mynnai'r Cyngor bod y theatr genedlaethol arfaethedig yn gwasanaethu Cymru gyfan, yn y Gymraeg a'r Saesneg, a rhaid fyddai i'r theatr fod yn un deithiol i ryw raddau. Golygai hyn, wrth gwrs, mai theatr genedlaethol yn seiliedig ar *gwmni* oedd nod y Pwyllgor Cymreig yn anad dim, nid theatr yn seiliedig ar un adeilad fel yng nghynllun yr Ymddiriedolaeth. At hynny, rhaid fyddai sicrhau bod y theatr a adeiledid ar gyfer y Cwmni Cenedlaethol yng Nghaerdydd (un o ddwy neu dair 'Theatr Genedlaethol' ledled Cymru) yn gymwys ar gyfer anghenion y ddinas yn ogystal â'r genedl: 'The experience of the Arts Council in various parts of Britain suggests that about 2% to $2\frac{1}{2}$% of the population of a city the size of Cardiff could be expected to attend plays regularly', meddid. 'On this reckoning the theatre should seat 600 to 700 people'.[46] Trafodai'r ddogfen anghenion y ffurfiau celfyddydol eraill hynny yr awgrymai'r Ymddiriedolaeth y medrid eu cartrefu yn Theatr Dewi, sef opera, celf weledol, cerddoriaeth gerddorfaol a ffilm. Y mwyaf anodd o'r rhain i'w trin fyddai opera, gan fod y Cwmni Opera Cenedlaethol eisoes ar ei brifiant, a'r Pwyllgor Cymreig yn gefnogol iawn i'r broses o'i broffesiynoli:

> During the financial year 1963/4 the Company will be performing for 7 weeks (3 weeks in Cardiff) . . . The Company are pressing for full professionalisation. In addition to a greatly increased subsidy this would mean that the Company would have to perform for about 35 weeks of the year,

which could only be achieved by touring England as well as Wales . . . If the Company were to become fully professionalised they would need to perform for at least 8 weeks in Cardiff.[47]

O'r safbwynt hwn, yr oedd y posibilrwydd o greu un awditoriwm a ddiwallai anghenion y Cwmni Opera Cenedlaethol a'r Cwmni Theatr Cenedlaethol arfaethedig yn un bychan iawn. Awgrymai nodiadau Webster y byddai'r celfyddydau eraill hwythau ar eu colled wrth iddynt gael eu cartrefu mewn un adeilad aml-bwrpas. Roedd uchelgais yr Ymddiriedolaeth ar gyfer Theatr Dewi yn anymarferol. Un dewis synhwyrol yn unig oedd ar gael yn nhyb y Pwyllgor Cymreig, sef creu canolfan gyfansawdd neu 'gampws' o adeiladau arbenigol yng Nghaerdydd, yn debyg iawn i'r hyn y bwriedid ar gyfer y South Bank yn Llundain, yn cynnwys theatr i gynulleidfa o 600–700 yn gartref i'r Cwmni Theatr Cened-laethol, theatr arall ar gyfer 1,500 neu fwy ar gyfer opera, balé, a chynyrchiadau mawrion eraill (megis sioeau cerdd a chyng-herddau, ac yn y blaen), ac oriel gelf. Byddai'n rhaid bod yn ofalus sut y datblygid ac y gweithredid y cynllun hwn, wrth gwrs, am fod codi dwy theatr yn debyg o fod yn dreth ddifrifol ar gynulleidfa Caerdydd a'r cyffiniau, a byddid yn rhoi blaenoriaeth i adeiladu'r theatr fechan yn gyntaf am y gallai'r New Theatre weithredu dros dro fel llwyfan mawr a chanolfan i'r Cwmni Opera Cenedlaethol. Beirniadai dogfen y Pwyllgor Cymreig rai o'r datganiadau a wnaed gan yr Ymddiriedolaeth ynglŷn â ffurf y Cwmni Theatr Cenedlaethol arfaethedig hefyd: 'There is still a great deal of confusion in people's minds about this company . . .' meddai dogfen y Pwyllgor. 'Clifford Evans has given the im-pression that it would be a permanent company modelled on the Comédie Française. He has for instance stated that it would be in existence for 12 months before any performances were given'. Roedd y fath oedi cyn gweithredu yn gwbl annerbyniol yn nhyb y Pwyllgor, am y byddai'n rhaid i'r trethdalwr gynnal y Cwmni yn ystod y cyfnod hesb hwn. Dyweded Evans fel y mynnai ynglŷn â chelfyddyd y theatr, fe fyddai gan y Cwmni ddyletswydd i'r cyhoedd yn ogystal.

Diddorol iawn a dadlennol iawn yw ymateb yr Ymddiriedol-aeth i'r ddogfen hon. Gwahoddwyd Elidir Davies i'r cyfarfod nesaf o'r Pwyllgor Cymreig ar 3 Mai, er mwyn trafod pryderon y Pwyllgor ynglŷn â chynllun Theatr Dewi (roedd Davies bellach wedi adolygu ei gynlluniau gwreiddiol ac wedi llunio awditoriwm y gellid amrywio ei faint trwy ostwng neu godi'r nenfwd). Yn sgil y cyfarfod, ysgrifennodd Roger Webster at Arglwydd Aberdâr: 'We had a good meeting with Elidir Davies on Friday, and members of the Committee considered the plans in great detail . . .'. Nod Webster, yn ddiau, oedd taro nodyn cyfeillgar ond gwyliadwrus, heb, yn sicr, rwymo'r Pwyllgor i gytundeb o unrhyw fath â'r Ymddiriedolaeth: 'The Committee felt that the next step should be a more detailed discussion between the Welsh Committee and the Trust'.[48] Yn dawel fach, wrth gwrs, ceisio gosod rhwystrau ar ffordd cynllun yr Ymddiriedolaeth oedd y bwriad. Fodd bynnag, wrth ymateb, anwybyddu'r awgrymiadau cynnil a wnaeth Aberdâr, a neidio'n awchus at gymeradwyaeth lugoer Webster:

> I am so pleased to hear that your meeting with Elidir Davies went well and I take it that in principle his ideas for a multi-purpose building met with the approval of the Welsh Committee. If that is so I think it most important that we should press on without undue delay towards the building of the theatre, which must be the first priority. We shall have at least three years to discuss connected problems such as the number of weeks to be devoted to any one type of dramatic performance, the constitution of the theatre, the type of company etc.[49]

Ceisio llesteirio brwdfrydedd Aberdâr drachefn a wnaeth Webster yn ei ateb, wrth iddo bwysleisio drachefn bod nifer o aelodau'r Pwyllgor Cymreig yn bryderus a dryslyd ynglŷn â chynlluniau'r Ymddiriedolaeth, a bod rhaid datrys y fath broblemau cyn bwrw ymlaen. Hyd yn oed wrth gynnig cysur i Aberdâr ar ddiwedd y llythyr, roedd geiriau Webster yn drymlwythog: 'I should stress', meddai, 'that the Welsh Committee has in no way rejected the plans for a multipurpose theatre but some members require reassurance about its suitability for a national theatre company. The Committee indeed made no formal resolution about the St Davids scheme at its last meeting and this letter is an attempt to interpret its feelings . . .'[50] Yr oedd y Pwyllgor Cymreig fel pe bai'n sylweddoli bod yr amser ar ddod pan fyddai'n rhaid gwrthod cynlluniau'r Ymddiriedolaeth yn derfynol, a dechrau brwydro o ddifrif o blaid ei gynlluniau ei hun, ac yr oedd yn benderfynol o geisio ennill amser iddo'i hun cyn gorfod gwneud hynny. Un o'r rhesymau dros hynny oedd bod angen amser i gasglu tystiolaeth ynglŷn â theatrau aml-bwrpas. Yn ystod haf 1963, comisiynwyd sylwebydd ar bensaernïaeth, Victor Glasstone, i ymchwilio i gyflwr a defnyddioldeb nifer helaeth o'r cyfryw theatrau ar gyfandir Ewrop a thu hwnt, a phan ddaeth ei adroddiad i law tua diwedd Hydref 1963, yr oedd yn fêl ar fysedd y Pwyllgor. Condemnid yr adeiladau hyn ymron yn ddiwahân gan Glasstone, wrth iddo nodi'r holl broblemau a gododd wrth geisio'u rheoli'n ariannol ac yn ymarferol. Beirniadai Glasstone theatrau aml-bwrpas megis Malmo yn Sweden ('Movable walls can be pulled out to reduce the theatre's 1,750 . . . to various sizes: 1,100, 600, 400 . . . The ingenious adaptability of the auditorium is defeated by the intricacies of managing a large theatre, and the demands of the box-office'), Ruhnau yn yr Almaen ('The architect blames the theatre personnel for not taking advantage of the theatre's adaptability. Their reply is that it is unwanted . . .'), a Vancouver yng Nghanada ('Even with the back-stalls and back-balcony cut off the place is far too wide for dramatic use . . . A small 700-seater is in construction behind the main theatre').[51] Yr oedd oblygiadau'r adroddiad yn glir, sef bod cynllun theatr aml-bwrpas Elidir Davies—conglfaen ymgyrch yr Ymddiriedolaeth—yn debygol iawn o fod yn gwbl anhylaw fel theatr. Beth bynnag am unrhyw ystyriaethau eraill, megis gweinyddiaeth y Theatr Genedlaethol neu ffynonellau ariannol y prosiect, pe medrid cyflwyno dadleuon Glasstone yn effeithiol, byddai'n rhaid i'r Ymddiriedolaeth newid ei ffordd o weithredu'n sylweddol. O'r safbwynt hwnnw, roedd yn werth oedi, hyd yn oed pe collfernid y Pwyllgor Cymreig yn y cyfamser gan ambell ohebydd pleidiol i achos yr Ymddiriedolaeth. Ym marn awdur 'Capital Column' y *Western Mail*: '. . . the Arts Council . . . have been dragging their feet since this superbly ambitious plan was outlined to them months ago . . . The sad likelihood is that the Arts Council might force the trustees to compromise on their grand design or bog down this long-awaited venture in even further delay.'[52]

Rhaid fyddai i'r Pwyllgor Cymreig herio'r Ymddiriedolaeth yn y pen draw, a phennwyd cyfarfod rhyngddynt ar 16 Tachwedd 1963 er mwyn gwneud hynny. Aeth yr Athro Gwyn Jones a Roger Webster ati'n ddiwyd i finiogi'u cyllyll. Ym mis Medi, cyflwynwyd dogfen gyfrinachol i aelodau'r Pwyllgor Cymreig yn amlinellu'r ffaeleddau a'r problemau yng nghynlluniau'r Ymddiriedolaeth, ac yn awgrymu'n gryf y dylid ymwrthod â hwy'n derfynol. Yn y ddogfen, ymysg nifer o bwyntiau eraill, fe amlygwyd eto broblemau tebygol a gyfodai rhwng y Cwmni Opera a'r Cwmni Theatr Cenedlaethol pe cartrefid y ddau yn yr un adeilad. Haerai'r Pwyllgor fod yr Ymddiriedolaeth wedi hawlio y dylid rheoli Theatr Dewi gan Gyfarwyddwr Cyffredinol y Cwmni Theatr (Clifford Evans oedd gan yr aelodau mewn golwg). Gwrthwynebai'r Pwyllgor y fath awgrym: 'This will inevitably lead to clashes with the National Opera Company and the national orchestra which it is hoped will be formed'.[53] Yr oedd rôl debygol Cyngor y Ddinas wrth reoli'r adeilad hefyd yn broblem: 'The City will . . . inevitably have a large say in the theatre's control. This could result in many difficulties. Conflicting claims may be expected to arise, which would be difficult to resolve and could create a well nigh impossible task for the management'.[54] Mynnai'r Pwyllgor hefyd fod angen archwilio amcangyfrifon yr Ymddiriedolaeth ynglŷn â chost y Theatr, gan fod y rheiny wedi newid yn sylweddol dros y blynyddoedd: 'In 1961 the Trust stated that £300,000 would be needed to build the theatre as originally designed. The Trust now states that £500,000 will be needed. No costing of the theatre has in fact been made. The cost of building theatres in Britain recently would, however, suggest that at least £1,000,000 would be needed . . . '[55] Yr oedd argymhellion y Pwyllgor yn ddigon clir: '. . . the immediate need is for the Committee and the St. David's Trust to reach agreement . . . '[56] Mewn geiriau eraill, rhaid fyddai i'r Ymddiriedolaeth roi heibio'i hymlyniad wrth gynllun Elidir Davies, a chefnogi cais y Pwyllgor Cymreig am theatr gymharol fechan ar gyfer 600–700. Pe gwneid hynny, medrai'r Ymddiriedolaeth weithredu fel corff i ddenu sylw at yr angen am Theatr Genedlaethol ac arwain apêl gyhoeddus i'r fenter. Yr oedd ymateb yr Athro Gwyn Jones yn fwy cryno: 'The whole plan seems to be quite crazy, needing a fantastic amount of money to run, and all this for 6 plays a year and a pantomime!'[57]

Wedi i'r Pwyllgor Cymreig wrthod cynlluniau'r Ymddiriedolaeth yn y cyfarfod ar 16 Tachwedd, fe droes y ddadl rhwng y ddwy garfan yn ffrae gyhoeddus unwaith eto. 'We are people who possess a vision . . .', meddai Arglwydd Aberdâr yn y *Western Mail* ar 18 Tachwedd: 'We are grieved that the Welsh Committee's conception should not respond to that vision— mediocrity in conception has little appeal in the arts today . . .'[58] Taranai Lincoln Hallinan yntau yn erbyn cynlluniau'r Pwyllgor Cymreig, gan eu galw'n grintachlyd, diddychymyg a phlwyfol— 'mean, unimaginative and parochial';[59] haerai yn ogystal fod holl bolisi Cyngor y Celfyddydau tuag at y Theatr Genedlaethol wedi'i lunio er mwyn ceisio cadw'r Theatr Newydd ar agor—fel bod honno, mae'n debyg, yn medru bod yn ganolfan ar gyfer y *Welsh Theatre Company*. Un arall i ymateb oedd Saunders Lewis, a ddrwgdybiai air yr 'arbenigwyr' anhysbys hynny a edmygid gan yr Athro Gwyn Jones a oedd yn cefnogi safiad y Pwyllgor Cymreig. Yr oedd Saunders Lewis yn awyddus i sicrhau gweledigaeth gelfyddydol eangfrydig, yn hytrach na biwrocratiaeth grintachlyd, yn sylfaen i'r Theatr Genedlaethol. Nododd fod cynlluniau pensaernïol Elidir Davies wedi ennyn edmygedd eang iawn, a gresynai fod aelodau'r Pwyllgor Cymreig heb werthfawrogi'i weledigaeth: '. . . I grieve that an Arts Council Committee for Wales has no artist among its members to speak out in thrilled acclamation of the project . . . May I for the sake of their own good name, beg the Welsh Committee of the Arts Council to renounce the role of Malvolio bureaucrats. The arts are ill served by peevishness.'[60]

Yng nghanol yr holl eiriau croes, cytunai'r ddwy ochr fod angen dwyn cyrff eraill i mewn i'r ymgyrch er mwyn symud ymlaen. I'r Pwyllgor Cymreig, y cam nesaf fyddai sefydlu ymchwiliad i'r mater gan gorff annibynnol a fedrai gynrychioli barn y naill ochr a'r llall—'a body representative of Welsh national opinion and all interests involved'.[61] I'r Ymddiriedolaeth, apelio'n uniongyrchol at Gyngor Dinas Caerdydd fyddai'n rhaid, er mwyn sicrhau'r gefnogaeth egnïol a orfodai'r Pwyllgor Cymreig i newid ei feddwl. Yn ôl Lincoln Hallinan, dylai'r Arglwydd Faer drefnu cynhadledd i'w mynychu gan holl awdurdodau lleol Cymru: 'As a result of that the entire picture could be put before the Welsh nation . . .', meddai, gan ychwanegu'n eofn, 'It has nothing to do with the Arts Council at this stage. They can be brought in when the nation has expressed itself and when that has been done the Arts Council will come running back to us'.[62] Ac, yn wir, o fewn wythnos fe gadarnhawyd cefnogaeth Pwyllgor Seneddol y Cyngor i gynllun yr Ymddiriedolaeth. Fodd bynnag, er mawr siom i'r Ymddiriedolaeth, cytunodd y Cyngor i drafod â'r Pwyllgor Cymreig hefyd, gan nodi mai annheg fyddai ochri gyda'r naill garfan neu'r llall heb yn gyntaf glywed achos y ddwy yn llawn. Digio a wnaeth Lincoln Hallinan yn sgil bwriad y Cyngor: '. . . if we go in this way we shall never reach any conclusions at all . . .'[63]

Yn y cyfamser, treuliasai rhai o aelodau eraill yr Ymddiriedolaeth oriau lawer yn ceisio casglu tystiolaeth i ddymchwel dadl y Pwyllgor yn erbyn cynlluniau Elidir Davies.[64] Erbyn tua diwedd mis Chwefror 1964, yr oedd yr Ymddiriedolaeth wedi paratoi nifer o ddogfennau yn tanseilio'r achos yn ei herbyn gan y Pwyllgor Cymreig, yn cynnwys tystiolaeth arbenigwyr annibynnol megis Ian Albery, cynhyrchydd amlwg ac aelod o un o deuluoedd theatr enwocaf Llundain,[65] y cyfarwyddwr enwog Michel Saint-Denis (y bu Davies yn cydweithio ag ef flwyddyn ynghynt ar theatr arbrofol ar gyfer yr RSC yn Stratford), a'r cynhyrchydd a'r dramodydd Basil Dean. Ond heb os, y tyst mwyaf effeithiol wrth amddiffyn cynllun Elidir Davies oedd Thomas de Gaetani, Ysgrifennydd Sefydliad Rhyngwladol Technegwyr y Theatr (roedd Elidir Davies ei hun yn Is-Gadeirydd), ac un y dyfynnwyd ei eiriau yn adroddiad Victor Glasstone yn beirniadu egwyddor y theatr aml-bwrpas: '. . . in the design of a single auditorium for the presentation of two, three or more <u>different</u> art forms, a direct square law starts multiplying these factors astronomically, while the chances for true success seem to be reduced inversely as the auditorium's expected functions increase'.[66] Serch hynny, yr oedd ei ganmoliaeth i Theatr Dewi yn ddiamwys yn ôl Elidir Davies: '. . . it was the most interesting project which he had seen on European or American drawing boards', meddai, 'especially in regard to its practicality, and that it was the first time he had seen an auditorium so simply conceived to the appropriate uses—from the intimate to the spectacular form of dramatic art'. Ar sail cymeradwyaeth o'r fath, mynnai Davies nad oedd gan y Pwyllgor Cymreig hawl i ensynio bod de Gaetani yn feirniadol o'r cynllun: 'The references in the Arts Council memorandum to Mr de Gaetani's writings are <u>out of context</u>; he is NOT referring to the Greek pattern theatre, but to theatres in American universities'.[67]

Ond amddiffynnwr mwyaf croyw a phwerus Theatr Dewi oedd Elidir Davies ei hun. Cythruddwyd Davies gan yr hyn y tybiai ef oedd anwybodaeth y Pwyllgor Cymreig, a chan barodrwydd Victor Glasstone yn ei adroddiad i ddyfynnu sylwadau beirniadol ar gynlluniau theatr aml-bwrpas allan o'u cyd-destun priodol:

> . . . it is abundantly clear that there still exists, even now, a <u>profound</u> unawareness or misunderstanding of the architectural and historical principles upon which this theatre (and indeed all my work—witness the Mermaid Theatre) is based, and upon which the failures of the much-quoted German and Swedish theatres are <u>not</u> based. To anyone who has been studying theatre as I have since 1932 it is not necessary to have the gift of prevision to have predicted these failures.[68]

Nododd Davies mai sail ei gynllun oedd egwyddor y theatr Roegaidd—'a single ranked bank of seats facing the acting area' —a'i fod felly'n dra gwahanol i fwyafrif y theatrau a feirniadwyd gan Glasstone, ac a seiliwyd ar ffurf y tŷ opera traddodiadol—'i.e., box-like in shape with balconies ranged one upon the other'. Camgymeriad sylfaenol yn nhyb Davies oedd ceisio cyfaddasu theatrau o'r fath at fwy nag un defnydd:

> . . . the opera-house pattern . . . is too rigid to give the flexibility demanded by drama today. Hence the whole of the criticism of the Arts Council is inappropriate. The concept of the St. David's Theatre can best be summed up as a <u>drama</u> theatre designed as the permanent home of a national drama company, which will also provide the necessary facilities for presenting opera and ballet.[69]

Roedd theatrau 'Groegaidd' eu ffurf yn fwy hyblyg o lawer yn nhyb Davies, ac fe gyfeiriodd at yr enwog Bayreuth Festspeilhaus —a grewyd er mwyn llwyfannu operâu Richard Wagner—fel enghraifft o dŷ opera ar yr union batrwm a arfaethwyd ganddo ef ar gyfer Theatr Dewi: '. . . with its single tier seating on the Greek pattern . . . one of the finest opera houses in Europe, from the point of view of both vision and sound'. At hynny, mynnai Davies nad oedd y modd y cyfaddasid Theatr Dewi yn dilyn y patrwm a welsai Glasstone yn y theatrau Almaenig a feirniadwyd ganddo: 'The principle to be adopted by the St. David's Trust of raising or lowering the ceiling has never before been applied in this country or Germany', meddai. Ac fe geid enghreifftiau o theatrau aml-bwrpas ledled y byd a oedd yn darparu gofod cym-wys a llwyddiannus ar gyfer sawl math ar gelfyddyd berfformiadol. Un theatr o'r fath oedd y Center Theatre yn Los Angeles: 'Here the adaptable theatre has proved highly successful, and the problem of acoustics has been satisfactorily resolved'.[70]

Ond, er gwaethaf amddiffyniad yr Ymddiriedolaeth ohoni'i hun, ac er gwaethaf tystiolaeth arbenigol Elidir Davies a'i debyg, digon prin oedd y gobaith o fwrw ymlaen â'r cynllun heb gefnogaeth y Pwyllgor Cymreig. Serch hynny, fe ddaeth hwb o ryw fath i'r Ymddiriedolaeth ym mis Ebrill 1964, pan gytunodd Cyngor y Ddinas yn ffurfiol i gefnogi cynllun Elidir Davies, a bu mawr ddarogan o ganlyniad i hyn y byddai'r cynllun yn symud yn ei flaen yn gyflym. Yn ôl Lincoln Hallinan, yr oedd hwn yn gam pendant ymlaen: 'We hope after this that the city council will come forward with its contribution for the theatre. This step should give a lead to the rest of Wales'. Ac ategwyd ei sylwadau gan Norman Llewellyn-Jones: 'There has been so much delay over the project that now is the time for us to go ahead at all possible speed to get it built. Having decided how big the theatre is going to be, we shall really get cracking'.[71] Talcen caled a wynebai'r Ymddiriedolaeth o hyd, fodd bynnag, ac nid oedd unrhyw argoel y byddai'r Pwyllgor Cymreig yn newid ei feddwl. Fis Mehefin 1964, cyhoeddwyd llyfryn gan y Pwyllgor yn amlinellu ei wrthwynebiad i gynlluniau'r Ymddiriedolaeth (bu'r Pwyllgor yn bygwth gwneud hyn ers meitin) ac, fel ag erioed, chwyrn oedd ymateb Roger Webster a Gwyn Jones i unrhyw argoel fod cynllun yr Ymddiriedolaeth yn mynd yn ei flaen. Mewn llythyr at Nigel Abercrombie ar 3 Gorffennaf 1964, arswydai Roger Webster o glywed bod Arglwydd Cottesloe,

Cadeirydd Cyngor Celfyddydau Prydain Fawr yn Llundain, wedi cytuno i drafod ag Arglwydd Aberdâr. 'I do not think, perhaps, that Lord Cottesloe has appreciated how difficult relations with the St. David's Trust and the Welsh Committee are', meddai Webster:

> The truth is that the Trust has gone about its affairs in quite the wrong way. An architect was engaged before ideas had been clarified or an assessment made of the likely support for a national theatre. The Trust now owes its architect a considerable fee and is prepared to use every subterfuge to force on Wales this one scheme he has prepared . . .[72]

Wythnos yn ddiweddarach, fodd bynnag, fe ddechreuodd yr awyrgylch newid i ryw raddau. Fel y nododd Roger Webster, yr oedd argoelion fod yr Ymddiriedolaeth yn barod i gyfaddawdu ar ei chynllun sylfaenol ac i chwilio am ffyrdd eraill o yrru prosiect y Theatr Genedlaethol yn ei flaen. Soniasai Lincoln Hallinan—o bawb—am gyfuno'r cynllun i greu Theatr Dewi â chynllun Coleg Cerdd a Drama Caerdydd i greu theatr stiwdio ar ei safle newydd yntau ym Mharc Bute. Gallai'r Cwmni Theatr Cenedlaethol ddefnyddio'r theatr honno—a oedd yn debygol o fod dipyn yn llai na Theatr Dewi—tra byddai'r theatr fawr ar gael ar gyfer cynyrchiadau mawrion eraill, gan gynnwys opera. 'This scheme', meddai Roger Webster, 'is obviously a bad one', gan nodi y byddai'n amhosibl i'r Cwmni Theatr Cenedlaethol berfformio yn ystod wythnosau tymor y Coleg, 'and the whole image would be wrong'. Fodd bynnag, credai Webster fod yr Ymddiriedolaeth yn awyddus ar unrhyw gyfrif i weld diwedd ar ei thrafferthion parthed costau Elidir Davies. Awgrymodd, felly, y dylid sefydlu pwyllgor gwaith annibynnol ei anian i drafod anghenion y Coleg Cerdd a Drama, y Theatr Genedlaethol a dinas Caerdydd, ac y gallai pob plaid wedyn hawlio rhyw gyfran o'r clod am greu menter lwyddiannus:

> If this could be brought about it would . . . perhaps save the face of the St Davids Trust and allow them to disappear gracefully and make it possible for the City to change their minds; most of all it would give a breathing space for us to develop the Welsh Theatre Company further and see where we are going to with the New.[73]

Cytunai'r Athro Gwyn Jones â'r awgrym hwn, a hynny, unwaith eto, mewn ffordd a amlygai ei rwystredigaeth ef ei hun tuag at yr Ymddiriedolaeth, yn ogystal â'r rheiny ar Gyngor y Ddinas a oedd yn gefnogol iddi: 'I believe your general notion is the best one', meddai wrth Webster, 'that we seek to get the whole field surveyed by a competent body of knowledgeable people working under an authoritative chairman . . . This might help Cardiff City Council to say and do something sensible at last'. Cefnogai hefyd unrhyw ymgais i fanteisio ar awydd Hallinan ac Aberdâr i gyfaddawdu ar y berthynas rhwng Theatr Dewi—'the St. David's hulk', fel y cyfeiriai ati—a'r Cwmni Theatr Cenedlaethol: 'Immediately we need to explore Aberdare's idea of a compromise. If the St. D. Trust wish to proceed with their building and to hell with the resident theatrical company then at least they cease to be representative of a National Theatre, and from then on they are concerned to provide Cardiff with an emporium'.[74]

Ddeufis yn ddiweddarach—wythnos cyn cyfarfod o'r Pwyllgor Cymreig—gwelwyd stori yn y *Western Mail* a oedd fel pe bai'n adleisio sylwadau Roger Webster a'r Athro Gwyn Jones i'r dim. Dyfynnwyd Arglwydd Aberdâr yn cadarnhau'r awgrym fod yr Ymddiriedolaeth yn barod i gyfaddawdu: 'My committee met last weekend and decided that they were no longer wedded to our particular plan', meddai. 'We may now be prepared to investigate the Arts Council proposal for two auditoria with common services—and with only the smaller auditorium to be built at this stage'.[75] Canmolwyd yr Ymddiriedolaeth gan olygydd y *Western Mail* am weithredu'n bragmataidd: 'The St. David's Trust has acted wisely in reviewing its position . . . Eventually, Wales will owe a debt of gratitude to the trust's dedication and idealism. But, meanwhile, it must win the co-operation of the Arts Council, whose help is essential if the dream is to come true'.[76] Ond gwadu'r fath sylwadau a wnaeth Arglwydd Aberdâr. Mewn llythyr at yr Athro Gwyn Jones, galwodd erthygl y *Western Mail* yn 'monstrous piece of misrepresentation', a honnodd mai anwiredd llwyr oedd y geiriau a ddyfynnwyd: 'Not only was the meaning of what I said greatly distorted, but actual words in "quotes" were ascribed to me which I never uttered . . . In fact we have not changed our basic view, which is already well known to you'.

Er hynny, yr oedd Aberdâr yn cytuno y dylid creu pwyllgor gwaith cyfansawdd dan gadeiryddiaeth annibynnol y Sefydliad Gulbenkian er mwyn torri'r ddadl rhwng y naill ochr a'r llall: 'I expect William Crawshay and Dr Webster have told you of our lunch in London with Lord Cottesloe and others', meddai wrth yr Athro Gwyn Jones. 'I seized on the idea of an independent committee of enquiry under the auspices of the Gulbenkian Foundation as a possible means of compromising our differences'.[77]

Yn ystod y misoedd canlynol, felly, bu'r Pwyllgor Cymreig a'r Ymddiriedolaeth yn trafod telerau ymchwiliad y Pwyllgor Gwaith ac yn cydweithio, i ryw raddau, tuag at nod cyffredin. Daliai'r Pwyllgor Cymreig i gefnogi ac ariannu'r *Welsh Theatre Company*, a chan nad oedd hwnnw'n gwbl lewyrchus, bu'n rhaid cynnig nawdd brys iddo ddiwedd 1964 rhag gorfod gohirio'n gyfan gwbl ei waith gogyfer â thymor y gaeaf. Yr oedd ei broffil cyhoeddus a phroffesiynol yn tyfu'n raddol, a theimlai'r Pwyllgor yn ffyddiog y deuai'n rhan annatod o unrhyw gynllun i greu Theatr Genedlaethol maes o law. Aeth yr Ymddiriedolaeth hithau ati i ddechrau casglu arian tuag at yr achos gan ddechrau, felly, gyflawni ei swyddogaeth sylfaenol a derbyn yn gyntaf oll £10,000 yn rhodd anrhydeddus gan Richard Burton ac Elizabeth Taylor. Ar 16 Hydref 1965, trefnwyd Dawns Fawreddog yng ngwesty'r Hilton yn Llundain er mwyn dathlu canmlwyddiant y Wladfa, gydag elw'r noson yn mynd at gronfa'r Theatr Genedlaethol. Cyhoeddwyd rhaglen sgleiniog ar gyfer yr achlysur hwn, ac fe gaed ynddi nodiadau dan y teitl, 'The Birth of the Theatre'. Hawdd y gellid dychmygu mai Clifford Evans ei hun oedd awdur y nodiadau a olrheiniai, gyda thinc o eironi blinderog, y frwydr i droi ei freuddwyd yn realiti o frics a morter: 'Welshmen are prone to have visions', meddid, 'and very enjoyable this is too, but tending usually to lead nowhere very far . . .' Yn y nodiadau hyn cyfeirir at Clifford Evans ei hun fel 'visionary, but one of the rare kind, one that possesses the imagination, the determination, and the endless patience necessary to turn vision into reality . . .' Ond dal i freuddwydio yr oedd yr Ymddiriedolaeth. Er gwaethaf yr holl gecru â'r Pwyllgor Cymreig a'r trafferthion o ran cyflwyno'i gweledigaeth i bobl Caerdydd a Chymru fel ei gilydd, yr oedd ei

golygon, fel yn ei dyddiau cynnar, wedi'u dyrchafu i'r entrych-
ion:

> To build the Theatre will cost £500,000, a vast sum, but it is the mini-
> mum necessary to provide a fitting home for what may be one of the
> finest expressions of Welsh culture ever attempted. But a Building in itself
> will not make a theatre: and the aim will be to co-ordinate all the diverse
> and separate strands of dramatic activity in Wales, to unite them in a bold
> and imaginative concept, to provide, in short, a centre where new ideas
> may flourish, and where the arts will find their free expressions.[78]

Fodd bynnag, yr oedd pethau wedi newid. Yn sgil y pender-
fyniad ddiwedd 1964 i greu'r Pwyllgor Gwaith ar y cyd rhyngddi
hi ei hun, Cyngor y Ddinas a'r Pwyllgor Cymreig, peidiodd
Ymddiriedolaeth Theatr Dewi Sant â gweithredu fel corff anni-
bynnol i bob cyfrif. Yn y trafodaethau a welwyd ar ôl hynny, un
garfan mewn corff cyfansawdd ydoedd. Ddiwedd 1966, yn sgil
trafodaethau'r Pwyllgor Gwaith, ffurfiwyd corff annibynnol arall,
sef Cynhadledd y Theatr Genedlaethol, a gynhwysai gynrychiol-
wyr o'r tair carfan uchod, ynghyd â'r Awdurdodau Lleol ledled
Cymru, yr Adran Addysg a Gwyddoniaeth, y BBC, TWW, y
Western Mail, ac yn y blaen. Un o dasgiau cyntaf y Gynhadledd
honno oedd trafod adroddiad ar ddyfodol prosiect y Theatr
Genedlaethol a gydawdurwyd gan Arglwydd Aberdâr, yr Athro
Gwyn Jones a Syr Ben Bowen Thomas. Argymhelliad yr adroddiad
hwnnw oedd y dylid mabwysiadu cynllun y Pwyllgor Cymreig
yn ei gyfanrwydd, sef adeiladu theatr fechan yn gyntaf oll i ddal
cynulleidfa o ryw 600–700 yng Nghaerdydd, ac yna darparu
adeilad ychydig yn llai o faint ar gyfer gogledd Cymru ym Mangor,
gyda theatr symudol arloesol yn gartref dros dro i'r cwmni
cenedlaethol—y *Welsh Theatre Company*/Cwmni Theatr Cymru
—hyd nes yr adeiledid y ddwy theatr barhaol. Wedi hynny gellid
defnyddio'r theatr symudol at bwrpas canolfan deithiol arbrofol.
Argymhellwyd hefyd greu Llys Llywodraethwyr ar gyfer y Theatr
Genedlaethol, ac yn y cyfamser Bwyllgor Parhau i yrru'r maen i'r
wal. Bu'r cyrff hyn oll yn brae i'r un cythrwfwl ag a welwyd
rhwng yr Ymddiriedolaeth a'r Pwyllgor Cymreig rhwng 1961 a
1964 ac, yng nghanol yr holl helynt aeth Theatr Dewi fel y cyfryw
yn angof. Efallai fod gweledigaeth wreiddiol yr Ymddiriedolaeth

wedi'i hamddiffyn am y tro olaf gan Clifford Evans ac Elidir Davies yng nghyfarfod y Pwyllgor Parhau ar 5 Awst 1967, pan soniasant am gefnogaeth Sefydliad y Technegwyr Theatraidd Prydeinig i'r syniad o theatr fawr a allai gynnwys cynulleidfa o 1,200 a mwy, ac am lwyddiant y theatr aml-bwrpas yn Limoges (a gondemniwyd gan Victor Glasstone ym 1963)—theatr a gynlluniwyd, fel Theatr Dewi, ar y model Groegaidd ac a newidiai faint ei awditoriwm o 1,200 sedd i 800 trwy ostwng y nenfwd. Ond ofer fu'r cyfan. 'In the ensuing discussion', medd y cofnodion, 'the Chairman [Lincoln Hallinan] reported that if a revision of the size of the theatre was envisaged, this might affect the question of the site'.[79] Yng nghyfarfod nesaf y Pwyllgor, cytunwyd yn unfrydol y dylid cefnogi cynllun i greu theatr o 750 sedd ar gyfer y Theatr Genedlaethol yng Nghaerdydd: 'The Sub-Committee discussed the information placed before it at a meeting with two members from the Theatres Advisory Council and representatives from the Welsh National Opera Company and the Welsh Theatre Company on Friday, 8th September 1967, and unanimously agreed . . . That the National Theatre in Cardiff should have a seating capacity of approximately 750'.[80]

Yn ddistaw bach, megis, yr oedd yn ddiwedd cyfnod. Er i hanes yr ymdrech i greu Theatr Genedlaethol fynd yn ei flaen am sawl blwyddyn eto, er i'r Ymddiriedolaeth a ddygai ei henw ddal i weithredu trwy hanner cyntaf y 1970au, ac er i Clifford Evans freuddwydio hyd at ei farw ym 1985 am weld theatr fawreddog yn goron ar ddiwylliant Cymru a Chaerdydd, roedd Theatr Dewi, fel nod i ymgyrchu tuag ati yn ymarferol, yn farw gelain i bob pwrpas. Diau mai'r beddargraff gorau a mwyaf addas ar ei chyfer oedd datganiad chwerw Saunders Lewis yn y rhagair i'w ddrama *Problemau Prifysgol* ym 1968:

Nid oes neb ohonom sy'n byw yng Nghymru neu a gafodd ei addysg yng Nghymru wedi gweld digon o actio a chynhyrchu o safon gydwladol i fedru meithrin barn . . . Dyna'r pam y rhoddais i gymaint o gefnogaeth ag a fedrwn o 1960 ymlaen i Mr. Clifford Evans a Mr. Elidir Davies, a gafodd, y ddau gyda'i gilydd, artist o actor ac artist o bensaer theatr, y syniad o godi a sefydlu theatr cenedlaethol Cymreig yng Nghaerdydd cystal â'r goreuon yn Llundain neu Baris neu Fosco . . . Canys y mae un peth sy'n anodd iawn, iawn i ni'r Cymry Cymraeg ei ddysgu, sef yw hynny, fod yr eilradd mewn celfyddyd—ym mhob celfyddyd—yn ddarnnedigaeth. Ysywaeth yr ydym ni'r Cymry gan amlaf nid yn unig yn bodloni ar yr eilradd ond yn mynwesu'r eilradd, yn hapus gyda'r eilradd. Nid rhyfedd felly fod Cyngor Cymreig y Celfyddydau wedi ymegnïo dros gyfnod o saith mlynedd i rwystro delfryd Clifford Evans. Ond mi wn i hyn ac fe'i dywedaf yn awr er tystiolaeth i'r dyfodol: buasai celfyddyd y theatr yng Nghymru ar ei mantais yn sylweddol pe na buasai Cyngor Cymreig y Celfyddydau o 1960 hyd at Ionawr 1968.[81]

CYFEIRIADAU

[1] Adroddiad Blynyddol Cyngor Celfyddydau Prydain Fawr (CCPF) 1959–60 (Llundain: CCPF), 71–2. Ategwyd y feriniadaeth hon gan Roger Webster wrth edrych yn ôl ar weithgarwch y Pwyllgor Cymreig ym 1964: 'The Committee . . . persevered with these tours many years after they had been abandoned in England . . . these tours did little to establish a permanent organisation for drama (from 1957 to 1961 only one actor and actress returned for a second tour) or to encourage Welsh dramatists, actors, producers and designers.' Roger Webster, 'The Theatre in Wales', *The London Welshman*, Rhagfyr 1964, 6.

[2] 'The Committee recommends that there should be a National Theatre for Wales located in Cardiff based on the theatre building of the College of Music and Drama.' Adroddiad CCPF, *Housing the Arts in Great Britain* (Llundain: CCPF, 1959), 119.

[3] Clifford Evans, 'Cartref Rhyfeddod', *Llwyfan*, Haf 1969, 5.

[4] Ibid.

[5] Nodiadau amrywiol, Papurau Clifford Evans, Llyfrgell Genedlaethol Cymru (LlGC), rhif 26.

[6] Ibid.

[7] Bleddyn Beynon, 'Towards a Welsh National Theatre', *The London Welshman*, Medi 1963, 14. Diddorol nodi bod Clifford Evans wedi cyfeirio at Arthur Hopkins fel 'one of the greatest Stage Directors America has ever known', a dyfynnu ei eiriau enwog ar y theatr fasnachol: 'There is nothing so ridiculously commercial as the present Commercial Theatre. It is puttering about in a puny one sheet way with what could at once be a great public agent and a great Industry, instead it is wasteful, stupid, standing about grimacing like a tired street-walker, praying that its charms might entice two dollars and the tax from some lonesome sailor.' Nodiadau amrywiol, Papurau Clifford Evans, LlGC, 26.

[8] Clifford Evans, 'To Be or Not To Be', *Y Ddinas*, Gorffennaf 1957, 15.

9 Ibid.

10 Ibid.

11 Ibid. Ar y sylw hwn, ychwanegodd y canlynol: 'And where her lovely sister language, English, will always have a place of honour'.

12 Ibid.

13 Beynon, 'Towards a Welsh National Theatre', 14.

14 Nodiadau amrywiol, Papurau Clifford Evans, LlGC, rhif 6.

15 Ibid.

16 Ibid.

17 Ibid.

18 Awgryma'r ffigwr hwn mai camargraff oedd yr amcangyfrif o £1,000,000 a gynhwyswyd yn yr erthygl 'To Be or Not To Be' yng Ngorffennaf 1957.

19 'The St. David's Theatre', Papurau Clifford Evans, LlGC, rhif 6.

20 Ibid.

21 'Draft of letter to architect', Papurau Clifford Evans, LlGC, rhif 8. Yr wyf wedi golygu'r nodiadau hyn yn sylweddol er hwylustod y darllenydd, gan gysoni adolygiadau Evans, a cheisio dehongli'r darnau hynny sy'n aneglur o safbwynt llawysgrifen.

22 Ibid.

23 St David's Theatre Trust, *The National Theatre of Wales* (llyfryn a gyhoeddwyd yn annibynnol gan yr Ymddiriedolaeth), Papurau Clifford Evans, LlGC, rhif 9.

24 Ibid.

25 Adroddiad Blynyddol CCPF 1950–1 (Llundain: CCPF, 1951), 78.

26 Papurau Syr T. H. Parry-Williams a'r Fonesig Amy Parry-Williams, LlGC, rhif W18.

27 Adroddiad Blynyddol CCPF 1961–2 (Llundain: CCPF), 87.

28 Adroddiad Blynyddol CCPF 1963–4 (Llundain: CCPF), 69–70.

29 'Memorandum on the Work of the Welsh Committee of the Arts Council', Papurau Syr T. H. Parry-Williams a'r Fonesig Amy Parry-Williams, Llyfrgell Genedlaethol Cymru, rhif W16.

30 Warren Jenkins at Roger Webster, 10 Awst 1963, Papurau Gwyn Jones, LlGC, rhif 58/62.

31 Clifford Evans at Roger Webster, 4 Mehefin 1961, Papurau Cyngor Celfyddydau Cymru (CCC) 3, LlGC, rhif DN17.

32 Roger Webster at Clifford Evans, 6 Mehefin 1961, Papurau CCC 3, LlGC, rhif DN17.

33 'Dear Bill . . . We are full of admiration for the Welsh National Opera Company and would like to co-operate to the fullest possible extent with you. We have instructed Clifford Evans and an architect, Elidir Davies, to get in touch with your representatives and see if it is possible to modify our plans to meet your requirements': Arglwydd Aberdâr at W. H. Smith, 10 Mehefin 1961, Papurau CCC 3, LlGC , rhif DN17.

34 W. H. Smith at Roger Webster, 12 Mehefin 1961, Papurau CCC 3, LlGC, rhif DN17.

[35] 'Capital Give Up Theatre Quest', *Western Mail*, 2 Hydref 1962.

[36] Erthygl Olygyddol, 'Cardiff's Tragic Comedians', *Western Mail*, 3 Hydref 1962.

[37] 'Theatre Sale "Worst Blow To Arts In Wales"', *Western Mail*, 8 Hydref 1962.

[38] Ibid. Roedd pwynt olaf Gwyn Jones yn adlais uniongyrchol o eiriau golygydd y *Western Mail* rai dyddiau ynghynt: 'Imaginative management might produce a profit; far more important it would preserve a priceless asset and stimulate the theatre-going habit without which the National Theatre project is doomed before a brick is laid.' 'Cardiff's Tragic Comedians', *Western Mail*, op.cit.

[39] Arglwydd Aberdâr, 'The New And National Theatres' (llythyr at y Golygydd), *Western Mail*, 12 Hydref 1962.

[40] Gwyn Jones, 'Helping Those Who Help Themselves' (llythyr at y Golygydd), *Western Mail*, 15 Hydref 1962.

[41] Lincoln Hallinan, 'Crossing Swords With Arts Council' (llythyr at y Golygydd), *Western Mail*, 16 Hydref 1962.

[42] 'Meeting With Lord Aberdare: 15 November, 1962' yn Syr William Emrys Williams at Roger Webster, Papurau CCC 3, LlGC, rhif DN17.

[43] Ibid.

[44] Ibid. Rhai dyddiau'n ddiweddarach, atebwyd llythyr Williams gan Roger Webster: 'I was very interested indeed in your reaction to their plans, which of course was exactly our own'. Roger Webster at Syr William Emrys Williams, Papurau CCC 3, LlGC, rhif DN17.

[45] 'Capital Give Up Theatre Quest', *Western Mail*, op.cit.

[46] 'Meeting Between St. David's Trust, Cardiff City Council and The Welsh Committee, March 14th 1963', Papurau Syr T. H. Parry-Williams a'r Fonesig Amy Parry-Williams, LlGC, rhif W17.

[47] Ibid.

[48] Roger Webster at Arglwydd Aberdâr, 8 Mai 1963, Papurau Gwyn Jones, LlGC, rhif 58/59.

[49] Arglwydd Aberdâr at Roger Webster, 10 Mai 1963, Papurau Gwyn Jones, LlGC, rhif 58/59.

[50] Roger Webster at Arglwydd Aberdâr, 4 Gorffennaf 1963, Papurau Gwyn Jones, LlGC, rhif 58/60.

[51] 'Some Adaptable Theatres: A Report by Victor Glasstone', Papurau Syr T. H. Parry-Williams a'r Fonesig Amy Parry-Williams, LlGC, rhif W23.

[52] 'Capital Column', *Western Mail*, 15 Hydref 1963. Wfftiwyd y datganiad hwn gan Roger Webster: '. . . just a reporter making a story'. Roger Webster at Gwyn Jones, Papurau Gwyn Jones, LlGC, rhif 58/66/1.

[53] 'A Welsh National Theatre', Medi 1963, Papurau Syr T. H. Parry-Williams a'r Fonesig Amy Parry-Williams, LlGC, rhif W19.

[54] Ibid.

[55] Ibid.

56 Ibid.

57 Gwyn Jones at Roger Webster, 7 Tachwedd 1963, Papurau Gwyn Jones, LlGC, rhif 58/69.

58 'Deadlock Over Blueprint for Welsh Theatre', *Western Mail*, 18 Tachwedd 1963.

59 'Bid to Speed the National Theatre', *Western Mail*, 22 Tachwedd 1963.

60 Saunders Lewis, 'National Theatre a Thrilling Vision' (llythyr at y Golygydd), *Western Mail*, 4 Rhagfyr 1963.

61 'Deadlock Over Blueprint for Welsh Theatre', *Western Mail*, op.cit.

62 'Bid to Speed the National Theatre', *Western Mail*, op.cit.

63 'Another Theatre Obstacle', *Western Mail*, 14 Ionawr 1964.

64 Bu'r pensaer ei hun, mae'n amlwg, yn ceisio denu cefnogaeth rhai o feistri'r Pwyllgor Cymreig yn Llundain. Wrth ysgrifennu at Gwyn Jones ar ddydd Calan 1964, ychwanegodd Syr William Emrys Williams nodyn mewn llaw-ysgrifen ar waelod ei lythyr: 'Despite what that madman Elidir Davies may say I have made no comments about the Welsh National Theatre except to warn Aberdare that he must come to terms with your Committee'. William Emrys Williams at Gwyn Jones, I Ionawr 1964, Papurau Gwyn Jones, LlGC, rhif 58/57.

65 Wrth gyflwyno sylwadau Albery, y mae dogfen yr Ymddiriedolaeth yn datgan: 'Neither he nor the Executive Committee members of the Association of British Theatre Technicians have any knowledge of Mr. Glasstone who is quoted by the Arts Council; nor is he known to have a background knowl-edge of the theatre which qualifies him to make more than the equivalent of a student's or an architectural journalist's impression of his visit to German theatres'. 'Brief comments of Mr. Elidir Davies on the Memorandum of the Arts Council', Papurau Syr T. H. Parry-Williams a'r Fonesig Amy Parry-Williams, LlGC, rhif W20.

66 Thomas de Gaetani, *Adaptable Theatres*, 19: dyfynnwyd yn 'Brief comments of Mr. Elidir Davies', ibid.

67 'Brief comments of Mr. Elidir Davies', ibid.

68 Ibid.

69 Ibid.

70 Ibid.

71 '"Flexible" Theatre Approved', *Western Mail*, 14 Ebrill 1964.

72 Roger Webster at Nigel Abercrombie, 3 Gorffennaf 1964, Papurau Gwyn Jones, LlGC, rhif 58/87.

73 Roger Webster at Gwyn Jones, 10 Gorffennaf 1964, Papurau Gwyn Jones, LlGC, rhif 58/90.

74 Gwyn Jones at Roger Webster, 10 Gorffennaf 1964, Papurau Gwyn Jones, LlGC, rhif 58/89.

75 Beata Lipman, 'End of Theatre Deadlock Soon?', *Western Mail*, 21 Medi 1964.

76 Erthygl Olygyddol, 'The Wisdom of St. David's Trust', *Western Mail*, 22 Medi 1964.

[77] Arglwydd Aberdâr at Gwyn Jones, 25 Medi 1964, Papurau Gwyn Jones, LlGC, rhif 58/99.

[78] 'Wales—Patagonia Centenary Ball for the Welsh National Theatre', Papurau Clifford Evans, LlGC, rhif 11.

[79] 'Proceedings of a Meeting of the National Theatre for Wales Continuation Sub-Committee', 5 Awst 1967, Papurau CCC 3, LlGC, rhif DN17.

[80] 'Proceedings of a Meeting of the National Theatre for Wales Continuation Sub-Committee', 9 Medi 1967, Papurau CCC 3, LlGC, rhif DN17.

[81] Saunders Lewis, *Problemau Prifysgol* (Llandybïe: Llyfrau'r Dryw, 1968), 8–9.

Datblygiad Theatr Genedlaethol i Gymru, 1964–82

Lyn T. Jones

Aeth yn shiang-di-fang ar y bedwaredd ymgais i greu sefydliad cenedlaethol i'r theatr yng Nghymru . . . Howard de Walden . . . Clifford Evans . . . Warren Jenkins . . . sefydlwyd Cwmni Theatr Cymru ym 1973 fel cwmni annibynnol gyda'i Fwrdd o Reolwyr, ei Gyfarwyddwr, ei actorion a'i staff ei hun.

Dyfal Donc . . . Heb Dorri'r Garreg, Wilbert Lloyd Roberts, 1984.[1]

Yn Eisteddfod Genedlaethol Abertawe ym 1964, ugain mlynedd cyn i Wilbert Lloyd Roberts ysgrifennu'r geiriau uchod, cynhaliwyd *Seiad y Dramodwyr* yn y Babell Lên, ac yn rhifyn Tachwedd o *Y Gwrandawr* dywedodd y golygydd, Emyr Humphreys (a oedd hefyd yn gadeirydd *Seiad y Dramodwyr* ym mis Awst): 'daeth un peth yn glir i mi. Ni cheir byth gytundeb ar Theatr Genedlaethol Cymru. Efallai y ceir Theatr, ond ni cheir cytundeb'. Mynegodd ei farn hefyd ar gyfraniadau unigolion i'r drafodaeth yn Seiad y Dramodwyr: 'Pan dderbyniais wahoddiad y Pwyllgor Drama i gadeirio, roeddwn dan yr argraff mai'r Theatr Genedlaethol oedd y pwnc i fod . . . Ond dewisodd bron pawb yn y seiat siarad am "Y Theatr Gymraeg". Golyga hyn theatr Gymraeg ei hiaith, a dim byd arall'. Aeth y golygydd rhagddo i ddatgan ei weledigaeth yntau: 'Yn fy marn i, a barn llawer o bobol eraill, y peth cyntaf yw cael yr adeilad. Gallwn wedyn fynnu cydraddoldeb i'r ddwy iaith, a chan mai Theatr Genedlaethol fydd hi, a chan fod Cymru yn ddwyieithog, byddai hynny'n deg'.

Yr oedd y trafod yn danbaid hefyd y tu allan i ffiniau'r Babell Lên a maes yr Eisteddfod. Bu cryn lythyru a dadlau yn y wasg wrth i gefnogwyr sefydlu 'adeilad' y theatr genedlaethol herio cefnogwyr yr 'ymarferwyr', sef y rhai a welai'r theatr genedlaethol yn gorff a fyddai'n teithio Cymru benbaladr. O fewn chwe mis yr oedd R. M. 'Bobi' Jones wedi cydio yn y ddadl, gan roi Theatr Fach Llangefni, yn y cyd-destun cenedlaethol. Meddai yn *Y Faner* ar 11 Mai 1965:

> Theatr genedlaethol Cymru ydyw: ond mae ganddi fantais ar y llyfrgell a'r amgueddfa genedlaethol am ei bod mewn ardal Gymraeg. Bydd yn sefydliad a weinyddir yn wirfoddol . . . A'r cyfan ar raddfa fach; dyna'r sicrwydd y bydd hi'n aros yn theatr iach, bersonol. Felly y dylai Theatr Genedlaethol Cymru fod.

Dangosodd sawl un o'r prif gymeriadau eu hochr yn ystod y cyfnod dadleuol a ffyrnig hwn wrth i Raymond Edwards, Prif-athro'r Coleg Cerdd a Drama, y dramodydd Saunders Lewis, yr actor Clifford Evans a'r llenor Emyr Humphreys ddadlau o blaid adeilad sefydlog, mawreddog a adlewyrchai ddelfrydau Ymddir-iedolaeth Dewi Sant, tra dadleuai'r dramodydd John Gwilym Jones, y darlithydd drama Emyr Edwards a'r academydd Bobi Jones o blaid theatr fechan a theatr deithiol. Ond rhywle yn y cysgodion yr oedd yna ŵr a fuasai'n coleddu'r syniad o 'Theatr Gymraeg i Gymru Gyfan'. Y gŵr hwnnw oedd Wilbert Lloyd Roberts, cynhyrchydd drama radio a theledu gyda'r BBC ym Mangor. Rhwng Eisteddfod Genedlaethol Abertawe ym 1964 ac Eisteddfod Genedlaethol Aberafan ym 1966, bu'n gweithio'n ddyfal i ddwyn perswâd ar bwy bynnag fyddai'n barod i wrando fod yr amser wedi dod i greu, am y tro cyntaf, gwmni theatr teithiol, proffesiynol—un a fyddai'n perfformio yn yr iaith Gym-raeg yn unig. Yn Eisteddfod Genedlaethol 1965, yn y 'ganolfan ddrama' yn y Drenewydd, gwnaeth Wilbert Lloyd Roberts araith yn ystod trafodaeth ar 'Theatr i Gymru Gyfan', araith a gofnod-wyd yn y *Liverpool Daily Post*, Awst 1965, o dan y pennawd '*Was it a death Knell I heard*?' Yr hyn a oedd dan fygythiad, wrth gwrs, o ganlyniad i'w ddadleuon dros gwmni Cymraeg a theatr deithiol, oedd cynlluniau Ymddiriedolaeth Theatr Dewi Sant, mudiad a sefydlwyd ym Mawrth 1961 i baratoi cynlluniau ar gyfer sefydlu Theatr Genedlaethol yng Nghaerdydd. [Gweler y bennod flaen-orol.] Dyma'r geiriau proffwydol a briodolwyd i Wilbert Lloyd Roberts yn adroddiad y *Liverpool Daily Post*: 'Nid wyf yn credu y

gallwn fod â Theatr Genedlaethol yng Nghymru wedi ei chyf-
yngu i un dref'.

Yr oedd cwmni teithiol eisoes yn bod yng Nghymru, cwmni a
sefydlwyd gan Bwyllgor Cymreig Cyngor Celfyddydau Prydain
ym 1962, sef y 'Welsh Theatre Company' o dan gyfarwyddyd
Warren Jenkins. Sefydlwyd y Welsh Theatre Company yn gorff
ffurfiol ym 1964 dan yr enw The Welsh National Theatre Com-
pany/Cwmni Theatr Cenedlaethol Cymru Limited, ac ym 1965
trefnwyd taith ysgolion eithriadol lwyddiannus o *The Rivals*
Sheridan, gyda Jessie Evans a Rachel Thomas yn y cast. Y flwyddyn
honno, hefyd o dan faner y Cwmni, cynhaliwyd Gŵyl Theatr
mewn pabell ym Mharc y Castell, Caerdydd, gydag actorion
adnabyddus fel Sybil Thorndike ac Emlyn Williams ymhlith y
perfformwyr. Saesneg oedd prif iaith y Cwmni er bod y posteri
dwyieithog ac arnynt enwau'r Welsh Theatre Company a Chwmni
Theatr Cymru yn achosi penbleth yn aml wrth i'r cyhoedd
ddyfalu ym mha iaith y cyflwynid y perfformiadau. Wrth sefydlu'r
Welsh Theatre Company/Cwmni Theatr Cymru Limited, sicr-
hawyd fod cyfundrefn weinyddol ar gyfer teithio dramâu ar gael
yn y brifddinas, a bu cryn drafod y posibilrwydd o lwyfannu
ambell gynhyrchiad yn yr iaith Gymraeg o dan faner y Cwmni.
Un o'r problemau ymarferol oedd yr un gyfarwydd honno, prin-
der arian, ond yr oedd yna brinder arall, sef prinder cyflenwad o
actorion proffesiynol yn medru'r Gymraeg. Ar y pryd, Wilbert
Lloyd Roberts oedd yn gyfrifol am Uned Drama Deledu Gymraeg
y BBC. Oherwydd ei brofiad ym myd y ddrama, gwahoddwyd ef
i fod yn aelod o bwyllgor ymgynghorol Pwyllgor Cymreig Cyn-
gor y Celfyddydau, ac fe'i cafodd ei hun yn yr union fan y dymunai
fod, sef yng nghanol y trafodaethau a'r dadlau. Y model i gefnog-
wyr Ymddiriedolaeth Theatr Dewi Sant oedd adeilad tebyg i'r un
a fwriadwyd ar gyfer y Theatr Genedlaethol yn Lloegr, adeilad ac
iddo fil a hanner o seddi, ac yr oedd yn bur amlwg mai dim ond
un neu ddau gynhyrchiad Cymraeg a fyddai'n gweld golau dydd
ar y llwyfan hwn. Yr oedd amryw o Gymry Cymraeg blaenllaw
yn gefnogol i'r fenter, gan gynnwys Saunders Lewis ac Emyr
Humphreys, a phob un ohonynt yn barod i dderbyn y cyfyngiad
hwn er mwyn codi safonau yn gyffredinol.

171

Yr oedd Wilbert Lloyd Roberts yn ddrwgdybus o holl gynlluniau Ymddiriedolaeth Dewi Sant. Hawliodd ef theatr a fyddai'n eiddo i genedl gyfan, nid i un gornel dde-ddwyreiniol yn unig. Yn ystod 1964, trwy gyfuno adnoddau'r BBC a'r Welsh Theatre Company er mwyn trefnu taith i ddrama Tom Richards, *Y Tad Afradlon*, wedi'i chyfarwyddo gan Herbert Davies a weithiai i'r BBC, bron na ellid dweud fod awydd Wilbert Lloyd Roberts i greu theatr deithiol gwbl Gymraeg wedi'i brofi. Actorion proffesiynol ar gytundeb i'r BBC oedd y cast, sef Lisabeth Miles, Gaynor Morgan-Rees, Dillwyn Owen, Charles Williams, Dilys Davies, Emrys Cleaver ac Islwyn Morris. Bu'r daith yn llwyddiant, ac yn ei sgil daeth Wilbert Lloyd Roberts yn ffigwr canolog yn nrama'r 'theatr genedlaethol', gan iddo yntau, yng ngwanwyn 1965, fynd â'r rhaglen nodwedd *Byd a Betws* o gwmpas Cymru yng nghwmni Cynan, William Morris a Ffranses Môn. Teitl ei gwmni oedd Cwmni Theatr Cymru. Mae'n ddiddorol nodi i'r Athro Gwyn Jones y flwyddyn honno ddadlau'n ffyrnig dros gynnwys y gair 'National' a 'Chenedlaethol' yn nheitl swyddogol y Welsh Theatre Company. Ni chafwyd cytundeb ar y mater.

Bu *Byd a Betws* yn rhan o'r Ŵyl Theatr a gynhaliwyd ym Mharc y Castell, Caerdydd rhwng 7 Mehefin a 4 Gorffennaf 1965, pan berfformiwyd *Jackie the Jumper* Gwyn Thomas, *The Rivals* Sheridan, *The Caretaker* Pinter, a *The Hollow Crown*, sef addasiad o ddramâu hanesyddol Shakespeare. Yr haf hwnnw llwyddwyd i berswadio Pwyllgor Cymreig Cyngor y Celfyddydau mai sefydlu cwmni teithiol oedd y ffordd resymol ymlaen er budd y theatr Gymraeg. I'r perwyl hwnnw, sefydlwyd cyfundrefn a fyddai'n caniatáu teithio cynyrchiadau yn yr iaith Gymraeg o 1965 ymlaen, a hynny yn sgil cytundeb cydweithredol unigryw a wnaed rhwng y Pwyllgor Cymreig a'r BBC. Hanfod y cytundeb oedd ymrwymiad i gydgyflogi grŵp bychan o actorion Cymraeg ar delerau parhaol drwy warantu isafswm cyflog o £600 y flwyddyn i chwe actor. Bangor fyddai lleoliad y grŵp, a Wilbert Lloyd Roberts a'i gweinyddai ar ran y BBC a Chwmni Theatr Cymru. I ddechrau, hysbysebodd am actorion a ddymunai actio yn theatr broffesiynol gyntaf yr iaith Gymraeg. Ymddangosodd y datganiad canlynol yn y wasg yn haf 1965:

Bangor fydd canolfan y Grŵp Cymraeg, ac fe'i gweinyddir ar ran y BBC gan Wilbert Lloyd Roberts. Dywed fod datblygu'r cynlluniau hyn yn llwyddiannus yn sialens gynhyrfus . . . mae'n dechrau ar y gwaith o ffurfio cnewyllyn cwmni yn ddiymdroi. Y mae'n ymfalchïo yn y cam pendant hwn i roi statws a lle teilwng i gelfyddyd yr actor yng Nghymru, ac i wneud drama Gymraeg yn alwedigaeth.

Yn ôl cofnodion Bwrdd y Cwmni, derbyniwyd dros ddeugain o geisiadau, ond mae awgrym nad oedd na phrofiad na chymhwyster iaith gan nifer o'r ymgeiswyr, er bod llawer iawn o'r deugain yn bobl ifanc frwdfrydig. Eto i gyd, yr oedd yna wythïen o dalent barod ymhlith yr ymgeiswyr, ac yn ystod haf 1965 aethpwyd ati i nithio'r ceisiadau. Galwyd cynhadledd i'r wasg yn Neuadd y Penrhyn, Bangor, ym Medi 1965 i gyhoeddi mai John Owen Hughes (Owen Garmon), Gaynor Morgan-Rees, Iona Banks, Lisabeth Miles, Robin Hughes a David Price oedd y chwe actor a ddewiswyd i wireddu'r cytundeb. Wrth lansio'r Cwmni ar 3 Medi 1965, cyhoeddwyd dwy daith arfaethedig, sef *Cariad Creulon* R. Bryn Williams, i deithio'r hydref hwnnw i ddathlu canmlwyddiant yr ymfudo i'r Wladfa, a *Saer Doliau* Gwenlyn Parry, i ddilyn yn ystod gwanwyn 1966. Byddai'r teithiau hyn yn digwydd o dan faner y Welsh Theatre Company, gan ddefnyddio staff gweinyddol a thechnegol y cwmni hwnnw. Wrth lansio'r cynhyrchiad cyntaf o *Cariad Creulon* ym mis Medi 1965, gwnaed 'datganiad o fwriad' gan y Cyfarwyddwr wrth iddo gyhoeddi ei obeithion o weld y cwmni craidd o actorion yn fodd i sicrhau theatr genedlaethol ymhen tair blynedd. Dyma'r cyfeiriad cyhoeddus cyntaf ganddo at greu corff cenedlaethol, gan mai 'creu galwedigaeth drwy ddrama yn yr iaith Gymraeg' oedd y nod hyd at y datganiad hwn. Wrth gyhoeddi ei obeithion yr oedd Wilbert Lloyd Roberts yn cyhoeddi ei bod yn bryd dangos ochr, a wynebu ymateb swyddogion y BBC, aelodau Ymddiriedolaeth Theatr Dewi Sant a Phwyllgor Cymreig Cyngor y Celfyddydau. Nid oedd fawr neb o'r sefydliadau hyn yn or-hapus o glywed fod cangen Gymraeg o'r Welsh Theatre Company yn datgan bwriad i esblygu'n gorff 'cenedlaethol'—a hynny o fewn tair blynedd! Dangoswyd yr anfodlonrwydd hwn mewn ffordd ymarferol iawn pan fynnodd Ymddiriedolaeth Theatr Dewi Sant archwiliad cyfreithiol yn dilyn ymgofrestriad ffurfiol y Welsh National Theatre

Company/Cwmni Theatr Cenedlaethol Cymru Limited. Onid hwy a feddai'r hawl ar y teitl 'cenedlaethol' yng nghyd-destun y theatr?

Er gwaethaf y prinder affwysol o ddeunydd 'newydd', llwyddodd Wilbert Lloyd Roberts i gomisiynu dwy ddrama newydd sbon ar gyfer y flwyddyn gyntaf, sef *Saer Doliau* Gwenlyn Parry, a *Pros Kairon* Huw Lloyd Edwards, ac yn ystod wythnos Eisteddfod Genedlaethol Aberafan ym mis Awst 1966, gwelwyd llwyfannu'r ddwy ddrama. Aeth *Saer Doliau* ar daith yn ystod hydref 1966 gyda'r actorion David Lyn, Gaynor Morgan-Rees ac Owen Garmon. Fe'i dilynwyd gan daith *Pros Kairon* gydag actorion fel Ryan Davies, Glyn Williams, Stewart Jones a Clive Roberts yn ymddangos. Rhoes y datblygiad hwn hwb i hygrededd y Cwmni newydd-anedig. Cafwyd dwy ddrama newydd a'r rheiny'n rhai swmpus a chyffrous a enynnodd drafodaethau tanbaid am gyfnod maith. Yr oedd y llwyfannu proffesiynol, dengar ynghyd â'r marchnata effeithiol yn fodd i sicrhau bod y theatrau'n llawn yn ystod pob perfformiad, ac mae'n wir dweud bod theatr genedlaethol embryonig wedi ymddangos yn Eisteddfod Genedlaethol Aberafan. Yn weinyddol, fodd bynnag, daliai Cwmni Theatr Cymru dan adain y fam Saesneg ac, yn anffodus, fel yr oedd yr ochr Gymraeg yn prifio, roedd y Welsh Theatre Company'n mynd i drafferthion. Yn ystod gwanwyn 1966 ymddiswyddodd y Cyfarwyddwr, Warren Jenkins, gan nodi yn y *Western Mail* ar 22 Ebrill mai un o'r rhesymau dros ei ymddiswyddiad oedd iddo gael ei siomi gan fethiant Cyngor Dinas Caerdydd i gytuno ar godi theatr fach i'r cwmni Saesneg yn y ddinas.

Oherwydd ei ymroddiad i sicrhau llwyddiant Cwmni Theatr Cymru, rhaid tybio i uwch-swyddogion y BBC fod yn llai na bodlon ar y cytundeb a oedd yn caniatáu i Wilbert Lloyd Roberts a'r actorion weithio ar y cyd i'r BBC ac i Gwmni Theatr Cymru. Oherwydd anfodlonrwydd uwch-swyddogion y BBC mae'n wybyddus i rym Wilbert Lloyd Roberts o fewn yr Uned Drama Deledu Gymraeg gael ei ddarnio. Yng ngwanwyn 1967 enillodd ysgoloriaeth deithio Cyngor y Celfyddydau i dreulio deufis yn astudio perthynas y theatr yng ngwledydd Llychlyn â'r cyfryngau torfol ac â dwyieithrwydd. Yn ystod ei ymweliad, aeth i Norwy, Sweden, Y Ffindir, Denmarc a Gwlad yr Iâ, ac erbyn iddo ddychwelyd, yr oedd newidiadau sylweddol wedi digwydd o fewn y BBC. Bu farw'r Pennaeth Rhaglenni, Hywel Davies, yn sydyn, ac ymddeolodd Alun Oldfield Davies a fu'n Rheolwr y BBC yng Nghymru, y ddau berson a fu'n brif gynheiliaid y cytundeb o du'r BBC. Yn absenoldeb Wilbert Lloyd Roberts, daeth y Gorfforaeth â'r cytundeb i ben. Ni allai'r actorion weithio i'r BBC ac i Gwmni Theatr Cymru o hyn allan. Ond nid un i blygu o flaen storm oedd Wilbert Lloyd Roberts a dangosodd ei fod yn deall gwleidyddiaeth gyfundrefnol drwy ymddiswyddo o fod yn Gyfarwyddwr rhan-amser Cwmni Theatr Cymru ym mis Gorffennaf 1967. O ganlyniad gorfodwyd y prif gwmni i asesu'r camau nesaf yng ngoleuni tri opsiwn: yn gyntaf, dileu'r syniad o gynyrchiadau Cymraeg yn llwyr; yn ail, cloffi ymlaen gydag ambell gynhyrchiad Cymraeg ac, yn olaf, penodi cyfarwyddwr amser-llawn i ofalu am yr ochr Gymraeg. Penderfynwyd penodi cyfarwyddwr ac ym mis Medi 1967 derbyniodd Wilbert Lloyd Roberts wahoddiad i fod yn Gyfarwyddwr Cwmni Theatr Cymru. Ymddiswyddodd o'r BBC a dechreuodd yn ei swydd newydd ar ddydd Calan 1968.

Bu'r flwyddyn 1967 yn un anodd i Gwmni Theatr Cymru, ond llwyddwyd i oroesi'r stormydd gwleidyddol a chyllidol. Yn ystod y flwyddyn perfformiwyd *Cymru Fydd* Saunders Lewis, a *Deud Yda Ni*, rhaglen nodwedd a welodd Ryan Davies a Ronnie Williams yn cyd-actio am y tro cyntaf erioed. Gyda'r ddau ddigrifwr yr oedd Mari Griffith, Olwen Rees, John Greatorex a Stewart Jones. Llwyfannwyd y ddau gynhyrchiad yn Eisteddfod Genedlaethol y Bala, 1967. Cofnodwyd digwyddiad hollbwysig arall yn yr un Eisteddfod, un a gafodd ddylanwad parhaol ar y theatr Gymraeg hyd y dydd heddiw, sef sefydlu Cymdeithas Theatr Cymru. Dros gyfnod o ddwy flynedd a mwy, bu Wilbert Lloyd Roberts yn treulio amser yn dadansoddi manylion cymdeithasau a chlybiau cefnogwyr theatrau yn Lloegr a thu hwnt, ac yn Eisteddfod Aberafan ym 1966 dosbarthwyd miloedd o holiaduron yn gofyn am ymateb i'r syniad o sefydlu Cymdeithas Theatr o'r fath. Daeth dros fil o atebion cadarnhaol yn ôl ac, ar sail y rhain, a chyda chymorth dyrnaid o garedigion brwdfrydig, dyma lansio Cymdeithas Theatr Cymru yn Eisteddfod Genedlaethol y Bala.

O'r cychwyn, mynnwyd bod y Gymdeithas yn gorff cwbl annibynnol ar Gwmni Theatr Cymru. Profodd y penderfyniad hwn yn un rhyfeddol o bellgyrhaeddol fel y gwelir yn nes ymlaen. Sicrhaodd strwythur y Gymdeithas fod cnewyllyn o gynulleidfa i waith y Cwmni ym mhob canolfan drwy Gymru gyfan. Yr oedd y trefnyddion lleol—gwirfoddolwyr bob un ohonynt—yn sicrhau dosbarthu cyhoeddusrwydd, gwerthu tocynnau a threfnu bysiau o ardaloedd gwledig a phentrefi a threfi i'r ganolfan berfformio yn eu hardaloedd. Yn y cyfnod hwnnw, yr oedd y Cwmni yn gyfan gwbl ddibynnol ar neuaddau ysgol a chymuned ar gyfer y rhan fwyaf o'i berfformiadau. Yn achlysurol, deuai cyfle i berfformio yn Theatr y Playhouse yn Lerpwl a Theatr y Grand yn Abertawe, ond eithriadau prin oeddynt, a byddent yn peri cur pen sylweddol i'r criw llwyfan am fod rhaid addasu set fechan a gynlluniwyd ar gyfer llwyfan neuadd ysgol yn un a fedrai lenwi, dyweder, llwyfan y Grand yn Abertawe! Yr oedd bod yn greadigol yn hanfodol i bob agwedd ar waith y Cwmni.

Yn ystod ail hanner 1967, creodd y BBC gytundebau ffurfiol ar gyfer bron pob actor Cymraeg, a thrwy hynny creodd broblem anferth i Gyfarwyddwr newydd Cwmni Theatr Cymru o'i ddiwrnod cyntaf yn y swydd. Er hyn, llwyddodd Wilbert Lloyd Roberts i berswadio tri actor i beidio llofnodi cytundeb y BBC ac ymuno ag ef ym Mangor, sef Gaynor Morgan-Rees, Beryl Williams a John Ogwen. Daeth o hyd i ysgrifenyddes a chafodd wasanaeth un bachgen ifanc o Ddyffryn Nantlle, a oedd yn barod i wneud pob dim o gwmpas y swyddfa. Y bachgen ifanc hwnnw oedd Michael Povey. Roedd Wilbert Lloyd Roberts am greu polisi ar gyfer Cwmni Theatr Cymru a sicrhâi ystod eang o brofiadau theatrig ac a osodai seiliau cadarn ar gyfer twf theatr Gymraeg o statws cenedlaethol. Nid cwmni prosiect fyddai hwn, nid un a fyddai'n cyflwyno ambell ddrama ac yna'n diflannu o'r llwyfan am gyfnod; bwriad Wilbert Lloyd Roberts oedd sefydlu cwmni am gyfnod hir a ffyniannus. Yn ffodus, mynegodd Cyngor y Celfyddydau ei fod yn barod i sicrhau lefel gweddol dderbyniol o gyllid ac adnoddau, ac yng ngoleuni'r gefnogaeth honno, a hinsawdd gymharol hael y cyfnod, sefydlwyd cangen Gymraeg ei hiaith yn rhan ffurfiol o'r Welsh National Theatre Company/ Cwmni Theatr Cymru Limited.

Anelwyd at gyflwyno'r theatr orau bosib i gynulleidfaoedd Cymraeg drwy gomisiynu dramâu newydd gan ddramodwyr Cymraeg, cyfieithu clasuron gwledydd eraill a darparu rhychwant eang o theatr ar gyfer gwahanol gynulleidfaoedd, yn blant ysgolion cynradd ac uwchradd, yn deuluoedd ac yn gynulleidfaoedd arbenigol. Amcan arall oedd addysgu'r gynulleidfa drwy gyflwyno darnau arbrofol a gwahanol iddynt. Ysywaeth, ar sawl achlysur yn ystod ei fodolaeth, oherwydd amgylchiadau megis prinder arian, prinder deunydd, a phrinder actorion yn y dyddiau cynnar, bu'n rhaid i'r Cwmni addasu ei uchelgais. Mae cyfaddawdu yn rhan annatod o fodolaeth cwmnïau theatr ond, gyda fflam y 'theatr genedlaethol' yn dal i losgi, roedd yr ymdrechion i sylweddoli'r freuddwyd ar adegau yn ymestyn galluoedd pawb y tu hwnt i'r disgwyl ac yn rhoi pwysau eithriadol ar unigolion, adnoddau a chyllid.

Y freuddwyd oedd cael canolfannau perfformio gydag adnoddau tebyg i'w gilydd mewn sawl ardal yng Nghymru; y realiti oedd na fedrai hynny fyth ddigwydd, a daethpwyd i'r casgliad mai'r ateb i'r broblem, efallai, fyddai mynd â'r theatr at y bobl, fel y falwen yn cario'i thŷ o gwmpas. Dyna'r rheswm dros ymweliad Wilbert Lloyd Roberts â Manceinion ym 1966. Aeth yno i weld theatr symudol y *Century Theatre* ac i ystyried y posibilrwydd o fedru teithio Cymru gyda theatr deithiol hyblyg, a fyddai'n caniatáu i'r Cwmni ddefnyddio yr un adnoddau technegol a'r un llwyfan ar gyfer pob perfformiad. Yn ystod yr ymchwil a'r trafod, daeth Wilbert Lloyd Roberts i gysylltiad â'r cynllunydd theatr adnabyddus Sean Kenny, ac ar ôl trafod a chytuno ar hanfodion y cynllun, daeth hwnnw â'i weledigaeth at Gyngor y Celfyddydau, a chafwyd cefnogaeth y Cyngor i'r astudiaeth ddichonoldeb. Y weledigaeth oedd creu cragen alwminiwm fyddai'n cynnwys awditoriwm o tua 350 o seddau a allai gael ei haddasu i ffurf draddodiadol prosceniwm neu ynteu theatr gylch neu lwyfan agored yn ôl y galw. Aethpwyd ati i lunio model o'r theatr symudol a dangos sut y byddai'n gweithio, gyda thair lori fawr yn cario'r 'gragen' o un ganolfan i'r llall, cyrraedd sgwâr y dre neu iard ysgol, neu faes parcio, a'r gragen yn cael ei ffurfio drwy ddatgymalu ochrau a tho'r lorïau. Dyma gynllun uchelgeisiol ond cwbl ymarferol, a bu'r astudiaeth yn un eithriadol fanwl gan i

Kenny deithio Cymru i fesur pontydd a throeon, meysydd parcio a iardiau chwarae ysgolion ym mhob ardal y byddai'r cwmni yn debygol o berfformio ynddi, er mwyn sicrhau bod y cyfan yn ymarferol bosibl.

Yn ôl yr amcangyfrif, byddai adeiladu'r gragen yn costio tua £125 o filoedd a byddai angen tua £75 o filoedd y flwyddyn i'w chynnal. Credai Kenny y byddai pum dyn yn ddigonol i godi'r theatr mewn wyth awr, gyda'r holl anghenion technegol, o ran sain a goleuo, ystafelloedd gwisgo ac adnoddau blaen-tŷ. Cyhoeddodd nifer o drefi ac ardaloedd yng Nghymru eu brwdfrydedd dros groesawu'r theatr symudol i'w cymunedau. Gwnaeth Eleanor Dwyryd, y delynores adnabyddus o Ddolgellau, ei safbwynt yn glir yn *Y Faner* ym mis Chwefror 1967 pan ddywedodd:

> Buan y deuais i'r penderfyniad mai dyma'r union gynllun i ateb angen Cymru wledig heddiw. Mae ei gynildeb a'i ddefnyddioldeb yn rhywbeth i ryfeddu ato.

Yn anffodus i Sean Kenny, y Cwmni, a'r cefnogwyr, yr oedd carfan o Domosiaid yr un mor frwd dros weld y cyfan yn methu, a bu ysgrifennu ffyrnig yn y wasg Gymraeg yn erbyn y 'syrcas wirion' a fyddai'n gwneud 'jôc o'r theatr'. Nid syndod oedd gweld enwau rhai o gefnogwyr brwd Ymddiriedolaeth Theatr Dewi Sant ymhlith y mwyaf llym eu beirniadaeth. Credai'r gohebydd Frank Price Jones (a ysgrifennai dan y ffugenw 'Daniel') fod y cyfan yn 'syniad hurt . . . i greu'r anferthedd hwn o dun sardins . . . i'w lusgo o gwmpas Cymru fel syrcas'.[2]

O ganlyniad i'r dadlau, edwinodd cefnogaeth Cyngor Celfyddydau Cymru yn raddol. Yn Adroddiad Blynyddol y Cyngor ym 1966–7, neilltuwyd gofod i roi sylw manwl i'r syniad a chanmoliaeth i'r bwriad, gan gyfeirio at wreiddioldeb a soffistigeiddrwydd y cynllun. Cafwyd hefyd gefnogaeth Jennie Lee, y Gweinidog a oedd yn gyfrifol am y Celfyddydau. Ond yn rhyfedd iawn, yn adroddiad Cyngor y Celfyddydau y flwyddyn ddilynol nid oedd sôn am y cynllun o gwbl, a chredai Wilbert Lloyd Roberts yn gydwybodol mai'r dadlau yn y wasg a greodd amheuon ym meddyliau aelodau'r Cyngor a pheri cyhoeddi na fu ganddynt erioed unrhyw ddiddordeb *swyddogol* yn y cynllun. Eto, yng nghyfarfod Pwyllgor Rheoli'r Welsh National Theatre Company/Cwmni Theatr Cenedlaethol Cymru Limited ar 8 Ebrill 1968, yr oedd y syniad yn fyw ac yn iach, a chofnodir fod Syr W. Emrys Williams wedi datgan cefnogaeth lwyr i'r cynllun a'i fod o'r farn y dylid gweithredu arno ar fyrder.[3] Yn yr un cyfarfod, cytunwyd ar nifer o ganolfannau posibl ar hyd a lled Cymru, a chyhoeddodd Miss Nesta Howe, y Cyfarwyddwr Gweinyddol, yn yr un cyfarfod:

> that Mr Richard Burton was seeking a grant from two American Foundations for the financing of this scheme, and a discussion took place as to who should be responsible for this project: the Company or the Court of the National Theatre.[3]

Ond methiant fu'r cynllun i sicrhau 'theatr genedlaethol symudol' i Gymru gyfan. Yr oedd yn rhaid felly ailedrych ar y sefyllfa, gan ddal wrth yr egwyddor o fynd â'r theatr at y bobol. Aethpwyd ati i gynllunio unwaith yn rhagor, ac o'r cynllunio a'r trafod hwnnw, daethpwyd i'r casgliad mai sefydlu nifer o ganolfannau perfformio ar hyd a lled Cymru fyddai'r ateb yn hytrach na buddsoddi mewn 'cragen' symudol. Byddai angen, wrth gwrs, sicrhau bod pob un o'r canolfannau'n addas ar gyfer llwyfannu cynyrchiadau sylweddol eu maint i gynulleidfaoedd o rhwng tri a phedwar cant a hanner.

Ar 1 Ionawr 1968, agorodd Cwmni Theatr Cymru 'Swyddfa'r Gogledd'—fel y'i gelwid gan weinyddwyr y Welsh Theatre Company—uwchben siop trin gwallt yn Stryd Waterloo ym Mangor. 'Un stafell fawr efo un desg, cadair a thŷ bach—dyna hyd a lled fy theatr i', oedd disgrifiad Wilbert Lloyd Roberts o'r swyddfa mewn cyfweliad ym 1979 i'r rhaglen radio *Cymerwch eich Seddau*. Yr oedd Bwrdd Cwmni Theatr Cymru hefyd â'i lygad ar rentu hen gapel y Tabernacl, a oedd ym mherchnogaeth Coleg y Brifysgol, Bangor. Y bwriad oedd ei droi'n weithdy, ystafelloedd ymarfer, a storfa wisgoedd. Byddai rhentu'r Tabernacl yn fodd i ryddhau gofod yn Stryd Waterloo at bwrpas swyddfeydd gweinyddol i gefnogi'r gwaith trefnu a oedd yn y cyfnod hwnnw dan ofal Allan Cooke. Wilbert Lloyd Roberts ei hun oedd yn gyfrifol am yr ochr artistig, rheolaeth a marchnata, a'i wraig, Beti Lloyd

Roberts, oedd trefnydd Cymdeithas Theatr Cymru. O fewn y flwyddyn, llwyddodd y Bwrdd i gael cytundeb â Choleg y Brifysgol, Bangor, a dechreuwyd ar y gwaith o droi'r hen gapel yn weithdy i adeiladu setiau, ystafelloedd gwneud gwisgoedd ac ystafelloedd ymarfer.

Wedi i'r cyfan ddod i fwcwl, teimlai'r Cyfarwyddwr yn ddigon hyderus i gyflwyno profiadau theatrig mwy dieithr a heriol i'r gynulleidfa, ac fe ddaeth Eugène Ionesco yn enw newydd i garedigion y theatr ym 1968 wrth i'r cwmni lwyfannu tair o'i ddramâu ar daith, sef *Merthyron Dyletswydd* (cyf. Gareth Miles), *Pedwarawd* (cyf. John Watkin), ac *Y Tenant Newydd* (cyf. Ken Lloyd-Jones). Nododd Wilbert Lloyd Roberts yng ngolygyddol y rhifyn cyntaf o'r cylchgrawn *Llwyfan* (Haf 1968) i'r cyfan ennyn:

> . . . ymateb byw a phendant. Eglurwyd yn y rhaglen na ddylid ceisio'u deall fel petaent storïau byrion neu ddramâu-stori traddodiadol.

Fel y disgwylid, yr oedd y syniad yn groes i'r graen i laweroedd. Yn gelfyddydol, cytunwyd fod y daith yn llwyddiant, ond, er mawr siom i'r Cwmni, ni ddaeth y cynulleidfaoedd yn eu niferoedd i'r neuaddau. Hwb iddynt, er hyn, oedd penderfyniad Gwenlyn Parry i dderbyn y comisiwn a gafodd i gyfansoddi drama ar gyfer Eisteddfod Genedlaethol y Barri 1968, ar yr amod mai Cwmni Theatr Cymru fyddai'n perfformio'r ddrama honno. Yr oedd bwrlwm, asbri a newydd-deb y ddrama gomisiwn *Tŷ ar y Tywod* yn fodd i danio dychymyg cynulleidfa ifanc, a bu cryn drafod a dadlau bywiog am natur a chynnwys y ddrama. Teithiwyd y cynhyrchiad i 23 o wahanol ganolfannau yr hydref hwnnw, o Aberdâr i Aberystwyth, o Lanelli i Lanrwst. Yn yr un flwyddyn llwyfannodd y cwmni *Problemau Prifysgol* Saunders Lewis, a diolch i deleidiad HTV o'r cynhyrchiad daeth swm da o arian i goffrau'r cwmni.

Yn ystod diwedd y chwedegau parhau a wnaeth y dadlau ynglŷn â sut theatr genedlaethol y dylid ei sefydlu yng Nghymru, ac yng ngolygyddol *Llwyfan* 1, Haf 1968, gwnaeth Wilbert Lloyd Roberts ei safbwynt yn glir:

> Mae gan bob gwlad a chymdeithas iach hawl i gael y sefydliadau hynny sy'n crisialu ei hymwybyddiaeth o'i nodweddion. Un sefydliad felly yw

theatr genedlaethol. Fel y gwna Prifysgol, Llyfrgell, Oriel, Tŷ Opera ac Amgueddfa, mae hefyd yn agor sianeli i gynnyrch gwerthfawr cyfnodau eraill, neu i weithiau arwyddocaol cyfoes cenhedloedd eraill. Helaetha ddiwylliant a chyfoethoga fywyd. Anela at y safonau uchaf o gyflwyno a pherfformio, a dyry ddiddanwch creadigol byw i bawb a'i myn. Nid breuddwyd mo hyn. Mae'n ffaith gadarn mewn gwledydd bach a mawr. Bellach yr ydym yn nes nag erioed i'w sylweddoli yng Nghymru hefyd. Ond camgymeriad fyddai disgwyl gwyrth a fyddai'n cyflawni popeth dros nos. Gosodwyd y sylfeini eisoes; rhaid adeiladu'n gadarn yn awr. Nid Theatr Genedlaethol Cymru fydd y cyntaf i'w geni mewn helyntion; daw cysur o ddarllen hanes Theatr yr Abbey, heb sôn am yrfa drofaus y freuddwyd yn Lloegr am dros ganrif. Gall sefydliad a fydd yn falchder gwlad godi'n ffenicsaidd o lwch y dadleuon . . . Pan gyfyd llwch bob hyn a hyn o gwmpas Theatr Genedlaethol Cymru, cofiwn mai diddordeb dwfn a gwirioneddol sy'n peri'r ymysgwyd. Sefydliad yn perthyn i'r genedl i gyd fydd hwn, ac iach i bob barn gael ei llafar ymlaen llaw.

Â rhagddo i awgrymu sut yn union y medrid symud ymlaen i sefydlu Theatr Genedlaethol. Nododd ei bod yn awr yn bryd i'r Welsh Theatre Company a Chwmni Theatr Cymru 'ddod at ei gilydd' a chreu endid a fyddai'n esgor ar Theatr Genedlaethol.

Ond, ar ddydd Mawrth, 22 Hydref 1968, daeth yn amlwg nad dyma'r modd y byddai'r stori'n datblygu, oherwydd mewn cyfarfod o Fwrdd Rheoli y Welsh National Theatre Company/ Cwmni Theatr Genedlaethol Cymru Limited, yn 105 Picadilly, Llundain (cartref Cyngor Celfyddydau Prydain Fawr), anerchwyd y Bwrdd gan Syr William Emrys Williams ar ran llywodraethwyr Llys Theatr Genedlaethol Cymru, llys a sefydlwyd yn 1968 gan aelodau o Ymddiriedolaeth Dewi Sant i hybu ei hymgyrch i adeiladu theatr yng Nghaerdydd a chreu Cwmni Theatr Cenedlaethol. Dywedodd Syr William Emrys Williams fod y Llys ar fin llunio'i Gyfansoddiad, ac na ddylid cael dau gorff a hawliai fod yn 'Theatr Genedlaethol'. Wedi i Syr William adael y cyfarfod cafwyd trafodaeth a ddisgrifid yn y cofnodion fel 'A full and frank Discussion' sy'n awgrymu trafodaeth frwd a thanllyd.[4] Yn anffodus, cytunodd Bwrdd Rheoli y Welsh National Theatre Company/Cwmni Theatr Genedlaethol Cymru i ddileu'r gair 'cenedlaethol' o'i deitl. Aelodau'r Bwrdd a gytunodd i ddileu'r gair 'Cenedlaethol' oedd Hywel Heulyn Roberts (yn y gadair), Clifford Williams (y cyfarwyddwr theatr), Alun Llywelyn-Williams

a Richard John. Eraill a oedd yn bresennol oedd Aneurin Morgan
Thomas (Prif Weithredwr Cyngor Celfyddydau Cymru), Nesta
Howe (Cyfarwyddydd Gweinyddol y Welsh Theatre Company)
a Wilbert Lloyd Roberts, Cyfarwyddwr Cynyrchiadau Cymraeg
y cwmni. Methodd Tyrone Guthrie, Raymond Edwards, J. A.
Davies, Yr Athro J. R. Webster, Aneirin Talfan Davies a'r Hen-
adur H. Ferguson Jones â bod yn y cyfarfod.

Yn ystod haf 1968, yr oedd Llys Theatr Genedlaethol Cymru
yn paratoi i benodi Cyfarwyddwr a fyddai'n gyfrifol am y Cwmni
Theatr Genedlaethol arfaethedig yn ogystal â'r Welsh Theatre
Company. Fel rhan o'r broses honno gofynnwyd i Tyrone Guthrie
drefnu cynnal sgyrsiau cychwynnol anffurfiol gyda James Roose-
Evans a Clifford Evans yn Llundain i asesu eu diddordeb yn y
swydd. Yn ei adroddiad i'r Bwrdd ar 9 Medi meddai Guthrie:

> I made it clear to Roose-Evans that I was NOT empowered to offer the
> job and had, purposely, not briefed myself with all the details; that it was
> simply my job to get acquainted with him. He is interested; but naturally,
> wants to know more about it all; and is disturbed by all the rumour and
> schism and political squabbles. To this, I said, that, in my private opinion,
> the squabbles would die down as soon as a director was appointed, who was
> strong enough to propound a sensible series of practical measures and good
> enough at his job to carry them through effectively . . . In short, the
> impression was good; and I think he ought to be pursued further—and
> more 'officially'. One question he asked me, was how long did I think he
> would be asked to stay, and how long did I think he ought to be prepared
> to stay, I said I thought the committee would probably make him an offer
> for a year, with some option on his further services to be exercized after
> the first three or four months, when all saw how things were working
> out. As to the second part of his question: I said that I thought about three
> years would probably be enough; and if at the end of that time, all was
> going well, he had better leave, but be available, if wanted, to come
> occasionally as a 'Guest'. None of that commits you to anything. I was at
> great pains to make it clear that I was not empowered to engage him.
>
> Then came Clifford Evans. As you know, he and I have been acquainted
> and quite friendly for well over thirty years. I think he came to 'lobby'
> me rather than with any serious desire to be considered for the appoint-
> ment in question. I encouraged him to talk, which he did at considerable
> length and in an entirely moderate tone. The impression which I think I
> was meant to receive—and anyway the one I did receive—was that he
> regards the self-styled Welsh National Theatre Company as a splinter-
> body, which laid claim to the title 'National' by means of a ruse on the

part of the then-president of the Welsh Arts Council. And that this splinter-group is now trying to claim power to appoint a Director who will then have complete control over the planning of a National Theatre Project. I expressed no views, except to utter such profound statements as that it was a <u>pity</u> if the whole ship were to sink because of internal disagreements; and that I hoped it was not too late for both sides to sink their differences and agree on a common effort under a strong director, whose appointment was agreeable to all parties . . . and bromides like that!

My impression is that the only director whose appointment will satisfy Clifford Evans is himself. This is NOT a view I share.[5]

Nid oedd cefnogaeth i Clifford Evans na Tyrone Guthrie, ac o ganlyniad cytunwyd y dylai un aelod o'r Bwrdd, sef Clifford Williams, ymddiswyddo er mwyn ymgymryd â chyfrifoldeb Cyfarwyddwr Artistig ochr Saesneg y cwmni. Cadarnhawyd ar sail y newidiadau y dylid hefyd ailedrych ar fanylion cytundeb Wilbert Lloyd Roberts.

Yn yr un cyfarfod, cofnododd Wilbert Lloyd Roberts fod deunaw cais wedi eu derbyn ar gyfer y cynllun hyfforddi actorion a ddatblygwyd ganddo i ateb prinder perfformwyr yn yr iaith Gymraeg ac, ar 13 Mehefin 1968, cyhoeddwyd fod Cymdeithas Celfyddydau'r Gogledd wedi cytuno i gyfrannu £1,500 ar gyfer yr hyfforddiant. Ond, yn anffodus, oherwydd y cyfyngiadau ariannol, dim ond lle i bump fyddai ar y cwrs cyntaf. Er mai dim ond am ychydig flynyddoedd yn unig y bu'r cynllun hwn mewn grym, bu'n llwyddiant diamheuol, a chyflwynodd y fenter nifer fawr o unigolion ifainc i fyd y theatr a'r cyfryngau Cymraeg, unigolion a oedd i ddod yn actorion, yn ysgrifenwyr ac yn gyfarwyddwyr yn y dyfodol. Yn wir, datblygodd y cynllun haenen o dalent a fu'n fodd i gynnal y theatr yn yr iaith Gymraeg tan ddiwedd yr ugeinfed ganrif ac ymlaen i'r unfed ganrif ar hugain. Wrth edrych yn ôl ar 1968, dyma ddywed y Cyfarwyddwr yn ei lith olygyddol yn *Llwyfan* 2, Gwanwyn 1969:

Bydd 1968 yn bwysig yn hanes y ddrama Gymraeg. O Ionawr hyd Ragfyr llwyddwyd i gynnal cnewyllyn bychan o actorion amser-llawn trwy wneud theatr Gymraeg yn sail i'w galwedigaeth. Ni ddigwyddodd hyn o'r blaen. Y dyfodol piau barnu gwerth argyhoeddiad teyrngar y tri—Gaynor Morgan Rees, Beryl Williams, a John Ogwen—a wnaeth theatr Gymraeg amser-llawn yn bosibl am y tro cyntaf erioed . . .

. . . Fis Hydref, fel rhan o gynllun datblygu'r gwaith ym Mangor dewiswyd pump o fechgyn ifainc. Daeth tri ohonynt o Golegau Prifysgol, un o Goleg Addysg a'r pumed o blith gweithwyr llwyfan y cwmni. Y pump yw Gwyn Parry (Llanllechid), David Hywel (Garnant), Grey Evans (Ffestiniog), Dylan Jones (Amwythig) a Michael Povey (Garndolbenmaen).

Yr oedd 1968 o bwysigrwydd pellach gan i'r cylchgrawn *Llwyfan* weld golau dydd am y tro cyntaf yn ystod y flwyddyn honno. Noddwyd ef gan Gyngor y Celfyddydau a Chymdeithas Theatr Cymru. Argraffwyd 2,000 o gopïau o *Llwyfan* 1 a gwerthwyd pob un, naill ai drwy ddosbarthiad i aelodau'r Gymdeithas neu drwy'r siopau llyfrau Cymraeg. Yn amlwg, yr oedd gwir alw am gylchgrawn wedi ei neilltuo i drafod y theatr broffesiynol yng Nghymru a thu hwnt.

Yn ystod Hydref 1968 ceisiwyd cryfhau ochr Gymraeg y cwmni drwy wahodd y Dr (Syr yn ddiweddarach) Thomas Parry a'r Fonesig Amy Parry-Williams i ymuno â'r Bwrdd er mwyn cryfhau'r ochr Gymraeg. Y Cymry Cymraeg eraill a oedd yn aelodau ohono oedd Hywel Heulyn Roberts (Cadeirydd), Raymond Edwards ac Aneirin Talfan Davies. Yng nghyfarfod y Bwrdd ym mis Rhagfyr 1968, cofnodwyd manylion trafodaeth ar lythyr a dderbyniwyd o law ysgrifennydd Pwyllgor Gweithredol Llys Theatr Genedlaethol Cymru, yn gwahodd cynrychiolwyr i ddod i drafod y posibilrwydd o uno o dan Erthyglau newydd amcanion Ymddiriedolaeth Dewi Sant, Llys y Theatr Genedlaethol a'r Welsh National Theatre Company/Cwmni Theatr Genedlaethol Cymru Ltd. Cytunodd y Bwrdd i dderbyn y gwahoddiad.

Yn 1969, yn wyneb cyfyngiadau ariannol, yr oedd Wilbert Lloyd Roberts wrthi'n cynllunio dau gynhyrchiad ar gyfer y flwyddyn honno, sef rhaglen nodwedd *Dawn Dweud* a ysgrifennwyd gan Jacob Davies a Wilbert ei hun, a chynhyrchiad o *Y Ffordd* T. Rowland Hughes ar gyfer Eisteddfod y Fflint. Y bwriad oedd teithio wedyn i ysgolion a neuaddau ledled Cymru. Ar yr un adeg yr oedd adain Saesneg y Cwmni—a oedd hefyd yn wynebu gwasgfa ariannol—yn paratoi i deithio'r cynhyrchiad *This Story of Yours* John Hopkins, i Abertawe, Caerdydd a Chasnewydd, gyda Glyn Houston, Jonathan Burn, Andrew Crawford a Katharine Schofield yn y cast. Ond nid y sefyllfa ariannol oedd yr unig broblem ym 1969. Ar 13 Rhagfyr 1968, bu farw Nesta Howe, Cyfarwyddwr Gweinyddol y Cwmni er 1966. Bu hi'n gefnogol iawn i holl weithgareddau'r Cwmni ac yr oedd ei marwolaeth sydyn, a hithau ond yn 45 oed, yn golled enfawr. Mewn teyrnged iddi yn rhifyn Gwanwyn 1969 o *Llwyfan* dywedodd Wilbert Lloyd Roberts:

> Rhoddodd ei heithaf i'r ymdrech i ddatblygu theatr deilwng yng Nghymru. Pan adroddir y stori'n llawn ryw ddydd bydd lle amlwg iddi yn hanes y dyddiau cynnar. Cafodd y Cwmni a Chymru golled enfawr.

Yng Nghymru, yr oedd Nesta Howe yn un o'r bobl brin hynny a chanddi brofiad o weinyddu'r celfyddydau'n broffesiynol. Cyn iddi ymuno â'r Welsh Theatre Company ym 1966, bu'n gyfarwyddwr drama cynorthwyol gyda Chyngor Celfyddydau Prydain gan fod yn gyfrifol am gyfnod am swyddfa'r Cyngor yn Wrecsam. Bu hefyd yn gweithio yn y theatr yn Efrog Newydd cyn ymgymryd â swydd weinyddol gyda Chwmni Opera Cenedlaethol Cymru ac wedi hynny â dyletswyddau'r Welsh Theatre Company. Llesteiriodd marwolaeth Nesta Howe ddatblygiadau'r cwmni tan i weinyddwyr newydd fagu profiad wrth ymgyfarwyddo â'r gwaith.

I geisio ateb y prinder actorion a thechnegwyr yn y theatr Gymraeg, un o'r camau pwysicaf a gymerwyd gan Wilbert Lloyd Roberts oedd sefydlu Cynllun Hyfforddi arbennig iawn ym mis Hydref 1968. Y bwriad oedd denu grŵp o bobl ifanc brwdfrydig i dreulio blwyddyn o dan arweiniad y Cyfarwyddwr a thiwtoriaid llais megis Cynan, W. H. Roberts a John Cargill Thompson o Adran Ddrama Coleg y Brifysgol, Bangor, i'w paratoi am yrfa yn y theatr broffesiynol Gymraeg ei hiaith. Y mae'n ddiddorol nodi'r rhai a fu ar y cynllun hyfforddi actio hwnnw yn y dyddiau cynnar hynny: Gwyn Parry, D. Grey Evans, Dafydd Hywel Evans, Sharon Morgan, Margaret Charles, Michael Povey, Mici Plwm, a Hefin Evans ymysg eraill—pob un ohonynt yn ddiweddarach wedi dilyn gyrfa lwyddiannus ym myd y theatr neu'r cyfryngau.

Ym 1969 penododd Cwmni Theatr Cymru Dylan Jones, bachgen ifanc pump ar hugain oed o'r Amwythig, i swydd a elwid bellach yn Drefnydd y cwmni. Bu Dylan Jones ar gwrs hyfforddi cyntaf y Cwmni am flwyddyn, ar ôl treulio cyfnod fel athro yn Athen. Rhan ganolog o'i swydd oedd cryfhau'r trefniadau a'r cysylltiadau lleol i hybu cynulleidfaoedd ar gyfer ehangu gwaith yr Adran Gymraeg. Yn naturiol, yr oedd cysylltu â'r Eisteddfod Genedlaethol yn rhan bwysig o'i waith gan ei bod yn ffenest siop eithriadol bwysig i'r Cwmni. Darparai'r brifwyl gynulleidfa o ddramagarwyr a fyddai'n teithio yn ôl i'w cymunedau i ledaenu'r wybodaeth am yr arlwy a fyddai ar gael yn nheithiau hydref a gaeaf y Cwmni. Yr oedd y trefnydd felly yn gofalu am bresenoldeb Cwmni a Chymdeithas Theatr Cymru ar faes y brifwyl, yn denu aelodau newydd i Gymdeithas Theatr Cymru ac yn ceisio cynyddu maint y gynulleidfa drwy ddod â theithiau'r hydref a'r gaeaf i sylw'r cyhoedd. Eisteddfod Genedlaethol y Fflint 1969 oedd y bedwaredd brifwyl yn olynol i'r Cwmni baratoi ar ei chyfer. Ond, unwaith yn rhagor, cododd y bwgan pres ei ben. Yn Rhifyn 3 o *Llwyfan* tynnodd Bob Roberts, Cadeirydd Pwyllgor Drama'r Eisteddfod, sylw at y prinder arian ar gyfer llwyfannu drama. Dywedodd mai:

> Wythnos yr Eisteddfod yw yr unig wythnos lle mae gan y ddrama Gymraeg gynulleidfa wir genedlaethol. Dylai'r nawddogaeth ariannol fod yn ddigon hael iddi, nid yn unig gadw ei lle, ond hefyd i ychwanegu at ei maintioli artistig yn y dyfodol. Os na roir mwy o arian ar gyfer gweithgareddau Drama yn eisteddfodau'r dyfodol, yna ofnaf mai 'cilwg yn ôl' a gaiff pob Pwyllgor Drama druan a fu'n cystadlu'n aflwyddiannus 'rhoi angen un rhwng y naw'.

Ar gyfer arlwy Eisteddfod Genedlaethol y Fflint dewisodd Wilbert Lloyd Roberts lwyfannu un cyfieithiad ac un rhaglen nodwedd. Fel y nodwyd yn gynharach yr oedd eisoes wedi cyflwyno rhaglen amrywiol i'w gynulleidfaoedd drwy lwyfannu dramâu traddodiadol, dramâu newydd a chyfieithiadau o ddramâu beiddgar Ionesco. Yn Eisteddfod Genedlaethol y Fflint dewisodd lwyfannu cyfieithiad John Gwilym Jones o *Look Back in Anger* John Osborne, sef *Cilwg yn Ôl*, a rhaglen nodwedd ar Daniel Owen, rhaglen gyfoethog ei hiaith lafar a luniwyd gan Gruffydd Parry. Yn *Llwyfan* 4, Haf 1970, cawn Wilbert Lloyd Roberts yn egluro paham y dewisodd wneud defnydd o'r iaith lafar:

Mynegwyd cryn bryder yn ddiweddar am ddirywiad Cymraeg llafar . . .
Mae'n bwysicach siarad iaith yn dda na'i hysgrifennu. Pan ddolurir y llafar
fe gura'r llenyddol, a phan fydd marw y cyntaf fe dderfydd yr ail . . . Mae
gan ddramodwyr, actorion a chynhyrchwyr eu cyfraniad pwysig yn y
frwydr am enaid y Gymraeg lafar. Gall theatr Gymraeg lawn sy'n gwas-
anaethu plant, pobol ifanc, a rhai mewn oed ar raddfa genedlaethol eang
a chyson godi rhagfur pur warchodus.

Yn ogystal â gwarchod yr iaith lafar, mynnai Wilbert Lloyd
Roberts hefyd fod yr actorion yn llefaru'n gywir ac yn glir, ac o'r
dechrau denodd unigolion fel Cynan a W. H. Roberts i gynnal
dosbarthiadau yn ystod y cynllun hyfforddi a rôi bwyslais trylwyr
ar ynganu a llefaru. Roedd ei gastio yn ystod y cyfnod cynnar i
adlewyrchu'r gofal hwn. Yn *Dawn Dweud* y llefarwyr oedd Aled
(Gwynn) Jones, T. James Jones, John Ogwen, Morien Phillips,
Gaynor Morgan-Rees a Beryl Williams. Yn *Daniel Owen*, ei
lefarwyr oedd Grey Evans, Ellen Roger Jones, Owen Garmon,
Gwyn Parry, Glyn Williams, W. H. Roberts a J. O. Roberts.
Defnyddiodd sgiliau'r llefarwyr cydnabyddedig hyn fel esiampl i
genhedlaeth newydd o actorion, a rhoddodd gyfle i gynulleid-
faoedd dechrau'r saithdegau glywed iaith Gymraeg rywiog a
chyhyrog o'r llwyfan.

Y *Ffordd* T. Rowland Hughes oedd y cyfle cyntaf i fynd yn ôl
at 'hen' ddrama yr oedd stamp y mudiad amatur arni'n drwm.
Y mae'n ddiddorol sylwi ar yr ymateb iddi. Meddai John Ellis
Williams yn *Yr Herald Cymraeg*, Tachwedd 1969:

Dewis da oedd Y FFORDD—am dri rheswm. Yn gyntaf, y mae'r ddrama
bellach yn ddigon hen i fod yn newydd i'r genhedlaeth hon . . . Yn ail, y
mae cynulleidfaoedd yn dechrau alaru ar y syrffed a geir o ddramâu
'sumbolaidd' astrus . . . Ac yn drydydd, y mae Y FFORDD yn ddrama
sy'n apelio at bawb o bob oed . . . dyna'r ffordd orau o fagu cynull-
eidfaoedd at y dyfodol.

Yr oedd barn Kate Roberts yn *Llwyfan* 4, Haf 70, yn dra thebyg:

Peth braf . . . oedd cael mynd yn ôl i'r hen amser a mwynhau stori am
unwaith, a honno'n stori y gwyddem neu y dylem wybod ei chefndir.
Gwnaeth y cwmni yn ddoeth gychwyn eu teithiau gyda'r ddrama hon, un
y gallai pob dosbarth o bobl ei mwynhau.

Ddechrau'r saithdegau, ac yntau'n ceisio sefydlu'r Cwmni ar sylfeini cadarn, yr oedd wynebu sefyllfa lle nad oedd yn dal yr awenau gweinyddol yn gyfan gwbl yn anathema i Wilbert Lloyd Roberts. Yr oedd awenau'r gweinyddu yn nwylo Bwrdd Rheoli'r Welsh Theatre Company/Cwmni Theatr Cymru yng Nghaerdydd, a phan aeth hi'n ddyddiau du yn ariannol ar y fam-gwmni, aeth Wilbert Lloyd Roberts ati i holi am gyfrifon gwerthiant y cylchgrawn poblogaidd *Llwyfan* a thâl aelodaeth cefnogwyr Cymdeithas Theatr Cymru. Yr ateb a gafodd oedd, 'Don't worry, it's all there—in the deficit!' Yn amlwg, yr oedd arian y Gymdeithas ac arian gwerthiant *Llwyfan* wedi cael eu llyncu gan golledion y prif gwmni. Yn gynnar yn y saithdegau, felly, dechreuodd ymgyrchu'n dawel i sicrhau annibyniaeth drwy anelu at sefydlu Cwmni Theatr Cymru fel corff cyfreithiol annibynnol a fyddai'n gyfrifol am ei ddyfodol ei hun. Yng nghyfarfod Bwrdd Cymraeg y Cwmni ar 8 Ionawr 1973 cofnodwyd fel a ganlyn:

> It was reported that the money held on behalf of Cymdeithas Theatr Cymru in the Company's account in Cardiff has been transferred to a deposit account in Bangor.

Ym mis Hydref 1970, yn dilyn cyfnod di-dor o wythnosau saith niwrnod yn paratoi'r Cwmni ar gyfer y 'Welsh Language Drama Festival' ym mis Medi, ac o orfod ysgwyddo'r cyfrifoldeb o redeg y Cwmni bron ar ei ben ei hun ac ar yr un pryd wynebu cwynion gan y brif swyddfa am ddiffyg rheolaeth ar y gwaith ym Mangor, trawyd Wilbert Lloyd Roberts yn wael a threuliodd gyfnod yn yr ysbyty. Ond er gwaethaf hynny, danfonai negeseuon at Colin Paris (Rheolwr Busnes y prif gwmni yng Nghaerdydd) yn egluro bod prinder staff yn ganolog i rai o'r problemau cyllidol yn 'Swyddfa'r Gogledd'. Yn naturiol, roedd pris i'w dalu am flwyddyn gyfan o hercio o un argyfwng ariannol i'r llall, a rhaid oedd rhoi o'r neilltu gynlluniau'r Cyfarwyddwr i sefydlu cwmni ieuenctid y byddai actorion y cynllun hyfforddi yn graidd iddo. Bu trafod dwys hefyd ar y bwriad i ddiddymu'r cynllun hyfforddi ei hun, ond llwyddwyd i rwystro hynny rhag digwydd, ac yn wir llwyddodd y Cyfarwyddwr i berswadio'r Bwrdd Rheoli yng Nghaerdydd i ymestyn y Cynllun hyd at 28 Awst. Golygai hyn, wrth gwrs, fod y bobl ifanc yn cael eu talu £10 yr wythnos am dair wythnos o wyliau!

Ym 1970, collodd Cwmni Theatr Cymru, a Wilbert Lloyd Roberts yn bersonol, un o'i gefnogwyr praffaf ym mherson Cynan, un o hyfforddwyr cyson y cynllun hyfforddi. Naturiol ddigon oedd gweld y Cwmni'n paratoi cynhyrchiad fel teyrnged i'r cyn-Archdderwydd, ac fe deithiodd *Cofio Cynan* yn helaeth fel trydydd cynhyrchiad y flwyddyn honno. *Y Gofalwr*, cyfieithiad John Gwilym Jones o *The Caretaker* Pinter, oedd yr ail gynhyrchiad. Llwyddodd y Cwmni hefyd i gomisiynu drama newydd, wreiddiol gan Rhydderch Jones, sef *Roedd Caterina o Gwmpas Ddoe*. Ond, er llwyfannu amryw o ddramâu newydd, daliai'r prinder dybryd o ddeunydd Cymraeg ar gyfer y llwyfan i beri gofid i Wilbert Lloyd Roberts, a gwelai fod angen cynhyrchiad sylweddol, lliwgar i ddangos fod gan Gwmni Theatr Cymru y gallu i gyflwyno clasur Ewropeaidd gyda chast sylweddol. Cyfunodd yr elfennau i gyd yn ei lwyfaniad o addasiad Gwenllian Tudur a Bruce Griffiths o *Y Claf Di-Glefyd*, Molière, a fu'n teithio yn Chwefror a Mawrth 1971. Crewyd sawl dull marchnata effeithiol i ddenu cynulleidfaoedd drwy bwysleisio mai comedi ddifyr oedd hon. Yr oedd pob poster i gyhoeddi 'Miri mawr gan Molière', a defnyddiwyd y peth agosaf a welodd y theatr Gymraeg hyd yma at gynllun 'sêr', gyda chast mawr atyniadol, apelgar a thalentog ym mherson Meredith Edwards yn y brif ran a Christine Pritchard, Gaynor Morgan-Rees, W. H. Roberts, Beryl Williams, Owen Garmon, Grey Evans, Dylan Jones, Gwyn Parry, Dafydd Hywel, Margaret Charles, Nia Von, Sharon Morgan, Hefin Evans a Glyn Jones yn y rhannau eraill. Y ddau drwbadŵr oedd Dafydd Iwan a Meic Stevens, dau a fyddai'n sicr o gryfhau apêl y Cwmni at ysgolion a chymunedau ar hyd a lled y wlad. Perfformiwyd y cynhyrchiad ddeg ar hugain o weithiau i gyd, i oedolion mewn neuaddau ysgol, neuaddau glowyr, theatrau'r Playhouse yn Lerpwl a'r Grand yn Abertawe. Rhoddwyd yn ogystal nifer fawr o ber-fformiadau matini i gynulleidfaoedd o ddisgyblion ysgolion uwchradd. Bu'r daith yn un llwyddiannus iawn, gyda thri chwarter y perfformiadau nos i oedolion wedi gwerthu allan yn llwyr, a phob matini i ysgolion dan ei sang. Ysbrydolodd y llwyddiant Wilbert Lloyd Roberts i ehangu rhychwant gwaith y Cwmni, ac ar gyfer Eisteddfod Genedlaethol Bangor ym 1971 comisiynwyd gwaith newydd gan John Gwilym Jones, *Rhyfedd y'n Gwnaed*, sef tair drama fer, *Un Briodas, Dwy Ystafell* a *Tri Chyfaill*. Perswadiwyd Wilbert Lloyd Roberts hefyd gan rai o staff iau y Cwmni i dorri tir newydd ym maes adloniant hwyr yr Eisteddfod, ac yn neuadd gwbl anaddas y Coleg Technegol yn Ffriddoedd, Bangor, derbyniodd awdur yr ysgrif hon y sialens i fynd ati i gynhyrchu sioe a rwygai dawelwch yr hwyr. Y canlyniad fu dwyn ynghyd gerddoriaeth drydanol y grŵp James Hogg, gitâr ryfeddol Meic Stevens, goleuo deinamig Murray Clarke, disgo Mici Plwm, hiwmor y Tebot Piws a harmoni apelgar y Diliau yn y 'digwyddiad' theatrig, *Sachlian a Lludw*.

Mewn adolygiad yn *Llwyfan*, Gaeaf 1971, dywedodd Bruce Griffiths: 'Canai fy nghlustiau am chwarter awr ar ôl gadael *Sachlian a Lludw* ac ofnwn na fyddai fy nghlyw byth yn iawn wedyn. Noson i'w chofio ar bob cyfrif!' Ac yn yr un rhifyn mae Meic Stevens yn hel atgofion am ei brofiadau ef ar lwyfan y digwyddiad:

> Roedd hwn yn brofiad newydd a gwefreiddiol nid yn unig i'r rhai oedd yn cymryd rhan ond i'r gynulleidfa hefyd . . . Gwaith y theatr erioed fu dwyn pobl at ei gilydd i rannu profiadau, teimladau, meddyliau a syniadau—yn wahanol i bob cyfrwng arall mae'r gynulleidfa'n rhan fyw o'r perfformiad . . . Mi wn fy mod yn mynegi barn pob un o'r artistiaid wrth ddweud i ni gael profiad emosiynol nad anghofiwn mohono, yn y cyflwyniad hwn.

Ar glawr cefn yr un rhifyn o *Llwyfan*, ceir llun o Meic Stevens yn perfformio yn y sioe. Mae'r gynulleidfa wedi meddiannu'r llwyfan o'i gwmpas—ac i'r chwith o'r perfformiwr gwelir Wilbert Lloyd Roberts yng nghanol y 'digwyddiad'. Anodd dweud ai mwynhad ai consýrn dros yr adeilad yw'r olwg ar ei wyneb. Cofiaf iddo geisio roi mwstásh i'r llun fel na fyddai neb yn ei adnabod. Trefnwyd digwyddiad cyffelyb yn Hwlffordd ym 1972 a'i alw yn *Gwallt yn y Gwynt*. Nid oedd ofn mentro ar y Cyfarwyddwr, a phrofwyd hynny dro ar ôl tro yn ystod ei arweinyddiaeth. Yr oedd yn gwbl sicr o hunaniaeth y Cwmni ac yn ffyddiog ei fod yn cyflawni ei ddyletswyddau yn unol â disgwyliadau'r gynulleidfa, a disgwyliadau'r noddwyr. Fodd bynnag, yr oedd problemau ymarferol teithio yn creu cur pen i gynllunwyr, cyfarwyddwyr, technegwyr ac actorion fel ei gilydd, gan fod pob llwyfan ym mhob canolfan yn wahanol o ran maint ac adnoddau, a bu Wilbert Lloyd Roberts yn gyson frwd yn ei ymgyrch i sicrhau canolfannau addas ar hyd a lled Cymru, gan apelio'n benodol at sefydliadau addysgiadol. Teimlai rhai o Golegau'r Brifysgol fod ganddynt hwy ran bwysig i'w chwarae. Yn wir, yr oedd y Colegau Prifysgol yn fwy na pharod i fod yn bartneriaid yn y broses oherwydd byddai gweld theatr newydd ar y campws yn ychwanegu'n sylweddol at eu hadnoddau, ac yn ddull marchnata i ddenu mwy o fyfyrwyr. Taniwyd brwdfrydedd yng ngholegau'r Brifysgol a rhai sefydliadau eraill, ac yn y saithdegau adeiladwyd theatrau newydd yn Aberystwyth (Theatr y Werin, 1972), Caerdydd (Theatr y Sherman, 1973), Bangor (Theatr Gwynedd, 1975) a Choleg Harlech (Theatr Ardudwy, 1973). Ymddangosodd hefyd theatrau newydd yn yr Wyddgrug (Theatr Clwyd, 1976) ac yn 1972 agorwyd Theatr Felin-fach ar ei newydd wedd. Dilynwyd y rhain gan Theatr Taliesin a adeiladwyd ar gampws Coleg y Brifysgol, Abertawe, ym 1977.

Bellach, yr oedd cylchdaith theatrig yn bod i hybu'r freuddwyd a goleddid gan Wilbert Lloyd Roberts, sef sicrhau llwyfannau cymharol gymesur mewn gwahanol ardaloedd. Dyma sefydlu rhwydwaith felly a olygai fod theatr safonol o fewn cyrraedd i gynulleidfaoedd o Gymry Cymraeg. Yr oedd y theatrau hyn yn adnodd i ymestyn gwaith cymunedol ac addysgiadol trwy gydol y flwyddyn yn y ddwy iaith. Dyma gynlluniau a roddodd hwb i waith y gangen Gymraeg o'r Welsh Theatre Company/Cwmni Theatr Cymru Limited ac a fu'n sbardun yn ogystal i bolisïau blaengar Wilbert Lloyd Roberts. Yn anffodus, oherwydd i bob theatr gael ei chodi yn ôl anghenion unigol y gwahanol golegau a sefydliadau, methwyd â chael cysondeb rhwng y naill theatr a'r llall, a'r canlyniad oedd fod gwahaniaethau sylweddol o ran maint, adnoddau technegol, nifer y seddau, adnoddau cefn llwyfan, ac adnoddau ar gyfer cludo setiau i mewn i'r theatr. O ganlyniad ni fyddai modd llwyfannu cynhyrchiad o'r un safon artistig a thechnegol nos ar ôl nos ac unwaith eto rhaid oedd bodloni ar gyfaddawd. Canlyniad uniongyrchol codi'r theatrau newydd oedd creu'r angen am unigolion yn meddu ar sgiliau i'w rheoli, ond ym Mangor aeth Coleg y Brifysgol ar ofyn Cwmni Theatr Cymru i roi gwasanaeth rheoli yn Theatr Gwynedd, ac o 1974 ymlaen syrthiodd cyfrifoldeb a phwysau rhedeg theatr yn ogystal ag uned gynhyrchu ar Gwmni Theatr Cymru, a chafodd Wilbert Lloyd Roberts ei hun yn Gyfarwyddwr ar y ddau gorff.

Datblygodd cynllun gwaith y Cwmni'n batrwm cyson a olygai llwyfannu un cyfieithiad bob tymor, dwy ddrama Gymraeg a'r pantomeim poblogaidd blynyddol. Gwnaeth penderfyniad Wilbert Lloyd Roberts i lunio a chyflwyno'r pantomeim ennyn llid y puryddion yn gyson, ond profwyd pa mor ddoeth oedd y penderfyniad wrth i'r miloedd dyrru i'r canolfannau perfformio. Am y tro cyntaf yn hanes y theatr Gymraeg broffesiynol, gwelwyd y cynyrchiadau hyn yn rhedeg am wythnos gyfan mewn amryw o ganolfannau a theatrau, a chafwyd 'tai llawn' ym Mangor am dair wythnos cyn i'r Cwmni ddechrau teithio o gwmpas Cymru. Golygfa gyfarwydd oedd gweld rhesi o fysiau bob nos am wythnos wrth ochr neuaddau megis neuadd Cross Hands yn Sir Gaerfyrddin, wrth i deuluoedd cyfan ddod i fwynhau'r adloniant. Newidiwyd hefyd batrwm traddodiadol ysgolion Sul siroedd Caerfyrddin, Penfro a Gwynedd yn llwyr. Yn lle dilyn yr arfer traddodiadol o gwmpas y Nadolig o fynychu pantomeimiau Saesneg yn Abertawe, Caerdydd, Lerpwl a Manceinion trodd yr ysgolion at bantomeimiau Cwmni Theatr Cymru. Er hyn, llugoer iawn oedd cefnogaeth rhai o'r puryddion i'r pantomeim, a thros y blynyddoedd bu cryn bwyso ar Bwyllgorau Drama Cyngor y Celfyddydau i wrthod cynnig grant i elfen mor 'boblogaidd' o waith y Cwmni. Daeth ymweld â pherfformiadau o *Mawredd Mawr, Gweld Sêr, Madog, Dan y Don, Pwyll Gwyllt, Afagddu, Eli Babi, Mwstwr yn y Clwstwr, Rasus Cymylau*, a *Guto Nyth Cacwn* mewn theatrau a neuaddau yn batrwm cyffredin wrth i gymeriadau gwreiddiol y sioeau sbarduno diddordeb pobl ifanc yn y theatr, datblygiad a oedd yn cyfiawnhau penderfyniad Cwmni Theatr Cymru i hyrwyddo pantomeimiau y saithdegau.

Yng nghofnodion Bwrdd y Welsh Theatre Company/Cwmni Theatr Cymru Ltd o gyfarfod a gynhaliwyd ar 17 Tachwedd 1972, ceir y cofnod pwysig hwn: 'It was agreed that Cwmni Theatr Cymru Limited would be the official name, and if there was no opposition from the St David's Theatre Trust, the possibility of adopting Theatr Cymru as a business name for the purpose of publicity should be considered'. Erbyn dechrau'r flwyddyn ddilynol teimlai'r adain Saesneg fod ei dyfodol yn galw am berthynas agosach â'r Cwmni Opera Cenedlaethol ac fe aed ati i geisio sefydlu Cwmni Opera a Drama Cenedlaethol Cymru. Gwelodd Bwrdd Cwmni Theatr Cymru ei gyfle, ac fe'i ffurfiwyd yn gwmni cyfyngedig gyda hawl i osod ei stamp unigryw ei hun ar ei weithgareddau heb ymyrraeth allanol.

Ym 1972 hefyd ffurfiwyd Y Theatr Ifanc gan Gwmni Theatr Cymru, pan gafodd Wynford Elis Owen gyfle i gyfarwyddo y cynhyrchiad cyntaf o *Y Rhai a Lwydda* Bernard Evans. Yn ei adroddiad ar y daith i Gyngor Celfyddydau Cymru ym mis Gorffennaf, dywedodd:

> New writers are watching with interest the future development of Y Theatr Ifanc, because this company, if allowed to flourish, will be the long-awaited outlet for their work. Wales has inimitably created a theatrical monopoly. Most of the Drama grant Aid at the Arts Council's disposal is poured into the Welsh Theatre Company. Independent groups, therefore, find great difficulty in obtaining financial support, therefore I turned to Cwmni Theatr Cymru. Its Director, Wilbert Lloyd Roberts had the courage to back the new project financially.[6]

Ym mis Rhagfyr 1972, paratôdd Wibert Lloyd Roberts adroddiad i Banel Drama Cyngor y Celfyddydau yn amlinellu pwysigrwydd Y Theatr Ifanc i ddyfodol y theatr yng Nghymru:

> After TWO abortive efforts in previous years to establish a national company of young people, Cwmni Theatr Cymru managed this year to set it up. The actors were all students. They were paid their expenses, but no fees or salaries . . . It appeared at the National Eisteddfod in August and on tour in September. The performance gained critical acclaim, and it was evident that there was room and a need for the vital and fresh approach of such a company. Cwmni Theatr Cymru strongly supports the continuation and development of this successful innovation.[7]

Cafwyd arian i lwyfannu *Llyffantod* Huw Lloyd Edwards yn Eisteddfod Genedlaethol Rhuthun ym 1973 fel rhan o raglen Cwmni Theatr Cymru a gynhwysai'n ogystal ddrama gomisiwn

Gwenlyn Parri (*Y Ffin*) a sioe-un-dyn Ryan Davies (*Ryan*). Ond ym mis Ebrill 1974 anfonwyd cais pellach at Bill Dufton, Cyfarwyddwr Drama Cyngor y Celfyddydau, yn gofyn am grant ychwanegol i ddileu colled o £912.64c a wnaethpwyd ar deithio *Llyffantod* i Botwnnog, Harlech a'r Felin-fach. Yr un diwrnod, anfonwyd cais arall, y tro hwn yn gofyn am grant gan y Cyngor i gyflwyno opera roc *Mr. Meseia* wedi'i chyfarwyddo gan Dr John Gwilym Jones. Y bwriad oedd perfformio ar daith ym mis Gorffennaf, ac yna gyflwyno dau berfformiad yn yr Eisteddfod Genedlaethol yng Nghaerfyrddin ym mis Awst 1974, a theithio eto am wythnos ym mis Medi. Cwmni Theatr Cymru fyddai'n gyfrifol am drefnu a sicrhau'r adnoddau. Methwyd â chael y grant ond, yn y cyfamser, bu Cwmni Theatr Cymru'n gweithio ar y cyd â'r Eisteddfod i lwyfannu pasiant *Dewin y Daran* Richard Vaughan, a'r opera roc *Nia Ben Aur*. Perfformiwyd y ddau gynhyrchiad ar lwyfan y pafiliwn mawr yng Nghaerfyrddin, ynghyd â pherfformiadau o'r ddrama *Y Pypedau* Urien Wiliam.

Yr oedd Y Theatr Ifanc mewn egwyddor yn dal yn fyw ym 1975. Cyhoeddodd y *Liverpool Daily Post* ym mis Mai y byddai cynhyrchiad newydd i'w weld ym mis Awst ar lwyfan Eisteddfod Bro Dwyfor yng Nghricieth. O dan y pennawd *A New Look at Jonah*, cyfeiriodd yr erthygl at fwriad Y Theatr Ifanc i lwyfannu drama arall o waith Huw Lloyd Edwards, *Y Lefiathan*. Ond ym mis Mehefin 1975 ysgrifennodd Madge Hughes, a weithredai fel ysgrifennydd Y Theatr Ifanc, at Gyngor y Celfyddydau:

> After a long and detailed consideration, it was resolved that the production of Y Leviathan be postponed because it had not been possible to get a promise of financial support from the Welsh Arts Council. The committee expressed deep regret at having to disappoint the National Eisteddfod and the author who had written the play especially at the committee's request and within its declared intentions.[8]

Syrthiodd Y Theatr Ifanc a Chwmni Theatr Cymru ar eu bai yn ddiweddarach, drwy gydnabod mai hwy oedd wedi anghofio gwneud cais ffurfiol mewn da bryd. Ym mis Gorffennaf y flwyddyn honno ysgrifennodd Cadeirydd y cwmni, Syr Thomas Parry, at y Cyfarwyddwr drama Bill Dufton:

I realize that the people responsible for submitting a detailed estimate of Theatr Ifanc's costs obviously neglected their duty, and it was negligence that led to the trouble.[9]

Y canlyniad oedd tranc Y Theatr Ifanc. Camodd Adran Addysg Coleg y Brifysgol Aberystwyth i'r adwy yn Eisteddfod Bro Dwyfor i berfformio *Amser Dyn* Gwyn Thomas, o dan gyfarwyddyd Emily Davies.

Yn deillio o lwyddiant cymharol y Theatr Ifanc a llwyddiant diamheuol y pantomeim blynyddol, lle yr arddangoswyd brwdfrydedd a thalentau criw o berfformwyr ifanc, tyfodd cangen arall o waith Cwmni Theatr Cymru, sef yr Adran Antur. Yn yr adran hon rhoddwyd cyfle i dîm o actorion a pherfformwyr ifanc beiddgar a thalentog i greu eu sioeau eu hunain, i sgriptio, perfformio, cyfarwyddo a theithio cynyrchiadau arbrofol a bywiog ar hyd a lled y wlad. Rhwng 1975 ac 1979 arddangoswyd talentau Dyfan Roberts, Valmai Jones, Dyfed Thomas, Grey Evans, Gwyn Parry, Iestyn Garlick a Cenfyn Evans yn *Byw yn y Wlad* (1975). Cyflwynwyd hefyd *Flora a Portread* (1976), a *Cymerwch Bwytewch* (1977) gan dîm o gyn-fyfyrwyr y Coleg Cerdd a Drama gyda'r bwriad, yn ôl Sion Eirian, un o'r cwmni, yn *Y Faner* yn Ebrill 1977:

I greu cyffro drwy ddefnyddio setiau swreal, offerynwyr jas a roc ynghyd ag elfennau fel dawns, meim, a chân yn arbrawf a all gyfoethogi byd y ddrama yng Nghymru . . . Gall y gwaith ennyn mwynhad, gwefr, syndod neu wrthwynebiad. Ein gobaith ni yw y bydd yn ennyn ymateb positif, ffafriol neu fel arall.

Ym 1979 llwyfannwyd *Hanner Munud* a *Coviant y Cymro Olaf*, y ddau gynhyrchiad yn ymdebygu i steil yr ymdrechion cyntaf. Yn eironig, rhoes llwyddiant yr arbrawf hoelen yn arch Cwmni Theatr Cymru, gan i nifer o'r actorion ifanc deimlo'r angen i sefydlu cwmnïau parhaol ar eu liwt eu hunain i gyflenwi'r math hwn o waith. Am gyfnod hir, bu'n rhaid i Gwmni Theatr Cymru noddi gwaith yr Adran Antur ar draul rhywfaint o'i waith ei hun. Achosodd hyn wasgfa ariannol a orfododd y Cwmni i droi'n achlysurol at gynlluniau eraill, llai uchelgeisiol, a allai olygu creu rhaglen nodwedd yn lle drama draddodiadol, drama ac iddi gast bychan yn hytrach na chynhyrchiad mwy trawiadol. Rhwng 1971 ac 1975 cafwyd *Y Barnwr* H. C. Branner (1971), *Pethe Brau* Tennessee Williams (1972), *Harris* Islwyn Ffowc Elis (1973), *Y Tad a'r Mab* John Gwilym Jones (1973), *Cymod Cadarn* Emyr Humphreys (1973), *Dychweledigion* Ibsen (1974), *Alpha Beta* E. A. Whitehead (1975), *Yr Achos* Ionesco (1975), *Tŷ Dol* Ibsen (1975), *Byd o Amser* Eigra Lewis Roberts (1975).

Bellach, yr oedd Cwmni Theatr Cymru yn rheoli adeilad a gweithgareddau Theatr Gwynedd ar ran Coleg y Brifysgol Bangor, yn ogystal â rhedeg cwmni theatr teithiol, dau gyfrifoldeb a rôi gryn straen ar gyllid ac adnoddau. Pan fyddai'r naill esgid yn gwasgu, byddai'r llall yn gorfod derbyn rhywfaint o'r pwysau, ac o edrych yn ôl dros gyfnod o bedair blynedd gellir gweld dirywiad yn safon gwaith y Cwmni. O 1976 ymlaen cafwyd cynyrchiadau o *Ynys y Geifr* Ugo Betti (1976), *Gwreichion* Eigra Lewis Roberts (1977), *Teliffant a Drws Priodas* (1977), *Y Tŵr* Gwenlyn Parry (1978), *Ar hyd y Nos* (1978), *Esther* Saunders Lewis (1979), *Hywel A* Huw Roberts (1979), *Gwenith Gwyn/White Wheat* Rhisiart Arwel (1980), *Oedipus Rex* (1980), *Sal* Gwenlyn Parry (1980), *Syrcas* Bernard Evans (1981), *Un Nos Ola' Leuad* Caradog Prichard (1981) yn ogystal â'r pantomeim blynyddol. Dadleuai'r cwmni fod dyfodiad teledu lliw wedi chwarae rhan bwysig yn yr edwino o ran cynulleidfa, ond nododd adroddiad cynhwysfawr T. Haydn Rees ar fethiant Cwmni Theatr Cymru wendidau ar yr ochr gelfyddydol, gan ddal fod gwaith y cwmni yn anwastad ac yn ddiffygiol o ran cyfarwyddyd a phwrpas canolog:

> . . . rhwng *Tŷ Dol* ym 1975 ac *Oedipus Frenin* ym 1980, ni chynhyrch-wyd un ddrama glasurol. Nid gwadu dyfeisgarwch a'r graen ar lawer o'r cynyrchiadau a wneir, ond yn hytrach dynnu sylw at y diffyg cydbwys-edd. Ysgrifennwyd a chynhyrchwyd rhywfaint o gomedi da iawn, ond gellid dadlau na roddwyd lle i ysgrifennu mwy difrifol a pherfformiadau o glasuron o ddramâu Ewrop. Hynny ynghyd â safon isel rhai, ond nid y cyfan o bell ffordd, o'r cynyrchiadau a barodd i Gyngor y Celfyddydau fynegi'i feirniadaeth.[10]

Nid oedd Wilbert Lloyd Roberts yn awyddus i apwyntio dirprwy. Onid ei faban ef oedd Cwmni Theatr Cymru, ac onid oedd wedi meithrin y baban hwnnw o grud y dyddiau cynnar yn y chwedegau hyd at ddiwedd y saithdegau? Onid oedd wedi llwyddo i gyrraedd y man hwn drwy chwys ei dalcen a thrwy ddilyn ei athroniaeth tuag at wireddu ei freuddwyd? Yn anffodus, yr oedd y cyfnod cynnar o weithredu egwyddorion siop y gornel wrth redeg cwmni wedi peidio erbyn canol y saithdegau, gan fod angen tîm proffesiynol i fod yn gyfrifol am bob agwedd o waith y cwmni yn ogystal â rheoli Theatr Gwynedd. Prin iawn oedd y Cymry Cymraeg oedd yn meddu ar y profiad rheoli hwnnw, a phrinnach fyth oedd ffydd Wilbert Lloyd Roberts yn eu gallu i wneud y gwaith. Er gwaethaf profiad unigolion fel y Trefnydd Busnes, Gwilym Thomas, neu'r Cyfrifydd, John Gwynedd Jones, yr oedd y pwysau i gyd—o'i ddewis ei hun—ar ysgwyddau Wilbert Lloyd Roberts ac, o dipyn i beth, aeth y pwysau hwnnw erbyn diwedd y saithdegau yn drech nag ef gan ddechrau amharu ar ei iechyd. Cyhuddwyd y cwmni yn aml o fod yn ddigyfeiriad, a phan ddaeth prinder arian a phrinder unigolion profiadol i gydredeg â'i gilydd, dechreuodd y feirniadaeth drymhau. Daeth hefyd don newydd o actorion i'r amlwg, rhai'n chwilio am gwmnïau theatr i roi llwyfan i'w hathroniaeth theatrig hwythau, gan wasgu ar Gyngor Celfyddydau Cymru i roi grantiau i gwmnïau prosiect yn y lle cyntaf, ac yna i sefydlu cwmnïau parhaol. Ac roedd hyn i gyd yn digwydd pan oedd prinder cyfalaf yn llethol.

Yn anorfod, yr oedd yn rhaid i rywbeth roi. Ym 1977 aeth nifer o actorion craidd Cwmni Theatr Cymru ati i ffurfio Cwmni Theatr Bara Caws, ac er i Wilbert Lloyd Roberts geisio cadw'r uned y tu mewn i Gwmni Theatr Cymru am gyfnod, nid oedd modd gwneud hynny'n barhaol, ac ymsefydlodd Cwmni Theatr Bara Caws yn gwmni theatr gymunedol annibynnol. Daeth yn gwmni amser-llawn parhaol ym 1981, gan oroesi a dod yn un o lwyddiannau mawr hirdymor y theatr Gymraeg. Gwelodd ddathlu chwarter canrif o lwyddiant yn 2002.

Ceisiodd Wilbert Lloyd Roberts herio'r sefyllfa drwy droi at gynnal Tymor Haf o weithgareddau yn yr iaith Saesneg yn Theatr Gwynedd ac ym Metws-y-coed, gan obeithio tynnu ar arian twristiaid i gynnal y cwmni, ac er i *Under Milk Wood*, *Harping Around* ac *Irma la Douce* lwyddo i ddenu cynulleidfaoedd sylweddol, nid oedd hynny'n ddigon i ateb y gofyn ariannol. Yr oedd *Under Milk Wood*, cynhyrchiad cyntaf y cwmni yn yr iaith Saesneg ym

1975, yn llwyddiant ysgubol ac ar ddiwedd tymor yr haf ym Mangor a Betws-y-coed teithiodd eto'n llwyddiannus o gwmpas theatrau Prydain. Cofnododd y *Western Mail* ymweliad cyntaf y cwmni â'r New London Theatre yn Drury Lane o dan y pennawd 'Cwmni Theatr Cymru's London Encore', cyn mynd ymlaen i ddweud:

> The Welsh language theatre company's recent London debut was so successful that they have been invited back to do a West End season next April. In fact after the sell-out first night of Dylan Thomas' *Under Milk Wood* last week, three London managements approached them about the possibilities of a return visit. A company spokesman told me that the chances of a further London season, following their Scandinavian tour next spring, are 90 per cent certain . . . The director of the Bangor-based company, Mr Wilbert Lloyd Roberts, was also in no doubt where the company's priorities contrive to lie. "Cwmni Theatr Cymru is a Welsh language company and its first duty is to be the distinctive national theatre company of Wales."[11]

Llwyddiannus hefyd fu'r daith i theatrau cenedlaethol Norwy, Sweden a'r Ffindir, ac yna dychwelodd y Cwmni i berfformio'r cynhyrchiad am gyfnod o naw mis yn Theatr y Mayfair yn Llundain. Er i'r cynhyrchiad dalu'r ffordd o ran codi proffil Theatr Cymru a dod o fewn dim i deithio i'r Unol Daleithiau ac yna i Awstralia, ni lwyddwyd i gwblhau'r trefniadau, a bychan o elw a wnaed er mor 'fasnachol' yr ymdrech. Nid oes amheuaeth nad yw hyn eto'n enghraifft o barodrwydd Wilbert Lloyd Roberts i fentro, ond nid oedd y fenter ynddi'i hun yn taro deuddeg bob tro. Er gwaethaf llwyddiant *Under Milk Wood*, bregus iawn oedd sefyllfa ariannol Cwmni Theatr Cymru yn ystod ail hanner y saithdegau gan na fedrai Cyngor y Celfyddydau, oherwydd ei dlodi ei hun, roi fawr o gymorth.

Oherwydd llwyddiant *Under Milk Wood* yn ystod 1975–8, a methiant y Welsh Drama Company ym 1978, gwelodd Wilbert Lloyd Roberts gyfle euraid i ffurfio theatr genedlaethol. Mewn cyfarfod o fwrdd Cwmni Theatr Cymru ar 21 Ebrill 1978, dadleuodd Hywel Heulyn Roberts dros safbwynt y Cyfarwyddwr gan ddal bod angen cwmni cenedlaethol yng Nghymru i weithio yn y Saesneg yn ogystal â'r Gymraeg, ac mai Cwmni Theatr

Cymru a ddylai ymgymryd â'r gwaith hwnnw. Mynegwyd pryder gan yr Athro Alun Llywelyn-Williams y byddai natur y Bwrdd yn newid. Ond ar ôl trafodaeth faith, cytunwyd yn unfrydol y dylai'r Cwmni dderbyn yr egwyddor o weithredu fel cwmni cenedlaethol yn y ddwy iaith a symud ymlaen i sylweddoli'r egwyddor honno, gan sicrhau ar yr un pryd y byddai'n parhau i fod yn gwmni Cymraeg a Chymreig.

Nid oedd Gilly Adams, Cyfarwyddwr Drama Cyngor y Celfyddydau, yn hyderus y medrai Cwmni Theatr Cymru, o safbwynt gweinyddu, ymgymryd â'r gwaith ychwanegol. Ni wanhaodd hynny benderfyniad Wilbert Lloyd Roberts i sefydlu theatr genedlaethol, ac ar 4 Mai 1978, dyma a welwyd ar femo mewnol David Alexander o'r Welsh National Opera and Drama Company:

These were the proposals put to the Board of Cwmni Theatr Cymru on the 21st April 1978:

1. That Cwmni Theatr Cymru begins operating in English on a more permanent basis, in accordance with the following plan:
   i. Summer Season this year at Theatr Gwynedd
   ii. Possible tour in the Autumn
   iii. A major production on tour in February/March 1979
2. It is proposed that there should be four major productions a year in English, five if there are two in the next Summer Season
3. Touring will be in theatres only as far as possible
4. One or more productions to represent Wales in the rest of Britain and in other countries.

THE AIM
To form a national company operating in two languages and reflecting the linguistic situation in Wales. Theatr Cymru will continue to operate exclusively in Welsh, unimpaired by any activities in English, which will go under the title Theatre Wales.

POLICY
To use and develop the best Welsh talent available, and to cast the net wider in the interests of achieving, sustaining and developing standards of excellence.

MANAGEMENT
The present Board of Cwmni Theatr Cymru and the staff Management team (the latter with minimal supplementation) to be responsible for developing the already existing albeit limited English language aspect of the Company's work.

ACTION

To apply to the Welsh Arts Council for financial support to develop towards a truly national company. The Board approved this plan and an application has been put to the Welsh Arts Council.[12]

Yn y ddogfen *Polisi ac Amcangyfrifon* 1978–9 a gyflwynwyd ym Mehefin 1978 gan y Bwrdd i Gyngor Celfyddydau Cymru, dywedir:

Bellach daeth gyrfa y Welsh Drama Company yntau i ben. Yn annisgwyl braidd daeth cyfle i ystyried eto y syniad o Gwmni Cenedlaethol a fyddai'n gweithredu yn y ddwy iaith.

Cyngor Celfyddydau Cymru a gynhaliodd y Cwmni gydol yr amser, a'r Cyngor piau caniatáu iddo gymryd y cam naturiol nesaf yn ei ddatblygiad.

Y mae gofyn derbyn bod yn rhaid creu theatr genedlaethol a fydd yn ateb gofynion y wlad y bodola ynddi, hynny a'i gwna yn unigryw ac ystyrlon.

Gellir haeru i Gwmni Theatr Cymru lwyddo i fod yn sefydliad felly yn y Gymraeg—yn gwmni theatr cenedlaethol sy'n adlewyrchu gofynion yr iaith a'r wlad.

I gynrychioli Cymru'n llawn, rhaid gweithredu hefyd yn Saesneg. Ni olyga hynny gwmni dwyieithog ond yn hytrach ddau gwmni yn gweithio ochr yn ochr o dan yr un rheolaeth. Sefydliad yn trefnu gwaith yn y ddwy iaith ddylai theatr genedlaethol Cymru fod, a hynny o dan reolaeth Gymreig a Chymraeg.[13]

Taflwyd y sialens i Gyngor Celfyddydau Cymru a phawb arall, gyda chefnogaeth Bwrdd Cwmni Theatr Cymru. Yr oedd Wilbert Lloyd Roberts yn ei hwyliau mwyaf heriol, ac yn barod i fynd â'r maen i'r wal. Mewn dogfen amcangyfrifon a gyflwynodd Cyngor Celfyddydau Cymru ar 22 Medi 1978, dywedodd:

Is the future emphasis going to be on quality or quantity in the Welsh theatre generally? It cannot be both. There is just not enough talent available to the theatre to sustain quality and resultant mediocrity not only has a discouraging effect on staff but also reduces the appeal to audiences. The two, three and four hander plays where some quality is possible should not be allowed to become the staple fare of Welsh language audiences.

POLICY

The aim is to provide a worth-while theatre institution which will aim at developing a national identity and style. It will produce eight new works, one translation (Tartuffe or similar) and two productions in English.[14]

Gwaethygu a wnaeth pethau ym 1979 pan benderfynodd y llywodraeth Geidwadol dorri'n sylweddol ar nawdd cyhoeddus i'r Celfyddydau. Cofnodir y sefyllfa yn glir yn Adroddiad Blynyddol Cyngor Celfyddydau Cymru 1979–80: '. . . daeth yn gwbwl amlwg na allai'r Pwyllgor Drama ddisgwyl mwyach i fod mewn sefyllfa i gynnal y 'status quo' yn y theatr yng Nghymru, a'i bod yn hanfodol ailasesu polisi a blaenoriaethau mewn modd egniol.'

Mewn llythyr i'r *Western Mail* ar 8 Mawrth 1979, dywedodd Roger Tomlinson, a oedd yn weinyddwr Theatr Clwyd ar y pryd:

> Quite how the decision to short change Wales was taken we don't know, but clients of the Welsh Arts Council were amazed when director Aneurin Thomas revealed that this had been happening for some three years, this year the cut has been quadrupled and leads to a crisis for theatre in Wales.

Drwy gydol y saithdegau a'r wythdegau wynebai Cyngor Celfyddydau Cymru leihad sylweddol yng ngwerth real y cyllid a ddôi o du'r llywodraeth drwy'r Swyddfa Gymreig. Ni allai'r Cyngor, felly, drwy ei Gyfarwyddwyr Drama, ariannu'r cwmnïau refeniw yn ôl eu hangen. Yr oedd hyn i gyd yn rhwystr enfawr i ddatblygu'r ddrama yng Nghymru ac yn peri gwasgfa ar bob un cwmni yn ei dro. Gan nad oedd gan Gyngor Celfyddydau Cymru yn y cyfnod hwn bolisi clir a phendant ar gyfer datblygu maes y ddrama, roedd perygl i bob penderfyniad fod yn fater o hap a damwain a pherygl mwy y câi ei weithredu'n fympwyol ar sail chwaeth bersonol, yn hytrach nag ar sail polisïau cadarn.

Erbyn gwanwyn 1979 yr oedd Cyngor Celfyddydau Cymru, ynghyd â'i Bwyllgor a'i Gyfarwyddwr Drama, yn cwestiynu lefel gwariant Cwmni Theatr Cymru ar yr ochr weinyddol, ac yn barnu bod y gwariant yn anghymesur â safon y cynyrchiadau. Ar 6 Ebrill 1979, derbyniodd Wilbert Lloyd Roberts lythyr oddi wrth Gilly Adams o Gyngor y Celfyddydau yn cynnig grant ar gyfer 1979–80 ar yr amod bod y Cyfarwyddwr yn ailasesu ei 'staffing structures with particular reference to the lack of a second level of management'. Adroddodd y Cyfarwyddwr i'r Bwrdd ar 7 Mehefin 1979, iddo ef, Mr Gwilym Thomas, y Trefnydd Busnes, a Mr John Gwynedd Jones, y Cyfrifydd, fod mewn cyf-arfod gydag aelodau Panel Drama Cyngor Celfyddydau Cymru pan ddywedwyd wrthynt fod y Cwmni yn cyflogi gormod o ysgrifenyddesau a thrydanwyr a'i fod i bob golwg wedi ei or-staffio. Yr oedd hyn yn wahanol i gynnwys y llythyr. Yn wyneb y croesddweud, penderfynwyd anfon at Gilly Adams i ofyn am eglurhad mwy manwl o gynnwys y llythyr.

Adroddodd y Cyfarwyddwr hefyd fod awgrym wedi'i wneud y dylai fod ganddo ddirprwy neu gynorthwywr, ac y byddai ef yn barod i gytuno â'r awgrym hwnnw cyn belled â bod gwaith i'r person arall ei gyflawni. Mae'n amlwg i lythyru cyson ddigwydd rhwng Caerdydd a Bangor am nifer o wythnosau ynglŷn â'r mater, ac yng nghofnodion cyfarfod y Bwrdd ar 12 Hydref 1979 dyma a geir:

(a) Adroddwyd fod eglurhad mwy manwl wedi ei dderbyn o gynnwys llythyr Cyngor Celfyddydau Cymru ynglŷn â fframwaith weinyddol y cwmni ac mai dymuno gweld dau gynhyrchydd gyda'r cwmni yr oedd y Cyngor. Yr oedd y gofyn hwnnw wedi ei ateb gan fod John Ogwen ac Alan Clayton yn gweithio gyda'r Cwmni yn awr.

(b) Gofynnwyd i Gyngor Celfyddydau Cymru gydnabod Theatr Cymru fel 'Y Cwmni Cenedlaethol Cymraeg', ac adroddwyd fod Cyfarwyddwr y Cyngor wedi ateb gan ddweud fod y Cyngor yn ei gyfarfod diwethaf wedi penderfynu na fyddai'n dymuno gweld y cwmni yn defnyddio'r gair 'cenedlaethol' yn ei deitl gan y medrai hynny roi cyfyngiad ymlaen llaw ar ddatblygiad y theatr yng Nghymru.[15]

Ymddengys nad oedd Cyngor y Celfyddydau yn cytuno â chynlluniau Wilbert Lloyd Roberts ac mae'n bur amlwg nad oedd y Pwyllgor Drama yn gwbl hapus â chynnyrch Theatr Cymru. Mewn ymgais i gryfhau Bwrdd y cwmni, a lleihau'r feirniadaeth o du Cyngor y Celfyddydau, ymunodd yr Arglwydd Cledwyn o Benrhos â'r Bwrdd ym mis Mawrth 1980. Ond yn ei adroddiad i'r Bwrdd, dyma a ddywedodd Wilbert Lloyd Roberts:

Bu'r flwyddyn yn un dda i'r Cwmni o safbwynt celfyddydol ac ariannol —gyda'r ail yn rhagori ar y cyntaf. Mae cyfyngiadau difaol arnom yn gelfyddydol, yn union fel y rhagwelwyd ddwy flynedd a gwell yn ôl. Serch hynny, llwyddwyd i gael safon da o berfformio at ei gilydd, a chadwyd safon uchel o gyflwyno. Y mae lle i bryder ynghylch y safon gelfyddydol, a bydd eleni—yn union fel y rhagwelwyd—yn un o'r blynyddoedd anoddaf eto yn hyn o beth. Yn nhermau ei amgylchiadau, mae'r Cwmni'n gwneud yn eithriadol o dda. Rhaid diolch i Gyngor Celfyddydau Cymru am ddangos digon o ffydd ynddo i roi iddo grant sylweddol.[16]

Yn gynnar ym 1980 trefnodd Cyngor y Celfyddydau i weith-
gor gael ei ffurfio o fewn y Cyngor i ymweld ag aelodau o'r
Bwrdd ym Mangor, ac ar ddydd Gwener 25 Ebrill 1980 daeth y
gweithgor hwnnw, ynghyd â Gilly Adams, i gwrdd â Syr Thomas
Parry, Cadeirydd y cwmni, Hywel Heulyn Roberts a oedd yn
aelod o'r Bwrdd, Wilbert Lloyd Roberts, Cyfarwyddwr y cwmni,
a Gwilym Thomas, Rheolwr a Threfnydd Busnes Cwmni Theatr
Cymru.

Dengys nodiadau'r Gweithgor pa rai oedd gofidiau'r Cyngor:

> So much time was spent discussing Theatr Gwynedd that we did not
> approach a detailed discussion of Theatr Cymru. When we meet Wilbert
> again, some questions are needed:
>
> (a) Where does the level of subsidy place Theatr Cymru in the UK
> subsidy charts?
>
> (b) given the tremendous technical back-up, is the Company pro-
> ducing enough work? What more could be done? Small scale
> touring extended?
>
> (c) The Welsh Arts Council needs Theatr Cymru, the public seem to
> want it, but are the productions of a sufficiently high standard?
> What are the alternatives?
>
> (d) Training. Wilbert Lloyd Roberts suggested reviving a scheme
> within the Company—we were sceptical about the value of this
> and the standard of teaching which could be offered—training is
> a major issue which must be fully discussed by the drama Com-
> mittee.
>
> (e) It was agreed that a company receiving subsidy of the magnitude
> given to Theatr Cymru should be expected to pay for writers,
> training schemes etc from within its revenue subsidy and should
> not approach the Welsh Arts Council for supplementary grants.[17]

Yn amlwg, nid oedd yr awyrgylch rhwng y noddwr a rheolwyr
Cwmni Theatr Cymru yn or-gyfeillgar. Ar ben y pwysau syl-
weddol hyn, yr oedd Wilbert Lloyd Roberts wedi bwriadu
llwyfannu drama Saunders Lewis, *Excelsior*, ond gwrthwynebodd
teulu'r diweddar Llywelyn Williams, AS, fwriad y Cwmni i gyn-
hyrchu'r ddrama drwy ailgodi'r honiad ei bod yn enllibus. Aeth y
Cwmni am gyngor bargyfreithiol gyda'r canlyniad i'r Cwnsler,
Michael Farmer, ddod i'r casgliad:

I must reluctantly conclude that the original drama and its draft are defamatory within the meaning of that particular word in the law of libel and that its performance of either the original drama or its revised draft would be a publication of the libel which would entitle the widow of Williams to sue for damages.[18]

Nid oedd pethau yn esmwyth i Theatr Cymru, nac i'r Cyfar-wyddwr. *Sal*, drama Gwenlyn Parry, a lanwodd y bwlch a adawyd gan *Excelsior*.

Dirywio ymhellach a wnaeth sefyllfa Theatr Cymru ym 1980, oherwydd y flwyddyn honno bu'r cynhyrchiad yn nhymor yr haf o'r *Gwenith Gwyn/White Wheat* yn drychineb. Yn adroddiad y Cyfarwyddwr i gyfarfod Bwrdd y cwmni ar 3 Tachwedd 1980, daeth yn amser i wynebu'r drin:

> *Gwenith Gwyn*: Cynhyrchiad siomedig oedd hwn ar ôl iddo ddechrau'n llawn addewid. Cafwyd anawsterau dybryd gyda'r sgript. Yn eu tro bu tri awdur wrthi. Yn ddribiau a drabiau y daeth yn y diwedd, ac ni chafwyd y rhan olaf hyd bythefnos cyn yr ymarferion. Ar un adeg ystyriwyd atal y cynhyrchiad, ond yn wyneb yr holl drefniadau a chytundebau gyda'r Eisteddfod ac eraill . . . gwelwyd y deilliai mwy o niwed o hynny nag o fynd ymlaen. Rhaid dwyn sylw at amgylchiadau allanol llyffetheiriol—sef bod HTV yn gwneud cyfres Gymraeg, y BBC yn gwneud *Lloyd George* —y ddeubeth yr un pryd â dechrau'r ymarferion—a bod *Pobol y Cwm* yn gwrthdaro ym Medi. Canlyniad anorfod y cyd-ddigwyddiadau hyn oedd castio anfoddhaol, a bu rhaid dod â phump o fyfyrwyr di-brofiad ac un arall o'r tu allan i Equity, i gwblhau'r gofynion.[19]

Dwysáu a wnaeth anniddigrwydd staff ac actorion Cwmni Theatr Cymru a thyfodd y teimlad fod y Cyfarwyddwr yn araf deg yn colli'r brwdfrydedd a fu'n ei danio cyhyd. Ym mis Rhagfyr 1980, galwyd am drafodaethau brys rhwng Cyngor Celfyddydau Cymru a Bwrdd Rheoli Cwmni Theatr Cymru. Mater y trafod-aethau oedd ansawdd artistig gwaith y Cwmni yn ogystal ag effeithiolrwydd ei drefniadaeth. Ofnai'r Cyngor nad oedd modd cysoni costau cynnal y Cwmni ag ansawdd y cynnyrch. Ceir prawf o hynny yn Adroddiad Blynyddol Cyngor Celfyddydau Cymru 1980–1:

> Er yn ategu ei gefnogaeth i brif gwmni a weithiai trwy gyfrwng y Gym-raeg, gobaith y Pwyllgor oedd y byddai'n bosibl i Gwmni Theatr Cymru docio ei waith gweinyddu ac atgyfnerthu ei gynyrchiadau.

Ychydig cyn y Nadolig 1980 hysbyswyd y Cwmni gan Arglwyddes Môn, Cadeirydd Cyngor Celfyddydau Cymru, o'r bwriad i gwtogi cyllid 1981–2 yn llym, o ddeugain a dau y cant. Byddai grant y Cwmni yn disgyn o bron chwarter miliwn ym 1980–1 i £175,200 ym 1981–2. Protestiodd Cwmni Theatr Cymru yn egnïol, gan ddatgan na fyddai modd parhau i weithredu ar ôl toriad o'r maint hwn. Mynnwyd y dylai'r toriadau ddigwydd ar yr ochr weinyddol.

Mewn Arolwg Polisi a ddosbarthwyd gan Gilly Adams i Gyngor y Celfyddydau ar 26 Mawrth 1981, daeth yn amlwg fod cleddyf Damocles yn hofran uwchben y cwmni pan gyflwynwyd y darn hwn o'r adroddiad i'r Cyngor:

> How much do we have to equate largeness with quality, given that this is the major pressure upon us i.e. the National Theatre Company, the resident repertory company. Would it be good for Wales? What about a small company with a policy like Theatr yr Ymylon's but possessing a committed nucleus of actors? Why is it that Bara Caws often produces work with more artistic vitality than Cwmni Theatr Cymru, at a cost of only £20,000?[20]

Ym mis Chwefror 1982, yn dilyn ymddiswyddiad Wilbert Lloyd Roberts a nifer o aelodau'r staff, cytunwyd i hysbysebu am Gyfarwyddwr Artistig a Gweinyddwr. Nid oes amheuaeth nad oedd hyn yn ddiwedd cyfnod allweddol yn natblygiad y theatr Gymraeg.

Credai Wilbert Lloyd Roberts mai cynllwyn gan Gyngor Celfyddydau Cymru i'w ddisodli oedd y cyfan, er nad oes tystiolaeth glir o hynny. Y tebygolrwydd mwyaf yw i'r ddwy ochr amlygu gwendidau sylweddol yn ystod 1978–81; Cyngor Celfyddydau Cymru am nad oedd ganddynt bolisi datblygu clir a phendant yn wyneb tocio arian cyhoeddus ar gyfer y celfyddydau yn gyffredinol, a Chwmni Theatr Cymru am nad oeddynt wedi llwyddo i dorri'r wisg yn ôl y brethyn yn ystod y degawd. Bu'n rhaid byw o'r llaw i'r genau heb ddim ond menter Wilbert Lloyd Roberts i gadw'r blaidd rhag y drws aml i dro.

Yr oedd afiechyd wedi cydio yn Wilbert Lloyd Roberts yn nwy flynedd olaf ei deyrnasiad, ac effeithiodd hynny'n ddrwg ar ei allu i reoli ac arwain. Yr oedd ildio'r awenau i rywun arall yn benderfyniad rhy boenus iddo'n sicr, ac ni allai hynny lai na llesteirio datblygiad theatr genedlaethol i Gymru. Ym 1984 ysgrifennodd erthygl, nas cyhoeddwyd, yn cofnodi ei deimladau wrth iddo weld ei freuddwyd, Cwmni Theatr Cymru, yn chwalu. Yr oedd yna chwerwedd yn yr erthygl, ond yr oedd olion o'i freuddwyd yn dal mor fyw ag erioed wrth iddo groniclo'i deimladau yn 'Dyfal Donc . . . Heb Dorri'r Garreg':

> Nid yw'n hawdd rhwydo a dehongli meddyliau cyfnewidiol Cyngor Celfyddydau Cymru. Ychydig fisoedd yn ôl ymddangosai mai ei ddymuniad oedd cael dau gwmni sylweddol—un yn Saesneg yn y De a'r llall yn Gymraeg yn y Gogledd. Erbyn hyn, fodd bynnag, mae cryn bellter rhyngddo â'r bwriad clir hwnnw, a'r cynllun, os oes un, ar gyfer y Gymraeg yn arbennig o niwlog . . . Y sefyllfa fel y gwelir hi'n awr yw y bydd Theatr y Sherman a Made in Wales (os pery y briodas orfod) yn derbyn o leiaf £250,000 y flwyddyn i gynhyrchu dramâu yn Saesneg. At hynny, cynhelir cwmni sylweddol arall yn Theatr Clwyd—eto i gynhyrchu yn Saesneg, ac un arall wedyn yn Theatr y Torch yn Aberdaugleddau. Dyna dri chwmni Saesneg swmpus gyda'u theatrau eu hunain yn gartref hwylus i bob un.[21]

Yn ôl ym 1968, ei freuddwyd oedd gweld 'yr un stafell ag un ddesg a thŷ bach' yn troi, ymhen tair blynedd, yn theatr genedlaethol Gymraeg ei hiaith. Diffoddwyd y tân, ond daliai'r fflam fechan i losgi. Dywed yn yr un erthygl:

> Gyda'r bedwaredd ymgais at ddelwedd genedlaethol bellach yn llusgo i'w therfyn anorfod, fe erys o hyd Gymdeithas Theatr Cymru a Chyngor Celfyddydau Cymru. Gyda bugeiliaid newydd yn y Cyngor, efallai fod yna obaith eto am olwg newydd ar y ddelfryd rhyw amser i ddod.

Ar 12 Mawrth 2003, cynhaliwyd cyfarfod cyntaf Bwrdd Theatr Genedlaethol Cymru yng ngwesty'r Wynnstay ym Machynlleth, a gwireddwyd breuddwyd Wilbert Lloyd Roberts pan benderfynodd Cyngor Celfyddydau Cymru sefydlu Cwmni Theatr Cenedlaethol uniaith Gymraeg, un a fyddai'n teithio cynyrchiadau drwy Gymru benbaladr, yn hybu dramodwyr, yn meithrin actorion a thechnegwyr ac yn cynnig cyfleoedd i artistiaid ifainc, addawol. Diau y byddai Wilbert Lloyd Roberts wedi gweld sefyllfa gadarn y Theatr Genedlaethol yng Nghymru yn negawd cyntaf y mileniwm newydd fel 'Pasg newydd y theatr Gymraeg'.

CYFEIRIADAU

1 Wilbert Lloyd Roberts, llawysgrif 'Dyfal Donc . . . Heb Dorri'r Garreg'. Casgliad preifat Huw Roberts.

2 Frank Price Jones, 'Dyddiadur Daniel', *Baner ac Amserau Cymru*, 19 Ionawr 1967.

3 LlGC, PCCC, D/C/1/1, Cofnodion Pwyllgor Rheoli The Welsh Theatre Company/Cwmni Theatr Cymru Ltd.

4 Cofnodion Cyfarfod Bwrdd Rheoli Welsh National Theatre Company/ Cwmni Theatr Genedlaethol Cymru Ltd., 22 Hydref 1978, Casgliad preifat Mrs Wilbert Lloyd Roberts.

5 Ibid.

6 LlGC, PCCC, D/C/21/16, 'Theatr Ifanc, '72–'75'.

7 Ibid.

8 Ibid.

9 Ibid.

10 LlGC, PCCC, F/168, Atodiad Alwyn Roberts i adroddiad T. Hayden Rees, 'Archwiliad i Fethiant Cwmni Theatr Cymru i Gyngor Celfyddydau Cymru', 1983.

11 ACTC, AG, XD68/8/17, *Western Mail*, 1975.

12 ACTC, AG, XD68, Memo Mewnol David Alexander.

13 ACTC, AG, XD68/2/1326, 'Polisi ac Amcangyfrifon 1978–79', Bwrdd Cwmni Theatr Cymru.

14 Ibid.

15 ACTC, AG, XD68, Papurau Bwrdd Rheoli Cwmni Theatr Cymru, 12 Hydref 1979.

16 ACTC, AG, XD68, Adroddiad Wilbert Lloyd Roberts i Fwrdd Cwmni Theatr Cymru, Mawrth 1980.

17 LlGC, PCCC, D/R/231–2, 'Notes on Visit to Bangor' gan Gilly Adams, Cyfarwyddwr Drama Cyngor Celfyddydau Cymru, 1980.

18 ACTC, AG, XD68, Adroddiad Wilbert Lloyd Roberts i Fwrdd Cwmni Theatr Cymru, Mawrth 1980.

19 ACTC, AG, XD68, Adroddiad Wilbert Lloyd Roberts i Fwrdd Theatr Cymru, 3 Tachwedd 1980.

20 LlGC, PCCC, F/12, Papur Gilly Adams, Cyfarwyddwr Drama Cyngor y Celfyddydau, i'r Cyngor, 26 Mawrth 1981.

21 Wilbert Lloyd Roberts, llawysgrif 'Dyfal Donc . . . Heb Dorri'r Garreg'. Casgliad preifat Huw Roberts.

Cwmni Theatr Cymru
ac Emily Davies, 1982–4

Lisa Lewis

Cyfnod cythryblus oedd blynyddoedd olaf Cwmni Theatr Cymru. Ym 1981, yn dilyn asesiad anffafriol gan Gyngor Celfyddydau Cymru, bu gostyngiad sylweddol o 42 y cant yng nghymhorthdal y cwmni, ac o ganlyniad newidiwyd ei gyfansoddiad mewnol a'i weinyddiaeth.[1] Cwtogwyd swyddi gweinyddol a thechnegol er mwyn rhoi blaenoriaeth i weithgareddau creadigol ac artistig, ac yn dilyn hynny ymadawodd nifer o staff gan gynnwys y cyfar-wyddwr artistig Wilbert Lloyd Roberts 'oherwydd newid yng nghyfansoddiad y cwmni'.[2] Nid oedd yn gyfnod dymunol; aeth nifer o'r staff a ddiswyddwyd i dribiwnlys diwydiannol cyn i faterion gael eu datrys yn rhannol drwy ailbenodi nifer o'r staff gan y cwmni ar ei newydd wedd. Ym 1981 hefyd y gwahanwyd Theatr Cymru a Theatr Gwynedd yn gwmni preswyl ac yn theatr dderbyn. Yn dilyn hynny, canolfan weinyddol Cwmni Theatr Cymru oedd Theatr Gwynedd, ac yn adeilad y Tabernacl, Bangor, y byddai'r Cwmni'n ymarfer, gan dalu rhent i Brifysgol Gogledd Cymru Bangor amdano. Ar gychwyn 1981 felly, nid oedd gan Gwmni Theatr Cymru gartref parhaol nac asedau.

Daeth dechrau cyfnod newydd yn hanes Cwmni Theatr Cymru gydag apwyntiad Emily Davies (1924–92)[3] yn gyfarwyddwr artistig ym mis Ebrill 1982, i gychwyn ar y gwaith ym mis Medi'r flwyddyn honno.[4] Darlithydd mewn Drama yng Ngholeg Prifysgol Cymru Aberystwyth oedd Emily Davies ar y pryd, a chafodd gyfnod o absenoldeb o dair blynedd o'i swydd er mwyn ymgymryd â'i swydd newydd gyda Chwmni Theatr Cymru. Câi ei thalu ar yr un gyfradd â'i chyflog fel darlithydd yn yr Adran Ddrama. Dyma gyfarwyddwr a chanddi brofiad helaeth fel ymarferydd theatr, o'r traddodiad eisteddfodol, y cymunedol a'r lleol, i gynyrchiadau ar raddfa genedlaethol yng Nghymru a Lloegr.

Athrawes oedd Emily Davies ar ddechrau ei gyrfa yn y 1940au cynnar, ond roedd ei bryd ar y theatr o'r cychwyn cyntaf—tra oedd yn dysgu, cwblhaodd arholiad llefareg y *London Academy of Music and Dramatic Arts*,[5] ac yn ddiweddarach cyflawnodd gwrs hyfforddi ym Mryste a chafodd ddiploma gan y Guildhall. Yn dilyn hynny hi'n unig yn ei blwyddyn a enillodd yr ysgoloriaeth dair blynedd i'r *Central School of Speech and Drama* yn Llundain, ac yno dyfarnwyd iddi wobr Sybil Thorndike i'r myfyriwr gorau. Graddiodd gydag anrhydedd cyn mynd ymlaen i ehangu'i phrofiad fel actores theatr, radio a theledu gyda nifer o ymarferwyr blaenllaw, gan gynnwys Michael Langham, olynydd Tyrone Guthrie yn Stratford Ontario; Stephen Joseph, sefydlydd Adran Ddrama Prifysgol Manceinion a Theatr Mewn Cylch Scarborough a'r Victoria yn Stoke on Trent; Haf Burton, cynhyrchydd yn Covent Garden ac i BBC Llundain; a Richard Legri, un o sylfaenwyr y Royal Exchange Theatre ym Manceinion. A hithau'n actores ifanc, fe berfformiodd Emily Davies gyda sawl cwmni theatr adnabyddus, yn cynnwys The 24 Theatre Group, The Canterbury Repertory Company a The London Festival Players. Yn ddiweddarach bu'n rhan o Gwmni Theatr Cymru Wilbert Lloyd Roberts, a chwaraeodd ran Dora yn ei gynhyrchiad o *Cymru Fydd* Saunders Lewis yn Eisteddfod Genedlaethol Meirion ym 1967. Diolchodd Saunders Lewis iddi yn ei ragair i'r ddrama am iddi awgrymu, yn ystod y broses ymarfer, y gellid hepgor ailadrodd mewn darn penodol o'r ddrama, awgrym a arweiniodd at ailysgrifennu darn o'r ail act.[6]

Wedi priodi'r Parchedig Dewi Eurig Davies, gweinidog Capel Annibynwyr Radnor Walk, Llundain, symudodd Emily Davies a'i theulu i Abertawe, lle y cymerodd ran flaenllaw yng Ngŵyl Ddrama Flynyddol Abertawe. Yn ddiweddarach, pan sefydlwyd Ysgol Uwchradd Ddwyieithog Ystalyfera, hi a fu'n gyfrifol am agor Adran Ddrama ynddi, ac yr oedd hefyd yn un o'r staff craidd pan sefydlwyd yr Adran Ddrama yng Ngholeg Prifysgol Aberystwyth ym 1973, adran a ystyrid yn ei chyfnod yn 'brif feithrinfa actorion ifanc Cymru'.[7] Yn ogystal â'i phrofiad eang yn actores broffesiynol yr oedd yn hyddysg yn y traddodiad Cymraeg o lwyfannu gwaith mewn eisteddfodau a gwyliau ieuenctid, ac yr oedd yn athrawes ryfeddol a ysbrydolodd nifer o artistiaid a chwmnïau theatr. Meddai ar weledigaeth Ewropeaidd a phellgyrhaeddol, ac yn ystod ei dwy flynedd gyda Chwmni Theatr Cymru darparwyd ystod eang o waith theatraidd gan gwmni ifanc medrus. Cafwyd cynyrchiadau cyffrous, dadleuol mewn cyfnod o drafod mawr ynglŷn â natur y ddarpariaeth theatraidd, a gofynion a chyfrifoldebau theatr genedlaethol. Daeth y cyfnod i ben yn sydyn ym 1984 wedi o leiaf flwyddyn o drafferthion gweinyddol ac ariannol. Y mae'r rhesymau am hynny'n fwy cymhleth nag y tybid ar y pryd.

Nodweddid dechrau cyfnod Emily Davies yng Nghwmni Theatr Cymru gan egni a brwdfrydedd mawr. Ei cham cyntaf, yn ei geiriau hi, oedd 'gosod sylfaen gadarn i'r theatr yng Nghymru' drwy sefydlu grŵp o actorion 'a fydd yn datblygu arddull arbennig, a'r arddull honno, hwyrach, yn unigryw i ni fel Cymry'.[8] Ysgrifennodd at aelodau Cymraeg undeb yr actorion, Equity, a chyfarfu â dros 60 o actorion er mwyn dewis y craidd o actorion a oedd i redeg fel 'llinyn parhaol trwy bob cynhyrchiad'.[9] Dewisodd saith actor i ffurfio craidd y cwmni: Alun ap Brinli, Nia Caron, Richard Elfyn, Geraint Lewis, Betsan Llwyd, Rhian Morgan ac Ynyr Williams, a daeth nifer ohonynt erbyn heddiw yn rhai o brif artistiaid Cymru mewn amrywiol feysydd. O'r cychwyn cyntaf, yr oedd dewis saith actor ifanc a'r rheiny'n raddedigion o Adran Ddrama Coleg Prifysgol Cymru Aberystwyth yn dramgwydd i amryw bobl, gan gynnwys rhai o actorion amlycaf Cymru. Ond dymuniad Emily Davies oedd sefydlu cwmni cydweithredol, hyblyg a ddeallai ei ffordd hi o gyfarwyddo. Ar yr un pryd, fe ddefnyddiodd actorion adnabyddus iawn ym mhob cynhyrchiad a gyfarwyddodd hi'n bersonol yn ystod ei chyfnod gyda Chwmni Theatr Cymru.

Law yn llaw â'r galw am 'arddull actio' Cymreig, bwriadai Emily Davies feithrin cynulleidfa newydd. Yn ôl y cyfarwyddwr Ceri Sherlock, ei chefndir yn theatr sefydlog (*repertory*) Lloegr a oedd i gyfrif am ei hawydd i weld cwmni a chanddo berthynas arbennig â'i gynulleidfa:

> Dyna gefndir *repertory* Emily—lle mae person yn adnabod y bobl ar lwyfan, lle'r oedd y cysyniad o ensemble yn ymestyn i'r gynulleidfa, i'r rhai ymroddedig yn y gynulleidfa oedd yn dod i weld gwaith yn rheolaidd. System Ewropeaidd yw hon, lle mae rhywun yn chwarae *Llŷr* dydd

Llun, *Woyzeck* dydd Iau ac *Ubu* dydd Gwener, a'r un gynulleidfa yn gweld y cyfan. A gyda'n gilydd, yn actorion a chynulleidfa 'rydym yn darganfod grym theatr a defnydd llenyddiaeth theatraidd. Roedd yn fraint bod yn rhan o hynny. Dim ond dros flynyddoedd y gellir meithrin hynny.[10]

Yr oedd hon yn fenter arbennig. Amlygai gweledigaeth Emily Davies ei bod yn llwyr ymwybodol o'r agendor hanesyddol rhwng cynulleidfa a darpariaeth theatraidd yng Nghymru. Yr her fyddai ceisio cau'r agendor honno. Yr oedd am geisio darganfod arddull Gymreig ar gyfer cynulleidfa Gymraeg. Golygai hynny y byddai'n rhaid chwilio am theatr a fyddai'n boblogaidd, a berthynai i bobl Cymru:

> Y bwriad yn syml fydd denu a swyno cynulleidfaoedd . . . os na fydd cynyrchiadau yn berthnasol i bobl y filltir sgwâr ni fyddant yn dod i'w gweld a bydd hynny yn difetha holl bwrpas eu bodolaeth . . .Fy mhrif nod fydd diddori pobl a gwasanaethu dramodwyr. Y mae hynny yn gyfrifoldeb aruthrol ac rwy'n ymwybodol ei bod yn her aruthrol.[11]

Rhan ganolog o syniadaeth Emily Davies felly oedd creu cwmni gwirioneddol genedlaethol ym mhob ystyr—un a berfformiai ddramâu Cymraeg, a fyddai'n sbarduno dramodwyr newydd, yn perfformio clasuron, yn teithio darpariaeth theatraidd amrywiol ac, yn bennaf, un a fyddai'n denu cynulleidfa. Cyfarwyddwr a chanddi ddealltwriaeth ddofn o'r theatr Ewropeaidd oedd Emily Davies, a gwelai'r angen i osod y theatr yng Nghymru yng nghyd-destun ehangach y theatr honno. Dyma draddodiad lle y perchid y dramodydd, lle yr ystyrid actio'n gelfyddyd ynddi'i hun, a lle y dyrchefid y ddrama yn gyfrwng addysgu diwylliannol, yn ogystal ag adloniant. Ac yn bwysicaf oll, dyma draddodiad lle roedd y gynulleidfa'n perthyn yn glòs i'r theatr, yn gwylio, yn ymateb, ac yn teimlo fod ganddi hawl perchennog ar waith 'cenedlaethol'. Yr ymrwymiad hwn rhwng cynulleidfa a theatr mewn cyd-destun diwylliannol ehangach oedd yr hyn y bwriadai Emily Davies ei ddatblygu yng Nghymru. Dylanwadwyd arni gan nifer o gyfarwyddwyr Ewropeaidd, yr actor a'r cyfarwyddwr Constantin Stanislafsci (1863–1938), er enghraifft, y bu ei ysgrifau'n ganolog i ddatblygiad y technegau actio a fabwysiadwyd gan theatr a ffilm yr ugeinfed ganrif. Yn ei waith a'i ysgrifau gwnâi'n fawr o'r berthynas rhwng y corff a'r meddwl fel sylfaen a deunydd artistig yr actor, gan ddiffinio actio yn weithgaredd creadigol, deongliadol ac o ganlyniad fe ddatblygodd y cysyniad o actio fel *celfyddyd* yn hytrach na dull o adrodd geiriau dramodydd i'n unig. Yr oedd syniadau'r dyn hwn yn ysbrydoliaeth fawr i Emily Davies wrth drafod cynllun hyfforddiant i'r actor.

Dylanwad mawr arall ei gwaith oedd syniadau'r cyfarwyddwr Peter Brook (1925–). Iddi hi, cynigiai Brook fodel delfrydol o'r modd y gallai cyfarwyddwr a'i gwmni greu mewn ysbryd dychmygus ac ymchwilgar. Ym 1970, wedi cyfnod fel cyfarwyddwr gyda'r Royal Shakespeare Company, sefydlodd Brook Ganolfan Ryngwladol ar gyfer Ymchwil Theatr mewn adeilad *music-hall* gwag ym Mharis. Yr oedd, erbyn hynny, wedi datblygu arddull berfformio a oedd yn anghydnaws â gwaith prif-ffrwd cwmnïau mawr Lloegr, yn bennaf oherwydd dylanwad damcaniaethau cymhleth Antonin Artaud a Bertolt Brecht ar ei waith. Ym Mharis cynullodd berfformwyr rhyngwladol er mwyn hybu dull cydweithredol o weithio ac er mwyn gofyn cwestiynau ynglŷn â chyd-destun diwylliannol theatr yn gyffredinol. Dilynodd Emily Davies drywydd gyrfa Brook yn fanwl. Roedd ei ddull myfyrgar ond cwbl theatraidd o lwyfannu dramâu yn un a geisiai hithau. Roedd effaith y gwaith ar y gynulleidfa yn ystyriaeth hollbwysig i Brook, ac yn yr un modd fe geisiodd Emily Davies ddatblygu perthynas neilltuol rhwng cynnyrch y cwmni a'r gynulleidfa. Yng Nghymru, fodd bynnag, golygai hyn droedio llwybr anodd rhwng darparu'r cynnyrch y tybid y byddai cynulleidfaoedd yn ei chwennych (gan gynnwys gwaith poblogaidd, adloniadol) ac arbrofi gwirioneddol o safbwynt ffurf a chynnwys theatr yn ei holl amlygiadau. Yn hyn o beth roedd ei gweledigaeth yn un wleidyddol; yr oedd yn dymuno addysgu a diwygio ac, ar yr un pryd, roedd yn gwerthfawrogi grym a pherthnasedd llwyfannu gwaith brodorol a phoblogaidd. Y mae'n bwysig nodi fod Cwmni Theatr Cymru Emily Davies yn gweithredu fel canolfan hyfforddiant ar gyfer actio, gwaith technegol a rheoli llwyfan, gweithgaredd hollbwysig i'w chysyniad ynglŷn â theatr genedlaethol. Yr oedd ganddi gynlluniau ar droed i gydasio gwaith Cwmni Theatr Cymru ag adrannau drama ysgolion a cholegau gan wreiddio'r fenter mewn cyd-destun addysgiadol a datblygiadol. Fel hyn, byddai modd astudio Drama a'r Theatr a datblygu sgiliau ymarferol mewn menter sydd, wedi'r cwbl, yn gyfrwng i fynegiant personol a chenedligol. Credai hi fod theatr, a'i holl weithgareddau cysylltiol, ynghlwm wrth hawl dynol pob unigolyn i'w fynegi ei hun. Dywedodd droeon y gallai unrhyw un actio, ac unrhyw un ysgrifennu, ond bod rhaid *dysgu* sut mae gwneud hynny yn y lle cyntaf, a'i feithrin drachefn. Ac roedd hynny'n cymryd amser ac ymroddiad. Roedd Cwmni Theatr Cymru ar ei newydd wedd yn rhoi cyfle i gyflawni hyn, yn ogystal â bod yn gyfrwng i gynnig i'r gynulleidfa ddarpariaeth adloniadol. Ond yn nhraddodiad Bertolt Brecht neu Joan Littlewood, bwriadai Emily Davies i'w theatr adloniadol weithredu y tu mewn i system o ddatblygu yn y gynulleidfa ymwybyddiaeth theatraidd a dealltwriaeth o'r berthynas rhwng theatr a'r gymdeithas.

Menter uchelgeisiol oedd hon, a thybiwyd y byddai modd ei gwireddu gan Gwmni Theatr Cymru wedi iddo golli nifer o staff a chreu strwythur gweinyddol newydd. Ym 1982 ffurfiwyd grŵp rheoli, sef Emily Davies (Cyfarwyddwr Artistig) a Wyn Jones (Cyfarwyddwr Gweinyddol), a'r ddau aelod staff a oedd yn aros o'r hen gwmni, sef Geraint Parry (Cyhoeddusrwydd a Theithio) a Gwynfryn Davies (Rheolwr Cynhyrchu a Thechnegol). Wyn Jones fyddai'n bennaf cyfrifol am weinyddiaeth gyffredinol a materion ariannol Cwmni Theatr Cymru. Cyfrifoldeb artistig yn unig fyddai gan Emily Davies. Ni phenodwyd cynorthwyydd ariannol amser-llawn i swyddfa'r gweinyddwr ac, o edrych yn ôl, roedd hynny'n gamgymeriad dybryd. Y tu ôl i'r cyfan yr oedd Bwrdd y Cwmni ac ymhlith ei aelodau yr oedd yr Arglwydd Cledwyn o Benrhos (Cadeirydd); Dr J. A. Davies, Bangor; Grey Evans, Chwilog; D. E. Alun Jones, Biwmares; J. O. Jones, Porthaethwy; H. Heulyn Roberts, Llandysul; Elan Closs Stephens, Aberystwyth; W. Trefor Mathews, Caernarfon; Huw Elwyn Jones, Bangor; Edwin Williams, Llanfairfechan; Alwyn Roberts, Bangor a Huw Roberts, Pwllheli.

Fe gyfarfyddai'r Bwrdd o leiaf unwaith bob chwarter fel y disgwylid iddo wneud, ac roedd iddo ddau is-bwyllgor, ond cymharol *ad hoc* oedd eu cyfarfodydd. Nid ymgynullodd yr Is-bwyllgor Artistig, a gyfarfu gyntaf yng Ngorffennaf 1981, wedi penodiad Emily Davies gan ei bod hi, fel Cyfarwyddwr Artistig, yn rhoi adroddiad uniongyrchol ym mhob cyfarfod llawn o'r Bwrdd. Cyfarfu'r Is-bwyllgor Cyllid am y tro cyntaf yng Ngorffennaf 1981 hefyd, ond wedyn dim ond saith gwaith y cyfarfu o hynny hyd at Ionawr 1984. Ni wyddys yn union pam na chyfarfu'r pwyllgor hwn yn fwy rheolaidd, ond awgrymir ym mhapurau Cyngor y Celfyddydau fod rhai ymhlith aelodau'r Cyngor a Chwmni Theatr Cymru o'r farn nad oedd gan lawer o aelodau'r Bwrdd brofiad uniongyrchol na gwybodaeth am reoli neu ddarparu arlwy theatraidd. Nid oedd hynny'n deg gan fod nifer ohonynt yn bobl flaenllaw ym myd y theatr a'r ddrama yng Nghymru. Ond roedd yn safbwynt a ategwyd sawl gwaith yn ystod y flwyddyn ar ôl i'r Cwmni orffen masnachu ym 1984, ac awgryma hynny fod sawl un yn credu nad oedd y Bwrdd yn ateb y gofyn.[12]

Fodd bynnag, fe ddechreuwyd yn optimistaidd, er gwaethaf y cwtogiad yng nghymhorthdal Cyngor Celfyddydau Cymru. Yn dilyn cyfarfod gydag Emily Davies a Wyn Jones, ymhyfrydai Lyn T. Jones, ymgynghorydd i Bwyllgor Drama'r Cyngor, yn y ffaith fod cyfnod newydd ar ddechrau, yn dilyn y trybini a fu:

> I'm glad to state at the outset, that this meeting has given me far more encouragement and belief in the resurgence of Theatr Cymru as a major producing company, after their lean and tempestuous existence over the last couple of years.[13]

Ar yr un pryd fe ddengys ei bapur at y Cyngor ei fod yn ymwybodol fod y ddau gyfarwyddwr wedi etifeddu sefyllfa anodd, ac y byddai'n rhaid goresgyn nifer o anawsterau, yn cynnwys mater cyflogau actorion a'r ffaith fod actorion am wneud gwaith teledu ochr yn ochr â gwaith theatr, sefyllfa nad oedd y cyfarwyddwr artistig newydd yn ei ffafrio. Ceir cyfeiriadau mynych yng ngwasg y cyfnod at y gystadleuaeth rhwng teledu a theatr, a chredid fod dyfodiad S4C yn 'dwyn' yr actorion gorau oddi wrth y theatr.[14] Aeth nifer o aelodau technegol Cwmni Theatr Cymru i weithio yn y cyfryngau yn yr wythdegau cynnar, ac yr oedd y berthynas rhwng aelodau staff wedi dioddef o'r herwydd. Dymuniad Emily Davies oedd osgoi hynny gyda'r actorion, ar bob cyfrif:

Rwy'n dymuno'n dda i'r actorion hynny sy'n awyddus i weithio ar S4C . . . ond rwy'n ymwybodol fod yna gnewyllyn o actorion yng Nghymru sydd â'u bryd ar fynd i'r theatr, ac sydd am ddatblygu eu dawn i'r eithaf, actorion sy'n ymwybodol mai yn y theatr y mae'r cyfle iddynt ddatblygu eu dawn.[15]

Ategodd hynny'n ddiweddarach drwy ddatgan i'r actorion a benodwyd wneud 'aberth ariannol go sylweddol', gan i nifer ohonynt gael cynnig prif rannau mewn cyfresi teledu.[16] Paentiwyd llun o'r theatr fel celfyddyd wirioneddol y bu'n rhaid aberthu er ei mwyn; eilbeth iddi hi oedd celfyddyd deledu.

Problem fechan oedd bygythiad byd mawr y teledu o'i chymharu â thasg Wyn Jones fel gweinyddwr. Ar gychwyn ei gyfnod yr oedd yn ceisio dirnad y sefyllfa ariannol ac yn ymdopi â'r ffaith fod papurau'r Cwmni mewn pedair swyddfa wahanol.[17] Ychwanegwyd at y dryswch gan mai 1 Medi 1982 oedd dechrau cyfnod y Cwmni ar ei newydd wedd, a bu'n rhaid cyfrif costau cynyrchiadau'r 'hen drefn' wrth weithio ar y cyfrifon, a'r rheiny'n gostau nid ansylweddol a fyddai'n cymhlethu'r sefyllfa ariannol. Ond yn y wasg roedd siarad bras am ddechrau cyfnod euraid, a defnyddiwyd iaith broffwydol: 'gyda dyfodiad Mrs Emily Davies . . . mae'r rhod yn troi o ddifri, a'r dyfodol yn gyffrous, a'r wawr ar dorri—'Does dim mwy cynhyrfus na gweld y goleuni yn ymlid tywyllwch'.[18]

Cyhoeddodd Emily Davies ei chynllun ar gyfer y flwyddyn gyntaf ym Mehefin 1982, ac yr oedd yn un mentrus: *Translations* Brian Friel, drama Wyddelig rymus, a roddai'r cyfle i ddangos 'ensemble' ar waith mewn arddull naturiolaidd ac a fyddai, efallai, yn rhoi cyfle i feddwl am natur iaith a chenedligrwydd. *Noa* André Obey, yn ddrama drosiadol, storïol am hanes Noa, yn slot y pantomeim; ac ar gyfer y gwanwyn, *Tŷ ar y Tywod* Gwenlyn Parry. Yn ôl ymgynghorydd Cyngor y Celfyddydau dyma raglen 'gyffrous, heb fod yn un fyddai'n dieithrio'.[19] Ond nid felly y gwelai pawb bethau. Bu beirniadu cynyddol ar y dewisiadau hyn cyn cychwyn ar y daith gyntaf hyd yn oed. Cwynai sawl un mai cyfieithiadau fyddai'r ddwy ddrama gyntaf, gan gynnwys 'y ddrama Saesneg' *Translations*.[20] Soniwyd eisoes am y graddedigion ifanc o Adran Ddrama Aberystwyth a ffurfiai gnewyllyn y Cwmni, er mawr ddicter i sawl un. Ac fe ymatebwyd yn gryf i'r ffaith nad oedd pantomeim Nadolig yn rhan o'r cynllun newydd.[21] Bu'n gyfnod o borthi amheuon ynglŷn â gallu'r Cwmni ar ei newydd wedd. Roedd gan y gynulleidfa Gymraeg deimladau cryf ynghylch yr hyn a gredai oedd yn ddyledus iddi yn ei theatr genedlaethol, a chan na fodlonai'r Cwmni Theatr Cymru newydd ddisgwyliadau 'pawb' fe'i tynghedwyd i fethu cyn cael cyfle i ddangos ei orchest.

Perfformiwyd *Torri Gair* (cyfieithiad Elan Closs Stephens o *Translations* Brian Friel, 1980), a chynhyrchiad cyntaf y Cwmni, ar daith o gwmpas theatrau Cymru yn hydref 1982, gyda chast yn cynnwys y saith actor craidd a thri actor ychwanegol, sef Phylip Hughes, Elfed Lewys a Mici Plwm.[22] Yn y ddrama, cyflwynir y broses o golli'r hen ddiwylliant Gwyddelig, a chynrychiolir hyn gan arolwg ordnans Lloegr 1833 a wnaeth ddileu yr hen enwau Gwyddelig gan osod enwau Saesneg yn eu lle. Prif sefyllfa'r ddrama yw datblygiad perthynas gariadus rhwng merch Wyddelig a milwr o Sais y mae ei gatrawd wedi ymsefydlu y tu allan i'w phentref. Wrth ddilyn y berthynas, datgelir y tensiynau sydd yn bodoli rhwng y diwylliant brodorol a'r diwylliant estron. Prif ddyfais y ddrama wreiddiol yw'r rhith bod y milwyr yn siarad Saesneg a'r trigolion yn siarad Gwyddeleg. Ond mae'r ddrama ei hun, wrth gwrs, yn gyfan gwbl trwy gyfrwng y Saesneg. Teimlai nifer ymhlith aelodau Bwrdd Cwmni Theatr Cymru y gellid ei pherfformio yn y Gymraeg a'r Saesneg, gan y byddai'r gynulleidfa Gymraeg yn medru deall cynhyrchiad dwyieithog o'r fath. Credid hefyd y gallai'r cyflwyniad ddweud rhywbeth am Gymru ac am golli iaith, un o brif ddyletswyddau theatr genedlaethol, hwyrach, sef adlewyrchu a thrafod sefyllfa gyfoes. Gwelai Bob Roberts fod i'r ddrama berthnasedd arbennig o ran ei chynnwys a'i strwythur, er nad drama wreiddiol Gymraeg mohoni: 'Oherwydd naws werinol y ddrama, arbenigedd y cymeriadau ac angerdd y dramodydd dros warchod mamiaith, y mae *Torri Gair* . . . yn taro tant pendant a chyfarwydd iawn yn ymwybyddiaeth cynulleidfa Gymraeg'.[23]

Ond, yn y pen draw, penderfynwyd y byddai defnyddio'r Saesneg yn ormod o risg, a pherfformiwyd y ddrama gan ddefnyddio acenion deheuol i gynrychioli'r Gymraeg ac acenion gogleddol i gynrychioli'r Saesneg—dyfais annigonol ym marn nifer. 'Stomp anghelfydd' oedd y penderfyniad i gymysgu acenion yn ôl adolygydd *Llanw Llŷn* (Tachwedd 1982), a nododd Thomas Parry ei ansicrwydd mewn llythyr at y cwmni (4 Hydref 1982) wedi iddo weld y cynhyrchiad:

> Nid wyf yn gwbl sicr fod y ddrama yn gyfaddas i'w chyfieithu. I'w gwneud yn ddealladwy ac yn argyhoeddiadol dylai Awen a'r Capten a'r Lifftenant fod yn siarad Saesneg, ond nid drama Gymraeg fuasai hi wedyn. Fel yr oedd pethau, nid oedd digon o wahaniaeth rhwng iaith y Gogledd a iaith y De.[24]

Ar yr un pryd dywedodd fod 'yr actio yn rhagorol, a'r cynhyrchu yn fedrus iawn', ac mai 'calonogol oedd gweld cystal graen ar actorion ifainc newydd yn arbennig'.

Rhoddai'r ddrama gyfle i Emily Davies ddangos grym chwarae 'ensemble', ac fe gafwyd llwyfaniad naturiolaidd yn nhermau set, gwisgoedd a dull actio. Lleolir y ddrama mewn 'hedge-school', math o ysgol a gynhelid mewn sgubor, ac adlewyrchwyd hyn yn effeithiol yn set fanwl Martin Morley a ddangosai stafell lom yr olwg, ac iddi furiau cerrig, celfi pren syml megis mainc a stolion, ac ambell declyn amaethyddol. Yr oedd yn gynhyrchiad mentrus ar un olwg, ond cwbl gonfensiynol o ran ei lwyfaniad.

Cafwyd ymateb cadarnhaol i'r cynhyrchiad a gwerthwyd pob tocyn ar ei gyfer mewn sawl canolfan; 'mae Emily Davies wedi cyflawni gwyrth' meddai llythyr yn *Y Cymro* (26 Hydref 1982). Dywedodd Glyn Evans, adolygydd *Y Cymro*, iddo glywed un o'r gynulleidfa yn datgan bod y 'theatr genedlaethol wedi cyrraedd o'r diwedd' (5 Hydref 1982), ac, i Emyr Williams yn y *Cambrian News*, 'profodd y daith . . . fod y cwmni Theatr yn hollol iach wedi'r misoedd cythryblus diwethaf' (15 Hydref 1982). I Bob Roberts yn *Y Faner* yr oedd y cyfarwyddwr artistig newydd wedi cadw 'ei air i'r llythyren' ar ôl addo 'datblygu steil unigryw a sicrhau safon uchel o waith ensemble'. Aeth yn ei flaen i gymharu'r gwaith â'r Anterliwt, gan ganmol y cynhyrchiad 'llithrig a disgybledig' gydag 'ansawdd yr actio . . . yn ddeallus, bywiog a sensitif' (15 Hydref 1982).[25] Ar y llaw arall, haerodd adolygydd *Llanw Llŷn* (Tachwedd 1982) yn dra sarhaus, mai 'drwg pennaf Emily's Welsh yw ei bod yn undonog hyd syrffed. Mae'n golygu meithrin rhyw dinc uchel ddieithr yn y llais, tinc amhersain sy'n ddigon i godi cur pen . . . yr oedd perfformiad un o'r actorion . . .

fel gwrando ar seiren yn para awr'.[26] Aeth yr adolygydd yn ei flaen i ladd ar y gwaith yn gyffredinol, ond dyma'r unig gollfarn a gafwyd yn y wasg, ac ni ellir ei hystyried yn feirniadaeth wirioneddol.

Ar gyfer y Nadolig llwyfannwyd *Noa* André Obey (1931) yn hytrach na'r pantomeim arferol, gyda Dafydd Hywel ac Eirlys Parri yn y prif rannau (Noa a Mrs Noa), ynghyd â'r saith actor craidd yn gymeriadau ac yn 'anifeiliaid'.[27] Dyma ddrama a ystyrir yn glasur i gyfarwyddwyr am fod ynddi ystod eang o bosibiliadau deongliadol a bod modd i'w llwyfannu mewn ffyrdd amrywiol. Er i nifer o lythyrau yn y wasg feirniadu'r ffaith na fyddai plant Cymru'n cael mynychu pantomeim dros y Nadolig, pwysleisiodd y Cwmni y byddai'r cynhyrchiad 'cyn debyced i bantomeim â dim . . . yn lliwgar, bywiog', yn llawn 'doniolwch a ffraethineb'.[28] Wedi gweld y sioe fe gytunodd bron bob un beirniad. Dywedodd Roy Owen yn y *Liverpool Daily Post* (11 Rhagfyr 1982): 'Theatr Cymru admirably succeeds in fulfilling Copeau's aim of interpreting creatively a story known to all of us'. Ac fel 'drama ddifyr sy'n procio' y'i disgrifiwyd gan Dylan Iorwerth yn *Sulyn* (12 Rhagfyr 1982), er mai 'methiant' oedd 'ymgais Theatr Cymru i dreio'n perswadio ni fod o fel pantomeim'.[29]

Roedd set ddyfeisgar y cynllunydd Martin Morley yn rhyfeddod i'w gweld. Cafwyd cyfres o hirsgwariau a thrionglau, gyda sgrîn gron fel haul neu leuad yn y cefn. Cynlluniwyd y cyfan fel ei fod yn medru agor, fel llyfr plant, i ddatgelu stafelloedd mewnol fel 'arch fodernistig' yn ôl Bob Roberts yn *Y Faner* (Nadolig 1982). I Marged Pritchard yn *Y Cymro* (21 Rhagfyr 1982) yr oedd 'y gweladwy'n holl bwysig' yn y sioe, a chanmolodd y cyfanwaith theatraidd: 'oherwydd iddi [Emily Davies] ddefnyddio ei dychymyg theatrig i'r eithaf, llwyddodd i roi profiad cofiadwy o adnoddau'r llwyfan i ni a dehongliad hollol gyfoes a gafaelgar o hen stori'.[30] Canolbwyntiodd Bob Roberts ar safon yr actio 'ensemble' gan ddatgan mai:

Prif swyddogaeth cyfarwyddwr drama ydy cyd-greu gyda'r actorion ddilyniant ar ôl dilyniant o symud a llefaru sydd wedi ei saernïo'n benodol i fynegi a dehongli syniadau a bwriadau'r dramodydd yn nhermau'r llwyfan. Mae hynny'n golygu ymwrthod â phob confensiwn sy'n llesteirio'r broses honno, er i'r pethau hynny fod yn theatrig effeithiol ynddynt eu hunain. Mae pobl fel Grotowski a'i Theatr Laboratorium yn ymwrthod ag allanolion llwyfannu i'r fath raddau nes i'w cyflwyniadau ymddangos fel defodau cyntefig.

Y mae dehongliad Emily Davies . . .wedi ei seilio ar yr un egwyddor fod yn rhaid i'r rhuthmau llafar a'r patrymau symud dyfu'n naturiol o gyfoeth meddyliol ac emosiynol y ddrama, a thrwy hynny greu undod artistig o'r nodweddion corfforol a deallusol.[31]

Dengys safon yr adolygu bod trafodaeth gysyniadol ar y theatr ar waith. Ond yr oedd diffyg pantomeim flynyddol wedi corddi rhai o'r gynulleidfa draddodiadol ac nid oedd sylwedd artistig na safonau perfformio yn mynd i argyhoeddi'r garfan honno o werth cyflwyno drama fel *Noa* yn lle'r pantomeim, un o uchafbwyntiau theatraidd a chymdeithasol y flwyddyn. Roedd y feirniadaeth wedi dechrau, ond yr oedd y cynhyrchiad nesaf i agor y llif-ddorau'n llwyr, gan 'sbarduno ymatebion cryf.

Dewiswyd *Tŷ ar y Tywod*, am ei bod yn 'ddrama dda', ac yn destun gosod i ddisgyblion ysgol.[32] Teithiodd ym Mawrth ac Ebrill 1983 gyda'r saith actor craidd yn gast.[33] Gwahoddodd Emily Davies Ceri Sherlock i gyfarwyddo. Yr oedd yntau eisoes wedi gweld gwaith Peter Brook ym Mharis, ac yn gyfarwydd iawn â theithi'r theatr genedlaethol mewn sawl gwlad Ewropeaidd, yn enwedig yn yr Almaen lle y treuliodd yn ddiweddarach gyfnod gyda'r cyfarwyddwr Peter Stein. Seilir dull Stein ar ymchwil fanwl i gyd-destun gwleidyddol a chymdeithasol y ddrama, a dylanwadodd yn fawr ar Ceri Sherlock. Fel Stein, cyfarwyddwr sy'n arfer dramäwriaeth (*dramaturgy*) yw Ceri Sherlock—dull lle y dadansoddir drama er mwyn amlygu ei pherthnasedd i'r gynulleidfa sy'n ei gwylio. Fel y nododd Roger Owen, yr oedd cynyrchiadau Ceri Sherlock yn mynnu bod y gynulleidfa'n gorfod 'adeiladu ystyr y profiad theatraidd yr oedd hithau'n rhan ohono'.[34]

Nid oedd *Tŷ ar y Tywod* wedi'i pherfformio ers i Wilbert Lloyd Roberts ei chyfarwyddo i Gwmni Theatr Cymru ym 1968, ym mlwyddyn sefydlu'r Cwmni. Dywedwyd yn hyderus yn nhaflen hysbysebu cynhyrchiad 1983 y byddai'r llwyfaniad newydd 'yn fwy beiddgar a mentrus na'r un a welwyd o'r blaen' ac y byddai ei weld 'yn brofiad theatrig',[35] ac i'r perwyl hwnnw defnyddiodd Ceri Sherlock y ddyfais Frechtaidd, *verfremdungseffekt*, er mwyn datgysylltu cynhyrchiad 1983 oddi wrth gynhyrchiad 1968. Dyma'r term a arferwyd gan Brecht i ddisgrifio'r dechneg o bellhau neu ddieithrio cynulleidfa oddi wrth weithgaredd cymeriadau'r ddrama. Daeth y dechneg yn sylfaen math newydd o lwyfannu, lle'r oedd yr actor, er enghraifft, yn *arddangos* gweithredoedd cymeriad yn hytrach nag uniaethu â'i rôl. Credid y byddai hyn yn annog y gynulleidfa i ystyried gweithgaredd cymeriad yn hytrach nag uniaethu ag ef, ac fel yna gallai'r gynulleidfa bwyso a mesur sefyllfa gymdeithasol, yn hytrach na'i derbyn yn ddigwestiwn.

Drama gymhleth yw *Tŷ ar y Tywod*, meddai Ceri Sherlock, drama 'sy'n hawlio sawl dehongliad gwahanol' ac un sy'n cynnig i'r cyfarwyddwr 'nifer o wahanol ffyrdd o'i chynhyrchu'. Yn wir, dywedodd Gwenlyn Parry wrtho fod *rhaid* canfod ei ddehongliad personol o'r ddrama os oedd am ei gwneud yn berthnasol i'r gynulleidfa. O barch i'r dramodydd ceisiodd Ceri Sherlock lwyfannu'r ddrama yn nhraddodiad y ddrama swreal neu abswrd, er mwyn sicrhau bod y gynulleidfa 'yn ymwybodol o'r fframwaith symbolaidd'. Dywedodd fod cyfarwyddiadau llwyfan y ddrama'n awgrymu 'cysylltiad tenau rhwng "realaeth" ac "arwyddocâd"', a gwnaeth i bopeth weithredu fel symbol, gyda'r set yn cynrychioli realiti gwyrdröedig: 'pob rhan ohoni yn agweddau delweddol o freuddwydion a hunllefau sy'n adlewyrchu meddwl a gwerthoedd Gŵr y Tŷ'.[36] Dadansoddwyd y ddrama o safbwynt agweddau rhywiol, a chyflwynwyd perthynas dyn a menyw ar lun ysbyty meddwl, gyda'r awgrym bod y ffair a'r syrcas yn agweddau ar feddwl person. Daethai rhai o'r actorion o'r awditoriwm mewn cotiau gwyn er mwyn atgyfnerthu'r awgrym hwn, ac fe rannwyd cymeriad y Ddelw yn 'eilun nwyd', yn 'wraig' ac yn 'fam', i gynrychioli gwahanol ganfyddiadau o'r fenyw. Cafwyd sawl delwedd bigog—Cadair Eisteddfod yn gadair drydan dienyddio, ac un o'r actorion yn ffugio cyfathrach rywiol â'r Ddelw y tu ôl i'r gadair. Atgyfnerthwyd yr elfen ryfeddol gan gymlethdod yr elfennau technegol, gydag actorion yn siarad drwy feicroffonau, a phypedau yn cynrychioli cymeriadau. Gosodwyd hanner llen Brechtaidd ar draws y llwyfan a thaflwyd golau ar y gynulleidfa, dulliau a welodd Ceri Sherlock pan fu'n ymweld â hen gwmni Brecht, y *Berliner Ensemble*, ar ddechrau'r wythdegau. Bwriad hyn oll oedd sicrhau bod darlleniad y gynulleidfa o'r ddrama yn seiliedig ar ofyn cwestiynau o hyd, sef conglfaen effaith ymddieithrio Brecht.

Er bod tipyn o gefnogaeth i'r cynhyrchiad, yr oedd carfanau o fewn y gynulleidfa Gymraeg yn amharod iawn i dderbyn y weledigaeth theatraidd. Yn ystod y daith, er enghraifft, dangosodd rhai o actorion blaenllaw y theatr Gymraeg eu hanfodlonrwydd a'u hanniddigrwydd drwy godi a cherdded allan. Esgorodd y cynhyrchiad ar drafodaeth helaeth yn y wasg ac yr oedd nifer o'r adolygiadau, gan gynnwys adroddiadau ymgynghorwyr Cyngor y Celfyddydau, yn cwestiynu perthnasedd y gwaith. Dywedodd Glyn Evans yn *Y Cymro* (15 Mawrth 1983) fod y cynhyrchiad 'yn gymaint o ddryswch theatraidd ac o brofiad', ac iddo gael yr argraff 'fod rhywun wedi mynd i gryn drafferth i geisio dweud rhywbeth—ond amheuwn a oedd werth y drafferth'. Ar yr un pryd yr oedd y cynhyrchiad 'yn gafael' gan 'hoelio diddordeb gydol yr amser gydag effeithiau clyfar a digwyddiadau annisgwyl'. Yna daeth cyfaddefiad dadlennol yr adolygydd: 'O bosib fod rhywun wedi ei fagu ar ormod o lymru dramâu efo Dewyrth John yn dychwelyd o'r Mericia wedi gwneud ei ffortiwn ac yn datrys pob problem yn yr act olaf. Bydded felly. O leiaf yr oedd rhywun, druan bach, yn deall y rheini'. Erbyn diwedd yr adolygiad ni fedr benderfynu: 'Cymeradwyai'r ddynes a eisteddai wrth fy ochr i fel pe bai'n mynd i fod heb ddwylo 'fory. Soniodd rhywun arall mai rybish oedd y peth. Efallai y byddai wedi bod yn well gofyn iddyn nhw adolygu—achos synnwn i nad oedd y ddwy yn iawn'.[37]

Yn dilyn yr adolygiad hwn ffrwydrodd tudalen lythyrau *Y Cymro* yn ferw o drafodaeth. Cymharodd un gynhyrchiad 1983 â chynhyrchiad 1968 gan ddatgan: 'chredais na welais y ddrama erioed o'r blaen a fedrwn i yn fy myw ddilyn unrhyw stori' (22 Mawrth 1983). Cyhoeddwyd hefyd nifer o lythyrau'n canmol y gwaith 'graenus a chynhwysfawr'; aeth un llythyrwr rhagddo i drafod y gynulleidfa: 'Yr ydym wedi mynd yn rhy ddiog, pawb eisiau popeth yn syml ac yn hawdd ei ddeall a'i dreulio' (11 Ebrill 1983). 'Dyma'r llwybr i'r ddrama Gymraeg', meddai un arall a ddywedodd nad oedd ganddo'r 'cefndir "colegol" hwnnw sy'n angenrheidiol y dyddiau yma i feirniadu drama a pherfformiad',

ond, er hynny, tystiodd iddo gael 'mwynhad aruthrol o weld y
ddrama. Os creu profiad theatrig oedd y bwriad, yna fe lwyddwyd
yn rhagorol. O'r diwedd dyma gwmni sy'n gallu gwneud peth
amgenach na dweud stori ddigri a chanu caneuon dwli—maent
yn dangos bod maes newydd yn agored i'r ddrama Gymraeg,
a diolch iddynt am dynnu y ddrama o rigolrwydd y ganrif
ddiwethaf' (18 Ebrill 1983).[38] Dywedodd un arall na ddylid wrth
post mortem cyhoeddus a'r Cwmni ond megis dechrau. Rhybudd-
iodd y llythyrwr na ddylid beirniadu'r gwaith eto: 'Gosodwyd y
sail, dewch i ni aros hyd nes cwblhau'r tŷ cyn beirniadu'r adeil-
adwraig. Yn bersonol, rwy'n hyderus y bydd gennym pan ddaw
tair blynedd Mrs Davies i ben Theatr Genedlaethol y gallwn fod
yn falch ohoni' (25 Ebrill 1983).[39]

Ymatebodd Emily Davies i'r feirniadaeth ar *Tŷ ar y Tywod* gydag
argyhoeddiad. Dywedodd wrth *Y Cymro* mai ymateb ffafriol a
gafwyd 'o du y rhai hynny yr oedd y cynhyrchiad wedi ei anelu
atynt', sef disgyblion ysgol. Cefnogodd waith Ceri Sherlock yn
gyfan gwbl a chadarnhaodd y byddai yntau'n gwneud rhagor o
waith i'r Cwmni wedi iddo ddychwelyd o weithio gyda Peter
Stein yn yr Almaen. Dywedodd nad oedd y feirniadaeth yn syn-
dod iddi, a phwysleisiodd na fyddai'n 'newid ei meddwl ynglŷn â
pholisi'r cwmni o'i herwydd'.[40] Ar gynffon hyn, cyhoeddodd yn
hyderus fod cymhorthdal Cwmni Theatr Cymru wedi cynyddu
ar gyfer 1983–4, a bod y saith actor craidd yn aros am flwyddyn
arall. Ei bwriad yn awr oedd sefydlu ail adain—pedwar actor
ychwanegol a rhagor o staff theatr er mwyn teithio'n amlach i'r
neuaddau llai a sicrhau eu bod yn meithrin cefnogaeth y gynull-
eidfa. Yn eironig, yr oedd ymroddiad y Cwmni i ailgydio yn y
gynulleidfa draddodiadol yr oedd mewn perygl mawr o'i cholli yn
gyfrifol am ddatblygu cynllun a gostiodd yn ddrud iddo. Roedd
teithio i ganolfannau bychain yn waith costus iawn, ac amlygodd
y cynhyrchiad nesaf hynny'n glir.

Teithiwyd *Tair Comedi Fer*, sef *John Huws Drws Nesa'* (1941)
gan Cynan, *Y Pwyllgor* (1920) gan D. T. Davies ac *Y Practis* (1935)
gan Leyshon Williams, ym Mai a Mehefin 1983. Dyma arlwy a
fyddai at ddant y gynulleidfa draddodiadol, dramâu o oes aur y
ddrama gegin, a 'noson i'r teulu gyda "gwledd o chwerthin"' yn
ôl y daflen hysbysebu.[41] Teithiodd y cynhyrchiad i ganolfannau

bach a mawr: dechreuodd y daith yn Theatr Seilo Caernarfon, ac ymhen pum wythnos rhoddwyd 27 o berfformiadau mewn dros ugain o ganolfannau bychain.[42] Gyda hyn, dechreuodd y cwmni adennill yr hen gynulleidfaoedd, drwy ddangos ei fod yn barod i ddarparu noson o adloniant ysgafn a'i gyrchu i ganolfannau llai. Aeth Emily Davies i ganol y traddodiad amatur drwy ddewis y dramâu hyn, a bu'r daith yn llwyddiant ysgubol. 'Mae'r cwmni ar y llwybr iawn', meddai Glyn Evans yn *Y Cymro* (24 Mai 1983), gan bwysleisio i'r 'hiwmor gadw'n rhyfeddol o laswyrdd dros y blynyddoedd'. Canolbwyntiodd yr adolygydd hwn yn ddiweddarach (31 Mai 1983) ar apêl y sioe gan ddatgan nad trafod y gwaith fel cynnyrch theatr genedlaethol oedd ei fwriad:

> Digon yw gofyn . . . a lwyddodd y cwmni i wneud yr hyn yr amcanai ato? Nid oes amheuaeth na wnaeth. Yr oedd y perfformiadau yn apelio at y gynulleidfa y chwiliai'r cwmni amdani. Diau y bydd cynulleidfaoedd y neuaddau bach . . . wrth eu boddau gyda pherfformiadau sydd ag elfen o hiraeth yn perthyn iddynt, yn dwyn i gof gyrchu at y neuadd bentref gefn gaeaf di-deledu i weld perfformio dramâu cyffelyb. I'r rhai hynny ohonom sy'n hoffi ein 'celfyddyd' yn syml byddant yn chwa o awyr iach wedi cymhlethdod di-ddeall *Tŷ ar y Tywod*.[43]

Yr oedd y beirniaid yn gwbl gytûn: dyma'r math o ddarpariaeth yr oedd y gynulleidfa wrth ei bodd â hi.

Amlygodd cam nesaf Emily Davies iddi ddwys ystyried anghenion gwahanol gynulleidfaoedd:

> Gan mai'r Eisteddfod Genedlaethol yw ffenest siop y celfyddydau yng Nghymru, mae'n bwysig fod Theatr Cymru yn cyfiawnhau ei bodolaeth gerbron y genedl. Gall wneud hynny trwy sicrhau y safonau uchaf posibl o gyflwyno. Mae'n rhaid i ni fod yn chwaethus a safonol, ac ar yr un pryd yn ffres ac arbrofol.[44]

Felly, ar gyfer Eisteddfod Genedlaethol Llangefni 1983, paratowyd dwy ddrama glasurol, sef *Siwan* Saunders Lewis (1956) a gyfarwyddwyd gan Emily Davies, a *Tair Chwaer* Tsiecoff (1901) a gyfarwyddwyd gan Ceri Sherlock, ynghyd â chyflwyniad arbrofol, *Gernika!*, cynhyrchiad dyfeisiedig ar y cyd â Chwmni Brith Gof a gyfarwyddwyd gan Mike Pearson a Lis Hughes Jones.[45] Yn ôl Ceri Sherlock, yn ystod y cyfnod hwn yr oedd ymdeimlad o fod yn rhan o bwerdy theatr, gydag Emily Davies, Mike Pearson, Lis Hughes Jones ac yntau'n gweithio ochr yn ochr ar y cynyrchiadau. Dyma'r model o theatr genedlaethol a welir yn y rhan fwyaf o wledydd Ewrop, ac yn ôl Ceri Sherlock bwriad Emily Davies oedd meithrin actorion dros gyfnod a defnyddio cyfarwyddwyr amrywiol er mwyn cynnal profiad o'r fath.[46]

Mewn penderfyniad doeth, dewisodd Emily Davies actorion adnabyddus iawn i berfformio drama a ystyrid yn un o glasuron y genedl, *Siwan* Saunders Lewis, gan adael y cnewyllyn ifanc i arbrofi gyda dau gynhyrchiad cwbl wahanol, sef *Tair Chwaer* a *Gernika!*. Ymatebwyd yn gadarnhaol i *Siwan*, gyda Maureen Rhys a J. O. Roberts yn brif gymeriadau. Roedd dewis actorion profiadol a phoblogaidd i chwarae Siwan a Llywelyn yn gam arall tuag at blesio carfan o'r gynulleidfa a gafodd y gwaith blaenorol yn anodd. Ni fedrai neb ddadlau â dewis clasur o ddrama Gymraeg a chast o actorion adnabyddus. Yn rhaglen *Siwan*, penderfynodd Emily Davies gynnwys y dyfyniad hwn gan Saunders Lewis:

> Rhyw ddiwrnod, efallai, fe ddysg actorion Cymraeg, yn wŷr ac yn ferched, ar lwyfan theatr ac yn y stafelloedd darlledu a theledu, nad oes modd bod yn actor da mewn unrhyw iaith heb ddiwylliant eang, heb ddarllen helaeth ar glasuron a llenyddiaeth fyw yr iaith, heb wybodaeth goeth o safonau llafar gorau'r iaith, heb barch egnïol i ynganiad, heb syniad uchel iawn am urddas yr iaith lafar. Fe ddysgir y pethau hyn i actorion proffesiynol ym mhob gwlad y mae ynddi theatr bwysig.[47]

Roedd y dyfyniad, yn dilyn y ffraeo am *Tŷ ar y Tywod*, yn rhybuddio'r gynulleidfa fod y Cwmni hwn o ddifri calon ynglŷn â chelfyddyd actio, ac yn ei gweld yn rhan bwysig o gyfrifoldebau diwylliannol cymdeithas wâr. Roedd dysgu actorion cyn bwysiced â dysgu dramodwyr a llenorion, canys hebddynt ni fyddai modd cynnal theatr wirioneddol greadigol.

Yn *Barn* (Medi 1983) ysgrifennodd Gwenlyn Parry am 'gyflwyniad arbennig iawn gan Theatr Cymru o'r ddrama glasur hon: 'bydd cynhyrchiad Emily Davies yn cael ei nodi fel un o'i chynyrchiadau gorau, ac yn deilwng o'r safon y dylai rhywun ddisgwyl gan Theatr Cymru'. Disgrifiodd set Martin Morley fel '[g]wledd i'r llygaid' a luniwyd 'fel bo'r actorion yn gallu symud yn rhwydd i wahanol lefelau, ac fe wnaeth y cynhyrchydd, Emily Davies, lawn ddefnydd o hyn'.[48] Cafwyd set addas ar gyfer llwyfan bwa proseniwm gyda thair wal a edrychai fel cerrig yn amgylchynu gofod cyfyng. Nid set feiddgar nac anarferol oedd hon. Fe gynrychiolai stori'r ddrama mewn modd confensiynol iawn. Cyferbynnwyd stafell wely Siwan yn llawn baneri moethus a chroen anifail â'i chell lom yn yr ail act. Ond ar y fath set foel, gwnaed pob celficyn yn fanylyn diddorol, ac felly roedd canhwyll-bren a thapestri, cadair a chist yn y stafell wely yn arwyddion o statws y frenhines, tra bod y gell lom a'r gwellt ar lawr ynddi yn arwyddocáu alltud a throseddwraig wrthodedig.

Rhoddwyd canmoliaeth fawr i berfformiadau'r prif actorion, Maureen Rees a J. O. Roberts.[49] Serch hynny, cafodd y cyn-hyrchiad ei feirniadu o safbwynt y llefaru. Nododd Bob Roberts yn *Y Faner* (19 Awst 1983) nad oedd pob un o'r actorion 'yn gyson ymwybodol o urddas yr iaith lafar' a rhybuddiodd rhag '[g]oslefu fel beirdd mewn ymryson', neu 'lafareiddio'n ffwrdd â hi . . . fel deialog opera-sebon teledu'. Yn hytrach, rhaid oedd 'llefaru yn unol â rhuthmau amrywiol a phenodol y wers rydd.'[50] Nododd adolygydd *Y Cymro* (16 Awst 1983) hefyd fod problem 'rhuthro dros linellau' a soniodd am y perygl 'wrth geisio cynil-deb i actor fynd yn orgynnil a dieffaith', er bod y cynhyrchiad yn ei grynswth yn 'wledd i'r llygad'.[51]

Yn yr adolygiadau ar y perfformiad beirniadwyd arddull lefaru'r actorion fwyfwy ac ymdebygai sawl adolygiad i feirniadaeth ar gystadleuaeth lefaru. Nid oedd actorion Emily Davies yn per-fformio yn unol â'r traddodiad adrodd neu lefaru Cymraeg: nid oeddynt yn llefaru gyda'r un pendantrwydd nac yn gorbwysleisio geiriau. Diau bod y traddodiad adrodd Cymraeg wedi pwys-leisio'r weithred o lefaru ar draul mynegiant *corfforol* yr actor, a oedd i Emily Davies yn rhan annatod o'r modd y byddai actor yn dehongli ac yn adeiladu cymeriad. Gwelai Emily Davies iaith y ddrama yn un elfen theatraidd ymhlith nifer, ac fe ymdrechodd i asio'r corff a'r lleferydd yn nehongliad pob actor. Iddi hi, yr oedd y cymeriad yn glymwaith o deimladau a syniadau a fynegir yn gorfforol yn ogystal â thrwy leferydd. Yn ôl y weledigaeth hon nid yw cymeriad wedi'i grynhoi mewn geiriau yn unig. Credai Emily Davies mai tasg yr actor yw trosglwyddo byd y ddrama â'i holl berson. Dyma eto enghraifft o ddylanwad technegau Constantin Stanislafsci a'i ddilynwyr ar waith Emily Davies. Ond gweledigaeth ddieithr oedd hon i nifer o'r gynulleidfa Gymraeg.

Ar gyfer ail gynhyrchiad Eisteddfod Genedlaethol 1983, cyfieithwyd *Tair Chwaer* gan Elin Wyn Roberts, a gwahoddwyd Ceri Sherlock, a ryddhawyd gan y Cwmni Opera Cenedlaethol, i gyfarwyddo, gyda Christopher Green yn dylunio. Ensemble sylweddol o actorion a ffurfiai gast *Tair Chwaer*, yn cynnwys y saith actor craidd a saith actor ychwanegol, sef Bethan Jones, Iris Jones, Richard Clay Jones, Elfed Lewys, Tim Lyn, Trefor Selway a Derek Daniels. Yn ôl Ceri Sherlock yr oedd safon yr actio'n arbennig o dda, a'r tair actores a chwaraeai'r chwiorydd, Nia Caron, Betsan Llwyd a Rhian Morgan, yn rhagorol.

Drama yw *Tair Chwaer* sy'n olrhain diflastod bywydau undonog y chwiorydd Prozorov mewn tref fechan yn Rwsia ar droad yr ugeinfed ganrif. Bwriad Ceri Sherlock oedd llwyfannu cynhyrchiad 'syml iawn a fydd yn canolbwyntio ar y cymeriadau a'r gwrthdaro mewnol sy'n digwydd', yn hytrach na chyflwyno amgylchedd y ddrama drwy gyfrwng set. Yn wir, dywedodd y byddai wedi hepgor set yn gyfan gwbl pe byddai modd. Fel yr oedd hi, dangosai'r llwyfan niwtral, gwag, y gallai'r ddrama ddigwydd yn rhywle, gan danlinellu'r ffaith na fyddai 'dieithrwch mewn stori na chymeriadau i gynulleidfa Gymraeg' er mai yn Rwsia y lleolid y ddrama. Yn ychwanegol, gobeithid y byddai'r dylanwad a gafodd iaith cefn gwlad Pen Llŷn ar y cyfieithiad yn apelio'n fawr at y gynulleidfa Gymraeg.

Paratôdd Ceri Sherlock ddadansoddiad dramäwriaethol o *Tair Chwaer*, gan gyfeirio at gynyrchiadau Stanislafsci. Ysgrifennodd Stanislafsci nodiadau cyfarwyddo manwl ar gyfer ei gynyrchiadau o waith Tsiecoff, yn cynnwys diagramau o'r symudiadau ar lwyfan a chyfeiriodd Ceri Sherlock atynt yn llwyfaniad Cwmni Theatr Cymru ym 1983. Nid peth estron oedd y traddodiad dadansoddol hwn, meddai Ceri Sherlock, gan gyfeirio at gynhyrchiad Theodore Komisarjevsky o ddrama Ibsen, *Yr Ymhonwyr*, ar gyfer Eisteddfod Genedlaethol Caergybi ym 1927: 'yr oedd Emily yn llwyr ymwybodol o'r traddodiad hwnnw, ac yn ailgydio ynddo gyda'r cyflwyniad hwn'.[52] Perthynai Theodore Komisarjevsky (1882–1954) i draddodiad theatr Sofietaidd a gychwynnodd gyda gwaith Stanislafsci. Bu'n gyfarwyddwr yn theatr ei chwaer, Vera Komisarjevsky, yn dilyn ymadawiad y cyfarwyddwr Meierhold (disgybl Stanislafsci) ym 1908, ac ar ôl ymfudo o'r Undeb Sofietaidd ym 1919 ymgartrefodd yn Ewrop gan geisio creu 'theatr synthetig', sef theatr yn seiliedig ar gydadwaith actio, canu a symud. Er bod ei waith yn ymddangosiadol wahanol i'r math o gyfarwyddo a gysylltid â Stanislafsci, camargraff ydyw hynny. Arbrofodd Stanislafsci ag ystum a symbol mewn nifer o'i gynyrchiadau, ac ar ddiwedd ei fywyd ysgrifennodd am rym ystum fel modd o gyflwyno cymeriad 'corfforol'. Fe barhaodd y math hwn o ddadansoddi a chyflwyno materol yng ngwaith Meierhold a Komisarjevsky.

Ni chafwyd ymateb cadarnhaol gan bawb i'r cynhyrchiad o *Tair Chwaer.* 'Siom' yr Eisteddfod oedd y cynhyrchiad i Elinor Wyn Roberts, y cyfieithydd, am nad oedd yn driw i gyfarwyddiadau llwyfan y dramodydd. Ysgrifennodd yn *Y Cymro* (16 Medi 1983) am 'symlrwydd eithafol' y set a oedd 'yn llesteirio' yr holl berfformiad, gan beri i'r ddrama fod yn 'anniddorol i edrych arni', ac ar ben hynny ni ddefnyddiwyd rhyw lawer o effeithiau sain, sy'n holl bresennol yng nghyfarwyddiadau'r ddrama. Yn ôl y cyfieithydd, yr 'unig elfen oedd yn bwysig i'r cynhyrchydd . . . oedd y geiriau'. Canmolodd safon yr actio'n gyffredinol, a chydnabu fod gan y cyfarwyddwr yr hawl i ddehongli drama yn ei ffordd ei hun, ond ychwanegodd frawddeg a ategodd y syniad cyffredinol fod y gwaith yn ddieithr ac efallai'n rhy ddyrys i'w gynulleidfa:

> A oes tuedd mewn rhai cylchoedd yn y theatr genedlaethol i anwybyddu'r ffaith mai perfformio ar gyfer cynulleidfa mae actorion? Mae'n braf gweld gwreiddioldeb a syniadau newydd, ffres, ond mae na bwynt pryd mae'n rhaid cofio bod yna gynulleidfa i'w diddanu hefyd.[53]

Ond ar ôl y daith genedlaethol cafwyd ymateb gwahanol. Disgrifiodd Catrin Puw Davies yn *Y Cymro* (4 Hydref 1983) 'lwyfan gwyn, plaen' yr oedd actio arno fel 'nofio'n galed yn erbyn y llanw cryf am dair awr', ffaith a oedd i gyfrif am y perfformiad aeddfetaf a welodd gan Gwmni Theatr Cymru erioed. Cadarnhaodd yr adolygydd mai 'drama Ceri Sherlock ydi'r "*Tair Chwaer*" yma, yn hytrach nag un Tshecof' gan annog y cyhoedd i fynd i'w gweld 'dan sylweddoli fod Tshecof yn disgwyl i'w gynulleidfa weithio hefyd'.[54] Dyma gydnabod dehongliad manwl y cwmni o'r ddrama.

Cafodd trydydd cynhyrchiad Eisteddfod Genedlaethol 1983 gefnogaeth frwd gan y wasg, y gynulleidfa ac ymgynghorwyr Cyngor y Celfyddydau. Cyfarwyddwyd *Gernika!* gan Lis Hughes Jones a Mike Pearson o gwmni Brith Gof, a'i berfformio ar y cyd gydag aelodau o'r ddau gwmni, sef y saith actor craidd, a'r pedwar aelod o Brith Gof, sef Mike Pearson, Lis Hughes Jones, Mathew Aran a Nic Ros. Seiliwyd y cyflwyniad ar ddigwyddiadau 26 Ebrill 1937, pan fomiwyd pentref Gernika yng ngwlad y Basg am dair awr yn ystod Rhyfel Cartref Sbaen, a'i ddinistrio'n llwyr. Anfarwolwyd erchylltra'r digwyddiadau yn narlun Picasso a oedd yn symbyliad i'r cynhyrchiad. Lleolwyd y cyflwyniad mewn sgubor ar fferm Tregarnedd ger Llangefni, lle y portreadwyd grŵp o drigolion Gernika yn llechu y tu allan i'w pentref wedi'r gyflafan ac yn edrych yn ôl ar eu bywyd. Gwrthbwyntiwyd caneuon, dogfennau a lluniau o gyfnod Rhyfel Cartref Sbaen i greu 'plethwaith o ddelweddau a golygfeydd',[55] gyda'r un actor ar ddeg yn defnyddio pethau syml i gyfleu tranc y pentrefwyr: dau fwced coch, cloch, drwm, mop llawr, bocsys pren, ratl, beic a chymysgwr sment yn llawn cerrig.

Cyfeiriodd Eleri Rogers yn *Y Cymro* (16 Awst 1983) at 'rhyferthwy o berfformiad' lle 'bu'r actio'n brofiad byw i'r perfformwyr yn ogystal ag i'r 150 o Gymry a hoeliwyd yn syfrdan i'w seddau yn ystod 'awr . . . o gyffroi'r emosiynau, awr o ryfeddu at holl adnoddau'r llais dynol yn canu, yn llafarganu a llefaru, ac awr o gorddi'r meddwl'. Gwelwyd torf o bentrefwyr yn amlygu ffordd o fyw gwerinol a ddifethwyd gan drychineb rhyfel, gan ddefnyddio symudiadau, ystumiau a chaneuon ar ffurf cyfres o ddarluniau neu olygfeydd bychain. Dyma lwyddiant mawr i Gwmni Theatr Cymru ac i Brith Gof, y ddau gwmni 'yn blethiad o dalentau a dychymyg y gallai unrhyw genedl ymffrostio ynddo'.[56] Diddorol yw'r ffaith i'r sioe a ystyrid yn 'arbrofol' gael 'ymateb rhyfeddol . . . gyda chynulleidfaoedd y Steddfod yn codi ar eu traed i gymeradwyo.'[57] Beth oedd i gyfrif am hyn? Er fod y cynhyrchiad yn un 'arbrofol', ac er ei fod yn bortread o drigolion pentref yng Ngwlad y Basg, yr oedd y cyflwyniad yn defnyddio dulliau perfformio cynhenid Gymreig. Hawdd oedd gweld fod tebygrwydd rhwng y trigolion o ran eu bywyd gwerinol a'u dioddefaint o dan y drefn, a thranc cymunedau yng Nghymru. Crynhowyd hyn oll gan Eleri Rogers pan ddywedodd: 'erys y delweddau a grewyd yn *Gernika!* Brith Gof a Chwmni Theatr Cymru, i ddeffro'r hen wylo yn y gwaed', a gwelodd fod eisiau diolch 'am arloesi ac arloeswyr'. [58] Dyma, o'r diwedd, arloesi a oedd at ddant y gynulleidfa Gymraeg. Roedd y themâu a ddangoswyd yn *Gernika!* yn cydasio â'r hyn roedd y gynulleidfa Gymraeg yn ei ddeall ac wedi arfer â'i weld. Cymerwyd technegau perfformio Cymreig, a safbwynt a ddeallai'r gynulleidfa, a'u pecynnu y tu mewn i gyflwyniad arbrofol.

Yn nhymor yr hydref 1983 teithiwyd *Y Gelyn Pennaf* gan Nan Lewis, y ddrama fuddugol yng nghystadleuaeth Tlws Drama Eisteddfod Genedlaethol Abertawe 1982, a'r ddrama newydd gyntaf i Gwmni Theatr Cymru ei chyflwyno ers penodi Emily Davies.[59] Dyma hefyd ragflaenydd nifer o sgriptiau newydd y bwriadwyd eu comisiynu a'u perfformio ym 1984 gan ddramodwyr newydd a chyfarwydd.[60] Gyda chast o dri—Grey Evans (Y Tad), Olwen Medi (Y Fam), a Wiliam Williams (Mebyn), dangosai'r ddrama deulu bach yn encilio i fagu eu plentyn ymhell o ddylanwad gwerthoedd y gymdeithas gyfoes, ond gorffennai, fel drama foes, gyda'r sylweddoliad i'r bobl a geisiai baradwys 'gario hadau yr hyn y maent yn dianc rhagddo ynddynt eu hunain'.[61] Yn ôl y dramodydd roedd yn 'ddrama symbolaidd am ddiniweidrwydd',[62] ond teimlai'r Cwmni fod rhaid pwysleisio mor hawdd i'w ddeall fyddai'r cynhyrchiad. Dywedodd Emily Davies iddi geisio cyflwyno'r cyfan 'mor syml ac y gall fod' ac y byddai'n apelio at gynulleidfa eang, a phwysleisiodd Grey Evans 'na fyddai'n rhaid wrth fyfyrio mawr na threiddio i symbolaeth ac alegori i'w mwynhau'.[63] Bu'r daith yn un lwyddiannus, a'r ymateb gan y wasg yn weddol ffafriol. Yn ôl Bethan Ll. Davies yn *Y Cymro* (29 Tachwedd 1983), llwyddodd y cynhyrchiad i '[d]rosglwyddo gofid awdures i'r llwyfan yn synhwyrus a theimladwy'. Yn *Y Faner* (2 Rhagfyr 1983) canmolodd Bob Roberts yr actio a oedd 'drwodd a thro yn lân a chyson, ond efallai . . . braidd yn unffurf'. Y rheswm am hyn, meddai, oedd bod y cymeriadau'n cynrychioli safbwyntiau cymdeithasol, yn hytrach na phortreadu 'gŵr a gwraig yn byw trwy arteithiau dinistr eu delfrydau'. Ar ben hynny, dywedodd fod rhyw elfen ar goll yn y ddrama sy'n 'ei rhwystro rhag cynhyrchu'r cyffro theatrig'.[64]

Yr oedd digon o gyffro i ddod, fodd bynnag. Erbyn dechrau teithio *Y Gelyn Pennaf* fis Tachwedd 1983 yr oedd yn gwbl amlwg fod y cwmni mewn trafferthion ariannol dybryd a bu ansicrwydd mawr ynghylch dyfodol y pantomeim a gomisiynwyd ar gyfer Nadolig y flwyddyn honno. Fodd bynnag, fe'i llwyfannwyd, o dan y teitl anffodus *Dyfroedd Dyfnion*,[65] a pharhaodd i deithio, er y bu'n rhaid canslo ambell berfformiad. Er mwyn sicrhau cynnal pantomeim yn y dyfodol, cafwyd cefnogaeth ariannol drwy garedigrwydd cyfranwyr.[66]

Daethai nifer o broblemau i'r amlwg ers dechrau cyfnod y Cwmni ar ei newydd wedd, rhai yn ymwneud yn neilltuol ag ariannu, ac eraill yn ymwneud â gweinyddiaeth a rheolaeth y Cwmni. Amlyga'r ohebiaeth rhwng swyddogion Cyngor y Celfyddydau a rheolwyr Cwmni Theatr Cymru ar ddechrau 1982, cyn penodi'r swyddogion newydd, fod trafferthion ariannol yn ymwneud â diffyg trefn a rheolaeth eisoes yn fygythiad. Gwyddai Cyngor y Celfyddydau am broblemau ariannol mor gynnar â 1980, a dengys eu cofnodion fod y Cwmni'n defnyddio'i elw, bryd hynny, er mwyn ad-dalu benthyciad banc ar gyfer prynu adeilad ym Mangor.[67] Pan benodwyd Wyn Jones yn weinyddwr y Cwmni ym Mehefin 1982 yr oedd yn wynebu talcen caled, ac yr oedd pethau ar fin gwaethygu. Ar 14 Mehefin 1982 cyflwynodd ddrafft o gyllideb ar gyfer 1982–3 i Is-bwyllgor ariannol Cwmni Theatr Cymru. Yr oedd yr anghydbwysedd rhwng gwariant a chynnyrch yn nau draean cyntaf y flwyddyn ariannol yn gwbl amlwg. Canslwyd un cynhyrchiad (*Brawd am Byth* gan J. R. Evans, y bwriadwyd ei lwyfannu yng ngwanwyn 1982) ac yr oedd un arall yn eithriadol o gostus i'w lwyfannu (*Hedda Gabler* gan Henrik Ibsen, a lwyfannwyd yn Eisteddfod Genedlaethol Abertawe, 1982).

Cyfnod Emily Davies oedd i gyfrif am drydedd ran y drafft, yn cynnwys y tri chynhyrchiad rhwng Medi 1982 a Mawrth 1983, sef *Torri Gair*, *Noa* a *Tŷ ar y Tywod*. Dyma'r cynllun a ddisgwylid gan Gyngor y Celfyddydau ond yr oedd yn uchelgeisiol iawn o feddwl bod y Cwmni'n cario dyledion cynyrchiadau blaenorol.

Mewn llythyr at reolwr ariannol Cyngor y Celfyddydau yn mynegi ei bryderon (Mehefin 1982), amcangyfrifodd Wyn Jones y byddai cost y gwaith a oedd wedi ei gynhyrchu'n barod cyn penodi Emily Davies, yn ogystal â'r cynllun arfaethedig, gymaint â £236,000, swm a oedd i'w wrthbwyso gan incwm swyddfa docynnau ac incwm amrywiol o £42,000. Byddai'r ddyled, felly, yn £194,000. Yr oedd pethau'n dynn iawn yn ariannol, a methwyd â ffrwyno'r gwariant arfaethedig yn wyneb y ddyled a etifeddwyd. Dywedodd Wyn Jones:

> Within the parameters imposed on me by the administrative costs already incurred or to which we are inescapably committed, by productions already staged or chosen and casted whose costs are only marginally within my control and, finally, by the need (which I consider paramount) to give Emily as fair a crack of the whip artistically as can be achieved, I have restructured a budget which yields a deficit, to be met by the Arts Council grant, of £173,940.[68]

Byddai'r Cwmni'n derbyn cymhorthdal o £170,000 gan Gyngor Celfyddydau Cymru, ond yr oedd yn berffaith amlwg nad oedd digon o arian i gynnal y ddarpariaeth a fwriadai'r Cwmni. Mewn ymateb i lythyr Wyn Jones datgelodd rheolwr ariannol Cyngor y Celfyddydau na dderbyniasai gyfrifon terfynol y flwyddyn hyd at Mawrth 1982. Yr oedd yn sefyllfa flêr, y cyfrifon yn anghyflawn ac amcangyfrifon wedi'u paratoi heb lwyr ystyried y sefyllfa ariannol yn ei chyfanrwydd. Er i'r Cwmni etifeddu sefyllfa ariannol ofidus, ni wnaed fawr ddim i ddatrys y broblem.

Erbyn Tachwedd 1983, wedi blwyddyn o waith, yr oedd y sefyllfa'n drychinebus: 'our liquidity position is parlous' meddai Wyn Jones mewn llythyr at un o swyddogion y Cyngor wrth ofyn am weddill y cymhorthdal ar frys er mwyn talu biliau a chyflogau staff parhaol, gan gynnwys cyflog Emily Davies. Yr oedd y gorddrafft a drefnwyd gyda'r banc bron wedi'i ddefnyddio'n llwyr, a Wyn Jones wedi gobeithio, yn optimistaidd, y byddai'r incwm o'r pantomeim yn caniatáu i'r Cwmni gadw oddi fewn i derfynau'r cytundeb:

> What has gone disastrously wrong is our revenue. . . . The other disappointment is the box office return, which is pitiful. *Tair Comedi Fer* was

not expected to be a money-spinner because we deliberately organised the tour in small venues which we do not normally go to. *Tair Chwaer* . . . was not well received at the box office and was an inordinately expensive production in wages, set and costumes . . . *Siwan*, which has drawn near full houses throughout, closes this week and, except for the venues where we did the front of house and collected the box office proceeds ourselves, the income is still to come.[69]

Ar 6 Ionawr 1984 cyflwynodd y gweinyddwr, Wyn Jones, ei adroddiad i Fwrdd Cwmni Theatr Cymru. Dywedodd yn glir i Gyngor y Celfyddydau ddatgan y byddai'n rhaid cwtogi ar weithgareddau 1984–5 gan fod polisi'r llywodraeth ar gyfer gwariant cyhoeddus yn golygu y byddai'r cymhorthdal yn annigonol. Cynghorwyd y Cwmni ym mis Tachwedd 1983 i wella ansawdd ar draul lleihau nifer y gweithgareddau, a gofynnwyd am amcangyfrifon yn seiliedig ar ostyngiad sylweddol. Golygai hynny y byddai gofyn i'r Cwmni wneud y tro ag un uned dechnegol yn lle dwy, a therfynu cytundebau'r technegwyr hynny a oedd o dan hyfforddiant. Bu'n ergyd fawr i'r Cwmni; roedd y cynllun hyfforddi technegwyr a roesai gyfle i nifer o brentisiaid ddatblygu yn y maes ac a roesai fod i ail uned gynhyrchu wedi bod yn bluen yn ei het. Ond nid aethpwyd ati i ymateb i'r sefyllfa anodd hon ar unwaith gan i'r Cyngor ddweud wrth Wyn Jones mewn cyfarfod ar 8 Rhagfyr, na ddylid ymddiswyddo neb tan i Fwrdd y Cwmni gyfarfod. Ni chyfarfu'r Bwrdd tan 6 Ionawr 1984, pan ddywedodd Wyn Jones ei fod yn bwriadu dileu swyddi'r technegwyr dan hyfforddiant o fewn y mis, a bod y Cwmni mewn dyled sylweddol. Yr oedd yn ymwybodol o sefyllfa'r Cwmni:

I feel personally responsible for the financial position. I agreed to the creation of a second technical unit and to the mounting of two Eisteddfod productions, as well as the employment of seven technical trainees. The costs arising from these decisions, the absence of outside support, and the lack of revenue flowing from their implementation have surprised me, as has the lack of control or monitoring feasible once the decisions have been taken.[70]

Rhaid bod y cyhoeddiad hwn yn daranfollt i aelodau'r Bwrdd. Yn y cyfarfod hwn yr oedd Emily Davies wedi cyflwyno Adroddiad y Cyfarwyddwr Artistig a amlinellai'r trafodaethau a fu rhyngddi hi a'r Eisteddfod Genedlaethol, y Cwmni Opera Cenedlaethol, naw o ddramodwyr a phump o gyfarwyddwyr. Yn amgaeedig yn ei hadroddiad roedd papurau'n ymwneud â chynlluniau teithiau, y gwaith a gyflawnwyd, manylion ynglŷn â'r criw technegol a'r ail uned ers mis Mehefin, ac ymholiadau ynglŷn â nawdd. Nid oedd awgrym yn ei hadroddiad hithau bod angen i'r Cwmni orffen masnachu.

Bu'n rhaid i'r Bwrdd atal gweithgareddau Cwmni Theatr Cymru hanner nos, ar ddydd Sadwrn, 7 Ionawr 1984. Ar y pryd ni ellid dweud beth yn union a olygai hynny i'r tri deg o actorion a staff, a chofnodwyd fod dyfodol y Cwmni yn dibynnu ar drafodaethau a gynhelid ddydd Mawrth, 10 Ionawr 1984, gyda'r Swyddfa Gymreig a Chyngor Celfyddydau Cymru. Dymuniad aelodau'r Bwrdd oedd parhau neu ailgychwyn cyn gynted â phosibl, er mwyn dechrau ad-dalu'r credydwyr ac arbed dyledion cynyddol, agwedd a gefnogwyd gan aelodau Cyngor y Celfyddydau yn gynnar ym 1984. Taranwyd am 'flerwch gweinyddol' ac 'aneffeithiol-rwydd' yn y wasg yn Ionawr 1984, a beirniadwyd y Bwrdd yn chwyrn gan amryw o ffigyrau cyhoeddus.[71] 'Methiant dynol' oedd y sefyllfa, meddai'r Arglwydd Cledwyn, Cadeirydd y Bwrdd, yn *Y Cymro* (17 Ionawr 1984), 'dydi hyn ddim yn smonach mawr a dwi'n berffaith sicr y gallwn ni ddod â phethau i drefn'.[72]

Ond ni welwyd gwir faint y methdaliad nes i gyfarwyddwr ariannol Cyngor y Celfyddydau baratoi ei ddadansoddiad ei hun yn seiliedig ar lyfrau Cwmni Theatr Cymru yn gynnar ym 1984, wedi i'r Cwmni orffen masnachu. Erbyn diwedd Ionawr felly, a phethau yn fwy difrifol nag y tybiwyd, penodwyd tri i ymchwilio i'r sefyllfa, sef T. Haydn Rees, cyn-Brif Weithredwr Cyngor Sir Clwyd; Huw Roberts, aelod o Fwrdd Cwmni Theatr Cymru, a sylwebydd ar ei ran; a Michael Williams, rheolwr y Royal Exchange Theatre ym Manceinion a sylwebydd ar ran Cyngor Celfyddydau Cymru. Bwriad yr ymchwiliad oedd darganfod y rhesymau dros yr anawsterau a arweiniodd at benderfyniad y Bwrdd i orffen masnachu dros dro ac argymell diwygiadau o safbwynt rheoli a gweinyddu.[73]

Yn yr adroddiad beirniadwyd nifer o agweddau ar y cwmni yn llym. Yn gyffredinol, 'oherwydd diffyg gweithredu a methiannau gweinyddu yr aeth pethau o le'.[74] Ymysg y prif ddarganfyddiadau cafwyd fod y cynllun a amlinellodd Emily Davies ar gyfer datblygu Theatr Cymru dros dair blynedd ei chytundeb yn cynnwys cynnydd yn nifer y cynyrchiadau. Ei bwriad yn ogystal oedd cyflogi dau grŵp o actorion o sesiwn 1983–4. Yr oedd y swm o arian a roddwyd i'r Cwmni'n annigonol at y pwrpasau hyn. Rhaid oedd cwrdd ag amodau pendant er mwyn derbyn cymorth ariannol gan Gyngor y Celfyddydau, gan gynnwys 'cymeradwyo amcangyfrifon gan gorff rheoli'r cwmni a pharatoi datganiadau ariannol chwarterol',[75] ac ni wnaethpwyd hynny'n gymwys. Esgeuluswyd hysbysu is-bwyllgorau, neu'r Bwrdd yn gyffredinol, am y sefyllfa ariannol—nid oedd cofnod fod unrhyw adroddiad am broblem llif arian wedi'i gyflwyno i unrhyw aelod o'r Bwrdd, nac i'r Pwyllgor Cyllid tan 27 Medi 1983. Gofynnodd Haydn Rees i'r Cyfrifwyr Siartredig Touche Ross and Co. ymchwilio i faterion ariannol a gweinyddol Cwmni Theatr Cymru, gan roi sylw i unrhyw wendid yn systemau cyfrifon neu reolaeth fewnol y Cwmni, ac yn systemau rheoli arian a gweinyddu'r Cwmni. Daeth y cyfrifwyr i'r casgliad fod y Cwmni wedi creu dyled o £68,700 yn y cyfnod dan sylw (swm a oedd yn llai na'r hyn a gyhoeddodd Cwmni Theatr Cymru yn ddiweddarach). Roedd y gwendidau a nodwyd yn amrywiol: ni welwyd dogfennau parthed rheolaeth fewnol y Cwmni, ac ni bu rheolaeth ffurfiol dros y gweinyddwr gan y Bwrdd. Nid peth anodd fuasai diwygio hynny ym marn y cyfrifwyr: 'It would not have been unduly onerous to design relatively simple controls to cover this organisation'.[76] Nodwyd gwendidau eraill gan gynnwys methiant i gymharu'r wir gylideb â'r gyllideb arfaethedig. Dangosodd adroddiad y cyfrifwyr siartredig na bu ymgynghori digon manwl cyn llunio'r gyllideb derfynol:

> The budget is produced following consultation with the Artistic Director, the Production Manager and the Publicity Manager. However, once the budget has been finalised, these officers do not appear to be provided with details of the finalised budget. These officers are not made formally responsible for maintaining levels of costs within budget.[77]

Dechreuodd Haydn Rees nodi ei gasgliadau a'i argymhellion drwy ddatgan 'na fedrwn fforddio bod heb gwmni Cymraeg ei iaith o'r math hwn yma yng Nghymru'.[78] Yn yr ysbryd hwn treuliodd beth amser yn edrych i'r dyfodol gan siarad yn nhermau 'ailddechrau gweithredu' a 'diogelu a datblygu dyfodol Theatr Cymru ar seiliau cadarn'.[79] Rhybuddiodd y byddai angen tynhau rheolaeth o ran trefniadau gweithredu a disgrifiadau gwaith ac y byddai ymrwymiad tynnach o du'r Bwrdd yn hanfodol. Dywedodd hefyd nad oedd gan y gweinyddwr ariannol brofiad o redeg a gweinyddu cwmni theatr, er ei fod yn ymroddgar i'w waith, ac yn ddyn a chanddo brofiad gweinyddol. Ond pwysleisiodd Haydn Rees na ddylid tybio mai problemau ariannol oedd i gyfrif am holl anawsterau'r Cwmni ac na ddylid credu y gallai trefn weinyddol wahanol o reidrwydd ddatrys problemau ariannol a allai godi yn y dyfodol. Cyfeiriodd at y berthynas fregus rhwng Theatr Gwynedd a Chwmni Theatr Cymru ers eu gwahanu yn theatr dderbyn a chwmni preswyl ym 1981, a gresynu am na ddatblygodd y math o berthynas integreiddiedig rhwng y ddau sefydliad ym Mangor ag a ddatblygodd rhwng Theatr Clwyd neu Theatr y 'Torch' a'u cwmnïau preswyl hwythau. Cyfeiriodd hefyd at y beirniadu a fu ar safon artistig y gwaith, ond nid oedd yr wybodaeth angenrheidiol ganddo i fedru mynegi barn ar hyn, a bu'n rhaid iddo gyfeirio at bapur a baratowyd gan Alwyn Roberts, Bangor, fel atodiad i'r adroddiad. Yn hwnnw dywedwyd bod 'gwrthddywediadau . . . yn guddiedig yn y sefyllfa' a effeithiodd yn fawr ar waith y Cwmni—megis bod galw am actorion hen ac ifanc, bod yn rhaid darparu rhaglen eang, a bod rhaid teithio, ar gryn gost, i gyrraedd cynulleidfaoedd. Paradocs canolog y sefyllfa, yr un wrth wraidd y trafferthion ariannol, oedd bod 'rhaid ymgymryd â rhaglen ddifrifol ac arwyddocaol' a gallai hynny olygu 'colli rhan o gynulleidfa mewn cymuned nad yw'n ddigon mawr i dynnu cynulleidfaoedd arbenigol'. Dywedwyd ymhellach:

> Mae'r Bwrdd ac yn enwedig Cyngor y Celfyddydau wedi gofyn am gynnyrch o arwyddocâd artistig ac sy'n haeddu derbyn symiau mawr o arian a neilltuwyd i'r celfyddydau. Ond fe all bod y gynulleidfa yn gofyn am ddarpariaeth fwy amrywiol gydag elfennau o adloniant mwy poblogaidd. Felly, ceir paradocs arall eto; rhaid i gwmni cenedlaethol apelio i

genedl gyfan a chadw'n ffyddlon i safonau artistig a gofynion a allai ddieithrio rhannau helaeth o gynulleidfa sydd eisoes wedi ei chyfyngu gan iaith a daearyddiaeth. Eto, gellir cwrdd â'r gofynion gwrthdrawiadol ond cyfreithlon yma, ond dim ond trwy raglen o weithgaredd sy'n ddigon helaeth i gynnwys y ddwy elfen.[80]

Yn ôl Haydn Rees roedd ymdopi â'r sefyllfa baradocsaidd a amlinellir uchod yn creu problemau 'sy'n mynnu adnoddau sylweddol i'w datrys', ac eto byddai Cwmni Theatr Cymru 'yn colli ei raison d'être oni bai eu bod yn cael eu datrys'. Daeth Haydn Rees i'r casgliad fod y Cwmni yn sylfaenol brin o gyllid ac na fyddai strwythur gweinyddol sylfaenol i gwrdd â'r anghen- ion hyn yn bosibl o fewn y cyfyngiadau cyllidol, gan fynd rhag- ddo i awgrymu y dylai Cyngor y Celfyddydau gynyddu'r cyllid i gyfarfod â'r anghenion gwirioneddol. Tynnodd sylw at y ffaith ei fod yn ysgrifennu'r adroddiad prin fis ar ôl i Weinidog y Celfydd- ydau ddileu dyledion sylweddol y Tŷ Opera Brenhinol (£1.16 o filiynau) a'r Royal Shakespeare Company (£700,000), ac ar ôl dyrannu arian ychwanegol i'r pedwar cwmni opera rhanbarthol. Datganodd yn glir fod Cwmni Theatr Cymru yn haeddu cefnog- aeth mewn egwyddor gan y Llywodraeth a Chyngor y Celfyddydau, ac argymhellodd fod Gweinidog y Celfyddydau a Chyngor y Celfyddydau yn dileu'r holl ddyled.

O'i gymharu â dyledion y cwmnïau mawr hyn, yr oedd dyled Cwmni Theatr Cymru yn swm pitw. Yr oedd gorddrafft y Cwmni oddeutu £33.25 ar 7 Ionawr 1984, y diwrnod yr atal- iwyd ei weithgareddau.[81] Ond byddai'r ddyled yn cynyddu. Rhagwelodd Haydn Rees y byddai'r diffyg ariannol oddeutu £34,000, ac y dylid ei ychwanegu at y gwir ymrwymiadau o £62,700 (mantolen anarchwiliedig ar 7 Ionawr 1984). Byddai'r cyfanswm hwn o £96,700 yn parhau i gynyddu rhwng 1 Ebrill 1984 ac ailddechrau masnachu.[82] Ar ben hynny, nid ystyriwyd goblygiadau ariannol taliadau diweithdra ac ati yn y fantolen incwm a gwariant a baratowyd ar sail busnes gweithredol. Oher- wydd hynny, fe bwysleisiodd Haydn Rees werth bwrw ymlaen i brynu ac addasu'r Tabernacl fel bod gan Theatr Cymru gartref addas, a rhyw gymaint o gyfalaf. Ac o safbwynt staffio, fe argym- hellodd fod gweinyddwr profiadol yn cael ei apwyntio a bod rhaid wrth gefnogaeth ariannol lawn-amser. Dywedodd hefyd y dylid helaethu'r gweinyddu a'r cyfarwyddo canolog. Awgrymodd dair ffordd ymlaen: 1) penodi gweinyddwr a chyfarwyddwr artistig profiadol. 2) mabwysiadu'r system gyfandirol o 'intendant' a fyddai'n golygu apwyntio cyfarwyddwr a fyddai hefyd yn weinyddwr a rheolwr ariannol. 3) neu, yn niffyg gweinyddwr neu gyfarwyddwr digon cymwys, apwyntio person Saesneg ei iaith a chanddo'r wybodaeth gymwys.

Cytunodd Bwrdd Cwmni Theatr Cymru ar y gwelliannau hyn mewn cyfarfod ar 19 Mawrth 1984.[83] Ar y pryd, anelwyd at 24 Ebrill 1984 fel dyddiad i ailgychwyn, a gwahoddwyd Emily Davies i barhau fel cyfarwyddwr artistig tan ddiwedd ei chytundeb ym 1985. Dyna oedd y ddealltwriaeth rhwng y Bwrdd ac Emily Davies o'r cychwyn cyntaf. Penderfynwyd adfer yr isbwyllgor artistig yn ogystal â phenodi is-gyfarwyddwr a gofynnwyd i Emily Davies gyflwyno rhaglen artistig y gellid ei chynnig o fewn terfynau'r cymhorthdal. Yr oedd y rhaglen a gynigiodd yn cynnwys *Amser Dyn* Gwyn Thomas (taith neuaddau bychain ym Mai/Gorffennaf 1984), *Rhyfedd y'n Gwnaed* John Gwilym Jones yn Eisteddfod Genedlaethol Llanbedr Pont Steffan 1984, a thaith i'r ddrama honno ym Medi a Hydref 1984. Byddai'r cynllun yn golygu cyflogi un uned dechnegol yn hytrach na dwy. Yn anffodus, ni wireddwyd y cynllun. Yr oedd pethau i fynd o ddrwg i waeth.

Cyfarfu Pwyllgor Drama Cyngor Celfyddydau Cymru i drafod adroddiad Haydn Rees ar 9 Ebrill 1984. Cofnododd y Pwyllgor fod £211,000 wedi'i glustnodi gan y Cyngor i dalu ôl-ddyledion Cwmni Theatr Cymru, ac argymhellodd y dylid ailstrwythuro Bwrdd Cwmni Theatr Cymru. Yn Ebrill hefyd, gwahoddodd y Cyngor brosiectau gan gwmnïau theatr eraill er mwyn sicrhau gweithgareddau ym myd y ddrama Gymraeg yn y cyfnod cyn ailsefydlu Cwmni Theatr Cymru a rhag ofn na fyddai'r Cwmni'n ailddechrau masnachu. Trafodwyd y syniad o gwmni theatr cenedlaethol 'hyblyg', syniad a ffafriwyd gan Bwyllgor Drama'r Cyngor, a chan Equity a Chymdeithas Gymreig y Celfyddydau Perfformio.[84]

Dywedwyd wrth Fwrdd Cwmni Theatr Cymru mewn cyfarfod ar 30 Ebrill 1984 y byddai Cyngor Celfyddydau Cymru yn cefnogi ceisiadau'r Cwmni i'r Swyddfa Gymreig am arian i brynu'r Tabernacl a'i addasu at bwrpasau cwmni theatr ar sail cynllun pensaernïol.[85] Ond er addo £211,000 prin fis yn gynharach yr oedd amheuaeth ynghylch gallu'r Cyngor a'r Swyddfa Gymreig i roi cymorth ariannol i gwrdd ag ôl-ddyledion y Cwmni, oherwydd bod ansicrwydd ynghylch yr arian a oedd yn ddyledus i staff Cwmni Theatr Cymru. Cytunodd cynrychiolwyr y Cwmni y byddent yn casglu tua £37,000 a setlo gyda'r credydwyr (ar wahân i'r banc, y ddau Goleg Prifysgol, a'r swyddfa dreth pe bai'r rheiny'n fodlon aros a chaniatáu i'r Cwmni ailfasnachu). Teimlai'r Bwrdd fod agwedd y Cyngor a'u cynlluniau ar gyfer y dyfodol yn llawer mwy addawol a phendant na dim a fu o'r blaen. Roedd y cyfan yn cyfiawnhau ymdrech galed Cwmni Theatr Cymru i oresgyn yr anawsterau 'tymor byr' a cheisio ailddechrau masnachu.[86] Ac ar 18 Mai 1984 rhoddwyd datganiad ar y cyd i'r wasg gan Gwmni Theatr Cymru a Chyngor Celfyddydau Cymru yn cyhoeddi fod 'cytundeb wedi ei sicrhau sy'n debyg o ganiatáu i'r Cwmni ail-ddechrau gweithredu'. Dibynnai'r cytundeb ar benodi staff, a hysbysebwyd swydd y gweinyddwr cyffredinol yn dilyn ymadawiad Wyn Jones o'i swydd. Dywedyd wrth y Bwrdd fod peth o'r arian a neilltuwyd ar gyfer Cwmni Theatr Cymru ym 1984–5 (£80,000) i'w gynnig i dri chwmni theatr i lwyfannu drama ar daith, gan gynnwys tri chynhyrchiad yn yr Eisteddfod Genedlaethol.

Newidiodd pethau eto pan ymgynullodd Pwyllgor Drama'r Cyngor ar 18 Mehefin 1984 er mwyn trafod yr argymhellion y byddent yn eu cyflwyno i'r Cyngor. Penderfynodd yr aelodau na ellid cefnogi cynigion Bwrdd Cwmni Theatr Cymru fel yr oeddynt: 'the Board of Cwmni Theatr Cymru Ltd. has not taken action on the major recommendations of the Haydn Rees Report to the point which enabled the Committee to approve the Board's proposals in their present form'.[87] Yr oedd saith wythnos wedi mynd heibio ers y cytundeb gyda Chwmni Theatr Cymru ac yn y cyfamser ni welodd y Cyngor unrhyw dystiolaeth fod y Bwrdd yn gweithredu i ddatrys y broblem ariannol: 'the Board has taken no action in relation to their creditors . . . and the purchase of Tabernacle'.[88] Ar ben hynny, ni chafwyd ymgeiswyr boddhaol ar gyfer swydd y gweinyddydd cyffredinol.

Penderfynodd Pwyllgor Drama'r Cyngor ar ddau brif argymhelliad i'w cyflwyno i'r Cyngor. Yn gyntaf, fod is-bwyllgor o aelodau'r Cyngor a'r Pwyllgor Drama i'w ffurfio er mwyn ystyried dyfodol theatr Gymraeg, ac yn ail, bod Lyn T. Jones i fynd ati ar unwaith i geisio amcangyfrif faint o staff oedd ar gael a pha bosibiliadau oedd o ddatblygu strwythurau gweithredu amgen ar gyfer Cwmni Theatr Cymru. Pwysleisia'r cofnodion dro ar ôl tro fod y Cyngor yn cydnabod pwysigrwydd darparu theatr Gymraeg brif-ffrwd i gynulleidfaoedd Cymru, ac argymhellid, pe byddai Cwmni Theatr Cymru'n darfod, fod y Gweinidog ar gyfer y Celfyddydau, ynghyd â'r Ysgrifennydd Gwladol, yn gofalu bod dyled y Cwmni yn cael ei thalu. Yn ogystal â hynny, awgrymodd y Pwyllgor Drama y dylai'r Cyngor drefnu gyda sefydliadau megis y Brifysgol, y Cyngor Sir, y Swyddfa Gymreig, a sawl cwmni theatr i sicrhau fod y Tabernacl yn cael ei gadw fel pencadlys i theatr trwy gyfrwng y Gymraeg.[89] Gofynnwyd i'r Cyngor gytuno ar benderfyniad terfynol ynghylch dyfodol Theatr Cymru ar 10 Hydref 1984.

Erbyn mis Mehefin 1984 yr oedd aelodau'r Pwyllgor Drama yn cydnabod bod methdaliad yn bur debygol: 'Drama Committee now recognises that it is highly likely that a creditor will force Theatre Cymru into Liquidation and that the existing company will not survive'.[90] Yr oedd y beilïaid eisoes wedi mynd i mewn i'r Tabernacl i geisio dwyn offer oddi yno yn ystod mis Mai. Yn adroddiad cynllunio'r Cyngor ar 21 Mehefin 1984 nodwyd y bwriad i gynnig rhyddfraint tair blynedd i gwmni theatr Cymraeg fod yn brif gwmni teithiol Cymru, gan gynnig dros £200,000 ar gyfer 1985–6. Byddai'r swm yn fwy pe gallai'r Cwmni greu perthynas â Theatr Gwynedd fel theatr dderbyn.

Erbyn Gorffennaf 1984 cawsai Cwmni Theatr Cymru ergyd arall—ni chafwyd y cymhorthdal a ddisgwylid i brynu'r Tabernacl, ac yr oedd ei brynu yn un o amodau parhad y Cwmni. Roedd Bwrdd Theatr Cymru wedi gofyn i'r Swyddfa Gymreig sawl gwaith am yr ail gyfran tuag at brynu'r Tabernacl, ynghyd ag arian ychwanegol (£35,000) fel y gellid addasu'r adeilad at bwrpasau'r Cwmni yn ôl yr adroddiad pensaernïol. Mewn llythyr at Gymdeithas Theatr Cymru dywedodd Wyn Roberts, yr Is-Ysgrifennydd Seneddol na ddaethai'r cymorth ariannol i ben ond na ddylid disgwyl taliad tra bod amheuaeth yn parhau ynglŷn â rheolaeth ariannol y Cwmni fel y'i hamlinellwyd yn adroddiad Haydn Rees.[91]

Ar 2 Awst 1984, hysbyswyd Cwmni Theatr Cymru'n swyddogol am fwriad y Cyngor i gynnig cefnogaeth am un cyfnod ar y tro i gwmnïau eraill 'a fedrai lenwi'r bwlch a grewyd gan sefyllfa bresennol Theatr Cymru'.[92] Yr oedd gan y Cyngor broblem wleidyddol—rhaid oedd cynnal darpariaeth cyfrwng Cymraeg ar frys, a hynny ar drothwy'r Eisteddfod Genedlaethol, ac fe ariannwyd Cwmni Hwyl a Fflag, Cwmni Whare Teg a Panto 84 er mwyn datrys y broblem hon. Cydnabu aelodau Bwrdd Cwmni Theatr Cymru mai dyna'r unig ffordd ymlaen i sefydlu theatr genedlaethol, ac fe gytunwyd ar y cynllun. Collodd holl weithwyr y cwmni eu swyddi yn yr argyfwng ariannol, ond llwyddodd nifer ohonynt, yn actorion a thechnegwyr, i gael gwaith gyda phrosiectau'r tri chwmni newydd.

Ym mis Medi 1984 cyrhaeddodd dogfen drafod Lyn T. Jones, a'i byrdwn oedd bod rhaid wrth staff profiadol ac ymrwymiad llawn gan Fwrdd Cwmni Theatr Cymru. Beirniadodd y ffaith bod 'dau berson anaddas' wedi cael eu gosod 'mewn amgylchiadau amhosib heb staff profiadol i'w cynghori'. Wrth gwrs, yr oedd dau bwyllgor neilltuol wedi eu sefydlu i'r perwyl hwn, ond gan na chyfarfu'r rhain yn ddigon aml, os o gwbl, yr oedd rhaid 'i'r Bwrdd a Chyngor y Celfyddydau . . . dderbyn cyfrifoldeb'.[93] Nododd hefyd y dylai'r Cwmni lwyfannu tri chynhyrchiad mewn blwyddyn, a bod rhaid wrth wasanaeth arbenigol amser-llawn i wireddu hynny. Amlinellodd batrwm tymor byr a welai Gwmni Theatr Cymru yn cael ei reoli gan banel ymgynghorol a fyddai'n cwrdd bob mis, a'i reoli o ddydd i ddydd gan 'weinyddwrdrefnydd'. Cynllun tymor byr, pum mlynedd fyddai hwn, gyda'r nod ar ddiwedd y pum mlynedd o sefydlu theatr genedlaethol. Y gobaith oedd y byddai arbenigedd cwmnïau Cymru gyfan yn bwydo'r fenter. Ac wrth gwrs fe fyddai'r Tabernacl, fel canolfan ymarfer, yn anhepgor.

Cyfarfu Bwrdd Theatr Cymru ar 15 Medi 1984 i drafod dogfen Lyn T. Jones, ac yr oedd dwy dasg benodol o'i flaen: sicrhau fod credydwyr y Cwmni'n cael eu talu, a chefnogi bodolaeth cwmni theatr Gymraeg 'brif-ffrwd'. Derbyniwyd argymhelliad Lyn T.

Jones y dylid sefydlu Panel Golygyddol/Rheoli a chynigiwyd y dylai'r bobl ganlynol fod yn aelodau o hwnnw: Huw Roberts, Edwin Williams, Tegwyn Watkins, Grey Evans, Valmai Jones, Sharon Morgan, a Lyn T. Jones, gyda chyn-swyddogion o Gyngor y Celfyddydau yn weinyddwyr. Pwysleisiodd y Bwrdd bwysigrwydd y panel hwn gan mai gofid mawr i nifer oedd y syniad mai gan Gyngor Celfyddydau Cymru y byddai'r gair olaf ynglŷn â pha gwmnïau a haeddai arian a pha ddramâu y dylid eu llwyfannu.

Cyfarfu Pwyllgor Drama Cyngor y Celfyddydau eto ym Medi 1984 ac erbyn hynny, yn ôl aelodau o Fwrdd Cwmni Theatr Cymru, yr oedd y Cyngor 'wedi cilio o'i safbwynt blaenorol' gan anwybyddu adroddiad Haydn Rees, a diystyru argymhellion y Bwrdd mewn ymateb i ddogfen Lyn T. Jones. O achos hyn gorfodwyd aelodau'r Bwrdd i ystyried eu sefyllfa. Er iddynt ystyried ymddiswyddo nifer o weithiau er Ionawr 1984, bernid y byddai hynny'n andwyol i'r holl gynlluniau. Nawr, yr oedd eu hymateb yn wahanol:

> In view of the Drama Committee's attitude and recommendations . . . the individual members present at the board saw no alternative to placing their resignations in the hands of the Chairman . . .. They will be held by him pending a meeting which, in the opinion of the Board, must be held between the Chairman and the Director of WAC and the Chairman of the Drama Committee with the Board before the full meeting of WAC at which the minutes of the Drama Committee are considered.[94]

Pe bai aelodau'r Bwrdd yn ymddiswyddo byddai methdaliad yn anochel. Byddai'r credydwyr, yn cynnwys cyn-weithwyr i'r Cwmni a busnesau bychain, yn dioddef colledion mawr, a byddai cynsail cynllun Lyn T. Jones—sef sicrhau meddiant ar y Tabernacl—yn cael ei chwalu. Rhybuddiodd y Bwrdd y byddai'r freuddwyd ynglŷn â chwmni cenedlaethol Cymraeg yn cilio i'r pellter, gan na fedrai cwmnïau bychain gario'r baich 'cenedlaethol' heb gefnogaeth sefydliad fel Cwmni Theatr Cymru. Ar ben hynny, byddai gan Gyngor Celfyddydau Cymru fonopoli ar bolisi yn y theatr Gymraeg. Pwysleisiodd aelodau'r Bwrdd y byddai'r ymgais i ailsefydlu'r Cwmni yn parhau ar yr amod fod y Cyngor yn rhoi pob cefnogaeth i berswadio'r Swyddfa Gymreig i ryddhau arian ar gyfer prynu'r Tabernacl; eu bod yn rhoi cefnogaeth ariannol i'r Cwmni er mwyn talu'r credydwyr; bod argymhellion y Bwrdd parthed cynllun Lyn T. Jones yn cael eu derbyn mewn egwyddor, ac yn cael eu cefnogi; a bod newid 'radical' yn argymhellion y Cyngor ac yn agwedd swyddogion y Pwyllgor Drama.

Ar 28 Medi 1985, gyda'r cynlluniau i ddatblygu theatr broffesiynol Gymraeg ar droed yng Ngwynedd rhwng Cyngor Sir Gwynedd, Theatr Gwynedd, Cwmni Hwyl a Fflag a'r Tabernacl, penderfynwyd yn ffurfiol fod y deuddeg aelod o Fwrdd Cwmni Theatr Cymru yn ymddiswyddo. Rhaid oedd i'r Bwrdd barhau fel cwmni daliannol, fodd bynnag, ac etholwyd Huw Roberts, Huw Elwyn Jones ac Alwyn Roberts i fod yn gyfarwyddwyr Cwmni Theatr Cymru Cyf.[95] Cofnodwyd cyfarfod olaf Bwrdd Cwmni Theatr Cymru ar 8 Hydref 1985.[96] Yr oedd Emily Davies eisoes wedi dychwelyd i'w swydd yn Adran Ddrama Coleg Prifysgol Cymru Aberystwyth, wedi'i chlwyfo gan yr holl gyhuddiadau a'r feirniadaeth. Fe aethai ar fenthyg i'r Cwmni, ond ymhen dwy flynedd yr oedd gwasgedd swydd y Cyfarwyddwr Artistig ynghyd â'r sefyllfa anodd iawn y cafodd ei hun ynddi wedi effeithio arni'n ddirfawr.

Er hyn oll, nid dyna ddiwedd y freuddwyd i atgyfodi theatr genedlaethol yng Nghymru. Yn rhifyn Gwanwyn 1985 o *Cyntedd*, cylchgrawn Cymdeithas Theatr Cymru, gofynnwyd: 'Pa batrwm o theatr a fyddai yn gweddu i ni, y Cymry Cymraeg, yng ngweddill wyth-degau y ganrif hon?' Ymatebodd Wilbert Lloyd Roberts drwy ofyn: 'a oes eisiau cwmni cenedlaethol Cymraeg?' ac 'a ddylai'r Gymraeg gael arian a lle cyfatebol i'r Saesneg yn y theatrau, a chartref teilwng?' Y mae'n amlwg fod cryn anghytuno ar y mater, ac ymateb Wilbert Lloyd Roberts oedd cynnig sefydlu pwyllgor bychan i gloriannu barn. Cafwyd ymateb mwy pendant gan Valmai Jones: 'Gwastraffwyd beth wmbredd o ynni ac amser yn ddiweddar yn trin a thrafod Theatr Cymru. Mae Theatr Cymru wedi marw . . . Mae'n bwysig iawn ein bod yn caniatáu i'r Theatr Gymraeg ddatblygu yn naturiol a pheidio â chythru iddi i greu cwmni newydd ar ddelwedd Cymru gynt'.[97] Yn eironig, yr oedd Emily Davies wedi ceisio creu Cwmni Theatr Cymru newydd a mentrus ar lun datblygiadau ym myd y theatr

Ewropeaidd—nid 'ar ddelwedd Cymru gynt'. Ac yr oedd y fenter wedi darfod.

Wrth ystyried argyfwng penodol Cwmni Theatr Cymru ar ddechrau'r 1980au, rhaid gofyn a oedd cwmni theatr cenedlaethol yn wironeddol bosibl o dan yr amgylchiadau. Dwy ystyriaeth sylfaenol a oedd i weledigaeth Wilbert Lloyd Roberts ar y cych-wyn: 'y dylasai Cwmni Theatr Cymru gael ei ffurfio o gwmpas cnewyllyn o actorion proffesiynol parhaol ac y dylasai'r cwmni fynd â pherfformiadau allan at bobl Cymru.'[98] Ond dyna wraidd y problemau a godasai. Yr oedd yr ymrwymiad i deithio a thrwy hynny gyrraedd cynulleidfaoedd gwasgaredig yn faen tramgwydd; yr oedd yn ddrud ac yr oedd yn rhaid apelio at bawb ac eto ddal yn ffyddlon wrth safonau artistig.

Bu cryn ddadlau ynglŷn â phwysigrwydd a gwerth y gwaith a wnaeth Emily Davies yn ei chyfnod fel Cyfarwyddwr Artistig i Gwmni Theatr Cymru. I rai, yr oedd y gwaith yn cynrychioli'r gorau y dylai theatr genedlaethol unrhyw wlad ei gynnig, gan ddarparu dewis eang o ddrama a ffurfiau theatraidd. I eraill, yr oedd yn waith uchel-ael, estron ac annealladwy a anwybyddai anghenion adloniadol y gynulleidfa. I eraill eto, yr oedd y math o waith yn wir y dylai prifysgol ei gynhyrchu. Yr oedd Emily Davies yn ymwybodol o'r broblem hon yn gynnar wrth ddech-rau ar ei gwaith, ac fe sefydlwyd ail adain y Cwmni am ei bod yn deall yr angen i baratoi 'cynyrchiadau traddodiadol cyffredin eu hapêl' yn ogystal â 'gweithgareddau llai traddodiadol'.[99] Yn sicr, yr oedd sbectrwm darpariaeth y Cwmni yn eang iawn, a rhodd-wyd profiad o theatr amrywiol i'r gynulleidfa. Cynigiodd cynllun y Cyfarwyddwr Artistig, yn ystod ei chwta ddwy flynedd, ddramâu Cymraeg cydnabyddedig a newydd (*Tŷ ar y Tywod*, *Y Gelyn Pennaf*), cyfieithiadau (*Torri Gair*, *Noa*), clasuron o Gymru a thra-mor (*Siwan*, *Tair Chwaer*), cynyrchiadau adloniadol (*Tair Comedi Fer*, *Dyfroedd Dyfnion*), perfformiadau dyfeisiedig (*Gernika!*) ynghyd â'r weledigaeth i gydweithio gydag amryw o gwmnïau ac artist-iaid eraill, nifer ohonynt yn creu gwaith arbrofol iawn (Brith Gof, Ceri Sherlock, a'r cynlluniau ar y gweill gyda'r Cwmni Opera Cenedlaethol, y BBC ac S4C). Nid oedd pob dewis at ddant pawb, ond roedd yn rhaglen uchelgeisiol ac anodd yw dadlau ei bod yn anaddas o safbwynt darpariaeth cwmni theatr cenedlaethol.

Wrth gwrs, celfyddyd weledol yw'r theatr, ac y mae llwyddiant drama ar lwyfan yn dibynnu ar lwyddiant dehongliad y cyfarwyddwr yn y gofod. Diau bod ambell ddehongliad o'r dramâu uchod yn osodiadau a ystyrid yn gymhleth gan rai o blith y gynulleidfa. Ar yr un pryd dyma'r math o waith a allai gymryd ei le ar lwyfannau rhyngwladol yn ddidrafferth. A oedd y gwaith yn rhy estron i gynulleidfaoedd Cymru felly? I ambell un ar y pryd, fel John Ogwen, un o actorion y Cwmni Theatr Cymru gwreiddiol, fe gollwyd cynulleidfa'r Cwmni rhwng 1982 a 1984.[100] Nid oes tystiolaeth fod y gynulleidfa yn sylweddol lai nag a fuasai gynt ac fe gafodd y rhelyw o'r cynyrchiadau gynulleidfaoedd llawn, er bod y golled ariannol, yn naturiol, yn awgrymu colli pobl. Adlewyrchai cred John Ogwen ym 1984 yr ymdeimlad cyffredinol o anfodlonrwydd ynglŷn â'r gwaith. I John Hefin, Pennaeth Drama'r BBC ym 1984, yr oedd rhyddid artistig yn hollbwysig i bob celfyddyd arloesol, ond rhybuddiodd y gallai'r rhyddid hwnnw gostio'n ddrud:

> Rwy'n codi fy mys i gantel fy het i Emily Davies am y gwaith arwrol wnaeth hi. Dim beirniadaeth yw hyn. Rwy'n credu iddi wneud yr hyn oedd hi'n meddwl oedd yn iawn. . . . Rhyddid artistig . . . rwy'n meddwl fod hwnna'n bwysig. Na, wnaeth e ddim llenwi theatrau, ond dyna'r pris dalodd hi am beth oedd hi'n credu ynddo. Nid bod y theatrau'n wag 'chwaith, achos mi oedd yna sawl cynhyrchiad llwyddiannus . . . Ond rwy'n meddwl bod rhaid yng Nghymru, fel ym mhob gwlad, gael deunydd sy'n cael pobl i mewn i'r theatr.[101]

Methiant fu'r ymgais i feithrin cynulleidfa am sawl rheswm. Y mae angen sgiliau dadansoddol ar y gynulleidfa, ond ni chafwyd cyfle i ddatblygu rheiny'n llawn ymhen cwrs dwy flynedd. Peth andwyol oedd hyn; nid celfyddyd ynysig yw actio, fe ddibynna'n llwyr ar gynulleidfa, ac ar gyfer cynulleidfa y meithrinnir actio fel celfyddyd.

Llwyddiant Emily Davies oedd ei gweledigaeth ynglŷn â meithrin actorion. Wrth wraidd ei gweledigaeth yr oedd ei chred gadarn yn nychymyg a chreadigrwydd yr actor. Iddi hi, nid llestr a fyddai'n cyfryngu geiriau a digwydd y ddrama yn unig oedd yr actor, ond grym creadigol a fyddai'n dehongli cymeriad a'i gyflwyno yn unol â gweledigaeth y cyfarwyddwr a'r cwmni. Proses o ddehongli oedd actio iddi hi, ac roedd angen sgiliau dadansoddol ar yr actor, yn ogystal â gallu i berfformio. Nid dyna sut y gwelir yr actor mewn diwylliant sy'n ystyried y ddrama'n glasur llenyddol digyfnewid, yn hytrach na thestun sy'n newid bob tro y'i llwyfennir. Cydnabu Ceri Sherlock gyfraniad pwysig Emily Davies gan iddi 'roi strwythur i actorion lle nad oedd dim o'r blaen',[102] ffactor a oedd i ddod yn bwysig iawn yn y blynydd-oedd wedi diflaniad Cwmni Theatr Cymru a thwf Cwmni Theatrig Ceri Sherlock a ffurfiwyd ym 1984 er mwyn datblygu'r gwaith a ddechreuodd Emily Davies.[103]

Efallai fod camddealltwriaeth lwyr wedi digwydd ar y pryd ynghylch natur y cytundeb rhwng cynulleidfa a darparwyr y theatr. Ac yn sicr, yr oedd anhrefn, esgeulustod ac anwybodaeth yn ffactorau mawr o safbwynt difodiant y Cwmni. Ond er gwaethaf yr holl ddadlau ac ymgecru saif y ffaith ganolog fod yr arian a gafodd Cwmni Theatr Cymru i ddarparu'r hyn a oedd mewn golwg ganddo yn ôl ei gyfansoddiad ei hun yn gywilyddus o annigonol. I sawl person a welodd y gwaith ac a fu'n rhan ohono, trueni mawr yw'r ffaith na chafodd safon ac ehangder y ddarpar-iaeth ei werthfawrogi ar y pryd.

Pan geisiodd W. B. Yeats ym 1903 ddiffinio beth yw theatr genedlaethol pan oedd cyffro sefydlu theatr o'r fath wedi medd-iannu Iwerddon, dywedodd hyn:

> I would sooner our theatre failed through the indifference or hostility of our audiences than gained an immense popularity by loss of freedom . . . I ask no help that would limit our freedom from either official or patriotic hands, though I am glad of the help of any who love the arts so dearly that they would bring them into even honourable captivity. A good Nationalist is, I suppose, one who is ready to give up a great deal that he may preserve to his country whatever part of her possessions he is best fitted to guard, and that theatre where the capricious spirit that bloweth as it listeth has for a moment found a dwelling-place, has good right to call itself a National Theatre.[104]

Hynny yw, os yw cymuned neu wlad yn dymuno sylweddoli'r ddelfryd o sefydlu theatr genedlaethol, gwae hi os na chaiff y theatr honno gyfle i fwrw ei gwraidd, i greu perthynas â'r gynulleidfa dros amser, ac i fod yn rhydd i arbrofi.

Yng Nghymru'r 1980au hwyr a'r 1990au, profwyd un o gyfnodau mwyaf mentrus a beiddgar y theatr Gymraeg, ac ymhlith yr arloeswyr yr oedd nifer fawr a fwriodd eu prentisiaeth gydag Emily Davies a Chwmni Theatr Cymru, mewn cyfnod a ystyrid ar y pryd yn un anodd a thrafferthus. Aeth Ceri Sherlock ac aelodau Brith Gof, er enghraifft, ymlaen i greu gwaith arloesol ar ddiwedd yr ugeinfed ganrif. Methodd prosiect Cwmni Theatr Cymru rhwng 1982 ac 1984 am nifer o resymau, ond allan o'r cyfryw argyfyngau yn hanes theatr unrhyw wlad y daw'r mudiadau a fydd yn effeithio ar ddiwylliant a chelfyddyd y wlad honno am genedlaethau i ddod.

CYFEIRIADAU

1 Yn Ionawr 1980–81 derbyniodd Cwmni Theatr Cymru (CTC) gymhorthdal o £340,000 gan Gyngor Celfyddydau Cymru (CCC). Yn Ionawr 1981 cwtogwyd y swm i £230,000 ar gyfer 1981–2, ac yna £170,000 ar gyfer 1982–3. Yn 1983 cafodd gymhorthdal o £196,000, a £7,500 ar gyfer teithiau.

2 Cofnodion Cyfarfod Bwrdd Cwmni Theatr Cymru a gynhaliwyd ym Mron Castell, Bangor, 15 Ebrill 1982. Llyfrgell Genedlaethol Cymru (LlGC), Papurau Cyngor Celfyddydau Cymru (PCCC), F/84.

3 Emily Maude Davies (1924–92).

4 Cofnodion Cyfarfodydd Bwrdd Cwmni Theatr Cymru a gynhaliwyd ym Mron Castell, Bangor, 15 Ebrill 1982 a 2 Gorffennaf 1982. LlGC, PCCC, F/84.

5 Tystysgrif LAMDA dyddiedig 20 Gorffennaf 1942 (eiddo teulu Emily Davies).

6 Saunders Lewis, rhagair *Cymru Fydd* (Llyfrau'r Dryw, 1967).

7 'Mae'i bryd ar osod y sylfeini', *Y Cymro*, 20 Ebrill 1982, 6.

8 Emily Davies, dyfynnwyd yn 'Mae'i bryd ar osod y sylfeini', *Y Cymro*, 20 Ebrill 1982, 6.

9 Emily Davies, dyfynnwyd yn 'Aberthu er mwyn y cwmni', *Y Cymro*, 7 Medi 1982, 15.

10 Ceri Sherlock, cyfweliad â'r awdur, Ionawr 2004.

11 Emily Davies, dyfynnwyd yn 'Creu'r hyder angenrheidiol yw'r nôd', *Y Cymro*, 8 Mehefin 1982, 8.

[12] Er enghraifft, John Ogwen mewn cyfweliad gyda Menna Richards, *Y Byd ar Bedwar*, cynhyrchiad HTV i S4C, 28 Mawrth 1984, Llyfrgell HTV.

[13] LlGC, PCCC, F/168, Papur Lyn T. Jones (9 Mehefin 1982).

[14] Gweler, er enghraifft, Sylwadau'r Mis yn *Barn* (Chwefror 1984), 11.

[15] 'Mae'i bryd ar osod y sylfeini', *Y Cymro*, 20 Ebrill 1982, 6.

[16] 'Aberthu er mwyn y cwmni', *Y Cymro*, 7 Medi 1982, 15.

[17] LlGC, PCCC, F/168, Papur Lyn T. Jones, 9 Mehefin 1982.

[18] Dyddgu Owen, 'Dyfodol disglair i S4C a'r Theatr', *Y Cymro*, 27 Ebrill 1982, 4.

[19] LlGC, PCCC, F/168, Papur Lyn T. Jones, 9 Mehefin 1982.

[20] Gweler, er enghraifft, John Gwyn Griffiths, 'Aeth y "Clefyd Cyfieithu" yn rhy bell?', *Y Faner*, 10 Rhagfyr 1982, 6.

[21] Golygyddol, 'Arian sy'n bwysig', *Y Faner*, 16 Gorffennaf 1982, 1. Cafwyd gwrthymateb gan Swyddog Cyhoeddusrwydd CTC a esboniodd nad oedd amser rhwng Medi a Rhagfyr i gomisiynu pantomeim, *Y Faner*, 30 Gorffennaf–6 Awst 1982, 2.

[22] Taith rhwng 29 Medi a 30 Hydref 1982: Theatr Gwynedd, Theatr Clwyd, Theatr y Werin, Canolfan Adloniant Llanelli, Theatr y Sherman, Theatr Hafren, Ysgol Uwchradd Botwnnog, Theatr Ardudwy, Theatr Felinfach.

[23] Bob Roberts, 'Drama Wyddelig Rymus', *Y Faner*, 15 Hydref 1982, 14-15.

[24] Thomas Parry, llythyr at Gwmni Theatr Cymru, 4 Hydref 1982, Archif Cwmni Theatr Cymru (ACTC), Archifdy Gwynedd (AG), XD68 (heb ei gatalogio).

[25] Llythyr gan Meredith Edwards, *Y Cymro*, 26 Hydref 1982, 6; Glyn Evans, 'Sylfaen gref i'r hyder newydd', *Y Cymro*, 5 Hydref 1982, 10; Emyr Williams, 'Torri gair ar daith drwy Wynedd', *Cambrian News*, 15 Hydref 1982; Bob Roberts, 'Drama Wyddelig Rymus', *Y Faner*, 15 Hydref 1982, 14-15. Am ragor, gweler ACTC, AG, XD68/8/31, Niel Owen, 'Torri Gair yn llanw'r theatr', *Cambrian News*, 29 Hydref 1982; *Yr Herald Gymraeg*, 19 Hydref 1982; *Sulyn*, 'Torri Gair yn torri'r garw' 17 Hydref 1982; Bob Roberts, *Western Mail*, 1 Tachwedd 1982.

[26] ACTC, AG, XD68/8/31, *Llanw Llŷn* (Tachwedd 1982).

[27] Taith rhwng 7 Rhagfyr 1982 a 4 Chwefror 1983: Theatr Ardudwy, Ysgol Uwchradd Abergwaun, Theatr Hafren, Ysgol Uwchradd Botwnnog, Theatr Gwynedd, Canolfan Adloniant Llanelli, Theatr y Sherman, Theatr Clwyd, Theatr y Werin.

[28] ACTC, AG, XD68/9/21(1983), rhaglen *Noa*; XD68/8/31.

[29] Roy Owen, 'Noah talks to God in Welsh', *Liverpool Daily Post*, 11 Rhagfyr 1982; Dylan Iorwerth, 'Drama ddifyr sy'n procio', *Sulyn*, 12 Rhagfyr 1982.

[30] Marged Pritchard, *Y Cymro*, 21 Rhagfyr 1982, 8.

[31] Bob Roberts, 'Cymeriadau sy'n mynnu byw', *Y Faner*, Nadolig/Calan 1982–83, 14.

[32] LlGC, PCCC, F/168, Papur Lyn T. Jones, 9 Mehefin 1982.

[33] Taith rhwng 2 Mawrth a 9 Ebrill 1983: Theatr y Werin, Theatr Felinfach, Theatr Clwyd, Theatr y Sherman, Theatr Llanelli, Theatr Ardudwy, Theatr Hafren, Ysgol Uwchradd Botwnnog.

34 Roger Owen, *Ar Wasgar, Theatr a Chenedligrwydd yn y Gymru Gymraeg 1979–1997* (Caerdydd: Gwasg Prifysgol Cymru, 2003), 76.

35 ACTC, AG, XD68/9/21(1983), rhaglen *Tŷ ar y Tywod*.

36 ACTC, AG, XD68/9/21(1983), Ceri Sherlock, rhaglen *Tŷ ar y Tywod*.

37 Glyn Evans, 'Ai ni sy'n dwp neu a yw'r awdur yn chwerthin am ein pennau?', *Y Cymro*, 15 Mawrth 1983, 5.

38 Llythyr Gwydol R. Owen, *Y Cymro*, 22 Mawrth 1983, 6; llythyr W. Roberts, *Y Cymro*, 11 Ebrill 1983, 6; llythyr Richard Jones, *Y Cymro*, 18 Ebrill 1983, 6.

39 Llythyr Gareth William Jones, *Y Cymro*, 25 Ebrill 1983, 6.

40 Emily Davies, dyfynnwyd yn Glyn Evans, *Y Cymro*, 'Mae'r cwmni ar y llwybr iawn', 24 Mai 1983, 9.

41 ACTC, AG, XD68/9/23 (d.d.), taflen hysbysebu *Tair Drama Fer*.

42 Taith 'Tair Comedi Fer' rhwng 24 Mai a 25 Mehefin 1983: Theatr Seilo Caernarfon, Ysgol Uwchradd Botwnnog, Theatr Gwynedd, Neuadd y Dref Llangefni, Theatr Tywysog Cymru Bae Colwyn, Pafiliwn Corwen, Canol-fan Glantwymyn, Theatr Ardudwy, Neuadd Goffa Cricieth, Theatr Fach y Rhyl, Theatr Clwyd, Theatr Twm o'r Nant Dinbych, Theatr y Sherman, Canolfan Hamdden y Tymbl, Theatr Coleg y Brifysgol Abertawe, Neuadd San Pedr Caerfyrddin, Theatr y Castell Abersytwyth, Theatr Felinfach, Neuadd y Ddraig Goch Drefach Felindre, Ysgol y Preseli Crymych. Cast: Nia Caron, Betsan Llwyd, Richard Elfyn, Alun ap Brinli, Rhian Morgan, Geraint Lewis, ac Ynyr Williams.

43 Glyn Evans, 'Awyr iach ar ôl cymhlethdod Tŷ ar y Tywod', *Y Cymro*, 31 Mai 1983, 7.

44 Dyfynnwyd yn Bob Roberts, 'Siwan a Tŷ Mawr y 'Steddfod', *Y Faner* 19 Awst 1983, 8.

45 Yn ogystal â pherfformio yn yr Eisteddfod, teithiodd *Tair Chwaer* rhwng 21 Medi a 15 Hydref 1983 (Theatr Clwyd, Theatr Ardudwy, Theatr Felin-fach, Theatr Sherman, Theatr y Werin, Theatr Gwynedd), *Siwan* rhwng 11 Hydref ac 16 Tachwedd 1983 (Theatr Ardudwy, Ysgol Uwchradd Botwnnog, Theatr Clwyd, Theatr y Sherman, Theatr y Torch, Theatr Felin-fach, Theatr Hafren, Theatr Gwynedd, Theatr y Werin, Canolfan Adloniant Llanelli, a perfformiwyd *Gernika!* yng Nghanolfan Chapter, Caerdydd rhwng 13–17 Medi 1983.

46 Ceri Sherlock, cyfweliad â'r awdur, Ionawr 2004.

47 ACTC, AG, XD68/9/21(1983), Saunders Lewis, rhagair *Gymerwch Chi Sigarét?*, dyfynnwyd yn rhaglen *Siwan* CTC, Hydref 1983.

48 Gwenlyn Parry, 'Dramâu'r Eisteddfod', *Barn* (Medi, 1983), 301.

49 Cast *Siwan*: Maureen Rhys, J. O. Roberts, Derec Parry, Judith Humphreys, Mal Lloyd, Trefor Selway.

50 Bob Roberts, *Y Faner* 19 Awst 1983, 8.

51 'Gwledd i'r Llygad', *Y Cymro* 16 Awst 1983.

52 Ceri Sherlock, cyfweliad â'r awdur, Ionawr 2004.

53 Elin Wyn Roberts, 'Siom y Tair Chwaer', *Y Faner*, 16 Medi 1983, 7.

54 Catrin Puw Davies, 'Perfformiad aeddfetaf y cwmni', *Y Cymro*, 4 Hydref 1983, 7.

55 ACTC, AG, XD68/9/21(1983), Rhaglen *Gernika!*.

56 Eleri Rogers, 'Deil grym y perfformiad i ysu'r cof', *Y Cymro*, 16 Awst 1983, 13.

57 *Y Cymro*, 16 Awst 1983, 9.

58 Eleri Rogers, *Y Cymro*, 16 Awst 1983, 13

59 Taith *Y Gelyn Pennaf* rhwng 20 Tachwedd ac 16 Rhagfyr, 1983: Theatr Felinfach, Theatr y Sherman, Theatr Clwyd, Theatr Ardudwy, Ysgol Uwch-radd Botwnnog, Theatr Gwynedd, Canolfan Adloniant Llanelli, Theatr y Castell, Theatr Hafren.

60 Yn eu plith rhestrwyd T. James Jones, Marion Eames, Dafydd Arthur Jones, Ewart Alexander, Lindsay Evans, Gwenno Hywyn, Wynford Elis Owen, Siân Edwards, a Gwyn Thomas. Adroddiad y Cyfarwyddwr Artistig i Fwrdd Rheoli Cwmni Theatr Cymru, 6 Ionawr 1984. LlGC, CCC, F/168.

61 Grey Evans, dyfynnwyd yn 'Hadau dinistr o fewn paradwys', *Y Cymro*, 15 Tachwedd 1983, 11.

62 *Y Cymro*, 20 Medi 1983, 14.

63 *Y Cymro*, 'Hadau dinistr o fewn Paradwys', 15/11/83, 11.

64 Bethan Ll. Davies, *Y Cymro*, 29 Tachwedd 1983, 11; Bob Roberts, 'Mae'r Gelyn Oddi Mewn . . .', *Y Faner*, 2 Rhagfyr 1983, 7.

65 *Dyfroedd Dyfnion* gan Gwenno Hywyn a Manon Rhys, cerddoriaeth gan Dilwyn Roberts. Cast: y saith actor craidd a Mici Plwm, cyfarwyddwyd gan Gruffydd Jones. Taith arfaethedig y sioe rhwng 28 Rhagfyr a 25 Chwefror 1983–84: Theatr Gwynedd, Theatr y Sherman, Theatr Clwyd, Theatr y Werin, Canolfan Adloniant Llanelli, Theatr Hafren, Theatr Ardudwy, Ysgol y Berwyn, ac Ysgol Uwchradd Botwnnog. Ymwelodd y sioe â'r rhan fwyaf o'r canolfannau hyn.

66 Gweler *Y Cymro*, 31 Ionawr 1984, a 7 Chwefror 1984. Ffurfiwyd cwmni Panto '84 gan 21 o actorion a staff technegol a ymwnâi â'r panto. Yr oedd nifer o staff (14 ohonynt) nad oeddynt yn gysylltiedig â'r Cwmni a fyddai'n ddigyflog. Derbyniodd y cwmni roddion ariannol gwerth £11,000 er mwyn cefnogi taith y panto: (£5,000 gan Equity, £2,500 gan Fwrdd Datblygu'r Canolbarth, £1,000 gan HTV, £2,000 gan gwmni llungopïo Peter Llewelyn o Abertawe, £500 gan Mr Mike Lines, cwmni Border Office Supplies and Services, £5,000 o CCC, a £2,000 Cymdeithas Cyfeillion Theatr Cymru. Rhoddwyd y £100 cyntaf i'r gronfa gan John Ogwen a Maureen Rhys).

67 LlGC, CCC, F/83–85, cofnodion y 70fed Pwyllgor Drama, 1980.

68 LlGC, PCCC, F168, Adroddiad Wyn Jones i Fwrdd CTC 6 Ionawr 1984.

69 LlGC, PCCC, F168, Adroddiad Wyn Jones i Fwrdd CTC 6 Ionawr 1984.

70 LlGC, PCCC, F168, Adroddiad Wyn Jones i Fwrdd CTC 6 Ionawr 1984.

71 *Y Cymro*, 'Theatr Cymru Mewn Dyfroedd Dyfnion. A Ellir Achub y Panto?', 10 Ionawr 1984, 1.

72 *Y Cymro*, 'Nawdd i'r Panto', 17 Ionawr 1984, 1.

73 LlGC, PCCC, D/C/26/7, Datganiad i'r Wasg gan CTC a CCC, 10 Ionawr 1984.

74 LlGC, PCCC, F168, Haydn Rees, *Adroddiad yr Ymchwiliad ar y Cyd i Gwmni Theatr Cymru* (Cyngor Celfyddydau Cymru a Chwmni Theatr Cymru Cyf., 1984), 12.

75 LlGC, PCCC, F168, Haydn Rees, *Adroddiad yr Ymchwiliad* (CCC a CTC Cyf., 1984), 7.

76 LlGC, PCCC, F168, Adroddiad y Cyfrifwyr Siartredig Touche & Ross, 7 Chwefror 1984, 3.

77 LlGC, PCCC, F168, Adroddiad y Cyfrifwyr Siartredig, 7 Chwefror 1984, 5.

78 LlGC, PCCC, F168, Haydn Rees, *Adroddiad yr Ymchwiliad* (CCC a CTC Cyf., 1984), 12.

79 LlGC, PCCC, F168, Haydn Rees, *Adroddiad yr Ymchwiliad* (CCC a CTC Cyf., 1984), 12.

80 LlGC, PCCC, F168, Papur Arwyn Roberts; dyfynnwyd gan Haydn Rees yn *Adroddiad yr Ymchwiliad* (CCC a CTC Cyf., 1984), 14/15.

81 Yr oedd hyn ar ôl i £25,000 o siec grant gael ei dalu i mewn i'r cyfrif, sef y rhanddaliad cyntaf o gyfanswm o £50,000 oddi wrth y Swyddfa Gymreig tuag at brynu gweithdai a stafell ymarfer y Tabernacl.

82 LlGC, CCC, F168, Haydn Rees, *Adroddiad yr Ymchwiliad* (CCC a CTC Cyf., 1984), 15. LlGC, CCC, F/168, adroddiad y cyfrifwyr siartredig, 7 Chwefror 1984, 2. Yn ôl yr adroddiad hwn dangosai'r cyfriflenni anarchwiliedig ddyled o £68,731 am y cyfnod rhwng 1 Ebrill 1983 hyd 7 Ionawr 1984, a gwir ymrwymiadau o £62,477 ar 7 Ionawr 1984. Erbyn 9 Gorffennaf 1984 amcangyfrifodd y Bwrdd fod y ddyled sylfaenol yn £72, 616 ynghyd â chostau diswyddo ac ati, sef cyfanswm o £107,920. Ar ben hynny ychwanegwyd y ddyled i gredydwyr, sef £48,370.Yr oedd y ddyled yn y banc yn £58, 800 (heb gyfrif y taliad cyntaf am y Tabernacl o £25,000 a oedd eisoes wedi ei dalu i'r banc).

83 LlGC, PCCC, F/168, argymhellion y gweithgor Artistig a gyfarfu yn Aberystwyth, 19 Mawrth 1984.

84 LlGC, PCCC, D/C/26/7, gohebiaeth rhwng Equity a Chyngor Celfyddydau Cymru, 3 Ebrill 1984.

85 LlGC, PCCC, D/C/26/7, cyfarfod 30 Ebrill 1984 rhwng swyddogion CCC ac aelodau o Fwrdd CTC.

86 LlGC, PCCC, DIR/231, adroddiad cyfarfod rhwng swyddogion CCC ac aelodau o Fwrdd CTC, 30 Ebrill, 1984.

87 LlGC, PCCC, cyfarfod Pwyllgor Drama CCC, Mehefin 18, 1984.

88 LlGC, CCC, DIR/231, llythyr y Cyfarwyddwr Drama, Roger Tomlinson, at Gyfarwddwr CCC, Tom Owen, 20 Mehefin 1984.

89 LlGC, PCCC, cyfarfod Pwyllgor Drama CCC, Mehefin 18 1984.

90 LlGC, PCCC, D/C/26/7, nodyn y Cyfarwyddwr Drama, Roger Tomlinson, at Gyfarwddwr CCC, Tom Owen, 20 Mehefin 1984.

[91] LlGC, PCCC, DIR/231, llythyr Wyn Roberts, Y Swyddfa Gymreig, at Alwyn Roberts, 26 Gorffennaf 1984.

[92] Llythyr Tom Owen, Cyfarwyddwr Cyngor y Celfyddydau, at Llion Williams, Cymdeithas Gelfyddydau Gogledd Cymru (a gohebydd ar ran Bwrdd Cwmni Theatr Cymru), 2 Awst 1984.

[93] LlGC, PCCC, D/C/26/7. Dogfen drafod Lyn T. Jones, 3. Hefyd, gweler llythyr Valmai Jones, *Y Faner*, 16 Mawrth 1984.

[94] LlGC, PCCC, DIR/231, ymateb Bwrdd CTC i CCC, 2 Hydref 1984.

[95] LlGC, PCCC, cofnodion Cyfarfod Bwrdd CTC, 28 Medi 1985.

[96] LlGC, CCC, DIR/232, cofnodion Bwrdd CTC, 8 Hydref 1985.

[97] *Cyntedd*, papur Cymdeithas Theatr Cymru (1985).

[98] LlGC, PCCC, F/168, papur Arwyn Roberts, atodiad i *Adroddiad yr Ymchwiliad* (CCC a CTC Cyf., 1984), 3.

[99] Emily Davies, 'Creu'r hyder angenrheidiol yw'r nod', *Y Cymro*, 8 Mehefin 1982, 8.

[100] John Ogwen, cyfweliad gyda Menna Richards, *Y Byd ar Bedwar*, cynhyrchiad HTV i S4C, 28 Mawrth 1984.

[101] John Hefin, cyfweliad gyda Menna Richards, *Y Byd ar Bedwar*, cynhyrchiad HTV i S4C, 28 Mawrth 1984.

[102] Ceri Sherlock, dyfynnwyd yn *Y Cymro*, 1992.

[103] Am ragor o wybodaeth ar Theatrig gweler, Roger Owen, *Ar Wasgar, Theatr a Chenedligrwydd yn y Gymru Gymraeg 1979–1997* (Gwasg Prifysgol Cymru, Caerdydd, 2003), 78–94.

[104] W. B. Yeats, '*Samhain*: 1903—The Irish National Theatre' yn *The Collected Works of W. B. Yeats, Volume VIII, The Irish Dramatic Movement* (Llundain, Scribner, 2003), 32–35 (35).

Cyfranwyr

Yr Athro Hywel Teifi Edwards
Cyn-Athro'r Gymraeg ym Mhrifysgol Cymru, Abertawe. Yn niwyll-iant Cymraeg oes Victoria y mae ei brif ddiddordeb. Cyhoeddodd *Codi'r Llen* (1998) er mwyn tynnu sylw at y ffaith fod y mudiad drama amatur heb gael y lle y mae'n ei haeddu yn hanes 'Dadeni' diwylliant Cymraeg yr ugeinfed ganrif. Datblygiad y mae'n ei fawr groesawu yw'r cynnydd diweddar mewn astudiaethau beirniadol ym maes y ddrama a'r theatr Gymraeg.

Lyn T. Jones
Bu Lyn T. Jones yn Rheolwr Teithiau i Gwmni Theatr Cymru, ac ef oedd cyfarwyddwr cyntaf Theatr Gwynedd, Bangor. Bu am gyfnod yn Gyfarwyddwr y Ganolfan Ddiwylliannol Genedlaethol yn Georgetown, Guyana, cyn dychwelyd ym 1979 i weithio i BBC Radio Cymru. Ym 1987 apwyntiwyd ef yn Olygydd Radio Cymru. Bellach y mae wedi ymddeol ac yn Gadeirydd Cwmni Theatr Bara Caws, a phenodwyd ef yn 2003 yn Gadeirydd cyntaf Theatr Genedlaethol Cymru.

Dr Lisa Lewis
Darlithydd a chyfarwyddwr theatr yw Lisa Lewis, ac astudiaethau perfformio yw ei phrif faes ymchwil a dysgu. Bu'n ddarlithydd ym Mhrifysgol Cymru, Aberystwyth, ac yno cwblhaodd ddoethuriaeth ar ddulliau a gwaith Constantin Stanislavsky a Vsevolod Meierhold. Hi yw Pennaeth Drama yr Adran Ddrama, Cerddoriaeth a Thech-noleg Sain ym Mhrifysgol Morgannwg.

Dr Roger Owen
Y mae Roger Owen yn ddarlithydd yn yr Adran Theatr, Ffilm a Theledu ym Mhrifysgol Cymru Aberystwyth. Ef yw awdur *Ar Wasgar: Theatr a Chenedligrwydd yn y Gymru Gymraeg 1979–97* (2003) ynghyd â nifer o ysgrifau ar theatr a pherfformio yng Nghymru.

Yr Athro Hazel Walford Davies

Bu Hazel Walford Davies yn Uwch-ddarlithydd ym Mhrifysgol Cymru, Aberystwyth, ac yn Athro ym Mhrifysgol Morgannwg. Hi yw awdur *Saunders Lewis a Theatr Garthewin* (1995) a golygydd *State of Play* (1998), *One Woman, One Voice* (2000, 2005), *Llwyfannau Lleol* (2000) a *Now You're Talking* (2005). Cyhoeddodd hefyd gyfrolau yn ymwneud â bywyd a gwaith Syr O. M. Edwards. Y mae'n aelod o Fwrdd Llyfrgell Genedlaethol Cymru a Bwrdd yr Academi Gymreig. Hi yw Cadeirydd Canolfan Datblygu Addysg Cyfrwng Cymraeg y sector Addysg Uwch yng Nghymru.

Mynegai